The New Otjiherero Dictionary

English – Herero
Otjiherero – Otjiingirisa

AuthorHouse™
1663 Liberty Drive
Bloomington, IN 47403
www.authorhouse.com
Phone: 1-800-839-8640

©2011 Nduvaa Erna Nguaiko. All rights reserved.

No part of this book may be reproduced, stored in a retrieval system, or transmitted by any means without the written permission of the author.

Published by AuthorHouse   2/8/2013

ISBN: 978-1-4520-3494-2 (sc)
ISBN: 978-1-4634-6066-2 (e)

Printed in the United States of America

Any people depicted in stock imagery provided by Thinkstock are models, and such images are being used for illustrative purposes only.
Certain stock imagery © Thinkstock.

This book is printed on acid-free paper.

Because of the dynamic nature of the Internet, any Web addresses or links contained in this book may have changed since publication and may no longer be valid. The views expressed in this work are solely those of the author and do not necessarily reflect the views of the publisher, and the publisher hereby disclaims any responsibility for them.

Dedication:

In memory to my late beloved great-grandmother Inaambondi Anna Turitjo, rest in peace.

Acknowledgments

I thank the "All Mighty" for the inspiration, motivation, wisdom and for giving me all the wonderful good people who assisted me through this journey.

A work of these scopes depends greatly on the work and help of others. I would like to extend my thanks to Otjiherero instructor Rhyn Tjimbamba Tjituka, who helped compile the Otjiherero grammar section and proof read the book. Thanks to my friend Jefta K. Nguherimo for his valuable aid in providing references. Equally, I owe much to the late Dr. Klaus Dierks and his wife. Ms. Dierks kindly gave me permission to make use of their web site information. My sincere thanks also go to Oliphant Muhata Kapi who contributed immensely to the book by providing oral history about Okunene region. I am also most grateful to all those who helped me kindly in this work: Dr. Michal Kaunuee Kamuvaka, Dr. Ngondi A. Kamatuka, Veziruapi Dawid Rukero, Gerson Kapi, Tjapaa Katuemutima, Albert Tjoutji, Uerii Katjari, Uzemburukua B. Upingasana, Kaikakua Mbaha, Kim Mason, Holly Woods and my supportive family. I would also thank those I inadvertently may have not mention by name.

The goal of this book is to foster communication between Otjiherero and English languages and through it introduce the culture of the Otjiherero speaking people.

Table of Contents

Contents / Omurya	Omurya / Contents	Page / Okutwi
PART I		
Abbreviations	Omasusuparisiro	1
Introduction	Ombutiro	3
Pronunciation	Omaisaneno womambo	4
Alphabet	Oviletera/Alfabet	5
Foreword	Embo rokomeho	9
Guide to the Dictionary	Ovihongorere po embo romambo	10
Basic Grammar	Eraka / Ongaramatika	11
ENGLISH and OTJIHERERO DICTIONARY		**30**
PART II		
Omuinyo no Mbazu	Life and Culture	172
Ovihongorere po embo romambo	Guide to the Dictionary	224
Eraka / Ongaramatika	Basic Grammar	225
EMBO ROMAMBO ROTJIHERERO NOTJIINGIRISA		**241**
PART III		
Basic Phrases	Otupa tomahungiriro	372
Tables and Charts	Ovitiha no Vikarata	396
Traveler's Corner	Omukuma wovaryange	419
Notes and References	Ozomburo	439

Abbreviations used in the English - Otjiherero section of this dictionary.
Komukuma wembo romambo roTjiingirisa - noTjiherero Omasusuparisiro inga onga ungurisiwa.

Adj	adjective
Adv	adverb
Conj	conjunction
N	noun
P	participle
Pl	plural
Pron	Pronoun
Prep	preposition
Sin	singular
V	verb
Vi	intransitive verb

Common use Abbreviations in Namibia

Aka	also known as
AU	African Union
b.	born
B.Com	Bachelor of Commerce
BA	Bachelor of Arts
BS	Bachelor of Science
CCN	Council of Churches in Namibia
CD	Compact disk
CEO	Chief executive officer
COD	cash on delivery; Congress of Democrats
d.	died
DTA	Democratic Turnhalle Alliance
DOB	Date of Birth
DVD	Digital Video Disk
Edu	Education
EFA	Education for All
GRN	Government of the Republic Namibia
HIV	Human Immunodeficiency Virus
HR	Human Resource
ICC	International Criminal Court
ICCPR	International Covenant on Civil and Political Rights
IMF	International Monetary Fund
IT	Information Technology
Jr.	Junior
Ltd.	Limited
M.D	Medical Doctor
MBESC	Ministry of Basic Education, Sport and Culture
MET	Ministry of Environment and Tourism
Misa	Media Institute of Southern Africa

MP	Member of Parliament
MWACW	Ministry of Women Affairs and Child Welfare
N.B.	nota bene (note well)
NAMCOL	Namibian College of Open Learning
NBC	Namibian Broadcasting Company
NCA	Namibian Community in the Americas
NGO	Non governmental organization
NIED	National Institute for Education Development
NLPN	National Literacy Program in Namibia
NSHR	National Society for Human Rights
NTB	Namibia Tourism Board
NYC	New York City
OAU	Organization of African Unity
OPEC	Organization of Petroleum Exporting Countries
OPO	Ovamboland Peoples organization
P.O	Post Office
PC	Personal computer
Ph.D	Doctorate of Philosophy
PM	Prime Minister
POD	pay on delivery
PS	Permanent Secretary
RCC	Road Contractor Company
Rev	Reverend
RF	Rossing Foundation
RSVP	(please reply), french-repondez s'il vous plait
SADC	Southern African Development Community
SADF	South Africa Defense Force
School Net	School Network
Snafu	Southern Namibia Farmer's union
SWANU	South West African National Union
SWAPO	South West African People Organization
SWATF	South West Africa Territorial Force
UK	United Kingdom
UN	United Nations
UNAM	University of Namibia
UNHCR	United Nations High Commissioner for Refugees
UNICEF	United Nations International Children's Emergency Fund
UNTAG	United Nations Transitional Assistance Group
USA	United States of America
W.H.O	World Health Organization

Introduction to the Otjiherero Language:

Otjiherero is a Bantu language spoken in Namibia. As a result of Ovaherero – German war of 1904 – 1908, and immigration, a sizeable amount of the speakers now live in Angola, Botswana, South Africa as well as North America and Great Britain. English is the official language in Namibia, Bostwana, South Africa and Portuguese in Angola.

Many different dialects of present day Otjiherero do exist but the differences in vocabulary and phonetics are not so great to interfere with understanding.

This Map below indicates the **primary home** regions of the Otjiherero speaking people (the OvaHerero, OvaHimba, OvaMbanderu, and OvaZemba) of Namibia.

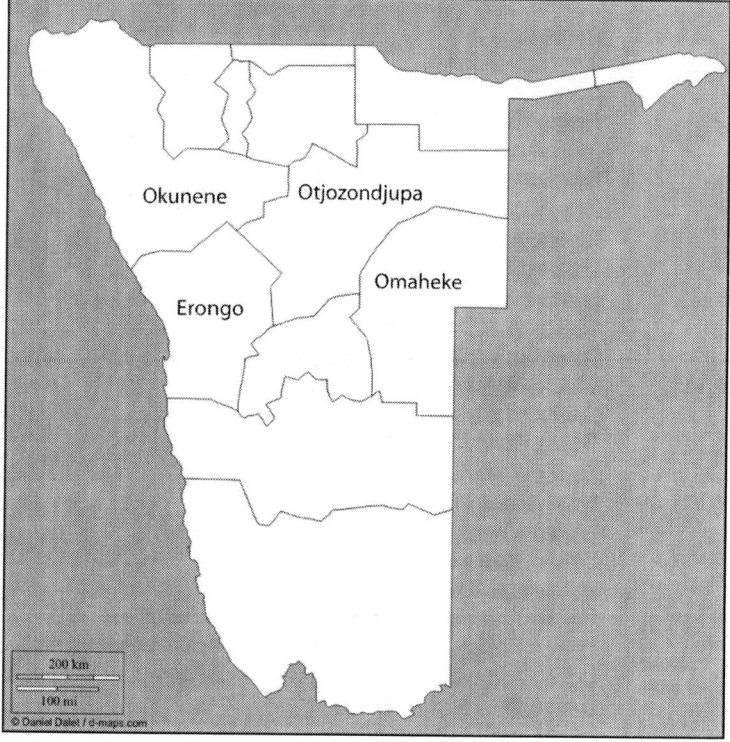

Erongo Region: Arandis, Brandberg, Karibib, **Omaruru**, Swakopmund and WalvisBay
Okunene Region: Epupa, Khorixas, Kamanjab, Outjo, **Opuwo** and Sesfontein
Omaheke Region: Aminius, Buitepos, Gobabis, Otjinene, Otjozondjou and Steinhausen
Otjozondjupa Region: Grootfontein, Okahandja, **Okakarara**, Omatako, Otavi and Otjiwarongo

Pronunciation

Otjiherero pronunciation is very regular and, once the rules are understood, it is easy to pronounce a letter correctly, as it will always sound the same way no matter where it falls within a word. Otjiherero language use an open syllables that always end with a vowel and do not end a word abruptly in a consonant. Thus the letter **a [ɑ]** is usually added at the end of a foreign words to enhance fluency while pronouncing them unless the foreign word do already end with a vowel.

Example:
English   Otjiherero
David [name of a person – *David*]   David**a** [*David*]

All vowels are pronounced clearly where they are in a word and always retain their value in diphthongs such as ei [*egg*] is pronounced e-i [*a-ee*], oi [*don't go*] is pronounced o-i [*oh-ee*] and so on.

Otjiherero language consists of 5 Vowels **Aa Ee Ii Oo Uu** and 15 consonants also subdivided in digraphs, tri-graphs and quadruple. Otjiherero language does not include the symbols **Cc Ff Ll Qq Xx** these only found in foreign usage borrowings and **Bb Dd Gg** used only in combination (digraphs, tri-graphs, quadruple).

Noun class system

Otjiherero as in all Bantu languages are based on a system of "Nominal classes". The function of this can be compared to the system of "gender basis" (existing in European languages). Each noun in a noun-class is preceded by a singular or plural prefix. Nouns are grouped according to common properties (human, animals, plants, liquids, abstract nouns etc.). The system of prefixes being related to nouns classes also apply to verbs, adjectives, numbers, possessives and relatives that are link through corresponding prefixes to the noun they relate to.

The following are the nominal prefixes:

Noun Stem	prefix	singular	translation	prefix	plural	translation	Properties
ndu	omu	omundu	person	ova	ovandu	people	Human being
ti	omu	omuti	tree	omi	omiti	trees	Plants, natural forces
na	e	ena	name	oma	omana	names	groups, liquids, abstracts nouns
ngombe	o	ongombe	beast	ozo	ozongombe	cattle	animals
mbere	otji	otjimbere	ball	ovi	ovimbere	balls	things
vyo	oru	oruvyo	knife	otu	otuvyo	knives	artifacts
wa	oka	okareke	candy	ou	oureke	candies	small things

Alphabet System for English and Otjiherero; the parentheses [] under International Phonetics Alphabet (IPA) codes are not part of the IPA but used to indicate the contents of IPA. Parentheses [] under Otjiherero indicate translation from Otjiherero example.

Alphabet	example	IPA	Ovileṱera Alfabeta	Oviyarisiro	notes
Aa	p**a**th	[ɑ]	Aa	**a**mi	Pronounced [*uh-me*]
Ba	**b**ell	[b]	Ba	om**b**epo	**b** is only found after **m**, in such word(s) **m** is mute in pronunciation
Cc	**c**at	[c]	none		
Dd	**d**og	[d]	Dd	on**d**ana	**d** is only found after **n**, in such word(s) **n** is mute in pronunciation, as in English word *finger*
Ee	g**e**t	[ɛ]	Ee	**e**rike	
Ff	**f**at	[f]	Ff	o**f**arama	Only found in borrowings
Gg	**g**o	[g]	Gg	n**g**amba	**g** is only found after **n**, in such word(s) **n** is mute in pronunciation as like in English word *gang*
Hh	**h**elp	[h]	Hh	**h**ena	
Ii	h**i**t	[i]	Ii	om**i**ti	[i] changes to [y] when followed by vowels except in: proper name, followed by [i], when falls between [r] & [u], after [n] & followed by vowel
Jj	**y**es	[j]	Jj	**J**aana, t**j**atja, nd**j**esa	Only found in proper noun & written after **nd** & **t**; sounds like yes [jes]. J = Y Va**j**a [*Vi-yah*]
Kk	**k**ill	[k]	Kk	**k**ako	
Ll	**l**ike	[l]	none		Only found in borrowings In Otjiherero [**l**] is written as [**r**] ; l=r **r**arity [re'rretee], **r**esa [*re-θa*]
Mm	**m**ore	[m]	Mm	**m**amaa	

Nn	no	[n]	Nn	nana	
Oo	not	[ɔ]	Oo	omo	
Pp	pen	[p]	Pp	pepa	
Qq	queen	[q]	none		
Rr	rose	[r]	Rr	rira	
Ss	sunset	[θ]	Ss	sanisa	[s] has unvaried sound. In proper name it has [s] sound as in Susana, Sara etc. In some words it sounds like z [θ] as in sanisa [θ a-ni-θ a]
Tt	tea	[t]	Tt	tata	
Uu u	pull	[u]	Uu	uta	[u] changes to [w] if followed by vowels, [u] never changes to [w] in proper names. [u] never changes when follow another [u]
Vv	voice	[v]	Vv	vara	
Ww	we	[w]	Ww	weza	uniform sound
Xx	xerox	[x]	none		
Yy	york	[y]	Yy	yama	rarely found in proper name
Zz	zoo	[ð]	Zz	Zara	this [thiss]

The Caret (^) only occur under ṋ, nḓ, and ṱ

[ṋ]	ṋ	naṋi [*perhaps*]	dental nasal sound; with the tip of the tongue between the teeth
[ṱ]	ṱ	ṱika [*accompany*]	
[nḓ]	nḓ	Konḓi [*proper name*]	

Digraphs letters (diphthong)

[hw]	hw	hwaa [*smear*]	sounds like whew [*hwu*] in English
[kw]	kw	kwaṋa [*press*]	quadrant[*kwa-drenṱ*]; kw is never followed by u

[mb]	mb	**mb**eni [*there*]	**m** is mute, as in ma**mb**a[*mam-ba*]
[mw]	mw	**mw**ina [*quiet*]	instances where **u** changes to **w** but sounds like **u**. Pronounced as **mue**zzin [*mu-e-zn*];
[my]	my	**my**anga [*massage*]	**y** has a vowel sounds of [**i**]. **mya** pronounced as **Mia**ta in Mazda **Mia**ta
[ny]	ny	**ny**uta [*crumple*]	on**io**n; y sounds of vowel [**i**]
[nd]	nd	**Nd**uvaa [*proper name*]	bo**nd**, **n** is mute
[ṇḍ]	nḍ	on**ḍ**i [*gray hair*]	With the tip of the tongue between the teeth
[ng]	ng	o**ng**enga [*gangs*]	si**ng**, lo**ng**, **n** is mute
[ŋw]	nw	**nw**aa [*drink*]	**u** changes to **w** but sounds like **u**, **nu**isance[*nu-snts*]
[ṇw]	ṇw	ni**ṇw**a [*swolled*]	Tip of the tongue between teeth
[pw]	pw	**pw**ika [*to store*]	**u** changes to **w** but sounds like **u**
[py]	py	e**py**a [*gum*]	**pi**ano [pi-an-os]; y sounds of vowel [**i**]
[rw]	rw	**rw**aa [*fight*]	**u** changes to **w** but sounds like **u**; **Rwa**nda[*ru-an-da*]
[ry]	ry	oku**ry**anga [*to visit*]	as in English pronunciation of Ha**rya**na[ha-re-ana]
[θw]	sw	ra**sw**a [*be licked*]	**thw**art
[θy]	sy	o**sy**oti [*kidney*]	Heal**thy**; y sounds of vowel [**i**]
[ʃ]	tj	**tj**iri [*truly*]	**sh**ut
[tw]	tw	**tw**ende [*go*]	**tw**enty; **tw**ist
[ty]	ty	oku**ty**a [*to plan*]	**ti**er [teer] ; y sounds of vowel [**i**]
[vw]	vw	va**vw**a [*wear as wearing perfume*]	
[vy]	vy	o**vy**oye [*yours*]	**vi**ola [vee 'ola]; y sounds of vowel [**i**]

Trigraphs letters (triphthong)

[mbw]	mbw	o**mbw**a [*dog*]	instances where **u** changes to **w** but

			sounds like **u**, b**u**eno
[mby]	mby	o**mby**aro [*luxery*]	**m** is mute, **y** sounds vowel [**i**] as in English a**mbi**ance [*am-be-ants*]
[ndʒ]	ndj	o**ndj**ara [*hunger*]	Ni**nj**a, **j**am
[ndw]	ndw	o**ndw**i [*seed*]	**n** is mute, **w** sounds of vowel [**u**]. Pronounced as in**dwe**ll [*in-dwel*]
[ndy]	ndy	o**ndy**anga [*firefly*]	**n** is mute, **y** sounds vowel [**i**]
[ŋgw]	ngw	o**ngw**enḑu [*snail*]	**n** is mute **gw** pronounced together
[ŋyw]	nyw	**nyw**isa [*to itch*]	pronounced as single sylable

Quadruple letter

[ŋdʒw]	ndjw	U**ndjw**a [*to be waited*]	quen**ch** [kwen**ch**]

Foreword

The desire to translate Otjiherero to English, and vice versa, descended upon me when I was a freshman in college in the United States. In Namibia, I was raised with an Otjiherero/Afrikaans language background and, after my arrival in America, learning English became a priority. The new language was very challenging at first, and I came up with an idea to write down frequently used English words and translated them into my native language Otjiherero. In constant references to my notes, I have noted, consciously or otherwise, their merits and significance and these have had and influence on how these book has been prepared.

The information given in this book is from the author's acquired knowledge, experience, and observation as she was born and raised within the culture and some information acquired through oral tradition unless otherwise noted.

The Otjiherero-English dictionary is a working dictionary of contemporary Otjiherero-English words you are likely to read or hear in daily interactions. It is designed to be a reference source for travelers, students, and others.

Guide to the Dictionary

All entries in the book are listed in alphabetical order and are printed in bold type. Each working word is taken in its' forms as it is use in speech or writing and translated for the purpose of making it quick and easy to locate the word's translations.

Take note while using the dictionary that some Otjiherero words take on more than one meaning, just as in some English words. The key to understand the meaning of the word is to pay a close attention to the context in which the word is used as much as in the word it's self. In some English - Otjiherero translation, meanings for a word with more than one meaning are written in *italics* to guide the user to the appropriate translation. Comma and semicolon are use to separate translations, which are very close in meaning. Words in "" are word(s) or symbol(s) borrowed from Western Languages (Afrikaans, German, English). Words found in brackets [] and parentheses () are used to mark off explanatory remarks or give a scientific name for the word form.

BASIC GRAMMAR

Vowel

Vowels are use in the following **four ways** in writing Otjiherero construction (words):

As short sounding vowels—were one vowel occurs with a consonant in each syllable of a word (a syllable is the smallest part readable in which a single word divide). The sound of this vowel in the syllable read as a short sound.

Get that = in the two words, **e** and **a** will be read as short vowels.

a/ as in p**a**th[okaira]
e/ as in g**e**t [kambura]
i/ as in h**i**t [tona]
o/ as in n**o**t [kako]
u/ as in p**u**ll[nana]

As a lengthening of the vowel sound—if two of the same vowels follows each other in the same syllable, then the second vowel would lengthen the sound of the first one.

This particular phenomenon occurs in English were "double vowels" follow each other in the syllables of words like f**oo**l, f**ee**l, and bl**oo**d, but it is treated differently in English.
However, if it had occurred in a syllable that (**uu**) and (**oo**) follows each other, it would be call lengthening of the vowel sound, because the second vowel would carry the same sound as the first one. Therefore, when reading the two vowels, the sound is the same, but stressed (lengthened).

Juxtaposed vowels—this includes all manner of ways in which vowels would follow each other in the syllables of an Otjiherero word. Below look at example of bolded parts of Otjiherero words.

Om**ai**hi wot**ee** nom**ae**re y**ai**nyangu maku ya nak**au**rwa i yovar**oi** uṱuku.
Uncle's tea milk and buttermilk is said to be knocked over by evil doers overnight.

In those syllables, we observe how: ai, ee, ae, ai, au, oi follows each other; thus, juxtaposed vowels.

Semi-vowels

U - W

In writing Otjiherero words (u) changes to (w) if followed by a vowel [a, e, i, o] except in the following positions:
   A. If u is a part of the class prefix (class prefixes are part of the naming system).
   B. When followed by another u--hence the lengthening of the vowel sound.
   C. U never changes to W in Otjiherero Proper nouns. That means Otjiherero proper nouns always written with U.

Examples:

	Correct	Wrong
•	omuatje ✓	omwatje ✗
•	Omuute ✓	Omwute ✗
•	Uaeta ✓	Waeta ✗

I - Y
In writing Otjiherero (i) changes to (y) when followed by a vowel in any word except in the following positions were it remains as (i):
   A. If (I) is part of the class prefix of that particular noun and the vowel, following it is part of the stem.
   B. When (i) followed by another (i).
   C. When (i) fall between the consonant(r) and the vowel (u), thus, if (u) follows (i) when (i) proceed in that word by (r), (i) would not change to (y).
   D. If (i) follows (n) in a word and followed by a vowel, this one in some cases only.
   E. If (i) is part of the reflexive particle (ri) and the vowel is part of the verb stem to which the reflexive particle conjunctively written, (i) remains as is if followed by a vowel.
   F. In writing proper nouns (i) never changes to (y), meaning that an Otjiherero proper noun never written with (y).

Examples of when it is wrong to change (i) to (y):

	Correct	Wrong
•	omiano ✓	omyano ✗
•	omiimbo ✓	omyimbo ✗
•	omuriu ✓	omuryu ✗
•	omuniazo ✓	omunyazo ✗
•	riara ✓	ryara ✗
•	Muniazo ✓	Munjazo ✗

J - Y
In writing Otjiherero words (j) changes to (y) when followed by a vowel except in the following positions:
   A. When (j) follows (t) to be (tj)
   B. When it follows (nd) to be (ndj)

C. In proper nouns, (j) never changes to (y) meaning that Otjiherero proper nouns are never written with (y).

Examples:

Correct	Wrong
• tjituka √	tyituka ×
• ondjaṱu √	ondyaṱu ×
• Jakuaterua √	Yakwaterwa ×

Grammar

There are three principals to writing Otjiherero

1. There are word families that written independantly in a sentence
2. There is one particular word family which can be written conjunctively at times and independently at other times
3. There are word families that always written to other words (conjunctively) when used in a sentence.

1. Word families that written independantly in a sentence are a huge group made out of nouns, verbs and their modifiers. These words regarded as independent word families because they modify nouns and verbs in many different ways. In addition, noun and the verb are the main parts of a sentence, the subject and the predicate. Just as it is the case with other languages, independent word families not written to other words in a sentence construction; unless a vowel is elided from the word that is to be conjunct.

Example:

1. Omuatjewa tupukiretjinene oku ye ndakostora. wrong ×

   The child ran fast to the store

2. Omuatje wa tupukire tjinene okuyenda **k**ostora. **correct √**

2. There is one particular word family that written conjunctively at times and independently at other times. Note that this particular word family is very similar in function to an English conjunction, which joins words, phrases, clauses or sentences. There is a distinction between these word families / grammar part and the pure conjunctions never written conjunctively to other grammar parts / word families in Otjiherero or English writing.

Word families that written conjunctively and independently called "**omahondjere**" in Otjiherero. It consists of the following words: **na, nu, pu, ku, mu**. If any of these words looses their vowel and for that reason, only the consonant remains, the consonant then joined as one to the word following the conjunction in the sentence. This is because, Otjiherero vowels can stand as independent words in a sentence whereas a single consonant can never stands independently in an Otjiherero sentence. Consonant can not be read in Otjiherero language.

- For a conjunction to be written conjunctively, the following should be considered:

-The conjunction's vowel is elided
-The word following the conjunction should have a vowel as a first letter to accommodate the vowel lost by the conjunction.

Example:

Erica **na** omukwao va i kostora. (*Erica and a friend went to the store*)
Erica **n**omukwao va i kostora. (*Erica and a friend went to the store*)

The vowel in **na** can be elided so that **n** remains, in which case **n** would be written as one to the word: **omukwao**—being the word that follows the conjunction that also has a vowel first letter. The vowel in the word following the conjunction functions in the place of the elided vowel as well as in its own prefix position.

- When the conjunction follows a word that does not start with a vowel, omission does not take place.
- When writing the conjunction plus its vowel, omission does not take place.
- If the combined word resulting from omission do not sound well, omission, even if conditions are favorable, is ignores.

When writing conjunctions independently:
Example:
    a) **Ku** tate **na** mama, ami mbi ri muno.
    b) **Ku na** ove, *rather than*, Ku nove.

Tate has the consonant **t** as the first letter; therefore, **ku (the first conjunction in the sentence)** would stand independently.
In the last example, one had already written **na** completely, so no omission takes place. However, if it does take place, the combined word would not sound well, so, no omission when writing conjunctions to other words:

Example:
    c) Ami **n**omuatje ngo katu zuvasana. (*Me and that child don't get along*)

d) Ete matu i **k**Otjomuise, muhuka. (*We are going to Windhoek, tomorrow*)
e) Hapo mo ungura tjike orure nao, **m**ondjuwo? (*What are you doing so long in the house? / what is delaying you so much inside the house?*)

3. The following word families always conjunctively written to independent word families and to conjunctions; therefore, never written as independent word families at all: Okandimbu okayendise / Directive particle, Ehondjere ekotorise / Reflexive particle, Ehondjere reraisauini / Possessive particle, Okandimbu okapatanise, Negative particle, and Ehondjere ehitisiwa / Nominal Infix. These word families regarded as dependant word families, because they function specifically to enhance the self-qualificative capacities of certain independent word families. They do not modify these word families; rather, the combination of them and the word families render self-modifying independent words. Thus the purposes of these word families that are mainly particles are:

- To assist certain independent word families with certain qualities that such words do not possess.
- To assist conjunctive forms to modify independent word families and themselves.

They are as follows:

Directive Particle

The Otjiherero directive particle is made up by the particle ka and a verb stem (**ka + verb stem = directive verb**). When written to the verb stem, the new word is a verb but that can qualify an action that is taking place or that took place at another location than were the speaker is. The directive particle could be said to function in the same position as the English verb go.

Look at these two examples:

> I am playing. (here and now)
> Ami me nyanda. (here and now)
>
> I am going to play. (there and perhaps later)
> Ami me kanyanda. (there and later)

Example:

a) Ete matu **ka**tupuka kOkahandja momayuva womasuviro nga.
   We are going to run during this upcoming holiday in Okahandja

b) **Ka**ete otutuwo ovandu ve karye ovikurya, va undju orure.
   Go get silverwares for people to eat, they have been waited too long

c) OoHipangua kave po?, okutja va **ka**vaka okombeisa nao!
   Hipangua and others are not here?, that means they are stealing in the kitchen!

d) Me vanga oku**ka**kotoka muhuka, **ka**eterere Mujende.
   I want to return tomorrow, bring Mujende with you

A directive particle is use because a verb cannot indicate an action-taking place or where it took place other than where the speaker is or where imagined to be. Thus, a directive particle only functions to enhance the verb in a particular capacity outside of which it (the directive particle) would be unworthy of independence.

Regard the following two points when the holistic understanding of the conjunctive word families is reach:

a) All the conjunctives written to the verb stem are as follows: directive particle, reflexive particle, *oku* being the nominal class prefix which nominative the verb stem and the negative particle, which also written to other word families.

b) Where the directive particle and the reflexive particle both joined to a verb, the *i* the directive particle changes to *e*.

Example:

Omuatje ma kanyanda. (*The child is going to play.*)
Omuatje me **ke***ri* honga. (*The child is going to study.*)

In the example above (**ke**) is the directive particle and (**ri**) is the reflexive particle. Unfortunately, not all examples translate to English, since in Otjiherero language, the main word families themselves render for these functions.

Reflexive particle

The reflexive particle is made up by *ri* and a verb stem (**ri + verb stem = reflexive verb**). The reflexive particle is written conjunctively to a verb stem, to help indicate that the subject of that verb; in fact, does the action of the verb on itself. Thus, it assumes the same position as words like itself, myself and other reflexive adjectives normally do. A verb normally uses a modifier in order to qualify reflexive actions. However, when conjunct to a reflexive particle, the verb also shows that the subject has done the action on itself. Therefore, the reflexive particle is regarded as a verbal prefix.

Example:

a) Ami me **ri**koho momeva omatarazu.
b) Ami himee **ri**heke kove, **ri**kotamena kouruvandu woye.
c) Fabiola u **ri**honga nawa; u **ri**purira komasa wokutjanga oukahu.
d) Ovanatje mba henene oskole erero ngave **ri**ete oveni kotjiuru tjoskole.

If one clearly observes the functions of a reflexive particle, it would be easy to say that such functions, in English, mostly rendered for by the reflexive pronouns.

Possessive particle

The possessive particle is conjunct to a noun or pronoun and occasionally and for adjectival purposes with other nominal qualifiers, in order to show possession. The possessive particle functions in the same way an apostrophe functions in qualifying possession in English. This particle is not a specific one like the other two but determines by the nominal prefix of the word that it modify. If the word being modify belongs to the first nominal class, the possessive particle would most likely be –wa/ singular or –va/ plural, because the nominal class prefixes are different for different nouns and pronouns. Every noun class has its own class prefix; therefore, each has its own possessive particle.

The table below indicates nominal class prefixes and modifiers.

Nominal class prefixes		Possessive particles	
Singular	*Plural*	*Singular*	*Plural*
1. omu	ova	wa	va
2. omu	omi	wa	vya
3. e	oma	ra	ya
4. o	ozo	ya	za
5. otji	ovi	tja	vya
6. oru	otu	rwa	twa
7. oka	ou	ka	wa

Example:

a) Omuatje ngu ungura kostora **ow**a Kavee. (*The child who works at the store is Kavee's.*)
b) Ozongombe **ze**tu za pandjara. (***Our** cows are lost.*)
c) Omundu ma ku wa ka yevere noruvyo **rw**otjitenda. (*The person went hunting with a **metal's** knife.*)
d) Okatana **ka** Ngahupise maku zu ka pandjara. (*Ngahupise's calf is said to be missing.*)

Possessive Pronoun	**Eraisauini**
my	yandje
your (singular)	yoye
his/her	ye
our	yetu
your (plural)	yenu
their	yao (yawo)

Negative particle

The negative particle conjunctively written to a word when it helps indicate that the value the word represents is false or negative. When written to a word, it declines the value that the word conveys. The negative particle is written to almost all the words but mainly verbs, nouns, pronoun, adjectives, prepositions. Thus, (**negative particle + verb, noun or any word = negative form**).

Example:
a) Omuatje ngo **ka**zuu.
   That child is very stubborn.

b) Inyangu **ka**zire kEpako; wa zire kOtjinene.
   Uncle didn't come from Epako, but from Otjinene.

c) Ove **ka**ove omuatje wa Hivanga, iho orata.
   Aren't you Hivanga's child, a counsel man?

d) Unombango **ke**rihongo; omuatje opuwo wa suvera omanyando.
   Unombango doesn't study, but she prefers playing around instead

The function of the negative particle is the same as that of the English adverb (not) which is use with certain verbs to render the negative form. However, it applies to many different words like nouns, verbs, adjective and prepositions.

Nominal infix

A nominal infix is inserted between the class prefix and the stem of common nouns to help the noun modify itself. Note that if an infix is not used, then preference is given to any of the nominal modifiers that would mean an extra word modifying a noun, when the noun could have been self-modifying. The nominal infix is any part that can be **inserted between the nominal class prefix and the stem to modify the meaning of the noun** in which it has been inserted. This phenomenon is most frequent amongst adversatives.

Example:
a) omundu   omu**rume**ndu
b) omu**ti**   omu**re**ti
c) omundu   omu**haze**ndu

Independent word families

For the sake of our study of how, in Otjiherero, words are used to convey thought; and before we look at these word families, we must look at basic sentence structures. This is important, because in a sentence, only two words are important: a **noun** and a **verb**.

The noun is always the subject of the sentence and the verb is always the predicate.
The noun is the subject, object of the sentence and the thing the sentence identifies or talks about is the predicate made out of a main verb representing what s said about the subject.

Example:

I am running to school.
I is the subject and **running** is the main predicate representing what is said about the subject. **School** is the object.
So, why is this knowledge important? Because we can now understand that, all the other independent and conjunctive word families function either to qualify the subject (noun) or to modify the predicate (verb). This will help us understand why some word families are independent word families and others not—the role they play around the headwords, nouns or verbs.

A noun therefore functions in two capacities in a sentence: as the subject or as the object. In these two capacities, the noun can be modified by appropriate adjectives, adverbs, prepositions etc. Note that a noun in an object position is also called a complement.
Remember that all the other words apart from the noun and verb function to bring out the meaning and intend of the noun and verb of the sentence:

Illustration:

The *beautiful*, and *very tall* **girl** ~~who~~ *was* **rushed** <u>very quickly</u> to hospital, **recovered** <u>effectively</u>.

Omuatje **omukazona** *omuwa nomure* tjinene ~~ngwa~~ **hakahanisirwe** <u>tjinene</u> konamiti wa **tutumukirwe** <u>osemba</u>.

All the words in italics are modifying the subject (noun); the words that are underlined modify the verb, those that are stroked through links the noun to the verbs. The untouched words are the main words in the sentence.
Omambo ayehe nga tjangwa omuhingo warwe maye hungire ohunga nomuatje; ku nao, omahandjaure werikuramenambo poo etjite.

The noun

A **noun** is any word that gives a name to anything. Therefore, any name is a noun. A noun is a name of person, place or thing dead or alive. Anything created has a name and its name is a noun. There is no other explanation for this.

Types of nouns

A noun falls under any of these four types:

   a) Common noun
   b) Proper noun
   c) Collective noun
   d) Abstract noun

Common noun

A **common noun** gives a general name for things with particular similar features. A singular common noun identifies a thing with the group to which it belongs; therefore, it refers to the group to which the individual thing belongs. Thus, a common noun is the general name of things with similar features.
Example:

   a) person   people
   b) shoe   shoes
   c) tree   trees
   d) cow   cows

Proper noun

A **proper noun** is a specific name. Proper noun is a specific noun that sets out against its own groups. It is different from a common noun because, in a group that a common noun identifies, every noun in it would have its own proper noun. The proper noun therefore is a name of an individual thing that sets it out against all in a group or outside of the group.

Example:

a) Undjakuje (name of a person)
b) Otjomuise (name of a place)
c) Kambambaro (name of a cow)
d) Hauhau (name of a dog)

Collective noun

Collective nouns qualify common or proper nouns occurring in groups. They qualify single groups as well as many separate groups. Therefore, plural collective nouns refer to many groups of the same common nouns. A common noun and an adjective modifier make up collective nouns.

Examples:

1. A stable of horses
2. A flock of birds
3. A swarm of bees
4. A crowd of people

Abstract noun

An **abstract noun** qualifies things that are abstract; things that cannot be touched. Thus, if something exists that one cannot touch and it has a name, its name would be an abstract noun.

Example:

Hunger, thirst, thoughts, love, possessiveness, fury

When trying to make out whether a word is a noun or off the other word families; we must consider the following points:

a)   The particular word should be able to change from singular to plural form and back.

b)   The particular word should be a name, not a word that refers to a name (modifier).

c) A noun is occasionally conjunct to a possessive particle and a negative particle; it functions as a subject or object in a sentence. Remember that the possessive particle is only conjunct to the noun that possesses the other and not the possessed.

Singular and Plural Nouns

OURIKE	SINGULAR	OUINGI	PLURAL
einya	feather	omainya	feathers
embo	book	omambo	books
erumbi	brother/sister	omarumbi	brothers/sisters
eyo	tooth	omayo	teeth
eyuva	sun	omayuva	sun
ohema	shirt	ohema	shirts
okanatje	baby	ounatje	babies
okurama	leg/wheel	omarama	legs/wheels
okuti	veldt	omakuti	veldt
okuwoko	arm	omaoko	arms
ombaze	foot	ozombaze	feet
ombwa	dog	ozombwa	dogs
omeva	water	omeva	water
omuangu	brother/sister	ovangu	brothers/sisters
omuhona	king	ovahona	kings
omundu	person	ovandu	people
omurise	herdsman	ovarise	herdsmen
omurumendu	man	ovarumendu	men
omuṯena	brother/sister	ovaṯena	brothers/sisters
omuti	tree	omiti	trees
omuzandu	male	ovazandu	males
omuatje	child	ovanatje	children
onḓu	sheep	ozonḓu	sheep
ongombe	cow	ozongombe	cows
onyara	nail	ozonyara	nails
orutu	body	otutu	bodies
oruvyo	knife	otuvyo	knives
otjimariva	money	ovimariva	monies
otjimbere	ball	ovimbere	balls
otjiṇa	thing	oviṇa	things
ouzeu	difficult	omauzeu	difficulties
tate	father	ootate	fathers

Pronoun

A **pronoun** replaces the noun at two positions in the sentence; as a subject or as the object. A pronoun could be use in these functions places as nouns but not a noun (name) itself; rather, it points to the nominal class to which the word it replaced. In this regards, understand that pronouns indicate the common noun class to which the words pronoun replace belong, and when being used, cannot help the audience identify the specific noun involved. We must understand that the pronouns identify the nominal class prefix of the particular noun and not the noun itself. Therefore, every nominal class, singular or plural, has its own pronoun, and to understand these pronouns, the specific noun that pronoun replace should precede them before they can be used. The first nominal class for people has more pronouns, though, for first person, second person and third person subjects and objects.

Pronoun	**Omapingenambo**
I	ami
he/she	eye
it	indji
we	eṱe
you (singular)	ove
they	owo
you (plural)	eṇe

The table beneath contains the following:

A noun prefix, its pronoun and its demonstratives.

Otjituwakomeho tjomuhoko prefix	epingenambo pronoun	Eraisambo - demonstrative			
		This	That	These one	Those one
omu ova	eye (he, she) eṱe (us) eṇe (you) owo (they or them)	ingwi imba imba imba	ingo imbo imbo imbo	ingwina imbena imbena imbena	ingwini imbeni imbeni imbeni
o ozo	oyo ozo	indji inḓa	indjo inḓo	indjina inḓena	indjini indjini
omu omi	owo ovyo	imbwi imbi	imbo imbyo	imbwina imbina	imbwini imbini
otji ovi	otjo ovyo	ihi/itji imbi	iho/itjo imbyo	itjina imbina	itjini imbini
e oma	oro owo	indi inga	indo ingo	indina ingena	indini ingeni
oru otu	orwo otwo	indwi itwi/iswi	indo itwo	indwina itwina	indwini itwini

oka	oko	inga	ingo	ingena	ingeni
ou	owo	imbwi	imbwo	imbwina	imbwini
ou	owo	imbwi	imbo	ingena	ingeni
oma	owo	inga	ingo	imbwina	imbwini
oku	okwo	ingwi	ingwo	ingwina	ingwini
oma	owo	inga	ingwo	ingena	ingeni

Qualifier

Qualifier as a headword serves to refer to all those individual word families that are used to modify nouns and pronouns. They always follow the word they qualify. These word families are abundant, and are similar in the way they function. Their function is to refer to a noun, to say something about a noun. All qualifiers are known by their own names in Otjiherero. Erukambo ehandjaure, ehandjaurambo, evarambo, ehandjaurambo eza metjitambo, eraisambo, eraise ropoṇa and many more.

The examples below are of qualifiers:
a) Adjective---A *beautiful* child-------------appearance
b) Numerator--- *Three* children-------------number
c) Prepositional--- *Those* cars ---------------proximity
d) adverbial adjective ---A *blunt* knife------of a verbal

Verbs

A **verb** in its common role is a word that indicates action. Now, we also know that an action takes place at a certain place and time. Thus, in order for the verb to fulfill its complete function, it needs to represent the following key functions: action and time (tenses) with the help of helping verbs: past tense, present tense and future tense.

Thus, a verb functions to fulfill those two functions plus a variety of other less significant roles in a sentence:
- A word in a sentence that is indicating the action of a noun
- A word that is indicating a tense, mood or a state of being

Examples:

1. I am *going* to the store tomorrow. (Ami me **i** kostora muhuka)
2. Where do you *work*? (Hapo u **ungura** pi?)
3. I wanted to *see* you, *is it* too late now. (Ami mbe mu **vangere**, pa **kapitwa** nai)

Remember that a list of words that are regarded as verbal prefixes are acceptably written to verb roots as one
a) Reflexive particle
b) Directive particle
c) Negative particle
d) *Oku* that is a nominal class prefix that functions in the same way as the English verbal infinitive.

Helping verb

A helping verb has two characteristics. It changes from singular to plural like noun subjects do, and changes to indicate different tenses, as verbs do. Therefore, a helping joins the subject of the sentence or clause to its verb.

Study these examples:
    a) The child *is* running to the store. (Omuatje *ma* tupuka kostora)
    b) A bicycle *does* not run faster than a car. (Okanyeti ka*ke* tupuka pohauto)
    c) If I *were* you, I *would* go home. (Andaku ami mbari ove, etjeyenda konganda)

Modifiers

The verbal **modifier** named emangurure refers to the verb. These are not such a big group but they comprise words that modify a verb, an adverb and an adjective. As is clear to see, the modifiers of verbs are adverbs in all likelihood.

The following examples are of modifiers:
Modifier—
Emangurure----omuatje wa rara ondonya----omuhingo wokutjita
Emangurure----ungura tuvari-------------omuano
Emangurure----twa ire rukuru------------oruveze

A verbal modifier is similar to the following word families: adverb, predicate nominative and predicate adjective.

Punctuations

Punctuations are use in order to help those who would read written work. They join similar parts of writing, separate different parts, similar nouns and clauses; punctuations also help to indicate thought and omissions. The use of punctuations is mainly to help with excellent and succinct writing that is easy to follow and well constructed.

The period (.)

- Period is used to end all sentence except direct questions or genuine exclamations.
  Write beneath here. (you) *Tjanga kehi mba. (ove)*
- Use periods in abbreviations
  E. H. Hoveka

The question mark (?)

- Question mark is used after a direct question.
  Where are you going? *Mo i pi?*

The exclamation point (!)

- An eclamation mark is used after a word group or sentence that expresses exceptional feeling or deserves special emphasis.
  Congratulations! *Serwa ondaya!*

The comma (,)

- The comma is used to seperate words or bundle of words in a sentence.
  I play soccer, tennis, rugby and quitar.
  Ami mbi nyanda otjimbere, okateni, orakwi notjiketara.

- Before a coordinating conjuction joining independent clauses. Use comma to seperate two independent parts (clauses) that are written as a single sentence when these are joined by conjunctions such as (and, or, beside, therefore, yet, but).
  Is it Kaetua who would go, *or* is it Uazirapi?
  Hapo Kaetua ma i, poo oUazirapi ngu ma i?

  I was tired, *therefore* I did not go.
  Ami mbari ambaurua, **ku nao** *hi ireko.*

- After an introductory clause or phrase
  When the hunters could turn to see, they say that it was on to them the big Simba lion!
  Ovayeve tji va katavizire, maku tjandje ya rondo ko onene ndji ri Kaurimbi ondumbi!

- Use a comma to seperate a short introductory statement from the rest of the sentence.
  Yes, we would go together to Windhoek.
  Ii, matu i pamwe kOtjomuise.

- Use a comma to seperate any of the sentence where you have paused if you were talking.
  I like beef alot, but not white meat at all.
  Ami mba suvera onyama yongombe, kaindji ombapa kako.

The semicolon usage (;)

- Use a semicolon between closely related independent clause not joined by a coordinating conjuction.

  The oldest ever written book is the bible; the most interesting one is Grand Narrative.
  Embo ekurukuru okutjangwa oMbeipela; enanyune rimwe o Grand Narrative.

- Use a semicolon between closely related independent clause linked with a conjunctive adverb or transitional phrase.

  My car is faster than yours;even now, we must go and race.
  Ohauto yandje i tupuka poyoye; nangarire nai, ngatu karuke otjikara.

- Use a semicolon between items in a series containing internal punctuation.

  All the team uniforms were different : Omaheke, blue; Khomas, red; Otjozondjupa, black and white; and Okunene, cream.
  Otjira atjihe tja ri nomuzaro mbwa haṇika: Omaheke, omumblou; oKhomas, omuserandu; Otjozondjupa, omumbonde; nOkunene, omurumbu.

The colon (:)

- Use a colon after an independent clause to direct attention to a list, an appositive, or quotation.
  In the lost bag were the following items: rain coat, jean pants, id card, an omni-cutter knife and a magazine.
  Mondjatu ndja pandjarere mwa ri noviṇa mbi: ondjasa yombura, omburukweva ondjina, okakarata kondjiukiro, oruvyo orukondakuvari nembo roviperendero.

- Use a colon between independent clauses if the second summarizes or explains the first.
  This was the worker's name: "Suami."
  Omuungure wa ri nena ndi: " Suami."

- Use a colon after the salutation in a formal leter, to indicate hours and minutes, to show proportions, between a title and subtitle, and between city and publisher in bibliographic entries. use
  I will go at 9:24 PM to the doctor, thereafter, to the church were we would read the Bible. We would read from the book of Isaiah 4:23.

Me i mo 9:24 P.M konganga, tjazumba, e i kombongo nu atu karesa Ombeipela. Matu karesa mu Isaiah 4: 23.

The dash (—)
The use of a dash is similar to that of a colon, but when using it, you should try to direct the reader's attention to the words that have preceded the dash. This means that the words written after the dash modify the section that has come before the dash.

- Use dashes to separate an introductory statement from its explanation or description between the two parts.
  Otjomuise and kahandja—those two are beautiful cities.
  Otjomuise na Kahandja—ovihuro vivari oviwa mbyo.
  Those who mess with other's efforts—those are the people I do not deal with.
  Ovanyandere vomozongondjero zovakwao-imbo oovandu mbu mbi haṯunu ko.

- Use dashes to set off appositives that contain commas. An appositive is a noun or noun phrase that renames a nearby noun. Ordinarily most appositives are set off with commas, but when the appositive contains commas, a pair of dashes helps readers see the relative importance of all the pauses.
  Let us go to watch soccer-no, let us eat first.
  Ngatu yende kotjimbere—kako ngatu itji ri rutenga.

- When writing dialogue, if one wants to show omission of a word or part of a word, the dash is used.
  "Did that boy go—?" grandfather asked. *"Omuatje ngo wa i ko—?" inyangu wa purire.*

The parentheses usage (())
- The parentheses is to enclose supplemental meterial, minor digressions, and after thoughts. Also is use to enclose letters or numbers labeling items in a series.

  We all grew up in the same street (Kutako).
  Atuhe twe kurira motjitaova tjimwe (Kutako).

  The school will close tomorrow (Friday)
  Oskole mai pata muhuka (Oritjatano).

The use of a hyphen (-)
The hyphen is use to link parts of a compound word. It also indicates that a word or part of a word has been continued on the next line, when the word does not fit at the end of the particular lines margin. The hyphenated word should be longer so not to fit in the space left before the obstructing margin. The punctuation mark should divide the word between two syllables.

A syllable is the smallest readable part that any word can be divided into and still be read. The Concise Oxford dictionary defines a unit of pronunciation having one vowel sound.

Look at the examples below:

A tall, towering, coffee colored man is the one who is tipped to have stolen food from the Okovimburu school.	√
A tall, towering, coffee colored man is the who is tipped to have stolen food from the Okovimburu school.	one

The apostrophe (')

This punctuation is use to indicate the elision of letters, words or numbers.

During the year '80, is when we went to war. *Mombura ndji o '80, otji twa ya kovita.*

Double quotation marks (" ") and single quotation mark (' ')

- Use quotation marks to enclose direct quotations of a person words, whether spoken or written.
  "This child likes to take time; when are you going to be ready so that we can go?" fathers said to Karumbii.
  "Omuatje u rongaronga, hapo mo mana rune ovandu ve kayende?", Papaa wa purire nao ku Karumbii.

- Place question marks and exclamation points inside quotation marks unless they apply to the whole sentence.
  Is it Tjipangandjara or Kandambungu who said, 'That which is rotten begs its conceiver "?

- Use quotation marks around the titles of short works: poems, songs, radio programs and episodes of television, and chapters of books. Also used around nicknames and unofficial names.
  The radio *program "Kurakurisee ouruvi"* is one of those that are wished for before major functions; perhaps the people like to win free tickets to the functions.
  Clemens "Nguundjua" Tjano was one of the leading boxers amongst the Herero.
  When we got there, all we could here was 'Hey Jeffy, deal die Mulla man".

- The single quotation marks to enclose a quotation within a quotation.
  Kakujarukua said, "We would, today, borrow from the famous speech of Martin Luther 'I have a dream '".

ENGLISH – OTJIHERERO DICTIONARY

Aa

a (*n*)	a
a kiss	oruhupito
aardvark (*n*)	ondjimbandjimba
abandon (*v*)	isa, humba, imbirahi
abate (*v*)	tjeka(e), yaruka kehi
abbreviate (*v*)	konda, susuparisa
abbreviation (*n*)	omasusuparisiro
abdomen (*n*)	*belly-* ezumo, *stomach-* opehuri, otjimbangwe, kehi yezumo
abduct (*v*)	*kidnap-* uma, *snatch-* yeka
abhor (*v*)	*dislike-* yaukisiwa, *despise-* nyengwa, tonda
abhorrence (*n*)	*aversion-*eyayu, *loathing-*onyengo, *detestation-*munyengwatima
ability (*n*)	*capacity-* omaenenisiro, *being able-* okusora
able (*adj*)	okusora, okuyenena
abolish (*v*)	yandeka, isa ko, isa po
abomination (*n*)	ombondi, ondjaukwe, ondova
abort (*vi*)	iparekisa
abortion (*n*)	okuipareka[*ezumo*]
about (*adv*)	*approximately-* popezu, pu, *all around-* ohunga, *almost-* hara, ape
above (*adv*)	kombanda
abreast (*adv*)	ozombarakana, otjituve notjittuve
abruptly (*adv*)	tjimanga
abrus precatorius (*n*)	otjindwapa
abscess (*n*)	esena, otjihongo
absence (*n*)	okuhakara (mo, ko, po), okuheripo
absent (*adj*)	kaere, kaera, okuhakara po
absorb (*v*)	pwira, nina
abstain (*vi*)	ritjaera
abstinence (*n*)	okuritjaera [*koruvakiro, komunoko, kotjikariha na viarwe*]
abstract (*vi*)	hana
abstraction (*n*)	*deduction-* omahaneno, *extraction-* omahomoneno
absurd (*adj*)	eyova
absurdity (*n*)	ouyova
abundance (*n*)	ombyarero, ondjoura
abuse (*v*)	*exploit-* ondjambururiro, *improper use-* okutatumisa, ondatumisire
abuser (*n*)	omutatumise
acacia (*n*)	orungondo
acacia erubescens (*n*)	omungongomwi
acacia fleckii (*n*)	omutaurambuku
acacia hebeclada (*n*)	otjimbuku
acacia mellifera (*n*)	omusaona
acacia nebrowni (*n*)	orupunguya
acacia reficiens (*n*)	omungondo
acacia seed (*n*)	otukarakaka
acacia senegal (*n*)	omuryangava

accelerate (*v*)	hakahana, weza
accent (*n*)	orukaka
accept (*v*)	*agree to terms*-itavera, *take on duty*-yakura
acceptable (*adj*)	otjiyakurwa
acceptance (*n*)	omaitaverero
access (*n*)	omahitiro
accessible (*adj*)	kamuaha
accident (*n*)	*unplanned event*-oumba, *catastrophe*-otjionga, *mishap*-otjipo
accommodation (*n*)	omasekirisiro
accompany (*v*)	ṭika
accomplish (*v*)	*reach point in time*-yenenisa, *achieve something*-mana
according (*v*)	okuza
accumulation (*n*)	heka, ombwiko
accusation (*n*)	omakumininino
accuse (*v*)	kuminina, rondora
accused	omurondorwa, omukumininwa
accuser (*n*)	omukuminine, omurondore
accustomed (*adj*)	*adapted*- rendera, *used to*- iririra
ache (*n*)	*ache* -omuhihamo
	take something offered- kambura
(*v*)	*be painful*- hihamwa
achilles tendon (*n*)	oruna
across (*adv*)	tyakaṇa
active (*adj*)	panḍipara
activities (*n*)	ovitjitwa
activity (*n*)	otjitjitwa, oupanḍi
adapt (*v*)	rendera, iririra
add (*v*)	hoha, twako, tjoza, weza
addition (*n*)	otjiweziwa, okuweza
adhere (*v*)	*stick firmly*-kakatera, *stay*-vanḍa
adhesive (n)	otjikakatere, epya
adjective (*n*)	ehandjaurambo
administration (*n*)	omakaendisiro woviungura
administrative (*adj*)	ovaungure, -maunguriro
admiration (*n*)	ondengero, ondjozikiro
admonish (*v*)	ronga
admonition (*n*)	*warning*-eronga, *advice*-omarongero
adolescence (*n*)	outere
adolescent (*adj*)	etere
adopt (*v*)	*legally raise another's child*- yumba, okuyumba, *approve*- itavera, *custom to*- iririra
adorn (*v*)	zareka
adult (*adj*)	omunene
adultery (*n*)	oruvakiro
adulthood (*n*)	ounene
advance (*v*)	ryamisa
advancement (*n*)	omaryameno

advantage(*v*)	rivatera na, oupupu
adversary (*n*)	omunavita, omutonde
adversity (*n*)	epumbo, eputi, ouzeu
advice (*n*)	okupopa, okuyandja ondunge
advise (*v*)	kwambera ko, ŋanga, ŋangerako, ronga, rakiza
adviser (*n*)	omuŋange, omuronge, omuyandja ndunge
advocate (*n*)	omuhungirirepo, omuvyongere po
aeroplane (*n*)	onḑera
affect	zunḑarisa
affection (*n*)	oruhuro, orusuvero
affectionate (*adj*)	okuhura
affirm (*v*)	zikamisa
affirmation (*n*)	omazikamisiro
affluence (*n*)	orutumbo, outumbe, omukwatwa wanawa
afraid (*adj*)	*frightened-* handuka, *reluctant-* okutira
Afrikaans (*n*)	Otjimburu
after (*prep*)	kombunda
afterbirth (*n*)	orukutu
afternoon (*n*)	*daytime-* ometaha, *later-* kombunda yomahatenya
afterpains (*n*)	ohahaŋe
afterwards (*adv*)	kombunda, tjazumba
again (*adv*)	rukwao
age (*n*)	ozombura
aged (*adj*)	oukurupe, omunene
age-group (*n*)	*people of similar age-* (*Sin.* ekura), (*Pl. omakura*), *generation-* otjiwondo
agenda (*n*)	ondando
agent (*n*)	omuungurirepo
aggravate (*v*)	*worsen-* zunḑaunda, *annoy-* pindikisa
aggress (*v*)	tenga, toka
agility (*n*)	okuhakahana, ouhakahane
agitate (*v*)	zunganisa
agitation (*n*)	*disturbance-* okuzungana, *shaking-* omazunganisiro, *campaigning-* omazunganeno
agitator (*n*)	omuzunganise
ago (*adv*)	*before-* rukuru, *earlier-* omarero
agony (*n*)	omuhihamo omuzeu
agree (*v*)	*consent-* itavera, *admit-* zuvasana
agreeable (*adj*)	okuzuvakwa, omazuvasaneno
agreement (*n*)	*contract-* omakutasaneno, *consensus of opinion-* omazuvasaneno, *same opinion-* onḑuvasaneno
agriculture (*n*)	otutumbo novikunwa
ahead (*adv*)	*forward-* komeho, *in front-* komurungu
aid (*n*)	*help-* ombatero, *assistance-* ondjamo, *nourish-* okuṭiza
(*v*)	*sustain-* ṭiza, *foster-* yama, *assist-* vatera
aim (*v*)	pambaha, ondandero, ondando, (pl.*ozondando*)
air (*n*)	omuinyo, orumuinyo

air conditioner (*n*)	omahina yombembo ondarazu
airplane (*n*)	onḓera
airport (*n*)	orutjandja rwozonḓera
akin (*adj*)	okusana
alarm (*n*)	orukaro
albumen (*n*)	orundindo
alcohol (*n*)	*intoxicating drinks-* omunoko, otjikariha, *beverages-* omanuwa
alcoholic (*n*)	omunḓoronge, omunwe
(*adj*)	otjinḓorongise
alert (*adj*)	*watchful-* kangi, *awake-* kara katumba, *warn-* kengeza
alien (*n*)	omundu wambangu
alienate (*v*)	yeka, humba
alike (*adj*)	wasana, sana [*people-* vasana; *things-* viasana; *animal and things-* zasana]
alive (*adj*)	u nomuinyo
all five (*adj*)	aveyetano
all four (*adj*)	aveyeine
all three (*adj*)	aveyetatu
all (*adj*)	(*people-you-* amuhe, avehe, auhe, atjihe, *us-* atuhe), (*animal-any-* aihe, *every-* azehe), (*things, amount, area, quantity-* aehe, ayehe, avihe, atjihe, arihe)
(*adv*)	otjimbumba
allergy (*n*)	omutjise wozombato
alliance (*n*)	*association-* omerikutiro, *relationship-* oupanga
allow (*v*)	*let-* yandjera, *permit-* esa, yesa
Almighty (*adj*)	Omunamasaayehe
almost (*adv*)	ape, *approximately-* tjimuna, *about-* hara
aloe dichotomy (*n*)	otjindombo
alone (*adj*)	*by your self-* erike, *isolate-* peke
along (*adv*)	puna
alongside (*adv*)	varama
also (*adv*)	*similarly-* wina, *in addition-* noho, nawina
altar (*n*)	otjipunguhiro, otjirangerero
alter (*v*)	rundurura
although (*conj*)	nanda, nangarire
altogether (*adv*)	avihe pamwe
always (*adv*)	*all the times-* aruhe, *at times-* otjikando atjihe, *every time-* oiri aihe
alzheimer's disease (*n*)	omutjise omuhiparise
amazed (*v*)	okuhimwa
amazing (*adj*)	oukumise
ambiguous(*n*)	ombambaukiro
ambition (*n*)	onḓero
ambulance (*n*)	etemba rovavere
Amen (*exclamation,n*)	Amena
ammunition (*n*)	*bullet-* ohanga, *weapons-* otjizepe
ammunitions (*n*)	ovirwise
among (*prep*)	*between group-* mokati, *middle of-* pokati

amount (*n*)	otjivaro
amuser(*n*) *deceive by distraction*-omuhimise, *make somebody laugh*-omunamituka
amusing (*adj*)	otjihimise
anal (*adj*)	ondovi ko maandero yo ura
analogy (*n*)	okuyarisa osaneno
analysis (*n*)	omapangununino
analyst (*n*)	omupangunune
analyse (*v*)	pangununa
anatomy (*n*)	orutu romundu, rovipuka no vihape; omerihongero worutu romundu, rovipuka poo rovihape
anatree [*faidherbia albida*] omue	
anatree's pod (*n*)	orue (Pl. *otue*)
annexure(*n*)	otjihova
ancestor (*n*)	hiyamuhoko, hokuru, honini, ovakuru
and (*conj*)	na, no, nu
anemia (*n*)	omuhena mbindu morutu
anesthetic (*n*)	omuti wo kuisamo omuhihamo
angel (*n*)	omuengeli
anger (*n*)	*madden-* omapindi, *rage-* omazenge
angle (*n*)	otjikoro
Angola (*n*)	oAngola
Angolan (*n*)	Omuangora, Ovaangora
angry (*adj*)	*mad-* pindika, *annoyed-* sikauka, *fuming-* handja
animal (*n*)	otjipuka (Pl. *ovipuka*)
ankle (*n*)	otjingombwe
announce (*v*)	*make known-* tjivisa, *broadcast-* handjaura
announcement (*n*) *declaration-* amazuvarisiro, *revelation-* eraisiro, *notice-* omatjivisiro, omahepuriro, *broadcast-* omahandjauriro
announcer (*n*)	omuisane woRadio poo woTV
annoy (*v*)	*irritate-* handjisa, *bother-* kandaiza
annual (*adj*)	ombura, mombura
annuity (*n*)	omasutiro rumwe mombura
annul (*v*)	yandeka
anoint (*v*)	twirisa
another (*adj*)	*some other-* tjarwe, *different place-* parwe, *one more person-* warwe
another one	yarwe, tjarwe, warwe
answer (*n*)	*response-* eziriro (Pl. *omaziriro*)
(*v*)	*reply-* zira
ant (*n*)	ombuka
anthem (*n*)	eimburiro rehi
anthill (*n*)	otjitundu
anthropology (*n*)	omerihongero wombutiro yo undu no ngaro, ondjito nehupiro
antibiotic (*n*)	omuti omuzepe wouzuwo woupuka morutu
anticipation (*n*)	omaundjiro
antonyms (*n*)	omapirurasane

anus (*n*)	onusu
anxiety (*n*)	omerikendero
any (*adj*)	*every-* auhe, *whichever-* ngamwa, *all-* avihe
anybody (*pron*)	auhe
anyplace (*adv*)	ngamwa
anything	kangamwatjiṉa
anytime (*adv*)	oiri aihe, oruveze aruhe
anywhere (*adv*)	ngamwa apehe
apart (*adv*)	peke, pendje
apartheid (*n*)	ombangu yozo mburu
ape (*n*)	ondjima
apologize (*v*)	ningira ondjesiro
apology (*n*)	ondjesiro
apostle (*n*)	omuhongewa, omuapostele
apostrophe [']	otjiraise tjoviletera mbya isapewa
April	Kozonyanga
appearance (*n*)	*look-*omamunikiro, ombunikiro, *form-* ombuniko
appendix (*n*)	*body part-* okaura, *book part-* otjihondjewa, otjihohowa
appetite (*n*)	eraru, ozondya, omuravandjara
appetizer (*n*)	eriro pokati koruveze
applause (*n*)	tona omake
apple (*n*)	otjiapla
applicant (*n*)	omuningire
application (*n*)	omarorero
apply (*v*)	*request-* omaningiriro, *put on-* hwaa, *use-*ungurisa, *have to do with-* otjiperi
appointment (*n*)	oruveze rokuhakaena
appreciate(*n*)	*rise-*okuvara, *value-*okuyakura
approach (*v*)	tumbuka, riama
approval (*n*)	*favorable feeling about something-* orutjato, *appreciation-*onyune
approve (*v*)	itavera, yandjera
approximately *(adv)*	mangara
apron (*n*)	*male garment-* ombuku, *female garment-* oruheke, oruhira
Arab (*n*)	Omuarapa (Pl.*Ovaarapa*)
arbitrate (*v*)	pangura
archaeology (*n*)(*ancient cultures*)	omerihongero wo zondjuwo, ovitenda no viṉa ovikuru vyo uye
argue (*v*)	*express disagreement-* patasana, *give reason for something-* pimbasana
argument (*n*)	*quarrel-* ombata, *disagreement-* ombatasaneno, *dispute-* ozombata
argumentative(*adj*)	ozombataṉise
arid (*adj*)	ongaango, onguruhu
arid region (*adj*)	okuti onguze
arise (*v*)	*stand up-* sekama, *get up-* yeruruka, *sit up-* penduka
arm (*n*)	okuoko, *strong arm-* ongete

armpit (*n*)	okuapa
aroma (*n*)	omunuko
around (*adv*)	kozosyo, ongondoroka
arousal (*n*)	omatinga
arrange (*v*)	ṭuna
arrangement (*n*)	*preparation-* onḓunino, *planning-* ondyero, *way in wich something is organized-* omaṭunino, omuano
arrest (*v*)	kambura
arrival (*n*)	*reaching of a place-* okuvaza, mayendero, *moment when something begin-* omeyero, *time of reaching a place-* amaherukiro, okuya
arrive (*v*)	*turn up-*tukuruka, vanduruka, tumbuka, *appear-*ya, yenda, *come-*weya, *came-*weere, *land-* heruka, wirira, *get there-* vaza
arrogance (*n*)	*conceit-* omanyengu, *strong feeling of self-* omeritongamisiro
arrogant (*adj*)	ritongamisa
arrow (*n*)	otjiku
arrow-head (*n*)	oheo
art (*n*)	ounongo
artery (n)	omusepa wombinḓu
arthritis (*n*)	oramatika
article (*n*)	omatjangwa
artist (*n*)	*performer-* omunangongo, *skilled person-* onongo
as (*conj*)	tji, tjinga, tjimuna, punga
as if (*conj*)	aayoo, ayoo, etjoo
ascend (*v*)	ronda
ascension (*n*)	omarondero
ash (*n*)	omutwe
ashamed (*adj*)	*shame-* ṭohoni, *humiliated-* ṭisa ohoni
aside (*adv*)	*sideways-* kosyo, *away-* posyo, *apart-* peke
ask (*v*)	*request-* ningira, himba, *question-* pura
askew (*adj*)	hendama
asleep (*adj*)	rara
aspect (*n*)	omukuma
assemble (*v*)	*accumulate-* wongara, *gather-* worongana
assembly (*n*)	omawongarero
asset (*n*)	ouini (Pl. *omauini*)
assistance (*v*)	ombatero
assistant (*n*)	omuvatere
associate (*n*)	omuungure pamwe
assume (*v*)	ndaasi
assurance (*n*)	okupambarera
assure (*v*)	*nail down-* pambarera, raera, *re-assure-* kwizika
asthma (*n*)	okupama omuinyo
astonish (*v*)	himisa
astonished (*v*)	temwa
astonishing (*adj*)	himise
astonishment (*n*)	okukumwa

astronaut (*n*)	omundu nguyenda ko mueze
astronomy (*n*)	omerihongero wo uye wo zonyose
at (*prep*)	mu, pu
attach (*v*)	hondja
attack (*v*)	*fight-* rwisa, *strike-* wira
attempt (*n,v*)	*try to do something-* kondja, *challenge-* orukondjo
attention (*n*)	ombango
attentive (*adj*)	puratena
attire (*n*)	omuzaro
attitude (*n*)	*approach-* ondjito, *manner-* ongaro, otjivepo
attorney (*n*)	ohahende, omupangure
attract (*v*)	hemena
auction (*n*)	ofandisa
audience (*n*)	omutarere (Pl. *ovatarere*), otjimbumba
August	Katjose
aunt (*n*)	ohongaze, tandaa
author (*n*)	*creator-*omuute, *writer-*omutjange
authority (*n*)	ouvara
automobile (*n*)	*vehicle-*ohauto, *sedan-*otjikomona
Autumn(Fall) (*n*) Okuṉi [***in Namibia March 21 - June 22***]	
	[***USA September 23 - December 21***]
avenger (*n*)	omunangore
avenue (*n*)	*street-*ondjira onene motjihuro, *possibility-*omwano ware
avoid (*v*)	okutjurura
awake (*adj*)	katumba, yanḓimuka
away (*adv*)	kepo
away forever (*adj*)	iririre
awl (*n*)	ondungo
axe (*n*)	*machete-* ekanyama, *blade-* ekuva

Bb

Babe (*n*)	embo ndi riungurisiwa oku yarisa orusuvero ko musuverwa, small child-okanatje poo omuatje omuṯiṯi
baboon (*n*)	ondjima
baby (*n*)	okanatje
baby excreta (*n*)	omukaro
baby-sitter (*n*)	omuṯize wokanatje
bachelor (*n*)	omukombe
backbone (*n*)	eṯupa retambo
backpack (*n*)	ondjaṯu yometambo
back-part (*n*) *spine-*etambo, *in reverse-*ombunda,	
*part of the rear-*otjikondambunda	
backwards (*adj*)	henuka, ombunda
bad (*adj*) *indicating an unfavorable assessment-*ombi, *something unpleasant-*otjivi	

badluck (*n*) *misfortune*-oseve, *producing disappointment*-ouhumandu, ouparandu
badly (*adv*) navi
badness (*n*) ouvi tjinene
bag (*n*) ondjatu
bail (*n*) okurisuta
bald spot (*n*) eparu
baldness (*adj*) euwa
balanced (*adj*) ohinauhendi
ball (*n*) otjimbere (Pl. *ovimbere*)
ballad (*n*) omuroro
balloon (*n*) okambarona, ombalona
banana (*n*) otjipanana
bangle (*n*) ongoho, ondengura
bank (*n*) *business that keeps money*-ombaanga, *steep side of the river*-otjikere
bankrupt (*adj*) okumbangorota
banquet (*n*) omukandi
baobab tree (*n*) omumbuju
baptism (*n*) ombapitisimo
baptize (*v*) papitisa
barber (*n*) omuhore poo omukonde uozondjise
barefoot (*adv,adj*) huuna
bareheaded (*adv,adj*) kauhungu
bareness (*n*) omuzu
bark (*n*) *outer layer of tree*- otjitatu, *strip bark from tree*- omuhuva
    (*v*) *dog'noise*- ukira, okukira, okukwa ozombinde
barn (*n*) otjunda
barrel (*n*) otjikuve
barren (*n*) onguzu, ongandji
bartering (*n*) ombimbasaneno
basic (*adj*) otjina tjiuaso okutjiwa
basic education omahongero wombutiro
basket (*n*) otjimbamba
bat (*n*) ondiri
bath (*n*) otjizeva
bathe (*v*) koha
bathroom (*n*) ombata, etuwo romeri kohero
bathtub (*n*) etemba rokurikoherwa
batter (*n*) oruhere
battery (*n*) opatirii
battleground (*n*) orupare pu pa rwirwa ovita
bay leaf (*n*) otjiyao tjohauveve
be (*vaux*) hara, ta
be astonished himwa
be bought randwa
be cut henywa
be joined hondjwa
be licked raswa

be pulled	nanwa
be pushed	tuvwa, undurwa
be rubbed in	vavwa
be tired	urwa
be waited	undjwa
beach (*n*)	po kuvare, okuvare
bead (*n*)	okandjendje (Pl. *oundjendje*)
beam (*n*)	ohanya, ondimbo
bean (*n*)	ekunde
bear (*n*)	ongu
(*v*)	okutjinda, *give birth to*-okupanduka, okukwata
beard (*n*)	oruyezu
beast (*n*)	otjipuka
beat (*v*)	memuna, tona
beater (*n*)	*mixer*-otjiwaneke, *someone who hit*-omutone
beautification (*v*)	omapwisiro
beautiful (*adj*)	*something stunning*-ombwa, *good looking person*-omuwa, *something good looking*-otjiwa, omiwa
beautify (*v*)	hareka, pwisa
beauty (*n*)	ouwa
becareful	ṭakamisa, tjevera, ritjevera
because (*conj*)	mena, mena rokutja, motjimbe
become (*v*)	hara, nanuka, rira
bed (*n*)	ombete
bedbug (*n*)	ombombo
bee (*n*)	onywitji (Pl. *ozonywitji*)
beef (*n*)	onyama yongombe
been (*past partc.*)	otjitjitwa
beep (*n*)	ombosiro
beer (*n*)	ombira
beestings (*n*)	otjihenga
beet (*n*)	otjirotepete
beetle (*n*)	ombwayakaingene
before (*adv,prep*)	*ahead of*-komurungu, *earlier*-rukuru
beware (*v*)	ṭakamisa
beg (*v*)	*ask for food*- hehera, hekena, *ask for charity*- ningira, riyarikaṇa, *plead*- riheka
beggar (*n*)	*a person who ask things from stranger*- omuningire, omuhekene, omuriarikaṇe
begging (*n*)	eningiriro, omahekeneno
begin (*v*)	uta, tuvira
beginning (*n*)	*creation*- ombutiro, *establishment*- rutenga
behave (*v*)	ritjinda
behavior (*n*)	*manners*- omeritjindiro, *actions*- ondjito
behind (*adv*)	*later*- kombunda, *in back of*- kongotwe, *body part*- ongotwe, otjikondambunda
beige (*adj*)	*taupe*- otjihoni, *light brown*- otjirumbu, *camel*- otjivahe

belief (*n*)	ongamburiro
believe (*v*)	kambura
believer (*n*)	omukambure
bell (*n*)	ondiwo
bellow (*n*)	ombao
belly (*n*)	ezumo
belly-button (*n*)	omuṯuu
belong (*vi*)	na
belonging (*n*)	ouini (Pl. *omauini*)
beloved (*adj*)	*favorite*-hivirikwa, *much loved*-musuverwa
below (*adv*)	kehi
belt (*n*)	ekwamo
bench (*n*)	ombaanga, otjihaamwa
bend (*v*)	*curved angle*- kata, *stoop*- ongota, *act of bending*- peta, *crook*- rikota, *twist*- wonyisa, *bow*- kotama
bending (*n*)	omakatero, omaorero
benediction (*n*)	ondaya
benefit (*n*)	*assistance*- ombatero, *subsidy*- otjiyandjewa, oviparure
benevolence (*n*)	*charitable*- ouyandje, *generous act*- otjari
bent (*adj*)	ongota
bent over (*v*)	mongora, okumongora
beside (*prep*)	meṋe, peṋe, posio
best (*adj*)	otjiwa tjinene, omaandero
bestman (*n*)	omuuomborore
betray (*v*)	*tell*- horora, *be disloyal*- zepaisa
better (*adj*)	*higher standard*- otjiwa komeho
(*v*)	*improve*- pwisa
between (*adv*)	mokati, pokati
beverage (*n*)	omanuwa
beware (*v*)	ṯakamisa
bewilder (*v*)	pukisa
bewitch (*v*)	rova
bewitched (*adj*)	rowa
bewitcher (*n*)	omurove
beyond (*prep,adv*)	hembandina, hembakana
(*v*)	panduka, kwata
biannual (*adj*)	tuvari mombura
bias (*n*)	ongarera
Bible (*n*)	Ombeipela
bicycle (*n*)	okanyeti
big (*adj*)	*a great size*-otjitwezu, *sizeable*-otjinene
big Dutch oven (*n*)	ombyangombe
big frog (*n*)	okaposandjombo
big lizard (*n*)	otjimborova
bigamy (*n*)	okukupa pevari
bike (*n*)	okanyeti
biker (*n*)	omukavire wokanyeti

bile (*n*)	onango
bilingual (*adj*)	okuhingira omaraka yevari
billion (*n*)	etau
bimonthly (*adj*)	tuvari momueze
bind (*v*)	*attach*-kakatera, *tie*-kuta, okukuta, *tie somebody's hands or feet or animal's legs together*- pandeka
binoculars (*n*)	otjitare tjo kokure
bird (*n*)	ondera (*pl. ozondera*), okazera (*pl. ouzera*)
birth (*n*)	*labor*- ombandukiro, *being born*- ongwatero
birth control (*n*)	okutjurura orukwato
birthday (*n*)	eyuva rongwatero
birthmark (*n*)	evara
birthright (*n*)	ouini, otjirumatwa
bishop (*n*)	omuepiskopi, ombitjofa
bit (*n*)	koutitititi, okana
bitch (*n*)	ombwa ondendu
bite (*v*)	*small quantity tasted*- humbura, *grip with teeth*- rumata, teta
bitter (*adj*)	*tart*- otjiruru, *sour*- ouyake
bitterness (*n*)	oururu
biweekly (*adj*)	moviveke vivari
black (*n*)	*person*- omuzorondu
(*adj*)	*color*- otjizorondu
black nut (*n*)	ombanywi
black scorpion (*n*)	omukerenyungu
black wasp (*n*)	ondanduze
blackboard (*n*)	otjitjangerwa, "otjimborta"
blacksmith (*n*)	omuhambure uovitenda
bladder (*n*)	otjene
blame (*v*)	yandja ondjo
blanket (*n*)	otjirare, otjikumbiasa, onguava
blaze (*n*)	orururumo
bleach (*n*)	ondjika
bleaching (*v*)	yepaerisa, yepaera
bleat (*v*)	vandara
bleed (*v*)	ziza ombindu, ziza omukota, okuziza ombindu
blend (*v*)	zunga
bless (*v*)	sera ondaya, yambeka
blessing (*n*)	ondaya
blind (*adj*)	potupara, twika
blindness (*n*)	oupotu
blister (*n*)	etwiyu
block (*n*)	*area of a city*- omunda uotjihuro, *section*- otjipaka (Pl. *ovipaka*)
(*v*)	*prevent*- korongana, seta
blond (*adj*)	ozondjise ozondumbu
blood (*n*)	*liquid*- ombindu, *relationship*- omuhoko
blood disease (*n*)	etera
bloom (*v*)	osundu

blossom (*v*) nyomoka
blouse (*n*) okavanda kokombanda komukazona
blow (*v*) *increase size-* hohiza, *make air current-* hinga, singa, suvira, *destroy-* pamuna, *become angry-* pindika
blowing (*n*) *sending a stream of air out-* omasuviriro, *destroy by explosion-* omapamukiro
blue (*adj*) otjimburau
blunt (*adj*) otjiṱi
bluntly (*adv*) ṱi
blush (*n*) otjize
boast (*v*) nyenuna, rihiva
boasting (*n*) enyenyo
boat (*n*) okayaha komomeva
body (*n*) *physical form-* orutu, *organ-* otjinepo
boil (*n*) *swelling-* otjinuise, *heat-* surumuka
   (*v*) *heat-* suma
bold (*adj*) ombanḓe
bomb (*n*) ombomba
bond (*n*) *connection-* orusuvero
   (*v*) *glue-* kakaterisa
bone (*n*) eṱupa
bonus (*n*) ondjambi, ondjeziwa
book (*n*) *text-* embo
   (*v*) *arrange-* twirika oruveze
boot (*n*) *shoe-* ombutje, *storage space-* ombaki, ondingi
   (*v*) *make ready-* utisa okombyuta [*computer*], okuutisa okombyuta
border (*n*) omuruko
borehole (*n*) ondjombo
boring (*adj*) epondo
born (*adj*) wakwatwa [*uakuatua*]
borrow (*v*) yazema
borrower (*n*) omuyazeme
boscia albitrunca (*n*) omungwinḓi
boscia albitrunca fruit (*n*) ongwinḓi
boss (*n*) omuhona, omunane
both (*pron,adj*) aveyevari, ayeevari
Botswana (*n*) Otjawana
bottle (*n*) ekende
bottle store (*n*) ondjuwo yomavinu
bottles (*n*) omakende
bottom (*n*) kehi
bought (*past participle of buy*) randwa
bounce (*v*) tukatuka
bouquet (*n*) epunda ro vimbloma
bow tie (*n*) otae, osiripisa
bow (*n*) *instrument-* outa, otjihumba, *knot-* epu
   (*v*) *bend-* ripeta

bowl (*n*)	otjipiringi
bowstring (*n*)	omuko
box (*n*)	*container-* otjikesa, *safe for valuables-* otjipwikiro
boy (*n*)	omuzandona
bra (*n*)	okaṱize komavere
bracelet (*n*)	ongoho
brackish place (*n*)	otjongwa
brag (*v*)	nyenyena
braid (*v*)	kuta, okukuta
brain (*n*)	ouruvi
brake (*n*)	otjireme
bran (*n*)	otjisisiro
branch (*n*)	*tree part-* orutavi (pl. *otutavi*), otjitavi, *part-* orukondwa
brave (*adj*)	*without fear-* ependa, omutima omukukutu, pendapara, *fighter-* epatje ombangaṋe, ombanḓe
bravery (*n*)	oupenda, ouvanḓe
bread (*n*)	omboroto
bread-crumb (*n*)	otjimborokototwa
breadth (*n*)	omaparangero, ouparanga
break (*v*)	*damage-* hahaura, humbura, koyoka(e), koyora, nyanyaura, teya, teka, timbura, *not obey-* teya, *rest-* okarusuvo, osuviriro, *make known-* zuvarisa
break up (*adv*)	*end-* haṋika, *divide-* haṋa
breakable (*adj*)	otjiteke, otjikoyoke
breaker (*n*)	omuteye, omuhaṋe
breakup (*n*)	omahaṋikiro, okuhaṋika
breast (*n*)	evere (pl. *omavere*)
breast-feed (*v*)	okunyamisisa
breath (*n*)	omuinyo (pl. *ominyo*)
breathe (*v*)	suvana
breathing (*adj*)	omusuvano
breed (*v*)	*raise animals-* orutumbo, *have babies-* kwata
breeze (*n*)	orumuinyo
brew (*v*)	kondisa
brick (*n*)	ohima
bride (*n*)	omukupwa
bridesmaid (*n*)	omuṱike, omuondjoze
bridge (*n*)	ondopa
bridle (*n*)	otjitoma
brief (*adj*)	ousupi, katjisupi
briefly *adv*)	nousupi
bright (*adj*)	yera, yere
brighten (*v*)	yerisa
brightness (*adv*)	*strong light-* ouyere, *smartness-* ozondunge
bring (*v*)	eta, hihiza
bring back (*adv*)	kotora
bring closer (*adv*)	minuna

bring down (*adv*)	raura
bring into (*v*)	hitisa
bring out (*adv*)	pitisa
bring up (*adv*)	urisa
British (*n*)	Omubrititja
broad (*adj*)	ombaranga, otjiparanga

broadcast (*v*) *transimit information-* handjaura, *make widely known-* inganisa
broadcaster (*n*) omuhandjaure wo mbuze
broadness (*n*) ouparanga
brochure(*n*) ouvapira wondjivisiro
broil (*v*) yareka, tereka
broke (*adj*) *no money-*ousyona, oumbangorote, not in working condition-teka
broken (*adj, past tense of break*) teka, poka, hahauka, nyaika, nyanyauka
broom (*n*) otjikombo
broth (*n*) omanyuṋe wonyama
brother (*n*) *male addressing male sibling-* erumbi, omuangu, *female or male addressing opposite sex sibling-* omuṱena
brotherhood (*n*) *fellow member or having same parents-* ourumbi, ouangu, *close male friend-* ouzamumwe
brother-in-law (*n*) omukwe
brown (*adj*) *person-* omuhoni, *thing or animal-* otjihoni
bruise (*v*) kururuka
brush (*n*) okakombo, otjikombo
brutality (*n*) ondatumisire
brutalize (*v*) tatumisa
bubble (*v*) *boil-*suma, *reach boiling point-*tjokotja
buchu (*n*) otjizumba
bucket (*n*) otjiemere (pl. *oviemere*)
buckle (*v*) *clasp-* pata, *fasten-* kuta
bud (*n*) osunda
budded, budding (*v*) nyomoka
budget (*n*) ombandjeta, otjimariva otjiungurisiwa
buffalo (*n*) otjimburu, wildebeast
bug (*n*) okapuka (pl. *oupuka*)
build (*v*) tunga
builder (*n*) omutunge uondjuwo
building (*adj*) omatungiro
bull (*n*) ondwezu
bullet (*n*) ohanga
bump (*n*) *lump on surface-* ondumba
bunch (*n*) epunda
bundle (*n*) ohuto, onguta
bunny (*n*) okapyona, okambambyona
burden (*n*) omutwaro, otjitendeko
burial (*n*) ombakero
burn (*v*) *set on fire-* nyosa, *damage because of heat or fire-* pya, emit light- yaka
burnt (*n*) otjipiro

burp (*n*)	otjive
burst (*vi*)	*rupture-* pamuka, *split or break-* pauka, *explosion-* wipa
bursting (*adj*)	omapamukiro
bury (*v*)	*put a dead body in the ground-* paka, *cover-* zira
burying (*n*)	omapakero
bus (*n*)	ombesi
bush (*n*)	ehwa, otjihwa, eso
bushes (*n*)	omaso, ovihwa
bushman (*n*)[*appropriately known as San*] omukuruha	
business (*n*)	ongetjeva
bustard (*n*)	etetewe, etwangoma
but (*conj*)	nu, nungwari, mara
butcher (*n*)	omupurure
butt (*n*)	*thick end-* otjindimbu, *bottom-* omatako, otjikondambunda
butter (*n*)	omaze, ombuta
butter residue (*n*)	ongoniha
butterfat (*n*)	ongondivi
butterfly (*n*)	okaviravira, ombombo
buttermilk (*n*)	omaere
buttock (*n*)	etako (pl. *omatako*), otjikondambunda
button (*n*)	ombandi
buy (*v*)	randa
buyer (*n*)	omurande (pl. *ovarande*)
buying (*adj*)	omarandero
buying aid (*adj*)	otjirande
by (*prep,adv*)	ku, pu, na, i
bye-bye (*exclamation*)	tataa, kareenawa

Cc

cab (*n*)	otjitoore, "otexi"
cabbage (*n*)	otjikora (pl. *ovikora*)
cactus (*n*)	otjizaiena, otjindombo
caesarean (*n*)	ombandukiro yondauriro
cage (*n*)	otjiwongo
cake (*n*)	otjikuki (pl. *ovikuki*)
calabash (*n*)	ondjupa, onḏukwa
calabash stopper (*n*)	ekumbu
calculate (*v*)	*compute or count-* vara, *work out mathematically-* rekena
calculation (*n*)	omarekeneno
calendar (*n*)	ombapira yomayuva no mieze
calf (*n*)	ondana, okandana

call (*v*)	*ask to come-* isana, ŋanga, *name-* ruka, *telephone-* tona, ndjitonena
callus (*n*)	ombando
calm (*adj*)	*some one peaceful-* omupore, *smooth-* pora, *cool down-* **poreka**, *settle down down-* pupurukwa, *soothe-* zezenga
calmness (*n*)	omaporero, omborero, oupore
camcorder (*n*)	otjiperende tjokukambura no kunyanda oviperendero
came from (*past simple of come*)	*person-* mazu, mbaza, wazapi, wazu; *people-* vaza, vazapi, vazu; *animal-* yazapi, yazu; *things-* vyazapi, vyazu
camel(*n*)	ongamero
camelthorn (*n*)	omumbonde
camera (*n*)	otjiperende
camp (*n*)	orumbo, ondanda (pl. *ozondanda*)
campaign (*v*)	okupaha oruvara
campus (*n*)	orupanda poo ehi roskole yokombanda
can (*n*)	*container-* otjikana, ondooha, *able-* sora, *be possible-* enene
cancel (*v*)	*call or put off-* isako, *withdraw-* zako
cancer (*n*)	*disease-*okangera
candle (*n*)	ekerse, emunine, erambe (pl. *omarambe*)
candy (*n*)	okarekerisa (pl. *ourekerisa*)
cane (*n*)	*plant-* omuenge (pl. *omienge*), *stick-* ongwinya, ombani
canine (cuspid) (*n*)	ongunḓe yeyo
canned food	ovikurya vyozondooha
cannot (*v aux*)	hina
canopy (*n*)	okatara
cantaloupe (*n*)	etanga
canthus (*n*)	otjitoko tjeho
canting (*v*)	hendama, vindama
canvas (*n*)	ekutu
canyon (*n*)	ondjendje
cap (*n*)	*hat-* okakori, *cover-* okakamo
capacity (*n*)	omurya
capesparrow (*n*)	ondjandja
capital (*n*)	*city-* otjihuro ohongora tjehi, *money-* ovimariva
captain (*n*)	okomanda
capture (*v*)	huura
captured (*n*)	omuhuurwa
car (*n*)	ohauto, etamba
car rental (*n*)	otjiyazemwahauto
caravan (*n*)	ombunga
carcass (*n*)	orurova, omutundu, omahuno
card (*n*)	okakarata (Pl. *oukarata*)
cardboard (*n*)	otjimbakete
cardiac (*adj*)	omutima
cardiology (*n*)	omerihongero womutima
care (*n*)	*worry-* konatja, *help-* onḓakamisiro, ondumbiro
(*v*)	*provide for-* ṱiza
career (*n*)	oviungura, omuhunga wo viungura

careful (*adj*)	kengeza, ṱakamisa
careless (*adj*)	ohaze, okuhinakonatja
caretaker (*n*)	omuṱize
caross (*n*)	onguava
carpenter (*n*)	omuungure wo vipirangi
carpet (*n*)	*animal skin mat-* okanguma, *mat-* otjimata
carry (*v*)	*transport on the back-* vereka, *take somewhere-* tjinda
carrot (*n*)	ombaruru
cartilage (*n*)	onḓuzuzu
caruncle (*n*)	ovinonga
carve (*v*)	mema
carved (*n*)	honga (hongo)
carving instrument (*n*)	orukurure
case (*n*)	*container-* otjipwikiro, *argument-* oumune, *problem-* otjiposa, *situation-* motjikando
cash (*n*)	oketja, otjimariva
cast (*n*)	*protective covering-* osamende
castrate (*v*)	pinda, okupinda
casualty (*n*)	ombengura
cat (*n*)	okambihi
catch (*v*)	yakura, *take hold-* kambura, pata, *grap-* wawata, *spread-* yakurisa
caterpillar (*n*)	omungu
cattle (*n*)	ongombe (Pl. *ozongombe*), orutumbo
cattlepost (*n*)	ohambo
caucasian (*n*)	omburu, omuvapa, otjirumbu
cause (*n*)	omumenga
cave (*n*)	orupoko, ondimba
ceiling (*n*)	omututu
celebration (*n*)	omukandi, enyando
celebrity (*n*)	omutjiukwa
cement (*n*)	osamende, omunoko
cemetery (*n*)	ozombongo
cent (*n*)	osenda, epeni
center (*n*)	mokati kotjiṋa
centipede (*n*)	omukorombata
central incisor (*n*)	otjiṋiṋi [*omayo wo mohunga*]
century (*n*)	eserewondo
cereal bowl (*n*)	okapiringi
certain (*adj*)	tjiva
chain (*n*)	oukwetanga
(*v*)	pandeka
chair (*n*)	otjihaamwa, otjihavero
challenge (*n*)	omatokero
chalk (*n*)	okakereite
chameleon (*n*)	esembi
chance (*n*)	*opportunity-* oruveze, *moment-* otjikando

change (*v*)	become different- tjituka, when replace something- runduruka, rundurura, money- otjendja, in direction- penguka	
changes (*v*)	omarunduriro	
chant (*v*)	omutambo, ombimbi	
chaos (*n*)	omazunganeno, ovirunga, ondorondomba	
chapter (*n*)	ekondwa	
character (*n*)	quality- otjikaro, representation- ongunḍe	
charcoal (*n*)	ekara (Pl. *omakara*)	
charge (*v*)	kuminina	
charity (*n*)	otjari	
charms (*n*)	omuti (Pl. *omiti*)	
chase (*v*)	make to leave- humba, ramba, viva, follow- rambera	
chaser (*n*)	omurambe, omuhumbe	
chastity (*n*)	oukohoke wokuhino kurarua, ousonongo	
chat (*v*)	kamburisa ehungi	
chatter (*v*)	nyomborora, ṭopoṭora	
chauffeur (*n*)	omuhinge	
cheap (*adj*)	ombiriha	
cheat (*v*)	tjita ovineya, okuvaka	
cheater (*n*)	omunyoke, omuvake	
check (*n*)	money- emborombaanga, pattern- otjihoroita, mark- otjihako, request for payment- okavapira kokusutirako ovirandwa mostora yomariro	
(*v*)	stop- kuruma, leave- pita	
cheek (*n*)	otjitama (Pl. *ovitama*)	
cheekiness (*n*)	ongukutusengo	
cheer (*v*)	nyandisa	
cheerful (*adj*)	yoroka, nyanda, nyandee	
cheerfulness (*n*)	okuyoroka	
cheese (*n*)	ovihenda, okeese	
cheetah (*n*)	otjitotongwe	
chef (*n*)	omuzike, omuyareke, omutereke	
cherish (*v*)	value highly- ingoneka, otjihuze; retain in the mind- otjizemburukwa	
chest (*n*)	body part- otjari, box- otjipwikiro	
chew (*v*)	ṭaṭuna	
chewable (*adj*)	otjikokotwa, otjiṭaṭunwa	
chewing gum (*n*)	osingama	
chick (*n*)	bird- okazerona, onḍerona, woman- enatje	
chicken (*n*)	bird- ohunguriva, onḍera, coward- omunamuma	
chickenpox (*n*)	ovipamba, otjikoroha	
chief (*n*)	ombara, omuhona	
child (*n*)	omuatje	
childhood (*n*)	ounatje, ouṭiṭi	
childish (*adj*)	otjirengeona	
children (*n*)	ovanatje	
chill (*n*)	ombepera, tarara, okupora, pora	
chilly (*adj*)	feeling cold- ṭombepera, cold- outarazu	
chin (*n*)	otjihehameno	

chirp (*v*)	ṭina
choice (*n*)	omatoororero, ouyara
choke (*v*)	*blockage of the throat-* ramwa, *prevent breathing by squeezing the throat-* reka, sina
choose (*v*)	hoora, toorora, tuka, vareka
chop (*v*)	kaa, keka
chosen (*adj*)	*selected-* vangwa, *elected-* uatoororwa
christening (*n*)	ombapitisimo
christian (*n*)	omukriste
christianity (*n*)	oukriste, ouhonge
chunk (*n*)	ondumba
church (*n*)	okereka, ongeriki
churn (*n*)	onḑukwa
(*v*)	ṭuka
cigarette (*n*)	ekaya (Pl. *omakaya*)
circle (*n*)	ouputuputu
circular (*n*)	*notice-* ombapira ondjiukise, *round-* otjituputupu
circulate (*v*)	*travel-* ryanga, *pass around-* ryangisa, kondorokisa
circumcision (*n*)	omasukarekero
circumference (*n*)	omukuro
circumsice (*v*)	sukara, sukareka
circumstances (*n*)	omakarero, omihingo
cistern (*n*)	oruungu
citizen (*n*)	omukwatera (Pl. *ovakwatera*), ovature
city (*n*)	otjihuro, ozondwa
claim (*v*)	kotora, rivarera
clan (*n*)	otjikutu
clan name	eanda, oruzo
clap (*v*)	*applaud-*tona omake, *hit hands in rhythm-*tona otukwise
clarification (*n*)	ongahu, ongahukiro, ouyere, oukahuke
clarify (*v*)	*clearing up-* kahurura, *explaining-* mangurura
clarity (*v*)	oupaime, oukahu
clash (*v*)	*conflict-* patasana, *fight or argue-* posa
class (*n*)	*economic group-* omuhoko, *teaching group-* otjimbumba tjo vahongwa metuwo romerihongero, *rank-* ondondo, oruteto, *style-* ena
claw (*v*)	otjikoti
clay (*n*)	omunoko
clean (*adj*)	oukohoke
(*v*)	kohoka
cleanliness (*n*)	kohorora
clear (*adj*)	*understandable-* ekahu, kahu, ongahukiro, *get rid of-* zemisa
clear up (*adv*)	*get better-* kanuka
clearly (*adv*)	ongahu
cleavage (*n*)	otjoze
clever (*adj*)	omunazondunge, onongo, ozondunge
cliff (*n*)	otjikere
climate (*n*)	omuinyo we yuru

climax (*n*)	ondomba, pondomba
climb (*v*)	*rise-* ronda, *move-* heruka
cling (*v*)	kakatera
clinic (*n*)	ondjuwo yomapangero "okirinika", otjpangero
clique (*n*)	okambumba, okatjoro
clitoris (*n*)	[*not to be mentioned*] ekuku
cloak (*n*)	orupera
clock (*n*)	oiri
clog (*n*)	*shoe-* orukaku
(*v*)	*block-* ramwa, korongana
close (*adj*)	*near to something-* popezu

(*v*) *shut-* pata, *secure by locking the doors or window-* yezera, *bring the eyelids together-* sika, *cover an opening-* hokera, *cover the genital part-* nambera

closet (*n*)	otjikesa
clot (*v*)	homa, okatyandunge
cloth (*n*)	erapi, otjiyatja
clothe (*n*)	ombanda (Pl. *ozombanda*), omuzaro (Pl. *omizaro*), onguyu
clothesline (*n*)	omureko
cloud (*n*)	otjikamba (Pl. *ovikamba*)
cloudy (*adj*)	ekamba, kwamiṋa, kwamomo, ombura yamiṋa
clove (*n*)	onakauma
club (*n*)	orutu
cluck (*v*)	okukokora [*ohunguriva*]
coach (*n*)	omuyandje ndunge
coal (*n*)	ekara
coal tar (*n*)	ondombo
coalition (*n*)	omerikutiro
coarse (*adj*)	oukukutu
coarse-hair (*n*)	ounyarinyari
coast (*n*)	kokuvare
coat (*n*)	ondjasa
coccyx (*n*)	okasungu, otjitutuza
cock (*n*)	ohunguriva ondwezu
cockroach (*n*)	okakakaratje
cocoon (*n*)	ohahi
coercion (*n*)	omakurasaneno, omatjitisiro
coffee (*n*)	ombonde, okosiva
coffin (*n*)	otjikesa
cold (*n*)	*illness-* esuru, otjindjumba
cold sore (*n*)	otjememe, osurute
(*v*)	*low temperature-* ombepera, outarazu, otjikaka
coldness (*n*)	oungore, outarazu
cole (*n*)	otjikora
collarbone (*n*)	otondoti
collard greens (*n*)	ombowa
colleague (*n*)	omuungure wapamwe

collect (v)	*scoop*-yoya, *gather*-wonga
collection (n)	omawongero, omayoyero, osi (pl. *ozosi*)
college (n)	okoletja, omahongero wo kombanda
colon (n)	*organ*- otjitondwe, omuhaka, *punctuation*- epanḓa rozonḓe (:)
colonel (n)	okoronera
colonize (v)	huura, okuhuura
colony (n)	*settlement*-ehi ehuura, *a group of animals or plant*-orupanda
color (n)	otjivara (Pl. *ovivara*)
coloring (n)	ondjitukiro, okuhua
coloured (adj)	*skin*-omuhoni
column (n)	ondeto
comb (n)	*hair tool*-otjikamure
(v)	kamura, singa
combine (v)	hoveka
come down (adv)	rauka
come (v)*approach*- indjo, indjeye, tumbuka *arrive*- ya, *enter*- hita, *originate*-za, *change*- homoka
comeback (n)	kotoka
comedian (n)	omuyorise, omunamiṱuka
comedy (n)	omiṱuka
comet (n)	onyose ondyange
comfortable (adv)	oukare ouwa
comforter (n)	otjirare, otjikumbyasa
comma (n)	ondja (,)
command (v)	etwako
commander (n)	ohongora, omuhongore, omunane
commandment (n)	etwako, omarayera
commemorate (v)	zemburaka
commemoration (n)	omazemburukiro
commence (v)	*start*- uta, *begin*- omautiro
commencement (n)	okuuta, omautiro, ombutiro
commend (v)	tanga
commerce (n)	okuranda, omarandasaneno, randa nokurandisa
commit (v)	yandja
commitment (n)	omeriyandjero
committee (n)	okomiti
common (adj)	takavara
commotion (n)	okuzungana, omazunganeno
communicate (v)	omahungiriro, omwano wo kunyamukura
communication (n)	omahakaeneno, omawaneno
communion (n)	oruuano
communist (n)	omukomunisa
community (n)	*neighborhood*- omaturiro, *society*- otjiwaṋa
commuter (n)	omuryange, omuyende
companion (n)	*a friend*- epanga, *somebody to be with*- omukuetu, omukueṋu
comparable (adj)	sana, sanekwa
compare (v)	saneka, sasaneka

comparison (*n*)	amasasanekero
compassion (*n*)	omunyaṇutima
compel (*v*)	*force-* kondjisa, *make-* ṇiṇikiza
compensate (*v*)	suta
compete (*v*)	rarakana
competence (*n*)	omaeneneno, ondjiviro
competencies	omayeneneno
competent (*adj*)	enena
competition (*n*)	*contest-* omararakaneno, *fight-* ombatasaneno, *battle-* ombata
competitor (*n*)	omurarakane
complain (*v*)	*protest-* unauna, *whine-* tjema
complainant(*n*)	omurapote wotjiposa, omunandjemo
complaint (*n*)	omaunaunino, ondjemeno
complete (*adj*)	mana
completed (*v*)	manuka
completely (*adv*)	okumanuka
completion (*n*)	okumana, omamanukiro, oumanuke
complex (*n*)	ovimwatamwata(e)
complexion (*n*)	otjivara
complicated (*n*)	ovizeu
compliment (*v*)	*statement of praise-* hiva, ondango, *congratulate-* tanga
compound (*v*)	waneka
comprehend (*v*)	*grasp-* kambura, *understand-* zuva
comprehension (*n*)	amakonḍononeno
compress (*v*)	pamisa
compressed (*adj*)	pamisiwa
comprise (*v*)	wana
compromise (*v*)	zuvasana
compulsory (*adj*)	oṇiṇikizire
compute (*v*)	rekena, vara
computer (*n*)	okombyutera, otjirekene, omahina yomambo
comrade (*n*)	omukwao, omukweṇu
comradeship (*n*)	oukwao
con (*n*)	eka, okuruka
conceal (*v*)	horeka
concealed (*adj*)	horekwa
conceit (*n*)	okurivara, okurimuna
conceited (*adj*)	rimuna, rivara
conceive (*v*)	*imagine-* muna, *become pregnant-* yakana
consent(*n*)	okwiitavera
concentrate (*v*)	*give attention-* ripura (Pl. *ouripura*), *mix-* waneka
concept (*n*)	epu, ouripura
concern (*v*)	omeripura, ongendo
concerning (*prep*)	ohunga na, otja ko, tara ku
conciliate (*v*)	hanganisa
conciliation (*n*)	omahanganisiro
conclude (*v*)	mana, pata, yandisa

conclusion (*n*)	omaandero, omayandero
concubine (*n*)	ombarise, otjiwoteka
concupiscence (*n*)	ohura, omatinga
condition (*n*)	ongarero, ongaro
condom (*n*)	ongumi, okondoma
conference (*n*)	ombongarero onene
confess (*v*)	rihepura
confession (*n*)	omerihepuriro
conflicts(*n*)	ozondurumbata
confuse (*v*)	pambauka
confused (*adj*)	puruka
confusion (*n*)	*bewilderment-* omburukisiro, *disorder-* ondopo, *disoriented state of mind-* ondorondomba
congregation (*n*)	ombongo
connect(*n*)	haka
connectivity(*n*)	omahakaeneno
conquer (*v*)	nata
consider (*v*)	ripurirako
console (*v*)	huhumina, mimina, minika
constipated (*adj*)	okuhindwa
constituency (*n*)	orukondwa
constituent (*n*)	orukondwa orukuramenwa
constitution (*n*)	ongurameno, ondungiro, ongundeveta yEhi
construct (*v*)	tunga
construction (*n*)	omatungiro, ondungiro
consume (*v*)	okurya
contact (*n*)	*physical connection-* tuna, *act of communicating-* hakaena
contagious (*adj*)	okuhwanga, omuhwange
contain (*v*)	*have inside-* kambura, *control-* tiza
container (*n*)	otjihekero, otjitiziro
contaminate (*v*)	*infect-* hwanga, *make dirty-* tunda
contamination (*n*)	omahwangero, omatundiro
contemporary (*adj*)	*of the same period-* moruveze, *existing now-* omote
contempt (*n*)	omatondero, onyengo, omunyengwatima
content (*adj*)	*happy-* kowa, vyara, *amount-* omurya
contentment (*n*)	omuungutima
contest (*v*)	*challenge-* kondjera, *fight-* rwira, *compete-* rarakana, *dispute-* patana
contestant (*n*)	omurarakane
continually (*adv*)	ongarerere
continue (*v*)	*keep on-* karerera, ryama, *keep going-* kaende komurungu
contraception (*n*)	omeritjaerero korukwato
contract (*n*)	*agreement-* omazuvasaneno, onduvasaneno
(*v*)	*shorten-* kata, rihuta
contraction (*n*)	omakatero, omerihutiro
contradict (*v*)	pimba, pirura
contradiction (*n*)	omapimba, omapuririro
contrast(*n*)	pitasana

contribution (*n*)	otjiyandjewa
conversation (*n*)	ehungi, okuserekarera, ombori
conversion (*n*)	ondanaukiro
convert (*n*)	ritanaura
convict (*v*)	pangura, vera
cook (*n*)	omutereke, omuyareke, omuzike
(*v*)	zika, tereka, yareka
cookie (*n*)	otjikuki (Pl. *ovikuki*)
cooking (*n*)	omazikiro
cool (*v*)	*calm-* pora, porisa, *cold-* tarara
(*adj*)	outarazu
cooling (*v*)	tarareke
cope (*v*)	*deal with-* kondja, *manage-* yenena
copper (*n*)	ongoporo
copy (*n*)	omatjangururwa, otjihorera
copyright (*n*)	ousemba uokuhengurura
cord (*n*)	ongoze
core (*n*)	ondivitivi
cork (*n*)	ekumbu
corn (*n*)	*skin-* okahinauke, *food-* omiriva (Pl. *ozomiriva*), otjikokotwa (Pl. *ovikokotwa*)
corner (*n*)	otjikoro, otjituwo, ohuki
cornmeal (*n*)	oruhere
cornrow (*n*)	epamba rozondjise
corpse (*n*)	orurova, otjipu
correct (*v*)	pwisa
correction (*n*)	ombwisiro
correctly (*adv*)	osemba
correspond (*v*)	tjangasana
correspondence (*n*)	okutjangasana
corroded (*adj*)	ora, riwa
corrupt (*adj*)	ora, zuṇḍa, zuṇḍaka
corruption (*n*)	okuora, omaorero, omboru
cost (*n*)	*amount paid or spent-* ondjambi
(*v*)	*payment-* omaningiriro wo tjisuta kovirandwa
cottage (*n*)	akaruwona
cotton (*n*)	otjivate, ovivate (plural)
cotton wool (*n*)	ohore
cough (*n*)	okukorora, omukoo
(*v*)	korora
could (*v*)	sora okutjita
could be	mapeya
council (*n*)	otjira
counselor (*n*)	omuyandje uondunge, omuhuhumiṉe
count (*v*)	vara
country (*n*)	ehi

couple (*n*)	hondja
courage (*n*)	oupenda
courageous (*adj*)	yandipara
court clerk	omuungure womotjombanguriro
court orderly	omuhindwa watjombanguriro
courtcase (*n*)	otjiposa
courthouse (*n*)	ondjuwo yombanguriro "oHofa"
cousin (*n*)	omuramwe
cover (*n*)	otjirikutjire, otjikutjire, otjipapeko
(*v*)	*wrapped-* kutjira, *put lid on-* papeka, *stuff something by pushing things into it-* surunga, *put something over-* vandeka
coverup (*adv*)	nambera
cow (*n*)	ongombe ondendu
coward (*n*)	*weakness-* otjingundi, *fear full-* otjimumandu
cowardice (*n*)	oumumandu
cowboy (*n*)	omukavire
crack (*n*)	*break-* omupambo, omuta, *in the heel-* ohindja
crafts (*n*)	ovihongwa vyopomiti
cramp (*n*)	otjiriwonya
crash (*n*)	nyanyaura, oumba
crate (*n*)	otjikarate
craving (*n*)	oruhoro
(*v*)	naruho
crawl (*v*)	kunguzuka, okukayenda kozongoro
crawling call	okuvandara
crayfish (*n*)	otjinangusuna
crayon (*n*)	okakereite (pl. *oukereite*)
craziness (*n*)	oviyoze
cream (*n*)	orweru
creamy (*adj*)	orunanga
create (*v*)	mema, uta
creator (*n*)	omuute
creep (*intr.v*)	honina
cricket (*n*)	*insect-* endindi, *game-* okatonwa (*enyando rokambere no ngunya*)
criminal (*n*)	omukamburwa omunandjo
cripple (*n*)	otjirema
(*v*)	wotama
criteria (*n*)	ovinenge
critic (*n*)	omunahengu
criticize (*v*)	hengura, hengurisa, kwerurura
crocodile (*n*)	ongandu
crook (*n*)	*bad person-* eka, *bent part-* hendama, koto, pikama
crookedness (*n*)	oukoto
crop (*n*)	*bird's gullet-* otjihanganga, *plant-* ovikunwa poo ovihape
cross over (*n*)	konda
cross (*v*)*go across-* kambakana, tanana, tapakana, *lie across-*pingasana, takasana, *bible-* otjikoroise	

crosscut (*v*)	saaha
crossexamine (*n*)	ombanguriro, ongondononeno
crossroad (*n*)	*intersection-* omakondero, omapingasaneno
cross-section (*n*)	omapingasaneno
crow (*n*)	ekwara
crowbar (*n*)	epingo
crowd (*v*)	ombunga, ongambi, otjinyaambia, otjimbumba, orukosi
crown (*n*)	otjikorone
crucial (*adj*)	otjinandengu
crumb (*n*)	okatekero komboroto
crumble (*v*)	heuka
crumbs (*n*)	outekero
crush (*v*)	*destroy-* tukutura
crust (*n*)	otjinyuru, otjipatu
crutch (*n*)	otjinde
cry (*v*)	*whinning-* wina, okurira, *produce tears-* rira, *shout-* ura
cub (*n*)	okangeyamona
cucumber (*n*)	ekungu
cuddle (*v*)	rara mekoro, tua mekoro, pukata
cuff (*n*)	epoha rohema, epoha romburukweva
culminate (*v*)	tongama, vaza kondomba
culpability (*n*)	ounandjo
culprit (*n*)	omunandjo
cultivate (*v*)	kuna
cultivation (*n*)	okukuna, omakunino
cultivator (*n*)	omukune
culture (*n*)	*way of life-* ombazu
cumulate (*v*)	onga, wonga, weza
cunning (*n*)	ovineya, ounongo
cup (*n*)	ekopi, otjinwino
cupbearer (*n*)	omuhambune
curd (*n*)	otjihenda (Pl. *ovihenda*)
cure (*v*)	verukisa
cureless (*adj*)	omuhaveruka
curfew (*n*)	oiri yo tjiveta ndji wa sere okukara poruveze rorive
curiousity (*n*)	okusuvera okutjiwa, omutjiwe
currency (*n*)	otjimariva (pl. *ovimariva*)
curriculum(*n*)	okarikurema
curriculum vitae(CV) (*n*)	ombapira oraise yo ondjiviro, omahongero
curse (*v*)	*wish evil-* omasengiro, senga, okuhuha, ovihuha, *swear-* tukana
cursor[*computer*]	okayarise
curtain (*n*)	omungarera, otjisuwahenge
curve (*v*)	ondjepo, okukota
cushion (*n*)	otjikusinga
cuspid (canine) (*n*)	ongunde [*yeyo*]
custodian (*n*)	omutize
custom (*n*)	*tradition-* ovitjitwa vyombazu, *usual activity-* omuhingo, ondjiririra

customer (*n*)	omurande (pl. *ovarande*)
cutting board (*n*)	otjipendero
cut (*n*)	*mark*-ondja

(*v*) *divide*- konda, yuva, heha, tjeka, (*past tense-tjeke*); *hair*- teta, henya, hora, *reduce*- konya, isako, honga(o); *open*- pyata, urura; *separate*- puraura

cutback (*n*)	zako, yaruraombunda
cutting (*adj*)	omakondero
cycle (*n*)	oure, oruveze
cyst (*n*)	otjihongo

Dd

dad (*n*)	tate, papaa
daily (*adv,adj*)	aruhe, eyuva arihe
dairy (n)	omaihi, ovikurya vyomaihi
dam (*n*)	ondama, otjikere
damage (*n*)	otjipo
(*v*)	nyona
damaged (*adj*)	nyonoka
Damara (*n*)	*people*- Omuṱakume(sin), Ovaṱakume (pl.), *language*-Otjiṱakume
damnation (*n*)	omaverero wa aruhe
dampness (*n*)	orututo
dance (*n*)	okupunda, omuhiva (*for men*), outjina (*for woman*)
(*v*)	punda
dancer (*n*)	omupunde (Pl. *ovapunde*)
danger (*n*)	oumba (Pl. *omaumba*), otjipo (Pl. *ovipo*)
dangerous (*adj*)	omanaumba, ovizepe
dare (*v*)	ouvanḓe
daring (*n*)	ependa
dark (*adj*)	*not light or lit*-zorera, *not light in color*-otjitumbe
darken up (*v*)	kuazorere
darkness (*n*)	onḓorera
darling (*n*)	omuingona
date (*n*)	onomora yeyuva mo mueze
daughter (*n*)	omuatje omukazona
dawn (*n*)	enyunguhuka, eṱukuhuka
(*v*)	tjaa, patji
day (*n*)	*a period of 24hour or a date*- eyuva (Pl. *omayuva*), *between sunrise and sunset*- omutenya
daybreak (*n*)	enyunguhuka
dazzle (*v*)	twiya
dead (*adj*)	omuṱi, otjiṱe
deaf (*adj*)	omboro

deafmute (*adj*)	otjikume
deafness (*n*)	ouworo
dear (*adj*)	*loved or valued-* ingona, *cherished-* hivirikwa, *darling-* musuverwa
death (*n*)	ondjiro, okukoka, okuṱa
debate (*n*)	ombatasanene
(*v*)	patasanisa
debt (*n*)	ondjo
debtor (*n*)	omunandjo
decade (*n*)	erongowondo, ozombura omurongo
decay (*v*)	*waste away-*kurupa, *break into tiny bits-*tetuka, *decompose-*ora
deceased (*adj*)	omukoke, omuti, omuyaruke
deceit (*n*)	ombopera, ombopero, otjiwova
deceive (*v*)	tikura, wova, wovisa, yovisa
deceiver (*n*)	omuwovise
December	Tjitarazu
decency (*n*)	oupwe
decision (*n*)	ondyero
deck (*n*)	orupare
declare (*n*)	twapo
decline (*v*)	*refuse-*panḓa, *fall-*okuwa kehi
decorate (*v*)	*honor-*hareka
decoration (*n*)	eharekero, ourenga
decrease (*n*)	*as in liquid-*hambirika, *as in swelling-*pupurukwa, sururukwa, henuka
deed (*n*)	*action-*ondjito (Pl. *ozondjito*)
deep (*adj*)	*downward-*ongoto, otjikoto, *distance-*oukoto, *strongly felt-*moukoto, ourekoto
deep-voice (*n*)	ombao
deer (*n*)	onyati
defect (*n*)	*something wrong-*otjipo
defence counsel	ohahende ondjeure
define (*v*)	mangurura, zengurura, handjaura
definition (*n*)	omahandjauriro womambo, omaheyero
deformation (*n*)	omazundarero
degradation(*n*)	omandjombakanisiro
dejected (*adj*)	hahiza
dejection (*n*)	omerihahiziro
delay (*n*)	okanwe, omaombero
(*v*)	rongaronga
delete (*v*)	*scrub off-*karaura, *erase-*zemisa
delicious (*adj*)	otjiriṇiṇe, otjitjate
deliver (*v*)	*take to-*tuara, *give-*yandja, *give birth-*panduka poo eta
deliverance (*n*)	*produce-*omakuturiro, *freedom-*onguturiro
democracy (*n*)	ouyara, ousemba womundu
demon (*n*)	ondemone
demonstration (*n*)	ondjarisiro, otjiyarisiro
demonstratives (*adj*)	omaraisambo
demote (*v*)	yaruka kehi

denial (*n*)	omapataneno, ombatanene, okupatana
dense (*adj*)	seta
density (*n*)	ousete, oupote
dentist (*n*)	onganga yomayo
deny (*v*)	pataṉa
deodorant (*n*)	omuma, otjirivawa
depart (*v*)	*when leave from the place very early*-kumuka, *head off*-sekama, *move*-tjinda
department (*n*)	orupa rworive
departure (*n*)	omairo, omakumukiro, omasekameno
depend (*v*)	riyameka
dependence (*n*)	omeriyamekero
dependent (*adj*)	riyameke, omuriyameke, omeriyamekero wehupo
depict (*v*)	serekarera
deplore (*v*)	raisa oruhoze
deposit (*n*)	*layer*-otjikambi
(*v*)	*money*-pwika, horeka, horekisa
depreciate (*v*)	rweza
depressed (*adj*)	eyuma
depression (*n*)	omayumaneno, oruhoze
deprivation (*n*)	omayekero
deprive (*v*)	yeka
deprived (*adj*)	yekwa
depth (*n*)	ongoto, oukoto, otunḓomwina
dermatologist (*n*)	onganga yomukova
descendant (*n*)	ondekurona(*pl. ozondekurona*), omukwatwa (*pl.ovakwatwa*)
descend (*v*)	okuhezera kehi (*pehi*)
describe (*v*)	zengurura
desecrate (*v*)	yamburura
desert (*n*)	onamiva
desirable (*adj*)	*attractive*-zerwa, *somebody loved*-omusuverwa
desire (*n*)	*need to eat*-eraru, *craving*-nanukira, *yearning*-nongwa, *want*-onḓero
(*v*)	*wish for*- zera, vanga
desirous (*adj*)	*wanting*-okuvanga, *yearning or longing for*-okunongwa
desk (*n*)	otjitiha
despair (*n*)	omerihahiziro
desperate (*adj*)	*great need*-yaraara, *beyond hope*-rihahiza
desperation (*n*)	omayaraarero
despise (*v*)	nyengwa
despite (*n*)	onyengo
(*prep*)	nangarire
destroy (*v*)	hahaura, nyona, yandeka
destroyer (*n*)	omunyone, omuhahaure, omuyandeke
destruction (*n*)	omanyoneno, omayandekero
detain (*v*)	*hold*-kambura, *control*-tjaera, *delay progress*-wombisa
detect (*v*)	muna, okumuna, okuyova
determination (*n*)	ombango, okupanḓera po, ondyero

detest (*v*)	nyengwa, tonda
develop (*v*)	zikamisa, okukongomoka
development (*n*)	omekuriro
deviate (*v*)	hendama, pikama, yepa
deviation (*n*)	omahendameno, omapikameno, omayepero
device (*n*)	ounongo
devil (*n*)	satana
devil-thorn (*n*)	ohongwe
devote (*v*)	kwizikira, pyuke
devoted (*adj*)	omupyu, omupyuke
dew (*n*)	omueme
dial (*v*)	*to call a number on the telephone*-tona, kwirira
dialect(*n*)	ozondya
dialogue (*n*)	*conversation*-ehungi, *exchange of ideas*-ombata
diamond (*n*)	ondiamanda
diaper (*n*)	omunambo
diaphragm (*n*)	oruamba
diarrhea (*n*)	omuhana, enonono
diary(*n*)	embo rovitjitwa vyeyuva, ondaeri
dictation (*n*)	ondetie
dictionary (*n*)	embo romambo
die (*v*)	koka, ṭa
diesel (*n*)	ondisera
difference (*n*)	ombangu
different (*v*)	pekepeke
difficult (*n*)	ouzeu
difficulty (*adj*)	otjiwonga, otjipo
dig (*n*)	*move earth*-okuhupura

(*v*) *as with shovel*-hupura, topora, *as with spade*-saa, se, *as with claws, hands, paws, snout, instrument*-saa, sesura, tjeza, wota, mosura

digit (*n*)	onomora, imwe yo zonomora okuza po uriri nga pomuvyu(0-9)
digital (*n*)	otjiungurise tjo zonomora
dignity (*n*)	omatongameno
dik-dik buck (*n*)	kaseni
diligence (*n*)	oupatje
diligent (*adj*)	epatje, ombambairi
dilute (*v*)	hahurura, handurura
diluted curd (*n*)	ohambeya
diluting (*adj*)	handuruka
diminish (*v*)	hengurura
dimple (*n*)	ondimwi, okatoto kouwa potjitama
dinner (*n*)	eriro rongurova
dinnerware (*n*)	otjirirwa
dip (*v*)	*into liquid*-ningeka, tjaveka, ṭuṭumika
direct (*n*)	tumbura, hinga
direction (*n*)	omuhunga
director (*n*)	omunane

dirt (*n*)	ondova
dirty (*adj*)	omunandova, kaka
disability (*n*)	omuremane
disagreement (*n*)	ohaṋi
disappear (*v*)	zenga, peranguka
disaster (*n*)	otjiṱiro
disbeliever (*n*)	omuhaitena, omuhakambura
disciple (*n*)	omuhongewa
discount (*n*)	omaisireko wo tjimariva
discourage (*v*)	rihahiza
discover (*v*)	nongonona
discrepancy (*n*)	ouhendi, ohendi
discriminate (*v*)	toorora
discrimination (*n*)	ombangu, ondoorora
discuss (*v*)	tya, tyee, serekarera
discussion (*n*)	ondyero, ehungi, okuserekarera, otjihungiriro, ondyasaneno
disease (*n*)	omutjise
disentangle (*v*)	*untangle*-hiyurura, kakaturura, *untie*-kutura
disfigure (*v*)	zunḓa
disgrace (*n*)	ohoṋi
disgraceful (*adj*)	ṱisa ohoṋi
disgust (*n*)	eyayu, onḓi
(*v*)	yaukisa
disgusted (*adj*)	yaukwa
disgusting (*adj*)	omuyaukise, otjiyaukise
dish (*n*)	*container*-okambaka, *plate*-otjiyaha, *food*-ovikurya
dishcloth (*n*)	otjisupure, otjikohe, otjiyeke
dishes (*n*)	ovitjuma
dishonesty (*n*)	ovineya
disjointed (*v*)	pihuka
dislike (*n*)	okunyengwa, onyengo
(*v*)	nyengwa
dislocate (*v*)	pihura
dismay (*v*)	ngundiparisa, urumisa
dismiss (*v*)	*not consider*-isa, *send away*-ramba
dismissal (*adj*)	omarambero
dismount (*v*)	hakurura, heruka pehi
disobedience (*n*)	omuhazuva
disobedient (*adj*)	okuhazuva, ouhazuva
disobey (*v*)	hazuva
disorder (*n*)	*confusion*-haisase, ondorondomba
disorderliness (*adj*)	ouhaisase
disorganize (*v*)	rimbara, zunḓara
disown (*v*)	okuyarura, okukwekurura
dispatch (*v*)	hinda
dispel (*v*)	ramba
dispensation (*n*)	omatyero, ondyero

disperse (*v*)	*separate-* hana, *scatter-* pizuka
dispersed (*adj*)	hanuka, pinyauka, *spread-* rimbara
dispersion (*n*)	*spread-* ohaṇi, *scattering-* ombizo
displease (*v*)	ha tjata
displeased (*adj*)	*unsatisfied-* nyengwa, *unhappy-* pindika
disposition (*n*)	kenda
dispute (*n*)	okupirura
dissemble (*v*)	ngara
disseminate (*v*)	*broadcast-* handjaura, *spread-* rimba
dissension (*n*)	otjiposa, okuhea parwe
dissent (*v*)	okuhea parwe, ripura parwe
dissertation (*n*)	eroratjangwa
dissimilar (*adj*)	ha sana, ha sanene
dissolute (*adj*)	omuhambangombe
dissolve (*v*)	*break apart-*hana, *melt-* zuzuka
dissuade (*v*)	tjaera
distance (*n*)	omukato, omukambo, oure
distant (*adj*)	*far away-* kaseka, *far-* kokure, *outlying-* omuka
distill (*v*)	totisa, zizisa
distinct (*adj*)	peke, pekepeke
distinction (*n*)	ombangukiro
distinctness (*n*)	oukahuke
distort (*v*)	zunḓa
distract (*v*)	*sidetrack-*purukisa, *disturbing-*kwenena
distress (*v*)	pamisa omuinyo
distribute (*v*)	*divide-*haṇa, *spread-* haṇena, *allocate-*tia
distribution (*n*)	omahaṇeno
district (*n*)	*area-*okuti, *constituency-*ondendera, orukondwa, *region-* orumbembera ruehi
disturb (*v*)	kwenena
disturbance (*n*)	omazunganeno, okuzunganisa, kandaiza
disturbed (*adj*)	zungana
ditch (*n*)	oruharwi, okamuramba
diphthongs(*n*)	omapose omahasanene
dive (*n*)	ṯumba, ṯomwina
divert (*v*)	tumbura
divide (*v*)	*calculate-*haṇa, *separate-*haṇena, yapura
division (*n*)	*splitting up-*omahaṇeno, section or branch-orupa, *boundary-*orukondwa
divorce (*v*)	*separate-*haṇika, *end-*omahaṇikiro
dizziness (*n*)	orusenge, okazorera
do (*v*)	*cause to happen-*tjita
doctor (*n*)	onganga
doctor's office	otjituwo tjomapangero
documents (*n*)	omambo omatjangwa
dodge (*v*)	yepa
doer (*n*)	omutjite

dog (*n*)	ombwa (*Pl. ozombwa*), ombwa ondumewa
doll (*n*)	ombopi
dollar (*n*)	*money*-otjimariva, *bill*-ondola
don't come (*v*)	oya (*Pl. amuya*)
don't eat (*v*)	ori (*Pl. amuri*)
don't go (*v*)	oi (*Pl. amuii*)
don't sleep (*v*)	orara (*Pl. amurara*)
don't stand (*v*)	okurama (*Pl. amukurama*)
don't wait (*v*)	oundju (*Pl. amuundju*)
don't(*contraction of do not*)	otjiti
donation (*n*)	otjiyandjewa
donkey (*n*)	okasino
donkey meat (*n*)	onyama yokasino
door (*n*)	omuvero
double (*adj,adv*)	pevari
doubt (*n*)	okairiiri, okuhinongamburiro
dove (*n*)	onguti
down (*adv*)	*lower level*-kehi, *onto suface*-pehi
downhill (*adv,adj*)	omuṯurukira
downtown (*adj,adv*)	mokati kotjihuro, ondivitivi yotjihuro
downwards (*adv*)	omuṯurukira
dowry (*n*)	orutombe, otjikupe, otjitunya
draft(*n*)	otjihaekwa
drag (*v*)	kokozora, nana
dragonfly (*n*)	oruheranyungu
drain (*v*)	pomba, ziza
draining (*adj*)	sepunuka
drama (*n*)	onḓarama
draw (*v*)	nana
draw water (*v*)	teka
dream (*n*)	oruroto
(*v*)	rota
dress (*n*)	*piece of clothes*-ohorokweva
(*v*)	*put on clothes*-hwikika, zara
drill (*n*)	omboora
(*v*)	topora
drink up (*v*)	nungurura
drink (*n*)	*beverage*-omanuwa, *alcoholic drink*-omavinu, *hot drink*-ovipwenwa
(*v*)	nwaa, *give liquid*- hira, tjatja, *gulp*-kotera, *sip*-pwena
drinker (*n*)	omunwe (*Pl. ovanwe*)
drinkware (*n*)	otjinwino
drip (*n*)	tota (*past tense-toto*), ziza
drive (*v*)	hinga
driver (*n*)	omuhinge (*Pl. ovahinge*)
drizzle (*n*)	*sprinkle*-epeze, *light rain*-ounyaanyaa
drool (*v*)	ondjeo
drop (*v*)	wisa

droppings (*pl.n*)	*of a goat*-ozonyune, *of a cow (dried)*-ovikenga
drops (*n*)	omata
drought (*n*)	ourumbu
drowsiness (*n*)	epoṯu, ozomboṯu
drowsy (*adj*)	mepoṯu
drug (*n*)	omuti omupange
drugs (*n*)	omindjipange
drum (*n*)	*container*-oruungu, onḓoroma
drunk (*adj*)	omunḓoronge
dry mouth (*n*)	otjikahanyo
dry out (*v*)	kahisa
dry sausage (*n*)	ozongahera zomihaka
dry soil (*n*)	ehi ekukutu
dry up (*v*)	pwira
dry (*adj*)	*thirst*-koyoka, *wipe*-pyona, *not wet*-kukutisa, kukutu, kukuta, *dried out*- kaha, kamba, kahisa
dryer (*n*)	otjikame, otjikahise
duck (*n*)	ombaka
ducking (*v*)	omayepero
duiker-buck (*n*)	ombambi
dullness (*n*)	ouyova
dumb (*adj*)	erai
dummy (*n*)	erai, eyova
(*v*)	yovara
dung (*n*)	*of the cow*-outase, *of the goat*-ozonyuṉe
dung beetle (*n*)	etunguuze
duplicate (*adj*)	tjangururua
duration (*n*)	karerera
during (*prep*)	ngunda, tjandje
dusk (*n*)	omuihi, omuhuka omunene
dust (*n*)	oruuma
(*v*)	yeka oruuma
duster (*n*)	otjiyeke
dusty (*adj*)	onguze, otjiṉa otjikuve
duty (*n*)	otjiunguura
dwarf (*n*)	okandu okawatata
dwell (*v*)	tura
dwelling (*n*)	eha, amaturiro
dye (*n*)	ondae
dying (*adj*)	ongokero, omakokero
dysentery (*n*)	enonono

Ee

each (*adj,adv,pron*)	auhe, aihe, arihe, aruhe, atjihe, akehe
eager (*adj*)	pyuka, zera
eagerness (*n*)	*enthusian*-ondero, *excitement*-oupyuke
eagle (*n*)	onguvi
ear (*n*)	okutui (pl. *omatui*)
eargerly (*adv*)	noupyuke, tjinene
early (*adv,adj*)	rukuru
earmark (*n*)	otjihako
earring (*n*)	okatenda koko kutui (pl. *outenda*), omburi
earth (*n*)	*substance*-ehi, *planet*-ouye
earthquake (*n*)	omanyinganyingiro wehi
earthworm (*n*)	etiva romehi
ease (*n*)	oupupu
easily (*adv*)	noupupu, oupupu
East (*n*)	komuhuka, koutjiro
Easter (*n*)	okambokondjiro, opaska
easy (*adj*)	oupupu, otjipupu, omupupu
eat (*v*)	rya
eating (*n*)	okurya, eriro
economical (*adj*)	ombiriha, ombwiko, omungwaringongo
economy (*n*)	ombwiko yehi
edema (*n*)	*excess fluid*-omutwi, *swelling*-omusuro
edge (*n*)	ohonga
edible (*adj*)	otjiriwa
edible bulb (*n*)	oseu (pl. *ozoseu*)
edible root (*n*)	ehwe (Pl. *omahwe*)
educate (*v*)	honga
education (*n*)	omahongero
educator (*n*)	omitjiri, omuhonge
effect (*v*)	tjita, orunakwi
effective (*adj*)	oupame
effort (*n*)	okukondja
egg (*n*)	ei (pl. *omai*)
eight (*n,adj*)	ohambondatu, hambonatu
eighteen (*n,adj*)	omurongo na hambondatu
eighth (*adj,adv*)	otjitjahambondatu, outjahambondatu
eighty (*n, adj*)	omirongo hambondatu
either (*adj*)	nanga
either-or (*adj*)	nanga rire
eject (*v*)	*push out with force*-pitisa, undurira pendje, *evict*-rambera pendje
eland (*n*)	ongarangombe
elapse (*v*)	kapita
elastic (*n*)	ongumi
elbow (*n*)	orumbarambandja

elder (*n, adj*)	omunene, erumbi
elder brother (*n*)	*younger brother referring to an older brother*-erumbi, *sister referring to a brother(older or younger)*- omuţena
elder sister (*n*)	*younger sister referring to an older sister*-erumbi, *brother referring to a sister (older or younger)*-omuţena
elderly (*n*)	omunene (pl. *ovanene*), omukurundu
elect (*n*)	toorora, zika
election (*n*)	omatoororero, okutoorora
electricity (*n*)	orutjeno (pl. *otutjeno)*
elephant (*n*)	ondjou (Pl. *ozondjou*)
elephant trunk (*n*)	omukati
elevate (*v*)	*improve position*-yeura, *raise*-yera, tongamisa
elevation (*n*)	omayerero, omatongamisiro
elevator (*n*)	"olefa", otjitoore tjomoukoto wondjuwo
eleven (*n*)	omurongo naimwe
eleventh (*adj,adv*)	otjitjamurongo naimwe, outjamurongo naimwe
ellipses(*n*)	okaņiņe
else (*adv*)	tjaa
elsewhere (*adv*)	kware, pona parwe
elucidate (*trns.v*)	okuzengurura
elude (*v*)	tiha
eluding (*adj*)	epumbo
email (*n*)	oimeila, omatjangwa womahina yomambo
embarrass (*v*)	ţisa ohoņi
embedded (*v*)	pwikwa
embraced (*v*)	ipukatwe, pukata
embryo (*n*)	ondwi, okanatje mezumo
emergency (*n*)	oumba wa tjimanga
emotion (*n*)	ozonḑuma
emotions(*n*)	otjimbi, ozonḑuma
emphasis (*n*)	pambarera
employee (*n*)	omuungure
employment (*n*)	oviungura
empty (*adj*)	omuhere, ouriri
encampment (*n*)	okamba, otjunda
enclosure (*n*)	*area*-okamba (Pl. *ozokamba*), orumbo (Pl. *otumbo*)
encourage (*v*)	hiva, hivi, okuhohiza, hohiza
end (*n*)	omaandero, omayandekero, ondjandero, ondjando
ending (*n*)	yanda, yandeka
endure (*v*)	zara, tjinda
enemy (*n*)	omunavita
energetic (*adj*)	pyuka
energy (*n*)	*strength*-oupandi, *power*-orutjeno
engaged (*adj*)	*to married*-vareka, *occupied*-rihitisa
engagement (*n*)	oruvareko
engine (n)	oingina
engineer (*n*)	oingineya

English (*n*)	Otjiingirisa
Englishman (*n*)	Omuingirisa
enjoy (*v*)	tjaterwa, tjatisa
enjoyment (*adj*)	evyaro
enlighten (*v*)	ŋangerako
enough (*adj*)	*adequate*-enyingi, *stop doing something*-opuwo, *sufficient*-yenena
enrich (*v*)	tumbisa
ensure (*v*)	kwizika
entangled (*v*)	rizenga
enter (*v*)	*go in*-hita, *begin*-uta, *record*-tjanga
entertain (*v*)	yandja onyuŋe
enthusiastic (*adj*)	ohwati
entrance (*n*)	*way in*-omahitiro, *opening*-oruhito
entwine (*v*)	rimanga
envelop (*v*)	manga
envelope (*n*)	ondjaṭu yombapira
envious (*adj*)	ṭeruru na
environment (*n*)	ozondendera
envoy (*n*)	omuhindwa
envy (*n*)	eruru
(*v*)	ṭa eruru na
epidemic (*n*)	otjimbwaya
epilepsy (*n*)	orumbamba
equal (*adj*)	*match*-saneka, sekasana, *same*-ṭa, *make equal*-ṭeka, pamwe, *even*-ṭekisa
equality (*n*)	oukwao, okuṭeka pamwe, omaṭekiro pamwe
equalization (*n*)	onḓekisiropamwe
equalize (*v*)	ṭekisa pamwe
equally (*adv*)	okusekasana
equip (*v*)	*prepare*-rongera, *arm*-rumbira
equivalent (*n*)	otjisemba
erase (*v*)	zemisa
eraser (*n*)	okazemise
erect (*adj*)	sembama, tingana
erection (*n*)	okutingana
erectly (*adv*)	kamuseka, museka
erode (*v*)	heuka, rika
error (*n*)	tataiza
errors (*n*)	ozondataiziro
eruption (*n*)	omapamukiro
escalator (*n*)	ozondondo nḓerikaendera
escape (*n*)	*breakout*-okutaura, *get away*-omaheneno, *act of slipping*-omapweneno
(*v*)	*flee*-hena, *break free*-taura
escort (*v*)	ṭika
especially (*adv*)	tjinene, tjinenene
essay (*n*)	ombwanekero, ondjangerosemba
essence (*n*)	ongaro, ouini mourekoto wotjina

establish (*v*)	zika, zikamisa
established (*n*)	omazikameno, omazikamisiro
estate (*n*)	eṱa, ouini
estimate (*v*)	*calculate*-vara, *approximate*-sasaneka, *rough calculation*-tataimba, *guess*-haka
estimation (*n*)	omavarero, omasasanekero
eternal (*adj*)	aruhe nga ko ngaaruhe
eternity (*n*)	ouye waaruhe *all of the things*-avihe
ethnic (*n*)	omuhoko
evaluate (*v*)	haveha, rihaveha
evangelist (*n*)	omuevangeli
evaporate (*v*)	pwira
evaporation (*n*)	okupwira, omapwiriro
even (*adj*)	*flat*-seruka, *equal*-punga, *emphasis*-tjimuna, *exactly*-tjinga aperi
even as (*adj*)	otja
evening (*n*)	ongurova
evening glow (*n*)	otjiserauva
evening star (*n*)	okanwamaihi
event (*n*)	otjitjitwa (*Pl. ovitjitwa*)
ever (*adv*)	aruhe, ngaaruhe
every (*adj*)	aehe, aihe, apehe, *all of you*-amuhe, *all of us*-atuhe,
everybody (*adj*)	amuhe, omundu auhe
everyone (*adj*)	ngamwa, kangamwa
everywhere (*adj*)	akuhe, ngamwa apehe
evidence (*n*)	ohonono, omahongonona, omahongononeno
evident (*adj*)	munika
evidently (*adv*)	okumunika
evil (*n*)	ourunde, ouvi
ewe (*n*)	onḏu onḏenḏu
exalt (*v*)	ritongamisa, tongamisa
examination (*n*)	omakonḏononeno, omapuriro, omarorero
examine (*v*)	konḏonona, pura
examiner (*n*)	omukonḏonone
example (*n*)	otjihorera, otjisanekero
exceed (*v*)	kapita, tanana
excel (*v*)	kapita
excellence (*n*)	ouwa, nawa
except (*prep*)	*omit*-isa mo, isa po, *apart*-pendje, *unless*-posi, posia
excess (*n*)	omarurumisiro
exchange (*n*)	omapimbasaneno, ombimbasaneno
(*v*)	pimba, pimbasana
excite (*v*)	*arouse*-pendura, yorokisa, *stimulate*-tinganisa
excited (*adj*)	zungana
exclaim (*v*)	ravaera
exclamation mark (*n*)	otjiraise tjondavaerero(!)
exclude (*v*)	isa po

exclusively (*adv*)	porwe, uriri
excuse (*n*)	omerikohero kondjo
(*v*)	omuhinandjo
execution (*n*)	*carrying out of legal provisions*-omaverero, *killing*- ondjepero
exercise (*v*)	okunyaturura orutu
exhaust (*v*)	*try out possibilities*-mana, *drain up the resources*-ungurura
exhausted (*adj*)	okuurwa, okurora omwano auhe
exhibit (*v*)	raisa
exhibition (*n*)	okuraisa, omaraisiro
exhilarate (*v*)	nyandisa
exist (*v*)	kara
existence (*n*)	okukara
exit (*n*)	*way out*-omapitiro, ombitiro, *go out*-pita
expand (*v*)	tandavara, tandavarisa, okutandavara
expect (*v*)	undja (*past tense-undju*)
expectation (*n*)	okuundja, omaundjiro
expedient (*adj*)	otjikaondjero otjiwa
expel (*v*)	*dismiss*-pitisa, *drive out*-ramba
expensive (*adj*)	ondiru
experience (*n*)	ondjiririra, okuiririra
experiment (*n*)	okurora
expert (*n*)	omunandunge, onongo
expiration (*n*)	*ending*-okukapita oruveze, *dying*-ongokero
expire (*v*)	mana omuinyo
explain (*v*)	*clarify*-kahurura, *give details*-handjaura, *give reason*-zengurura
explanation (*n*)	ongahuriro, omazengururiro
explode (*v*)	pauka, pamuka
explosion (*n*)	okupamuka, omapamukiro
explosive (*n*)	otjipamuke
export (*v*)	okurandisa kehi rarwe, okupitisa ovirandwa mehi
expose (*v*)	horora, yarisa, okuhorora
expository(*n*)	ozombusure
express (*v*)	hungira, rihungirira po
expression (*n*)	okuhungira, omahungiriro
expressly (*adv*)	ongahu, ongahukiro
expulsion (*n*)	omarambero
extend (*v*)	*widen*-paranga, *increase limits*-reparisa, *stretch*-tandavara
extent (*n*)	oure
external (*adj*)	pendje
extinct (*adj*)	zema (*past tense-zemi*), okukoka
extinguish (*v*)	zemisa
extra (*adj*)	otjihupe
extraordinary (*adj*)	kombanda yongaro
extreme (*adj*)	komeho, kombanda nao
exultation (*n*)	ondjorokero
eye (*n*)	eho (Pl. *omeho*)
eyeball (*n*)	ondwinga

eyebrow (*n*)	oruumbu
eyeglasses (*n*)	omakende woupotu
eyelash (*n*)	ombumbu (Pl. *ozombumbu*)
eyelid (*n*)	omukova weho
eye-socket (*n*)	orumongo
eyetooth (*n*)	ongunde yeyo

Ff

face (*n*)	omurungu
fact (*n*)	epu (Pl. *omapu*), owatjiri
faculty (*n*)	ovahonge, omitiri ndjihonga mo skole yokombanda
fail (*v*)	parwisa, *to fail*-okundereipa
failure (*n*)	ombandjarero
faint (*v*)	seuka
fairy tale (*n*)	otjihambarere, otjimbaharere
faith (*n*)	ongamburiro
faithful (*n*)	ouzikame
fall out (*adv*)	homoka
fall(autumn) (*n*)	okuni **[in Namibia March 21-June 22]**; **[USA September 23 – December 21]**
fall (*v*)	*move down*-ewiro, pona, wa, okuwa
falsehood (*n*)	ouhawatjiri
family (*n*)	*biological type*-omuzamumwe, omuhoko, *parents and children*-etundu, otjikutu
famished (*adj*)	kovyoka
famous (*adj*)	omutjiukwa
fan (*n*)	*flow of air*-rurumisa omuriro
fanpalm (*n*)	omurunga
far (*adv*)	kokure
farm (*n*)	osarama [ofarama]
farmer (*n*)	omututa
farsighted (*adj*)	okomuna kokure
fart (*n*)	omusu, okunia
(*v*)	okunia, niaa
(*adj*)	wani, omanino
fascinate (*v*)	ritjatisa, himisa
fashion (*n*)	omote
fast (*adj*)	*quick*-hakahana
fat (*n*)	*substance*-omaze, ondura
(*adj*)	*fleshy*-nuna, *things*-otjinune, *person*-omunune
(*v*)	nunisa
father (*n*)	*parent*-ihe, tate, *priest*-omuhonge

father-inlaw (*n*)	ihe mweno, tate mweno
fault (*n*)	ondjo
favor (*n*) *preference*-ingoneka, ouingona, omaingonekero, ondjingonekero	
favorite (*adj*)	hivirika
favoritism (*n*)	ongarera
February	Etengarindi
fax (*n*)	omahina yokuhinda omatjangwa
fear (*n*)	emuma, ondira
(*v*)	tira
fearful (*adj*)	mumapara
feast (*n*)	omukandi
feather (*n*)	einya (Pl. *omainya*)
feed (*v*)	risa
feel (*v*)	*touch*-ṋuṋunga, *seem*-rimune
feeling (*n*)	okuṋuṋunga, okurimuna
feelings(*n*)	omerimwino
feet (*n*)(*Sin. foot*)	ozombaze (Sin. *ombaze*)
feign (*v*)	tjita ayoo
fell (*v*)	waa
fellow (*n*)	omukwao
fellowship (*n*)	oukwao
felony (*n*)	ouvi, okukatuka oveta, omukatuke woveta
female (*adj*) *human*-omukazendu, oukazendu, oukaze; *animal*-ondendu, ongaze, otjizendu, ondema	
feminine (*n*)	oukazendu, oukaze, otjizendu
feminist (*adj*)	ousemba wovakazendu
fence (*n*)	ondarata, orumbo
fend (*v*)	tjaera, tjevera
fermentation (*n*)	omakondisiro wovihangwa, okusura
fertility (*n*)	omahapisiro, orutanga
fester (*n*) *produce pus*-outwika, *become rotten*-oviworero, *to fester*-okuwora	
(*v*)	wora
festival (*n*)	enyando, omukandi
fetch (*n*)	kaete
(*v*)	eta
fetus (*n*)	otjiyakanwa
feud (*n*)	ondepasaneno, ovita
fever (*n*)	otjipyu, otjindjumba
few (*adj*) *not many but more than two things*- otjitiṯi, *not many but more than two people*- ovatiṯi, *not many but more than two animals or things*- ozonditi	
fiancé (*n*)	omuvareke
fiancée (*n*)	omuvarekwa
fiber (*n*)	omusepa
fibrous (*adj*)	evare
fickle (*adj*)	okairiiri
ficus cordata (*n*)	omukuyumbwa

fiddle (*n*)	otjiviole
fidelity (*n*)	outakame
field (*n*)	okuti, orutjandja
fifteen (*n*)	omurongo na ndano
fifth (*adj,adv*)	otjitjatano, oitjatano, *5 in series*-outjatano
fifty (*n*)	omirongo vitano
fig (*n*)	omukuyu
fig fruit (*n*)	ekuyu
fight (*n*)	otjirwa (Pl. *ovirwa*)
(*v*)	rwaa
fighter (*n*)	omurwe, omutauke
fighting (*n*)	omarwiro, okurwa
file (*v*)	*make something smooth*- kura, *store something*-"faela", horeka
fill (*v*)	urisa
filter (*v*)	nyenda, sipa
filthy (*adj*)	ondova
final (*adj*)	*last position of a number refering to people*- omusenina, *last position of a number referring to things*- otjisenina, *occurring at the end of something*- ousenina, *conclusive*- omaandero
find (*v*)	*judge*-muna, *discover*-paha
find fault	hengura
fine powder (*n*)	orundundura
fine (*n*)	*satisfactory*-nawa
(*v*)	*punishment*-sutisa
finger (*n*)	omunwe (Pl. *ominwe*)
finger nail (*n*)	onyara, onyara yominwe vyokomake
finish (*v*)	mana
finish off (*v*)	putaputisa
finished (*adj*)	papu, manuka
fire (*n*)	omuriro
firecracker (*n*)	okatepise
firefly (*n*)	ondyanga
fireplace (*n*)	ezuko, otjiyakisiro
firethorn (*n*)	onyarayongwe
firewood(s) (*n*)	orukune (Pl. *ozongune*)
firm (*adj*)	zikama
firmness (*n*)	okuzikama, oukahu, outakame
first (*adj*)	rutenga, komeho, korutenga
first (*adj*)	etenga, ondenga
first born (*n*)	everi, otjiveri
first name	erukwana
firstly (*adv*)	porutenga, rutenga
fish (*n*)	ehundju, ohi
(*v*)	pata ozohi
fisherman (*n*)	omupate wo mahundju poo wozohi
fist (*n*)	ongomi
fit (*v*)	*suit*-saneka, *correct size*-enena, pwaa

five (*n*)	ndano, indano, ondano, utano, tano
fix (*v*)	*repair*-ṯuna, sora, *choose*-zikamisa
fixed (*adj*)	pama, zikama
flabby (*adj*)	*lacking stiffness*-keyakeya, *weak*-otjitata, *limply*-teratera
flag (*n*)	erapi rehi, erapi rotjira
flame (*n*)	orumunino
flap (*v*)	*shake*-nyinganyinga, *moving the wings repeatedly*-pakapakisa, *wave*-takataka
flare (*v*)	yaka, yera
flash (*n*)	orutjeno
(*v*)	tjeṉa
flashlight (*n*)	ondotja
flat (*adj*)	oupapi
flatten (*v*)	papivara
flattery (*n*)	etatu, otjiwova
flatwares (*n*)	ovirie
flea (*n*)	ona, onawa, okanyataova
flee (*v*)	*escape*-hena, taura, *run away*-tupuka
flesh (*n*)	onyama
flexibility (*n*)	*ability to bend*-omapetukiro, *elasticity*-ousotoroke, *ability to adapt*-ouyara
flexible (*adj*)	petuke, oupetuke
flicker (*v*)	papaiza
flight (*n*)	okutaura, ondauriro
flimsiness (*v*)	oupepu
flirt (*v*)	okunyanda orombe
float (*v*)	tendeza
flock (*n*)	*crowd of people*-omutjatjo, *group of animal*-orupanda, ekuzeze, *congregation*-ombongo
flood (*n*)	omupupo
floor (*n*)	*level area*-otjipare, *bottom*-pehi
flour (*n*)	osaimera, omburumera, oruhere rozomboroto
flourish (*n*)	omasurumukiro, surumuka
flow (*v*)	pupa
flow over (*v*)	tanana, tikatika
flower (*n*)	ongara (Pl. *ozongara*), otjimbloma (Pl. *ovimbloma*)
flu (*n*)	otjimbenyenye, otjindjumba
fluency (*n*)	oukahu, oupupu
flutter (*n*)	ouhakahane
fly (*n*)	*insect*-onḏe
(*v*)	*travel*-tuka
flying ant (*n*)	ohumburi
foal (*n*)	okakambyona
foals (*n*)	oukambyona
foam (*v*)	*lather*-esuzu, *frothy saliva*-etutu
fog (*n*)	ombundu
fold (*n*)	*wrinkle*-eonya, *bend*-otjikate

(v)	huta, manga, nyuta, yanga
folklore (n)	otjimbaharere
follow (v)	*happen after*-hondjasana, *go after*-kongorera, *trace*-teza
follower (n)	omuhongewa, omukongorere
following (n)	omatezero
fondle (v)	rera, nyandisa
fontanel (n)	oruwiwi
food (n)	otjikurya (Pl. *ovikurya*), otjiriwa (Pl. *oviriwa*)
fool (n)	eyova
foolhardy (adj)	ouyova
foolish (adj)	yovara, eyova
foolishness (n)	ouyova
foot (n)(Pl. *feet*)	ombaze (Pl. *ozombaze*)
footpath (n)	ondjira yokozombaze, oruira
footprint (n)	ondambo
footstool (n)	okahavero kozombaze
footware (n)	ozongaku
for (prep)	ku, pu, ko, po
forbearance (n)	omuretima, ondaro
force (n)	*power*-omasa, *impose*-ṉiṉikiza
force (n)	oṉiṉikizire
forearm (n)	orukete
forefather (n)	ovaute, otate ovanene, ovakuru
forefinger (n)	katjiurike
forehead (n)	otjipara
foreign (n)	ouyenda
foreigner (n)	omundu wo zonganda
foreman (n)	omutarere
foremost (adj)	tjinene komeho
forerun (v)	tenga po, tengera
foresight (n)	okumunina po, okuuka
foreskin (n)	omukova
forest (n)	ehwa, otjihwa
foretell (v)	otjihuhe, otjihune
forever (n)	aruhe nga aruhe
forfeit (v)	pandjarisa
forge (v)	hambura
forget (v)	zemba
forgetful (adj)	namuzembatima
forgetfulness (n)	omazembiro, omuzembatima
forgive (v)	isira
forgiveness (n)	omaisiro, ondjesiro
fork (n)	esoroko (Pl. *omasoroko*)
forklift (n)	otjiṯerekera
formation (n)	omazikamisiro
form (n)	*build*-omatungiro, ondungiro, *shape*-omuhapo
(v)	*build*-tunga

formed (*pp*)	tungwa
formerly (*adv*)	rukuru
fortune (*n*)	ouningandu
forty (*n,adj*)	omirongo vine
forum (*n*)	omatiero
forward (*adv*)	ryama komeho
foster (*v*)	kora, parura, tumba
fountain (*n*)	oruharwi, otjizeva
four (*n*)	iine, oine
fourteen (*adj*)	omurongo naine
fourth	oitjaine
fowl (*n*)	ondera, onguari
fox (*n*)	okatakaha
fracture (*n*)	omupambo
fraud (*n*)	etiku
free (*adj*)	kutuka, rikutura, ouyara
freebie (*n*)	ovihavarwa
freedom (*n*)	ouyara, ongutukiro
French (*n*)	Otjifransa
fresh air	osuviriro, orumuinyo
Friday (*n*)	Oritjatano
friend (*n*)	epanga, omukwao, oukwao
friendly (*adj*)	ondjiririsa, omutima omuwa
friendship (*n*)	oupanga
fright (*n*)	omburuma, ondiriro
frighten (*v*)	mumaparisa, tirisa, urumisa
frightened (*adj*)	uruma
frog (*n*)	okanambaka, otjisume
frolic (*v*)	hambana
from (*prep*)	okuza
front (*n*)	kekoro, komurungu
front yard	omuvanda
frontal bone (*n*)	etupa rotjipara
frostbite (*n*)	oungore
frown (*v*)	siura, tembe
fruit (*n*)	otjihape (Pl. *ovihape*)
frustration (*n*)	ohama
fry (*v*)	tetisa
full (*adj*)	yeura
full stop	onde(.)
funeral (*n*)	ombakero
fungus (*n*)	ombundu
funnel (*n*)	ombako
furious (*adj*)	tomazenge, okutomazenge, okuhandja, handja
furniture (*n*)	omitwaro vyo mondjuwo
future (*n*)	oruya veze, komeho
future tense (*adj*)	oruya veze

Gg

gain (*n*)	outoṋi, okumunina po, okuweza
(*v*)	munina po
gaiter (*n*)	otjikamasa
gall bladder (*n*)	oṋango
gallant (*adj*)	ependa
gallon (*n*)	ongalona
gallop (*v*)	ongaropa, hikihira, twa mo tjikara
game (*n*)	*entertainment*-enyando (Pl. *omanyando*), *animal*-otjipuka (Pl. *ovipuka*)
gape (*v*)	yahama
garage (*n*)	ongaratje
garbage (*n*)	otjiyaya (pl. *oviyaya*)
garbage truck (*n*)	orori yondova, orori yoviyaya
garden (*n*)	otjikunino, otjana
gargle (*v*)	tjukutjura motjinyo
gas (*n*)	omuinyo, "ogasa"
gasoline (*n*)	omaoli, opeṱorola
gasp (*v*)	hekana, hekununa, suvana
gate (*n*)	omuvero
gather (*v*)	*collect*-nyanyangiza, wonga, *come together*-wongara
gathering (*n*)	orukosi
gaze (*v*)	tara
gear (*n*)	ongera
geese (*n, Sin. goose*)	ozombaka
gemsbok (*n*)[*oryx*]	onḓuno
gender (*n*)	ouzandu poo oukazona
genealogy (*n*)	omerihongero womuhoko
generally (*adv*)	avihe kumwe
generate (*v*)	kwata
generation (*n*)	orukwato
generous (*n*)	ouharupu
generousity (*adj*)	omuharupu, ondjandje
genitals (*n*)	omuzu, orutu roukazendu poo rourumendu
genius (*n*)	onongo
genocide (*n*)	otjiṱiro otjindjandja
gentle (*adj*)	*calm*-ongozu, *quiet*-onyima, *soft*-omutima omutarazu
gentleman (*n*)	ondembenge
gentleness (*n*)	oukozu, oupore, outarazu
gently (*adv*)	katjitji
geography (*n*)	omerihongero wouye
geology (*n*)	omerihongero womawe
geriatrics (*n*)	omerihongero wonḓunino no ndjeverero yovakurundu
germ (*n*)	okandwi
German (*n*)	Otjindoitji
germinate (*v*)	hapa, nyomoka

get back (v)	*return*-yaruka, *respond*-yarura
get (v)	*obtain*-kambura
get off (v)	zako, viruka
get ready (v)	manuka, rimana, rongera, rumbira
get up (v)	penduka
ghost (n)	ombepo, otjiruru, otjitirise
giant (n)	etuvangoma, omurenaka
gift (n)	otjiyandjewa
giraffe (n)	ombahe
gird (v)	rikuta, varanga
girdle (n)	ekwamo
girl (n)	omukazona, omusuko, omusukona
girlhood (adj)	ousuko, oukazona
girlish (adj)	okakazona
give (v)	pa, yandja
give back (v)	yarura
given (v)	pewa
glad (adj)	nyanda, yoroka
gladden (v)	nyandisa, yorokisa
gladness (n)	enyando, ondjoroka, okunyanda
glance (v)	tara tjimanga
gland (n)	ombwise, omwambu
glass (n)	ekende, eharasa
glass bead (n)	okandjendje
gleam (v)	werawera
glide (v)	*slide*-heza, *drift*-hezuzuka
glitter (v)	kena
globalization (n)	ouye uokomeho
globe (n)	ouye
gloom (n)	omuzema
glorify (v)	hivirika
glory (n)	ouyere
(v)	rihiva
glossary (n)	omambo womambo, omahandjaure womambo
glossy (adj)	omanyenanyene
glue (n)	epya (*Pl. omapya*)
glutton (n)	ekanyama
gnaw (v)	tatuna poo korokoha
go (v)	twende
go around (v)	kondoroka, namburuka
go away (v)	kumuka, twende, zako
go down (v)	henuka, pupurukwa
go face to face (v)	omurungu no murungu, hungama
go out (v)	zamo, pita
go over (v)	tanana
go slowly (v)	hona hona
go through (v)	tuurunga

goal (*v*)	ondandero, ondando
goat meat (*n*)	onyama yongombo
goat (*n*)	ongombo
goat's dropping (*n*)	onyuṇe
goat's wattle (*n*)	okahirati
God (*n*)	Karunga, Mukuru, Ndjambi
godfather (*n*)	omukuramene
godlessness (*n*)	ouhangundu
godliness (*n*)	ouwa, ouyapuke
godly (*adj*)	omuwa, omuyapuke
godmother (*n*)	omukuramene
going (*v*)	i, okuyenda
gold (*n*)	otjingoldo
gonorrhea (*n*)	otjikamuaha
good (*adj*)	nawa
good days (*v*)	omayuva omawa
good evening	hwenda [pl. *mwa tokerwa*; sin. *wa tokerwa*]
good morning	moro [pl. *mwa penduka*; sin. *wa penduka*]
good praise	ondangu
goodbye (*inter*)	kara nawa
goodnight (*n*)	rara nawa (pl. *raree nawa*)
goods (*n*)	ovina
goodtime (*v*)	otjimuinyo, oruveze oruwa
goodwill (*v*)	ouharupu
goose (*n* Pl.geese)	ombaka (pl. *ozombaka*)
gorgeous (*adj*)	ouwa
gorilla(*n*)	ondjimamundu
Gospel (*n*)	Evangeli
gossip (*n*)	oruyambo, okuyamba
gossipmonger (*n*)	keetute
gourd (*n*)	etanga
gout (*n*)	omusuro, ongaota
govern (*v*)	honapara
government (*n*)	ohoromende, ouhona, ouhonapare, oruvara
gown (*n*)	ongwava
grab (*v*)	hakana, puka
grace (*n*)	otjari
graceful (*adj*)	kahu, nawa
gracious (*adj*)	notjari, natjari
grade (*n*)	ondondo
gradually (*adv*)	kouṱiṱiṱiṱi, yendayenda
graft (*v*)	tjanga
grain (*n*)	ondwi
grammar (*n*)	eraka, ongaramatika
grandchild (*n*)	ondekurona
grandfather (*n*)	tate omunene, omukururume, tjikuume
grandmother (*n*)	mama omunene, omukurukaze, tjikuru, tjikuu

grape (*n*)	endjembere (pl. *omandjembere*)
grasp (*v*)	kambura
grass (*n*)	ehozu, ongumba
grasshopper (*n*)	ombahu
grateful (*adj*)	nandangi
gratefully (*adv*)	mbatjandangi
grater (*n*)	otjikure
gratitude (*n*)	ondangi
grave (*n*)	eyendo (pl. *omaendo*), ombongo (pl. *ozombongo*)
gravel (*n*)	ombawe
gravy (*n*)	omanyune wonyama, osose
grayhair (*n*)	onḓi (pl. *ozonḓi*)
graze (v)	rya, risa
grazing land (*n*)	omaryo
grease (*n*)	eṇi, ondombo
great (*adj*)	tjinene komeho
greatly (*adv*)	tjinene
greatness (*n*)	ounene
greaves (*n*)	otjikanga
greedily (*adv*)	neraru, oukorokope
greediness (*n*)	eraru, ouruvandu
greedy (*adj*)	*stingy*-omuruvandu, ongopo, *selfish*- ṇiṇa, *insatiable*-omurarakane uoviṇa
Greek (*n*)	Omuhelena
green (*adj*)	*color*-otjingirine, *not ripe*-engura
greet (*v*)	korisa, minika
greeting (*n*)	omaminikiro, ombinika, ombinikiro
grief (*n*)	*sorrow*-oruhoze, *sympathy*-ondjenda
grievance (*n*)	ondjemeno
grieve (*v*)	yandja oruhoze
grimace (*n*)	okutivara
grin (*v*)	yora
grind (*v*)	*pulverize*-kweya, *crush*-nyanyaura, nyainya, ṱukuṱura
griot (*n*)	ondangere
gristle (*n*)	onḓuzuzu
grit (*n*)	*stone*-otjihekewe
groan (*n*)	ondjemeno
(*v*)	tjema
groceries (*n*)	ovihepwa
groin (*n*)	otjitoke (pl. *ovitoke*)
groom (*n*)	omukupe, *hair spruce*-hora, *prime*-honga, kurisa
grope (*v*)	pambata, tambatamba
ground (*n*)	pehi
group (*n*)	otjimbumba, orutu, okatjoro
groups (*n*)	ovimbumba, otutu, outjoro
grow (*v*)	hapa, kurisa
grow up (*v*)	kura

growing up (*adj*)	omekuriro
growl (*v*)	wenena
growth (*n*)	omahapero
(*adj*)	omahapisiro
grudge (*v*)	omahahero
grunt (*n*)	wenena
guard (*v*)	tjevera
guardian (*n*)	omutakamise, omutjevere
guess (*v*)	haka
guessing (*n*)	okuhaka
guest (*n*)	omuisanewa, omunangwa
guesthouse (*n*)	ondjuwo yovaenda
guide (*n*)	omutike
(*v*)	tika, tumbura
guilt (*n*)	ondjo
(*adj*)	ounandjo
guinea fowl (*n*)	onganga (*Pl. ozonganga*)
guitar (*n*)	otjiketara
gulf (*n*)	orutjiva
gullet (*n*)	omuriu
gulp (*v*)	nina
gum (*n*)	*sticky substance*-epya, osingama, *mouth*-otjisundo
gun (*n*)	ondjembo
gut (*n*)	oura, opehuri
gutter (*n*)	orundjiri

Hh

habit (*n*)	omaiririro
habitation (*n*)	omaturiro
habitually (*adv*)	iririra
hades (*n*)	otjovasengwa
hailstone (*n*)	ombawe (pl. *ozombawe*)
hair (*n*)	einya (pl. *omainya*), ondjise (pl. *ozondjise*)
hairline (*adj*)	*front part*-omahenye, *back part*-otjitenge
half (*n*)	ohinga, orumbembera
half closed	vinda
halfway (*adv*)	ondjirakati
hall (*n*)	etuwo romanyando, "ohola"
halt (*v*)	kurama
halter (*n*)	otjitoma
hammer (*n*)	ohamara, ongowa, otjihambure
hamper (*n*)	otjihanda
hand (*n*)	eke (Pl. *omake*)
handbag (*n*)	ondjatu yo momake

handbook (*n*)	okambo koku yandja ondunge
handcuffs (*n*)	ovipandeke
handicap (*n*)	omuremane
handkerchief (*n*)	okahanduka, otjiripyoṋe
handle (*n*)	*object*-omupiṋe, otjikamburiro, otjiṯiziro, otjizo
(*v*)	*ouch*-ṱuna
handsome (*adj*)	*attractive*-ombwa, omuwa, otjiwa, pwa
handwriting (*n*)	ekutwana
hang (*v*)	*attach*-turika, *kill*-reka (*past tense-reke*), *hold*- ṱiza, *wait*-undja
hang to dry	nyaneka
hanging line (*n*)	omureko
happen (*v*)	kara, tjitwa
happiness (*n*)	enyando, ongambwi, ouṋingandu, ondjoroka, ohange
happy (*adj*)	nyaṋuka, ṋingapara
harass (*v*)	kendeka, putauza
hare(*n*)	onguyu
harbour (*v*)	ohave, opo masekiro wozoskepi
hard (*adj*)	*using effort*-nomasa, *solid*-oukukutu, otjikukutu, omukukutu
hardheaded (*adv*)	ongukutusengo
hardness (*n*)	oukukutu
hardship (*n*)	ouzeu
hardware (*n*)	ovitenda
harm (*n*)	ovirwi
harness (*n*)	otjiketjere
hartebeest (*n*)	okatjove
hassle (*n*)	moruhaka
haste (*n*)	ouhakahane
hasting (*v*)	ohakahana
hat (*n*)	ekori
hatchling (*n*)	okazuzona, okanyokona
hate (*v*)	tonda, onyaho
hatred (*n*)	onyengo
haughtiness (*n*)	omeritongamisiro
have (*v*)	*posses*-na, mbina, una
hawk (*n*)	orukoze
hay (*n*)	orusiane
hazard (*n*)	oumba
haze (*n*)	omueme, *fog*-ombundu
he (*pron*)	eye
head (*n*)	otjiuru [*pl*-oviuru]
headache (*n*)	omutjise wo tjiuru
headcloth (*n*)	otjikaiva, ohore, onḓuru
headdress (*n*)	otjikaiva, ohore, onḓuru
headman (*n*)	oforomana, omunane, omuhona
headscarf (*n*)	onḓuru
headwound (*n*)	ombara
heal (*v*)	panga

healer (*n*)	omupange, onganga
health (*n*)	ouveruke
heap (*n*)	ondundu
hear (*v*)	zuva
heart (*n*)	omutima (pl. *omitima*)
heartburn (*n*)	otjingwirira
hearth (*n*)	ezuko (pl. *omazuko*)
heat (*n*)	omutenya, oupyu
heatup	zuzura
heaven (*n*)	eyuru (Pl. *omayuru*)
heavy (*adj*)	*weighing*-zeu, onḑeu, ouzeu, otjizeu, *great degree*-zeuzeu
heavy cream (*n*)	orueru
hedgehog (*n*)	okaṯahoni
heel (*n*)	otjipanḑe
height (*n*)	omuseka, ondongamo, outonga
heir (*n*)	omurumate
helicopter (*n*)	oruheranyungu
hello (*exclamation,n*)	kora (pl. *koree*), tjike
help (*n*)	ombatero, ondjamo
(*v*)	vatera, yama
helper (*n*)	omuvatere
hemorrhoid (*n*)	omutupa
hen (*n*)	ohunguriva onḑenḑu
her (*pronoun*)	waro, yako
her friend	omukwao
her mother	oina
herd (*n*)	omutjatjo, orumbunda, orupanda, oruwondja
herd (*n*)	orupanda rozongombe
herder (*n*)	omurise
here (*adv*)	imba, nguno, muno, mba, nguno
hernia (*n*)	omutupa
hero (*n*)	ependa, ombanḑe
hero-plot (*n*)	ombindi
herpes (*n*)	osurute
hers (*pron*)	vye, we, wako, zayo
herself (*pron*)	eye omuini
hesitate (*v*)	keyakeya
hesitation (*n*)	okukeyakeya
hew (*v*)	hokora
hi (*exclamation*)	tjike
hiccup (*n*)	okusitwa
(*v*)	sitwa
hidden (*pp*)	unda, undike
hide (*n*)	*animal skin*-omukova (Pl. *omikova*)
(*v*)	*conceal*-horeka, undika, ṯara
high (*adj*)	ondungwaerera, kombanda
high priest (*n*)	omupangure omunene

high school (*n*)	osekondere
highest (*adj*)	wokombandambanda
highlight (*n*)	otjinyoko (pl. *ovinyoko*)
highlighter (*n*)	otjikokipena
highly (*adv*)	tjinene
highway (*n*)	ondjira osemba
hike (*n*)	*large increase*-ronda kombanda, yeruruka
hill (*n*)	omuru, ondunda, otjivanda, okarunda
hills (*n*)	omitumba
hinder (*v*)	kurungisa
hindrance (*n*)	omatjaerero
hint (*v*)	ṋanga, ṋangerako
hip (*n*)	evango, ombase
hip area	otjitutuza
hippie (*n*)	otjotji
hippopotamus (*n*)	onduu, ongombe yomeva
hire (*v*)	yazema
his (*pron*)	vye, we, wako, waro, yakwo, zayo
his house	koye, kondjuwo ye
his mother	inaye
hiss (*v*)	hinga
history (*n*)	omakuruhungi
hit (*v*)	tona, mwaa, yaha
hitting (*n*)	omatoneno, ondoneno, okutona
hoard (*v*)	nyanyangiza
hoarse (*adj*)	seta
hoarseness (*n*)	ovikangariu
hog (*n*)	ombinda yo monganda
hold (*v*)	handa, ṱiza
hold fast (*v*)	kakatera, riṱiza
hole (*n*)	ondovi, otjitoto, omwina
holiness (*n*)	ouyapuke
hollow (*n*)	omututu
(*v*)	korora
holy (*adj*)	omuyapuke
holy communion (*n*)	ondumbukiro
holy fire (*n*)	okuruwo
homage (*n*)	rangera

home (*n*) eha, onganda, oruuto, *self possession*-koyandje, moyandje, moyetu, koyetu, *your possession*-koye, koyoye, oye, moyoye, *their possession*-koyawo, koyenu, moyawo, moyenu

homeless (*adj*)	omuhina ruuto, omuhinanganda
homestead (*n*)	onganda
homosexual (*n*)	otjikazezere, omundu ngunanukira ovandu woviṋepo tjengeo ovye
honest (*adj*)	omukahu
honesty (*n*)	oukahu, ousemba
honey (*n*)	outji wozonyutji, orwaze

honey badger (*n*)	ondese
honour (*n*)[*honor*]	ondjozikiro
(*v*)	yozika, zerika
honourable (*adj*)[*honorable*]	omutatwa, omuyozikwa
honoured (*v*) [*honored*]	hivirika
hood (*n*)	*car*-euru, *clothing*-ekori
hoof (*n*)	onyu, otjikoti
hook (*n*)	ohake, okapate, ongoorero
hop (*v*)	tukatuka
hope (*n*)	omaundjiro
(*v*)	undja
horizon (*n*)	evaverua
hormone (*n*)	ovitunge vyorutu
horn (*n*)	*animal*-onya, *music*-ohiva
hornbill (*n*)	etoko
hornless (*adj*)	ouhungu
horns (*n*)	ozonya
horrible (*adj*)	ouvi
horrified (*adj*)	yaukwa
horror (*n*)	ondjaukwe
horse (*n*)	okakambe (Pl. *oukambe*)
horsefly (*n*)	eze (Pl. *omaze*)
hose (*n*)	omuriu womeva
hospitable (*adj*)	ndjiririsa
hospital (*n*)	onasareta, onamiti, otjipangero, "ohospitala"
hospitality (*n*)	omasekirisiro
host (*n*)	omusekirise
hostility (*n*)	ovita
hot (*adj*)	pupyara, pyu, oupyu
hot ash (*n*)	otjimbuyu
hot cereal (*n*)	oruhere
hotel (*n*)	ondjuwo yo vayenda, onganda yovaryange
hotness (*n*)	oupyu
hottentot (*n*)	omukwena, omuserandu
hour (*n*)	oiri (pl. *ozoiri*)
house (*n*)	ondjuwo
household (*n*)	onganda
how (*adv*)	vi, tja
however (*adv*)	nungwari
howl (*v*)	vandara, *scream*-ura
hue (*n*)	otjivara
hug (*v*)	pukata momaoko
huge (*adj*)	*giant*-otjinene, *enormous*-otjitwezu
human (*adj*)	omundu
humanity (*n*)	oundu
humble (*adj*)	susupara, susuparisa
humidity (*n*)	oupyu, otjipyu

humility (*n*)	omerisusuparisiro, oususupare
humour (*n*)	okuyoroka
hundred (*n,adj*)	esere
hunger (*n*)	ondjara, ondjimba
hungry (*adj*)	no ndjara, ṯondjara
hunt (*v*)	yeva
hunter (*n*)	omuyeve
hurricane (*n*)	orukumbambura, ombepo onamasa
hurry (*v*)	*rush*-hakahana, *speed up*-kamanga
hurt (*n*)	otjipo, omuhihamo, okuhihamwa
(*v*)	hihamisa, hihamwa, ṯa
hurtful (*adj*)	omuhihamise, okahihamise, otjihihamise
hurting (*n*)	hihamisa
husband (*n*)	omurumendu ngwakupa
hush (*v*)	mwinisa
husk (*n*)	otjitatu, otjiyaya
hut (*n*)	ondjuwo
hutch (*n*)	otjiwongo
hyena (*n*)	korutambo, ombungu
hymn (*n*)	eimburiro
hyphen(*n*)	okahondje
hypocrisy (*n*)	otjavivi
hypocrite (*n*)	okairiiri

Ii

I (*pron*)	ami
ice (*n*)	"oisa", omakende wombepera
idea (*n*)	ondunge
ideal (*n*)	nawa, otjiwa, omawa
identity (*n*)	omatjiukiro womundu
idiom (*n*)	omahungiriro womambo
idiot (*n*)	eyova, erai
idle (*adj*)	notjirweyo
idleness (*n*)	otjirweyo
if (*conj*)	andakuzu, nandaku, tji, tjinangara, ndoovazu
ignite (*v*)	hwika
ignorance (*n*)	ouhatjiwa, ouyova
ignorant (*adj*)	eyova, omuhatjiwa
ignore (*n*)	rangaranga, siringa
ill (*adj*)	vera
illegitimate (*adj*)	*born out of wedlock*-ekombezumo
illiterate (*n*)	kahongerwe, omuhina mahongero
illness (*n*)	*disease*-omutjise, *sickness*-ouvere
illuminate (*v*)	munina, okuyarisa
illustrate (*v*)	serekarera, raisa

image (*n*)	otjiserekarerwa
imagination (*n*)	omerizemburuka
imagine (*v*)	zemburuka
imitate (*v*)	horera, senginina
imitation (*n*)	ombahorera
immediate (*adj*)	nambano nai, kamanga nai
immediately (*adv*)	nambano, tjimanga
immerse (*v*)	ṭomwina
immigrate (*v*)	tjinda
immoderate (*adj*)	otjisirititi
immodest (*adj*)	omuhaori, omuhinahoṇi
immoral (*adj*)	ouruṇde
immortality (*n*)	ouhakohoka
immune system (*n*)	avasorondate vorutu
impatience (*n*)	okukandakanda
impede (*v*)	tjaera
impediment (*n*)	otjiputarise
impel (*v*)	hinga
imperfectly (*adv*)	orumbembera
imperious (*adj*)	omuṇiṇikize
impertinence (*n*)	ehaṇdu
implementing (*n*)	ombungurisiro
implore (*v*)	riheka
impolite (*adj*)	okuhinandengero
import (*trans.verb*)	okuhitisa oviruandwa mehi
importance (*n*)	oṇdengu
important (*adj*)	oṇdengu, ounahepero, ohepero
impose (*v*)	twako
imposition (*n*)	omutwaro
impossibility (*n*)	okuhasora
impotent (*adj*)	okusira, okuhinaomatinga
impregnate (*v*)	*fertilized*-yakanisa, *produce*-tumbisa
impromptu (*adj*)	nokuhinakuriṭuna
improve (*v*)	ṭuna, *enhance*-sorisa, kongomokisa, *perfect*-pwisa
improvement (*n*)	ombwisiro
impurity (*n*)	ouhakohoke
impute (*v*)	vara ku
in (*prep*)	mu, mo, hita
in its self	yayo
in peace	morusuwo
inability (*n*)	ouhasora
inaccurate (*adj*)	okuhaenena
inactive (*adj*)	notjirweyo
inadequate (*adj*)	hayenena
inadvertence (*n*)	okapuruse
inadvertently (*adv*)	ouhazendu
inattention (*n*)	okapuruse

inauguration (*n*)	omazikiro
inch (*n*)	ondeima
incision (*n*)	omupambo, ondja
incisor (*n*)	ongunḓe yeyo
inclination (*n*)	omahendameno, oupiku
incline (*v*)	peta, hendema
include (*v*)	tjita pamwe na
income (*n*)	okamariva okatiti okahite
incomparable (*adj*)	sanapeke
incomplete (*adj*)	engura, ka tji yaenena
inconsistency (*n*)	omarundurukiro, ouhaṱakama
inconsistent (*adj*)	runduruka
increase (*v*)	otjiweziwa, *multiply*-kwatasana, *spread*-tumbara
indecency (*adj*)	ouhasora
indeed (*adv*)	otjo, tjiri
indefinite (*adj*)	pevari
indent (*v*)	tjita, topora
independence (*n*)	ongutukiro
independent (*adj*)	kutuka
index (*n*)	otjiurike tjomakondwa, otjiurike tjomapu
index finger (*n*)	katjiurike
indicate (*v*)	raisa, yurika
indication (*n*)	ovihunina
indicator (*n*)	otjiraise
indifference (*n*)	okuhinakonatja
indigenous (*n*)	ovakwatera
inexpensive (*adj*)	ombiriha
inexplicable (*adj*)	ovihakonḓononwa
infant (*n*)	okanatje, okaimona
infants (*n*)	ouimona, ounatje
infect (*v*)	hwanga
infecteous (*v*)	omuhwangwe, okuhwanga
infertile (*adj*)	hahapisa, ongandji
inflate (*v*)	pomba
influenza (*n*)	otjimbandanga
inform (*v*)	tjivisa
information (*n*)	ondjivisiro
informer (*n*)	omutjivise, omuhorore
ingratitude (*n*)	okuhinandangu
inhabitant (*n*)	omuture
inherit (*v*)	okuhita onganda, okurumata eṱa
inheritance (*n*)	eṱa, ovirumatwa
injection (*n*)	omayendero
injured (*adj*)	omuhihamwa
injury (*n*)	omahihamisiro
ink (*n*)	oinga
in-law (*n*)	omukwe

innocent(*adj*)	okuhinandjo
innovation (*n*)	omarunduriro
insanity (*n*)	orundumba
insect (*n*)	eyaya, okapuka
insensibility (*adj*)	ounguvare
inseparable (*adj*)	-ha haṇika
insert (*v*)	hweka, hitisa
inside (*adj*)	moukoto, oukoto
insight (*n*)	ongonḍononeno
insignificance (*n*)	okuhinanḍengu
insignificant (*adj*)	hinanḍengu
insincere (*adj*)	omuhendi
insincerity (*n*)	ovineya
insinuate (*v*)	tuvirira
insist (*v*)	pambarera, panḍera po
insolence (*n*)	ondjambu
insolent (*adj*)	ouhaori, okuhinandengero
inspect (*v*)	*scrutinize-*konḍonona, *look over-*natera, *look-*tara
inspection (*n*)	okutara, omakonḍononeno
inspector (*n*)	omutare
inspiration (*n*)	ombatero
inspire (*v*)	suvirira mo, vatera
instability (*n*)	ouhasore
instance (*n*)	okaruveze
instantaneously (*adv*)	tjimanga
instantly (*adv*)	nambano nai
instead (*adv*)	moruveze
instigate (*v*)	hohiza
instigation (*n*)	okuhohiza
institution (*n*)	omazikiro
instruct (*v*)	honga
instruction (*n*)	omahongero
instructions (*n*)	ovihongwa, omaraa
instrument (*n*)	otjiunguriseho
insufficient (*adj*)	kaputjo, ha enena
insult (*n*)	omayambururiro, temangura, yamburura
(*v*)	tukana
insured (*n*)	omunambwiro
intact (*adj*)	otjimbomba
intellect (*n*)	ondunge
intelligence (*n*)	ozondunge
intelligent (*adj*)	omunandunge
intelligibly (*adv*)	okuzuvara
intend (*v*)	tanda
intention (*n*)	ombango, okuvanga, omaheyero
intentionally (*adv*)	wina
inter (*v*)	paka

intercede (*v*)	hekenena
intercept (*v*)	tjakanena, tjaerera mondjira
intercessions (*n*)	omakumbiro, omahekeneno
intercessor (*n*)	omuhungirire
interchange (*v*)	pingasana, pingasanisa
intercom (*n*)	ombako
intercourse (*n*)	omawaneno
interdict (*v*)	zerika
interest (*n*)	*attraction*-ombango, *enjoyable thing*-onyuṉe, *appeal*-ouwa
interesting (*adj*)	nanyune
interfere (*v*)	ritwa mo, rihitisa
intergrity (*n*)	ousemba, oumanuke
intermarry (*v*)	okukupasana motjiwaṉa
international (*adj*)	ngamwa ouye
interpose (*v*)	twa pokati
interpret (*v*)	pingurura, tanaura, vingurura
interpreter (*n*)	omuvingurure, omupangunune
interrupt (*v*)	ritjakaṉa, tjakaṉa, tjayera
interrupted (*adj*)	tjaerwa, tjakanenwa
intersect (*v*)	tjakaṉa
intersection (*n*)	omapingasaneno
intersperse (*v*)	hoveka
intertwine (*v*)	yoza, yozasana
intervene (*v*)	omerirungiro, rirunga, ritwamo
interview (*n*)	ongundiro, oindaviu
intestine (*n*)	oura
intimacy (*n*)	oukwao, oupanga, omakutasaneno
intimidation (*n*)	ondirisiro
into (*prep*)	ira mo, hitira mo
intoxicate (*v*)	purukisa
introduce (*v*)	hangununa, tjiukisa
introduction (*n*)	ondjiukisiro, omahangununino
invade (*v*)	punda, huura
invent (*v*)	uta
invest (*v*)	pwika
investigate (*v*)	konḓonona
investigator (*n*)	omukonḓonone
investment (*n*)	ombwiko
invigorate (*v*)	zeuparisa
invisible (*adj*)	hamunika
invite (*v*)	ṉanga, kunda
inviter (*n*)	omuṉange
involve (*v*)	rimanga
invulnerable (*adj*)	omunamwa
inward (*adj*)	moukoto
iron (*n*)	*presser*-otjikangure, *metallic element*-otjitenda
(*v*)	*press clothes*-kangura

irreconcilable (*adj*)	okuhinokuhangana
irresponsible (*adj*)	omuhinakonatja
irrigate (*v*)	hira, okutjatja ovikunwa
irritability (*n*)	omapindikisiro
irritate (*v*)	pindikisa, rungisa
is (*v*)	oro
isolated (*adj*)	peke
isolation (*n*)	ourike
issue (*n*)	omapitisiro
(*v*)	pita, pitisa
it (*n*)	oyo, otjo
it's me (*n*)	owami
itch (*n*)	okunywa, omanywino
(*v*)	nywaa
itching (*n*)	okunywa
ivory (*n*)	eyo rondjou
ivy (*n*)	onyiva

Jj

jabber mouth	okunyomborora
jack (*n*)	ondjeke
jackal (*n*)	ombandje, kahavandje
jacket (*n*)	ombaikiha
jail (*n*)	ondorongo
jam (*n*)	ondjema
jar (*n*)	otjitjuma, otjikuze
jaw (*n*)	ondjeo, oruyeo
jealous (*adj*)	naruru, nasupa, toukoze
jealousy (*n*)	*envy*-eruru, *act of woman towards sexual partner*-esupa, *act of man towards sexual partner*-oukoze
jelly (*n*)	ondjema
jeopardy (*n*)	oumba
Jesus (*n*)	Jeesu
Jew (*n*)	Omujuta
jewels (*n*)	ovihuze
job (*n*)	otjiungura
join (*v*)	*connection*-haka, wana, *fasten*-kuta, hondja, *shared*-hondjasana, *become a member*-rikuta, hondja, *mix*-wanisa
joint (*n*)	*body part*-ondundo
joke (*n*)	etako, okunyanda, omindjenga, omituka
(*v*)	nyanda

journey (*n*)	ouyenda
(*v*)	kuka
joy (*n*)	enyado, okunyanda, ombwiro
(*v*)	nyanda, yoroka
judge (*n*)	omupangure
(*v*)	pangura
Ju|'hoansi (*n*)	Otjikuruha
judgment (*n*)	ombanguriro
juice (*n*)	omuzeze
July	Suramazeva
jump in (*v*)	ronda, ṱurumina mo
jump off (*v*)	ruruma, ṱurumina pehi
jump (*v*)	*go across*-katuka, *move quickly*-ruruma, *raise up*-tuka, ṱuruma, *attack*-wira
June	Ngarano
junction (*n*)	omapingasaneno
just (*adj*)	nambano nai, uriri
justice (*n*)	ousemba, oupore
justifiable (*adj*)	yapurua, sembamisiwa
justification (*n*)	omasembamisiro
justify (*v*)	sembamisa, yapura

Kk

Kangaroo (*n*)	kangaruu
keen (*adj*)	oupyuke
keenness (*n*)	outwe
keep (*v*)	*store*-pwika, *protect*-ṱakamisa, *prevent*-tjaera, *retain*-ṱiza
keep off	tjaera
keep warm	wota, harisa oupyu
keeper (*n*)	*animal keeper*-omurise, *caretaker*-omuṱakamise
kennel (*n*)	orupanda rozombwa
ketchup (*n*)	otamatisose
kettle (*n*)	otjiketisa
key (*n*)	otjipaturure
Khosa (*n*)	Otjimbongoro
kick (*n*)	veta omuse
(*v*)	veta
kick up dirt (*v*)	ponda
kid (*n*)	*child*-omuatje (Pl. *ovanatje, enyari*), *baby goat*-okangombona
kidney (*n*)	osyoti
kill (*v*)	*slaughter*-koza, *murder*-zepa
killing (*n*)	onḓepasaneno
kin (*n*)	omuhoko, ouzamumwe
kindhearted (*v*)	omunyaṋutima
kindle (*v*)	*inflame*-hwika, *ignite*-yakisa

kindly (*adj*)	notjari
king (*n*)	ombara, omuhona
kingdom (*n*)	ouhona, ouvara
kinship (*n*)	omuhoko
kiss (*v*)	hupita
kite (*n*)	ombirinyama
kith(*n*)	outjiwasane
kitten (*n*)	okambihona
knaw off (*v*)	korokoha
knead (*v*)	*mold*-runga, *massage*-mianga
knee (*n*)	ongoro
kneecap (*n*)	ombumbwangoro
kneel (*v*)	wora ozongoro
kneelingly (*adv*)	kozongoro
knife (*n*)	oruvyo (Pl. *otuvyo*)
knitting (*n*)	ovitungwa
knob (*n*)	otjikambure
knock (*v*)	*tap*-kongora, *bang*-pambara
knot (*n*)	epu
know (*v*)	*have information*-tjiwa, *feel certain*-ritjiwa, *familiar with*-tjiwasana
knowledge (*n*)	*acquaintance*-okutjiwa, *expertise*-ondjiviro, *skill*-ounongo
known (*adj*)	*well known*-ingana, *expose*-horoka, *famous*-tjiukwa, *bradcast*-zuvara
knuckles (*n*)	ozondundo zominwe
kraal (*n*)	orumbo, otjunda
kudu (*n*)	ohorongo
Kwangali (*n*)	Omukwangari

Ll

label (*n*)	otjiraisiro
labour (*n*)	oviungura
(*v*)	ungura
labourer (*n*)	omuungure
lace (*n*)	otjispise
laceration (*n*)	otjito
lack (*v*)	hepa, kaera, ṯenḓuna
ladder (*n*)	otjirondero
lady (*n*)	omusuko, oserekaze
lake (*n*)	eo, erindi
lamb (*n*)	ondjona poo okayona
lame (*adj*)	remana, *limp*-ṯenḓuna
lamentation (*n*)	*crying*-omaririro, *expression of grief*-omutambo
lamp (*n*)	erambe
lampwick (*n*)	ongoze yerambe
land (*n*)	ehi

language (*n*)	eraka ehungirwa
languish (*v*)	*finish*-manuka, *fade away*-pwira
lantern (*n*)	eratiane
lap (*n*)	ekoro
lapse (*n*)	okukapita
large room (*n*)	otjituwo
last breath (*n*)	osenda
last (*adj*)	omusenina, otjisenina, ongero
(*v*)	karerera
lasting rest (*n*)	ombwiro
late (*n*)	olata, *deceased*-omuyaruke
(*adj*)	womba
lately (*adv*)	nambano
later (*adj*)	kombunda
lateral incisor (*n*)	okasya komayoo
lather (*n*)	esuzu
laud (*v*)	tanga
laugh (*v*)	yora
laughter (*n*)	ondjora (Pl. *ozondjora*)
launch (*v*)	uta
laundry (*n*)	omakohero, ovikohwa
lavish (*v*)	outumbe
law (*n*)	oveta
lawless (*adj*)	katuka, okuhina oveta
lawn (*n*)	ongwena
layaway (*n*)	okuhorekisa nokusutasuta
laziness (*n*)	otjirweyo, omunatjirweyo
lazy (*adj*)	otjirweyo, epondo, omunatjirweyo
lead (*v*)	hongora, nana
leader (*n*)	ohongora, oforomana, omuhongore, omunane, omananeno, otjiuru
leadwood (*n*)	omumborombonga
leaf (*n*)	eso, otjiyao (Pl. *oviyao*)
lean (*adj*)	*thin*-erambu, otjirambi, omurambi, *resting against*-erurukira
(*v*)	ţaţera, yama, yendama
leaning (*n*)	hendamena
leanness (*adj*)	ourambi
learn (*v*)	rihonga, okurihonga
learners (*n*)	ovahongwa
leather (*n*)	omukova
leatherjacket (*n*)	onguava
leave (*v*)	esa, isa, tjesa, eseye, twende
leave behind	sya kombunda
leave off	isa
leaven (*n*)	otjiworise
(*v*)	worisa
left (*n*)	komamuho
leg (*n*)	*of a human*-okurama, *of an animal*-oviryo, *of a three legged pot*-omukono

legging (*n*)	otjikamasa
lemon (*n*)	otjiṯorone
lend (*v*)	yazema
length (*n*)	oure
lengthen (*v*)	reparisa
lengthening	omananukiro
lens (*n*)	ekende ro kutara naro
lent (*v*)	yazemisa
leopard (*n*)	ongwe
leprosy (*n*)	ongana
less (*adv, adj*)	ṯiṯipara, ohenduruka, henguruka poo hahurura
lessen (*v*)	ṯiṯiparisa, hahuruka
let (*v*)	*allow*-yandjera, *cause*-tjitisa
letter (*n*)	*symbol*-oletera, *printed message*-ombirive, orutuu
lettuce (*n*)	oviyao oviriwa kauvihu
liar (*n*)	omunavizeze
libation (*n*)	okutjikutjura omeva
library (*n*)	ombiplotieka, onganda yomambo omaresewa
license (*n*)	ombapira yo usemba
lick (*v*)	rasa
lid (*n*)	otjikamo, otjipapeko
lie (*n*)	*falsely*-otjizeze (Pl. *ovizeze*)
(*v*)	*position*-randama, rangavara, ondonya, tjakaṋa
life (*n*)	omuinyo
lift (*v*)	yera
ligament (*n*)	omusepa mbuhondja eṯupa keṯupa
light (*n*)	*energy*-erambe, ondjerera, *color*-otjiyere
(*v*)	*flame*-hwika, kamburisa, yakisa, *not heavy*-pepu, otjipupu
lighten up	kara no unyaṋutima
lighter (*n*)	otjimunine
lightning (*n*)	orutjeno rombura, oruṯuṯumo
like (*prep conj*)	*similar to*-andarire, nai, tjimuna
(*v*)	*want*-vanga
likely (*adj*)	andarire
limit (*n*)	omaandero
limp (*n*)	oungangambungu
(*v*)	ṯenḓuna
line (*n*)	*string*-ongoze, *mark*-evara, *edge*-omukoka, row-oruteto (Pl. *otuteto*)
linen (*n*)	ombanda
linger (*v*)	wombawomba, okurongaronga
linguistic (*n*)	omerihongero womaraka
lining (*n*)	osurunga
link (*v*)	hweka, kuta kumwe
lint (*n*)	osinga, otjinyaze
lion (*n*)	kaurimbi, ondumbi, ongeyama
lip (*n*)	omuṋa (Pl. *omiṋa*)
liquor store (*n*)	ondjuwo ndjirandisa omavinu

listen (*v*)	puratena
listener (*n*)	omupuratene
liter (*n*)	olita
literacy (*n*)	okuresa no kutjanga
litter (*n*)	oviyaya
little (*adj*)	okaṯiṯi
little broom (*n*)	okakombo
little goat (*n*)	ongombona
live (*v*)	*have life*-hupa, okuhupa , *have a home*-tura, *stay*-kara
livelihood (*n*)	ehupiro (pl. *amahupiro*)
lively (*adj*)	ombanḓi, panḓipara
liver (*n*)	ehuri
livestock (*n*)	orutumbo
lizard (*n*)	otjikoko (pl. *ovikoko*)
load (*n*)	omutwaro
(*v*)	turika, twa po
loaf (*n*)	evanda, omboroto ombomba
loathe (*v*)	*dislike*-nyengwa, *detest*-tonda
lobola (*n*)	ovitunya
lobster (*n*)	otjinangusuna
local language	eraka etjiukwa mozondendera
location (*n*)	omaturiro, onganda
lock (*n*)	otjipate (Pl. *ovipate*)
(*v*)	pata
locust (*n*)	otjimbumba tjo zombahu
lodge (*v*)	sekira, onganda yovayenda
log (*n*)	otjindimbu tjomuti
lone (*n*)	*single*-omukombe, *orphan*-osewa
(*adj*)	*single*-eerike, *solitary*-ourike, *solo*-peke
loneliness (*v*)	oukunga
loner (*n*)	omurike, eerike
long ago (*adj*)	rukuru, harukuru
long for (*v*)	*yearn for*-hihama, *desire*-zera, *crave*-vanga
long (*adj*)	*extended period of time*-orure, onde, *beyond what is wanted*-itu nga pi
(*adv*)	*person*-omure, *objects*-otjire
longing (*n*)	onḓero
look (*v*)	tara
look at (*v*)	tarera, *self*-ritarera
look back	taviza
look fixedly	tara ohwiriri, nanḓinda
look for (*v*)	konga, tjinga, paha
look into (*v,prep*)	natera
look pretty	pwaa
looking (*n*)	omatarero, okutara
loop (*n*)	ehuha, ondovi
loose (*adj*)	*not tight*-hara, *not attached*-ouhara
loosen (*v*)	*relax*-haraharisa, *untie*-kutura

loot (*v*)	punda
Lord (*n*)	Omuhona, omuingona, omukwata wa nawa
lose (*v*)	*interest*-hahiza, *defeated*-pandjara
loser (*n*)	omusewa po, omupandjare
lost (*v*)	*interest*-kuha, *weight*-rambuka, *defeated*-pandjarisa, *confused*-zengaiza
lot (*n*)	ekuzeze, *set of things*-omengi, *group of people*-ovengi, *batch of things*-ovingi, *bunch of animals*-ozengi, *area of land*-enyingi
(*v*)	enyangato, ouingi
lotion (*n*)	omaze omerisoporwa
loud (*adj, adv*)	*noisy*-orurokoho,
loudly (*adv*)	orurokoho kombanda, *loud-mouthed*-okuravaera
louse (*n,pl.lice*)	ona (Pl. *ozona*)
love (*n*)	okusuvera, orusuvero
(*v*)	hura, suvera
love one	omundjisuvere, omukusuvere
low (*adj*)	susuparisa, *unhappy*-hihamwa, *sound*-yarura kehi
lower (*v*)	kehi, raura, susuparisa
lowliness (*n*)	okuhinandengu, oususupare
lowness (*n*)	okukara kehi
luck (*n*)	eharwi, ongambwi
lucky (*adj*)	ouṇingandu, ṇingapara
lucky breeder	oruhongwe
luggage (*n*)	omutwaro
lukewarm (*adj*)	ovitumbira, *liquid*-pyu
lull (*v*)	zezenga
lumbar (*n*)	otjikondambunda
lump (*n*)	omusuro
lunatic (*adj*)	vera orundumba
lunch (*n*)	eriro rometaha
lung (*n*)	epunga (Pl. *omapunga*)
lure (*n*)	hemena
lust (*n*)	*sexual desire*-omatinga omengi, *disire sexually*- ohura, *yearn*- oruhuro, *eagerness*-ozonḑuma
(*v*)	hura, nanukira, omananukiro
luxury (*v*)	ombyarero
lynx (*n*)	orukwenyaere (Pl. *otukwenyaere*)

Mm

macaroni (*n*)	omakoroni
macerate (*v*)	*soaking in liquid*-ningeka, *make thin or lean*-rambuza
macerated (*pp*)	ningena, rambuka
machine (*n*)	omahina (Pl. *ozomahina*)
mad(*adj*)	*angry*-omazenge, *mentally ill*- okupuruka ozondunge, oviwoze, *not controlled*-orundumba

madam (*n*)	oserekaze
made (*adj*)	produced by- kaungurwa, yaungurwa
madness (*n*)	ehambano
magazine(*n*)	omangasina
maggot (*n*)	otjinwise (Pl.*ovinwise*)
magnet (*n*)	engenete
magnify (*v*)	hivirika, yozika
maid (*n*)	omukarere
maid of honor (*n*)	omutjike
maiden name (*n*)	ofano, ena rokuruwo
mail (*n*)	"omeila", oposa
maintain (*v*)	parura, hupisa, kora, tumba
maize (*n*)	ozomiriva
major (*n*)	omanenenene
majority (*n*)	ouingi
make a noise	kwenena
make angry	handjisa
make known	horora
make noise	rokoha
make to cut	kondisa
make to reconcile	hanganisa
make (*v*)	*produce*-hanga, *perform*-tjita
make to shine	kenakenisa
make to sit	haamisa
maker (*n*)	omutjite
makeup (*n*)	omutombe, otjize
malaria (*n*)	omalaria
male (*adj*)	*human*-omurumendu, omuzandu, *animal*-otjirume, ondume, otjitwezu
malefactor (*n*)	omurunde, omunauvi, omuzunde
malevolent (*adj*)	omunambangombi
malice (*n*)	ouvi, omukona
malicious (*adj*)	omukona, omunamukona
mallet (*n*)	ombine
malpractice (*n*)	tatumisa
mamba[*angusticeps*] (*n*)	esoromutati [*onjoka*]
man (*n*)	*person*-omundu, *male*-omurumendu
manage (*v*)	*control*-tia, tuna
mane (*n*)	omurenge
manger (*n*)	etemba
mango (*n*)	otjimango
manhood (*n*)	otjirumendu, ourumendu
maniac (*n*)	oviyoze
manifest (*v*)	munika
manifestly (*adv*)	okumunika
manifold (*adj*)	potuingi
mankind (*n*)	oundu, omutundu uovandu
manly (*adj*)	otjirumendu

manner (*n*)	*behavior*-omeritjindiro, otjikaro, *way*-omuano, omuhingo
manslaughter (*n*)	okuzeperera
mantle (*n*)	onguava
manure (*n*)	*soil*-ombumbi, *goat*-onyune, *cow*-outaze
many a lot	orumbunda
many times	potuingi, potuingituingi
many (*adj*)	*number of things*-ovingi, *number of people*-ovengi, *a considerable number*-otjingi, *countless*-ongambi, *lots of*-takavara
map (*n*)	okakarata kouye poo kehi
marble (**s**)	okangwini, oungwini
March	Eseninarindi
marijuana (*n*)	engeha
mark (*n*)	otjihako, otjivavize, *sign*-ondja
(*v*)	haka
market (*n*)	omarandero
marriage (*n*)	ongupiro, orukupo
marriage feast (*n*)	omukandi worukupo
married (*adj*)	wakupwa
marrow (*n*)	omongo
marry (*v*)	kupasana, kupa
marvel (*v*)	kumua, otjiheimukuru
marvelous (*adj*)	komuhingo
mass (*n*)	ondjinda (*Pl. ozondjinda*)
massacre (*n*)	okuzepa okunyona
massage (*v*)	myanga
masseuse (*n*)	omukazendu omumyange
massive (*adj*)	*large person*-omutwezu, *large scale*-otjitwezu, outwezu
mat (*n*)	okapapu, otjimata, otjinguma
match (*n*)	*stick producing fire*-okaparwa
(*v*)	*harmonize*-sanisa, *equal*-saneka
mate (*n*)	epanga
material (*n*)	*cloth*-otjiyatja
maternity (*adj*)	omupanduke
mathematics (*n*)	ovivarero
matrilineal (*n*)	omuhoko wa mama, omuhoko wa nyoko, ku ina; eanda
matrimony (*n*)	orukupo
matter (*n*)	otjikatuko, otjiposa, otjiṉa
mature (*v*)	hora
maturity (*n*)	okuhora, omahorero, omaeneno
May (*v*)	Kambundu
maybe (*adv*)	ngahino, ngambeno
mayonnaise (*n*)	omayonase
mayor (*n*)	omayora
maze (*n*)	oruhere
me (*pron*)	ami
meadow (*n*)	orutjandja
meagerness (*n*)	erambu, ourumbi

meal (*n*)	omariro, ovikurya
mean (*v*)	*intend*-ha, heya, tanda
meaning (*n*)	omaheyero, okuha
means (*n*)	ombaruriro
meanwhile (*adv*)	ngunda, pokati koruveze
measles (*n*)	otjikoroha
measure (*n*)	otjisanekero, omasanekero
(*v*)	*size*-saneka
measuring instrument (*n*)	otjisaneke
meat (*n*)	onyama
mediate (*v*)	hanganisa
mediator (*n*)	omuhanganise
medicine (*n*)	omuti (Pl. *omiti*)
medicine practitioner (*n*)	omupange
meditate (*v*)	ripura
meditation (*n*)	omeripuriro, omerizemburukiro
meekness (*n*)	oukozu
meerkat (*n*)	orupuka
meet (*v*)	*come together*-muna, munasana, *join*-hakaena
meeting (*n*)	omahakaeneno, omaongarero, ombongarero
melancholy (*n*)	eyuma
melon (*n*)	etanga rakautji
melon bug (*n*)	okakuze maambi
melt (*v*)	zuzura, yareka
member (*n*)	okaṋepo (pl. *ouṋepo*)
membrane (*n*)	okamukova okapepu
memory (*n*)	omurya, omerizemburuka
mend (*v*)	ṱuna, ungura, veruka, verukisa
men's underwear (*n*)	onḓoromburuku
menstrual (*adj*)	hwama, omueze
menstruation (*n*)	omueze
mention (*v*)	tamuna, serekarera
merchandise (*n*)	otjirandwa (pl. *ovirandwa*)
merchant (*n*)	omurande, omurandise
merciful (*adj*)	ngunotjari
mercifulness (*v*)	ondjenda
mercy (*n*)	*kindness*-otjari, ozongama, *luck*-ounyaṋutima
merely (*adv*)	pouriri
merge (*v*)	wana
merit (*n*)	otjisuta, ondjambi
(*v*)	ungurira, yenenisa
message (*n*)	embo, omaraerero, ombuze, ondaze
messedup (*v*)	tomboka
messenger (*n*)	omuhindwa
metal (*n*)	otjitenda
metamorphose (*v*)	tjituka
meter (*n*)	ometa (pl. *ozometa*)

method (*n*)	omuhingo
mice (*n*)	epuku, *relatively small-* okapuku
midday (*n*)	ometaha
middle (*n*)	mokati, ondivitivi
middle finger (*n*)	omundaarume
middle-aged (*adj*)	otjiwondo tjopokati
midget (*n*)	okandu okasupi
midnight (*n*)	outuku ounene
midst (*prep*)	mokati
midwife (*n*)	omupandukise
might (*n*)	*power-*omasa
(*v*)	*may-*toku, otjo, atja, etje
migrate (*v*)	tjinda
mild (*adj*)	ongozu
mildew (*n*)	ombundu
mildness (*n*)	oukozu
mile (*n*)	omaela
military (*adj*)	ouovita
milkable (*adj*)	ongandwa
(*v*)	kanda
milk-pail (*n*)	ehoro
milkway (*n*)	omukwangu
mill (*n*)	ombako
million (*n*)	engete, "omiliona"
millionare (*n*)	omuna mangete
millipede (*n*)	engororo
milt (*adj*)	oruteva
mimic (*v*)	serekarera, okuserekarera, okuhorera
mince (*v*)	konya
minced meat (*n*)	orumya
mind (*n*)	ozondunge, okuzemburuka, ourizemburuka
mindful (*adj*)	rizemburuka, zemburuka
mine (*n*) *hole-* ongoporo, *belonging-* tjandje, otjandje, oyandje, yandje, vyandje, owandje	
miner (*n*)	omuungure wongoporo
minister (*n*)	*clergy-* omuhonge, *title in government-* ominiseri
ministry (*n*)	ouhonge
minor (*n*)	omuatje omutiti
minus (*prep*)	isa ko
minute (*n*)	ominute
mirage (*n*)	ouravandjona
mirror (*n*)	otjiritarero, otjispili
miscalculate (*v*)	okurekena posio
miscalculation (*n*)	ondataiziro
mischief (*n*)	oupikapike
miser (*n*)	omuwonge wovimariva
misfire (*v*)	parwisa

Miss (*n*)	Oserekaze
miss (*v*)	*regret-* hihama, *lose to do-* kaera, okuyepa
mission (*n*)	orukosi
mist (*n*)	epeze, ombundu
mistake (*n*)	ondataiziro, ombarwisiro
mistakes (*n*)	ozondataiziro
mix (*v*)	*combine-* hanga, runga, mumwe, hoveka, waneka, werera [*no omaere*], *socialize-* rirunga
mixer (*n*)	otjiwaneke
mixture (*n*)	otjihoveka, ovirungua
moan (*v*)	kwinakwina, tjema
mock (*v*)	hemba, nyeka
model (*v*)	riraiza
modest (*adv*)	pukurukwe
modesty (*n*)	omerisusuparisiro
moist (*adj*)	orututo
moisture (*n*)	epeze
molar (*n*)	otjitatunino (pl. *ovitatunino*)
mold (*n*)	otjizezengero, *as in spoil-* onduve
(*v*)	tunga
mole (*n*)	*animal-* ohukuha, *spot-* ombeni
mom (*n*)	mamaa
moment (*n*)	okaruveze, oruveze
Monday (*n*)	Omandaha
money (*n*)	otjimariva
(*v*)	otjirande
mongoose (*n*)	kamungwisi
monitor (*n*)	*screen-*oruiho rokombyuta
(*v*)	*watch-*tarera
monologue(*n*)	ehungi rimwe, ongundasaneno
monkey (*n*)	ondjima
monkeys (*n*)	ozondjima
month (*n*)	omueze (pl. *omieze*)
monument (*n*)	ombindi
mood (*n*)	ongara
moon (*n*)	omueze
moonless (*adj*)	omurema
moonlight (*n*)	ondjerera yomueze
mop (*n*)	otjimopa
mopane[***Colophospermum***]	omutati
morale (*n*)	ongaro
more (*adj,adv*)	komeho, tjinene
moreover (*adv*)	rukwao
morning (*n*)	omuhuka omunene
morning sickness (*n*)	ondungwe
morning-star (*n*)	onyose yomuhuka
morphine (*n*)	omuti omunguvarise womutjise morutu

mortality (*v*)	ongokero
mortify (*v*)	koza
mosquito (*n*)	orumwe
mosquitoes (*n*)	otumwe
most (*adj*)	ouingi
moth (*n*)	etoto, ombombo, otjimboorote
mother (*n*)	mama, nyoko, ina
mother tongue	eraka raina
mother-in-law (*n*)	ina mweno, mama mweno
mother-thing (*n*)	otjiina
motion (*n*)	okunyinganyinga, omanyinganyingiro
motionless (*adj*)	okuhinakunyinganyinga
motive (*n*)	otjitjite
motorcar (*n*)	otjihauto
motorcycle (*n*)	okatopatopa
mound (*n*)	ondunda
mount (*v*)	*go up-* ronda, *attach-* haka
mountain (*n*)	ondundu
mountainous (*adj*)	omatjo
mourn (*v*)	oruhoze
mouse (*n, pl. mice*)	epuku (pl. *omapuku*)
mouth (*n*)	otjinyo
mouthwash (*n*)	omukohatjinyo, omuzema
move slowly	nyonga
move up	ryamisiwa
move (*v*)	*change position-*hinga, *change body place-*humburuka, *go-*tjinda, *act-*kandakandisa, nyinganyingisa
movement (*n*)	omaryameno, ongandangandero
moving (*adj*)	omanyinganyingiro
mud (*n*)	omunoko, otjitombo
mug (*n*)	ekopi rotjizo, otjinwino
mule (*n*)	otjisinokambe
multiple (*adj*)	ouingi, otjingi
multiply (*v*)	takavara, takavarisa
multitude (*n*)	otjimbumba, enyangato, ouingi
mumble (*v*)	unauna, topotora
mumbler (*n*)	omuunaune
mumps (*n*)	omakuma
municipal (*adj*)	ondjuwo yo horomende
murder (*v*)	koza, zepa
murderer (*n*)	omuzepe
murmur (*v*)	zuzuma, unaauna
muscle (*n*)	ombwini
muscular (*adj*)	omuna zombwini
musculine (*adj*)	ourume
mushroom (*n*)	*edible plant-*eyova, *grow quickly-*omasurumukiro
music (*n*)	omuzumbi, okuimba, omuimbo, okaritje, "omiusika"

music-instrument (*n*)	otjihumba
must (*v*)	uso
mustache (*n*)	ondjezu
mute (*adj*)	kumwi
mutilate (*v*)	konda otjiṋepo
mutton (*n*)	onyama yonḓu
muzzle (*v*)	kuta, mwinisa
my (*pron*)	kandje, tjandje, vyandje, wandje, yandje
my fathers	ootate
my friend	epanga randje, omukwetu
my house	ondjuwo yandje
myself (*pron*)	owami omuini, ami omuini
mystery (*n*)	omahorekua
myth (*n*)	otjimbaharere

Nn

nail (*n*)	*metal-* omboha, *body part-* onyara (pl. *ozonyara*)
(*v*)	*fasten-* papera
naked (*adj*)	omapeṋe, omuzu, mutundu
Nama (*n*)	*people-*Omukwena (pl. *Ovakwena*), *language-*Otjikwena
name (*n*)	ena (pl. *omana*)
(*v*)	ruka, tamuna
Namibian (*n*)	Omunamibia(sin), Ovanamibia(pl)
nap (*v*)	sika
nape (*n*)	engoti
napkin (*n*)	okahanduka, otjiriyeke
narcolepsy (*n*)	oruemo
narcotic (*n*)	omuti omurarise
narrate (*v*)	hungira, kora, serekarera
narration (*n*)	ehungi, omaserekarero
narrow (*adj*)	kwaṋi, ongwaṋi, osina
narrow entrance (*n*)	oruhito
nasal (*n*)	otono
nasty (*adj*)	navi
nation (*n*)	otjiwaṋa (pl. *oviwaṋa*)
national language	eraka rokotjiveta
native (*adj*)	omukwatera (pl. *ovakwatera*)
natter (*intr.v*)	okuṱopoṱora
natural (*adj*)	otjikwatwanatjo
nature (*n*)	*life-* oruhapo, *character-* omuhingo, otukwato
naughtiness (*n*)	ehanḓu, ouhahu
naughty (*adj*)	hanḓuka, pikapika, pirapira
nausea (*n*)	okuyaukwa, omayaukiro, ondjaukwe
nauseate (*v*)	yaukwa, tumba omutima
nauseous (*adj*)	eyayu, ombonḓi, onḓi
navel (*n*)	omuṱuu

near (*adv, pre*)	meṉe, kuṯanguno, popezu, posyo
nearly (*adv*)	hara
nearsighted (*adj*)	okumuna popezu
neat person	omuhirona
neatness (*n*)	ouhirona
necessary (*adj*)	hepwa
necessity (*n*)	ohepero, enahepero
neck (*n*)	engoti, osengo
necklace (*n*)	ombongora,"okaniklasa", orundjendje, ourenga wo mosengo
nectar (*n*)	orwaze
need (*n*)	ohepero, okuhepa, ouhepe, ovihepwa
needle (*n*)	onane (pl. *ozonane*)
needy (*adj*)	omuhepe, omusyona
(*v*)	hepa, ounahepero
neglect (*v*)	pengura
negligence (*n*)	ouhazendu
negotiate (*v*)	paha onduvasaneno, tia pamwe
negro (*n*)	omuzorondu
neighbour (*n*)	omuraranganda
neighbourly (*n*)	ouraranganda
neither (*adj, pron*)	ka umwe, ka-ka, ha-ha
nephew (*n*)	omusya
nerve (*n*)	omusepa
nervous (*n*)	omburuma
nervousness (*adj*)	omaurumino
nest (*n*)	oruuto, otjiruwo, otjitundu
nests (*n*)	otuuto, oviruwo, ovitundu
net (*n*)	ombate
network (*n*)	omaunguriro poo omahungiriro wakumwe
neutral (*adj*)	kena ke ri, okurihirimanena
never (*adv*)	himee, kamaa, kamaamu, kamaatu, kamaave, komoo
nevertheless (*conj*)	nunguari
new (*adj*)	otjipe, oupe, omipe
news (*n*)	ehungi, ombuze
newspaper (*n*)	otjaitonga
next (*adj*)	mene, ombarakana
nibble (*v*)	teta, humbura
nice (*adj*)	omuwa, ouwa, -tjata
nicely (*adv*)	nawa
niece (*n*)	omusya omukazona
night (*n*)	ouṯuku
nightclub (*n*)	ondjuwo yomerinaneno
nightjar (*n*)	ondjimbi
nightly (*adj*)	ouṯuku

neck of a blouse osengo yombanda

Neck / osengo

NECK / *OSENGO*

bottle ekende

bird nest / otjiruwo tje uzera

termite nest / otjitundu

chicken nest / oruuto

NESTS / *OVIRUWO*

nightmare (*n*)	ondjoze
nil (*n*)	ouriri
nine (*n*)	omuvyu, muvyu
nineteen (*n*)	omurongo na muvyu
ninety (*n*)	omirongo muvyu
ninth (*n*)	oitjamuvyu, otjitjamuvyu
nip (*v*)	ningota, ṱihora
nipple (*n*)	omuii, ondimwa, ohonga yevere
no (*interj*)	ayee, indee, kako
no interest	kuhe
no water	kaemo
noble (*adj*)	omuingona, omukwatwa wa nawa
nobody (*n*)	kapenamundu
noise (*n*)	ombosiro, orurokoho
noisy (*adj*)	rokoha
nomand (*n*)	omuhinetundu, omutjinde
nominal (*adj*)	otjitamunino
nominate (*v*)	twa ko, yurika, zika
nomination (*v*)	omatamunino
none (*pron*)	ka umwe, kapena
nonsense (*n*)	oviporoporo
nonstop (*adj,adv*)	nokuhina okukurama
nonviolent (*adj*)	nokuhina ovirua
noodle (*n*)	omakoroni otupepu
noon (*n*)	ometaha
nor (*prep*)	ka poru
normal (*adj*)	ohapo
north (*n,adj*)	okomanene wehi
nose (*n*)	euru
nosebleed (*n*)	omukota, omukungu
nosebridge (*n*)	omuwona
nostril (*n*)	ombepe (Pl. *ozombepe*)
not (*adv*)	kako, katjiperi
not at all	kaparukaze
not finding	pumbwa
not gifted	hiperwe, kaperwe
not so	are
not yet	indee
notable (*adj*)	tjiukwa
notch (*n*)	omwina
note (*n*)	*writing*-okambapira, *sound*-otjinote
nothing (*n*)	katjina, ka tjike, nyee
notice (*v*)	kengeza, muna, tara
notification (*adj*)	omatjivisiro, ondjivisiro
notify (*v*)	hepura, raera, tjivisa
notion (*n*)	okurizemburuka
noun (*n*)	erikuramenambo

nourish (*v*)	parura
nourishment (*n*)	ombaruriro
novel (*n*)	ehungi etjangwa
November	TjikukutuDecember
now (*adv*)	porunambano, nambano
nowadays (*adv*)	porunambano
nowhere (*adv*)	kapenaputjiri
nude (*adj*)	muzu
numb (*adj*)	otjinguvare, oungore
number (*n*)	*symbol*-onomora, *amount*-otjivaro, otjivarero
(*v*)	*count*-vara, otjimbomba
numbness (*n*)	oungangambungu
numerate (*v*)	vara
numerical (*n*)	ovivarero
numerous (*adj*)	takavara
numerously (*adv*)	okutakavara
nurse (*n*)	*person*-omuhunge
(*v*)	*care for*-hunga, *feed*-nyamisisa
nurture (*v*)	kurisa
nut (*n*)	*food*-osukwa, ombanwi, *metal*-omboha
nutmeg (*n*)	onakauma
nutritious (*adj*)	ovikurya oviwa, ovikurya ovitunge vyorutu
nylon (*n*)	ongumi

Oo

oath (*n*)	yana, oruyano
oatmeal (*n*)	ovikokotwa
oats (*n*)	okivikaosa
obedience (*n*)	okuzuva, onḓuviro
obedient (*adj*)	omuzuve, omunanḓuviro
obese (*adj*)	ṉuna tjinene, omaṉunino watjinene
obey (*v*)	kara nonḓuviro, tjita onḓuviro, zuva
object (*n*)	*thing*-otjina
(*v*)	*oppose*-panḓa
oblige (*v*)	ṉiṉikiza, tjitisa
obliged (*pp*)	sokuṉiṉikiza
obliterate (*v*)	zemisa, zengisa
observe (*v*)	kengeza
obstacle (*n*)	otjiputarise, otjipwite, omauuu
obstruction (*n*)	omerizengiro
occasion (*n*)	kotjikando
occasionally (*adv*)	korumwerumwe
occiput (*n*)	ombatwe
October	Seninaṉi
occupation (*n*)	*job*-oviungura, *controlling force*-okuhuurua

ocean (*n*)	okuvare, omuronga
ochre (*n*)	otjize
offense (*n*)	ondjambu
offering (*n*)	ombunguhiro
office (*n*)	omberoo
officer (*n*)	omuporise
official language	eraka rokotjiveta
oil (*n*)	*fuel*-omaoli, *fat*-omaze
ok (*adj*)	*satisfactory*-nawa, *expression*-"ok", *agree*-otjiperi
old (*adj*)	oukuru, *aged*-kurupa, *existing a long time*-otjikuru, oukuru, omikuru
old man (*n*)	omukururume
old testament (*n*)	orukarorwa
old woman (*n*)	omukurukaze
olive (*n*)	omuṋinga
omen (*n*)	ovihuna, ovihunina
on all sides	kozosyo
on the ground	pehi
on the knees	kozongoro
on time	moruveze
once (*adv*)	rumwe, korumwe
one (*number*)	oimwe, kemwe
onion (*n*)	onyanga
only (*adv*)	uriri, porwawo
open (*adj*)	*not cover*-kamwaha, oruhaera
(*v*)	*begin*-paturura, yezurura, *not cover*-papurura, *for access*-paturuka, yahama
open field	orutjandja
open wound	ombambo
opening (*n*)	omapaturukiro
operation room	otjituwo tjomatauriro
opinion (*n*)	oumune
opponent (*n*)	*competitor*-omupirukire, *opposing position*-ombirukiro
opportunity (*n*)	oruveze (pl. *otuveze*)
oppose (*v*)	piruka, pirura, okupirura
opposite (*adj*)	mundambwina, okupirura
oppress (*v*)	ṋiṋikiza
or (*conj*)	po indee, poo ngunda
oral (*adj*)	*mouth*-otjinyo
oral tradition	omaserekarerwahungi
orange (*n*)	*fruit*-otjiyaporosine
(*adj*)	*color*-otjiranye
orator (*n*)	omuhungire omusore
orchard (*n*)	otjikunino tjo miti
ordain (*v*)	zika
ordeal (*n*)	ouzeu
order (*n*)	*arrangement*-ouhirona, pwa, *request*-omaraerero
(*v*)	*request*-raa, rakiza, eraa
ordinance (*n*)	etwako, omuhingo

ordinary (*adj*)	tji tji kara po aruhe
organ (*n*)	*body part*-otjiṉepo tjorutu, *instrument*-ongoma
organization (*n*)	otjira
organize (*v*)	tya, tuna, tunga ounongo
organizer (*n*)	omusembamise (pl. *ovasembamise*)
origin (*n*)	ombutiro
original (*adj*)	ohomonena
originality (*n*)	okuriutira
originally (*n*)	kombazu
originate (*v*)	hara, uta, za
ornament (*n*)	ourenga
ornithologist (*n*)	omerihongero wouzera
orphan (*n*)	osewa
orthodontist (*n*)	onganga onḓune yo mayo
orthopedics (*n*)	onganga yomaṱupa
oryx (*n*)[*gemsbok*]	onḓuno
ostrich (*n*)	ombo (pl. *ozombo*)
other (*adj*)	omukwao (*human*), ongwao (*animal or things*)
other side (*adj*)	hembakana, hembandina
otherwise (*conj*)	atja, tjapo
Otjiherero (*n*)	eraka r'Otjiherero
ought (*v*)	ṱoku, soku
our (*pron*)	wetu, oyetu, ovyetu, tjetu
ours (*pron*)	vyetu
ourselves (*pron*)	oweṱe, eṱe oveni, oveni
out (*adv,prep*)	pita
outbreak (*n*)	okupamuka, omapamukiro
outcast (*n*)	ngwa imbirahiwa
outer (*adj*)	opendje
outgo (*n*)	okukapita
outlet (*n*)	ombitire, osuviriro
outline (*n*)	otjisanekero
outlines(*n*)	omirari
outpouring (*n*)	omatirahiro, ohambunino
outrage (*n*)	otjipindikise
(*v*)	pindikisa tjinene
oven (*n*)	oofunda, ezuko rokuterekerwa
Oshiwambo (*n*)	*language-* Otjambo, *person-* Omuambo
outrun (*v*)	kapita, sia po
outside (*adv, prep*)	pendje
outward (*adj*)	kombanda
outwit (*v*)	tikura novineya
over (*prep*)	kombanda
overcast (*adj*)	kwamomo
overcoat (*n*)	onguava yokombanda, ondjasa
overcome (*v*)	okutaara ouzeu
overdue (*adj*)	katjitji yere

overflow (*v*)	tikatika
overhead (*adj*)	kombanda
overlook (*v*)	isira, ngara konakumuna
overpower (*v*)	okutaara
overreach (*v*)	katukisa, rurumisa
oversee (*v*)	tarera
overstep (*v*)	kambakana
overthrow (*v*)	ramba
overtired (*v*)	hakauka
overturn (*v*)	tanaura, tjenguka
overwhelmed (*adj*)	vandekwa
overwork (*v*)	hakauka
owl (*n*)	ondjimbi, otjisiwi
own (*adj*)	omuini (*pron.* wandje)
(*v*)	na
owner (*n*)	omuini
owners (*n*)	oveni
ownership (*n*)	ouini, ousemba
ox (*n*)	ongombe, ondwezu, onduwombe

Pp

pace (*n*)	omukambo
pacify (*v*)	hungamisa
pack (*v*)	*group-*orumbunda, *put into-*kuta, yanga
package (*n*)	omutuaro, onguta
pad (*n*)	ongata
padlock (*n*)	otjipate
page (*n*)	omukuma
paid (*past tense of pay*)	ovisuta
pail (*n*)	ehoro, otjitjuma
pain (*n*)	omuhihamo, ozongama
painful (*adj*)	hihamisa(e)
painstaker (*n*)	ombandi
paint (*n*)	osaruve
(*v*)	hwa
pair (*n*)	vevari
pajamas (*n*)	ozombanda zokurara
palace (*n*)	ondjuwo yo muhona
palate (*n*)	oruramwa
pale (*adj*)	otjikuve, otjikuze
palm (*n*)	engaha reke
palsy (*n*)	okuremana, ondekete
pan (*n*)	ombana, otjiterekero
pancake (*n*)	evanda, otjikuki

panic (*n*)	omburuma
pantry (*n*)	ondjuwo yomapuikiro
pants (*n*)	omburukweva
panty (*n*)	okapendi, okamburukweva ko kehi ko va kazendu
papaya (*n*)	otjipapaya
paper (*n*)	ombapira
parade (*v*)	onḑerera, riraisa
paradise (*n*)	paratisa
paraffin (*n*)	omaoli, omaze wemunine
paragraph (*n*)	ezeva, ekondero
parallel (*adj*)	ombarakana
paralysis (*n*)	omaremaneno
parasite (*n*)	otjihape tjitji hupa motjikwao
parcel (*n*)	ohute, okamutwaro
parch (*v*)	kahisa
pardon (*v*)	isira
pare (*v*)	tota
parent (*n*)	omunene, omukwate (pl. *ovakwate*)
parent-in-law (*n*)	ovakwe
park (*n*)	*recreation area*-oruveze ro masuviro
(*v*)	*stop and leave vehicle*-kuramisa
parliament (*n*)	ondjuwo ondye yozoveta
part (*n*)	*separate piece*- orumbembera, otjindimbu, orutau
(*v*)	*separate*- haṋa, taura
partake (*v*)	wana
partial (*adj*)	*preference*-tjita ombangu
participation (*n*)	orupa
particle (*n*)	okaṋa
particular (*adj*)	peke
parting (*n*)	okuhaṋika
partition (*n*)	omahaṋikiro, omahaṋeno
partly (*adv*)	orumbembera
partner (*n*)	omuungure pamwe, omukwao
party (*n*)	*social gathering*-omukandi, enyando, opati, *political group*-otjira
pass (*v*)*go through*-kondisa, tapakana, *time*-kapita, *give*-yandja, *do well*-tuurunga
passage (*n*)	ondjira, oruhito
pass-along (*v*)	yatakana
pass-away (*v*)	kanuka
pass-by (*v*)	zemba
passenger (*n*)	omuyenda
pass-ever (*v*)	rareka
passion (*n*)	omupia
passionate (*adj*)	ohwati
pass-secretly (*v*)	vinḑa
past (*adj*)	kapita, rukuru, orukapitaveze
pastime (*n*)	okuvandama
pastor (*n*)	omuhonge

path (*n*)	okandjira, okaira
patience (*n*)	omunakatarera, omuretima
patient (*n*)	omuvere
patio (*n*)	otjivaranda, orupare
patrilineal (*n*)	omuhoko wa tate, omuhoko wa iho, ko ihe, oruzo
patriot (*n*)	omusuvera wehi re, (pl. *ovasuvere vehi*)
patrol (*n*)	ovatjevere
(*v*)	tjevera
patronize (*v*)	vatera
pattern (*n*)	otjihorera, otjisanekero
pause (*v*)	kurama, suva
paw (*n*)	onyu (pl. *ozonyu*)
pawn (*n*)	otjiambo
pay (*v*)	*settle debt-* suta, otjisuta, *bestow attention-* rangera
paymemt (*n*)	omasutiro, ondjambi, ovisuta
pea (*n*)	ongwiṉdi
peace (*n*)	ohange
peaceful (*n*)	omunahange
peacemaker (*n*)	omuhanganise
peach (*n*)	ondjenya
peak (*n*)	ohonga, oruhungu
peanut (*n*)	osukwa (pl. *ozosukwa*)
pear (*n*)	okayupa (pl. *ouyupa*)
pearl (*n*)	ombongera
pebble (*n*)	ombawe, okangwini
peck (*v*)	tokora
peddler (*n*)	omurandise, omutjingise wovirandisiwa
pedestrian (*n*)	omukayende wopehi
pedigree (*n*)	onguatero
peel (*v*)	tatura
peeler (*n*)	otjitature
peep (*v*)	*look-* natera
peer (*n*)	ekura
peg (*n*)	otjiturikiro, omboha, otjipa
pelvis (*n*)	evango
pen (*n*)	opena, otjitjange
pencil (*n*)	opotlota, otjitjange
pendown (*v*)	papera
penetrate (*v*)	tuurunga, tuvakaṉa
penis (*n*)	orutu ro urumendu
penny (*n*)	otjipeni, epeni
people (*n*)	ovandu
pepper (*n*)	opepere
pepper tree (*n*)	omupepere
perceive (*v*)	omeripura
percent (*n*)	ozoperesende
perception (*n*)	oumune

perchance (*interj*)	naŋi
perdition (*n*)	ombandjarero
perfect (*adj*)	pwa, pwe, okupwa
perfected (*adj*)	pwisiwa
perfection (*n*)	ombwira, ombwisiro, oumanuke
perfectly (*adv*)	nokupwa
perforate (*v*)	topora
perforce (*adv*)	noutwe
perform (*v*)	tjita
performance (*n*)	okuungura, ondjito, ondjitiro
performer (*n*)	omuungure, omutjite
perfume (*n*)	otjizumba, omuŋuko omuwa
(*v*)	kanga
perhaps (*adv*)	ngahino, naŋi
period (*n*)	time- oruveze, *bleeding-* omueze, *point-* okanḏe
permanent (*adj*)	ongarerere
permiscious (*n*)	omukorondu
permission (*n*)	omeriindjikiro
permit (*n*)	oparamita
persecution (*n*)	ondambero
perseverance (*n*)	omaramangero
persevere (*v*)	ramanga
person (*n*)	omundu
perspire (*v*)	okurukutura
persuade (*v*)	popa
pertinent (*adj*)	outiti
pest (*n*)	oupuka
pestle (*n*)	otjitonde
petite (*adj*)	otjitikona
petrol (*n*)	opetrola
pharmacist (*n*)	omurandise womiti omipange
pharmacy (*n*)	ostora yomiti omipange
pheasant (*n*)	ongwari
phone (*n*)	ongoze yomambo
phone-book (*n*)	embo rongoze
phone-card (*n*)	okakarata kongoze
phonetics (*n*)	ombosiro yomaisaneno yomambo
photocopy (*n*)	otjiherengururwa
photograph (*n*)	otjiperendero
photographer (*n*)	omuperende
physical (*n*)	orutu
physician (*n*)	onganga
piano (*n*)	ongoma
pick (*n*)	*digging tool-* ombike
(*v*)	*choose-* torora, *remove-* toora, esapo, nikora, pora
pickpocket (*n*)	erunga ehakane rozondjatu
pickup (*n*)	tongoza, toora

picture (*n*)	otjiperendero
piece (*n*)	orupa
pierce (*v*)	*stab*-hweka, *drill*-t opora, *penetrate*-tuvakana
pig (*n*)	ombinda
pigment (*n*)	otjivara
pile (*n*)	ondunda yoviṉa ovingi pamwe
pill (*n*)	opera
pillar (*n*)	ongunḓe
pillow (*n*)	otjikusinga
pilot (*n*)	omutukise wonḓera, omuhinge wonḓera
pimple (*n*)	omburu (pl. *ozomburu*)
pin (*n*) *fastener*-ospela, *number*-onomora yo ka karata ko mbaanga yovimariva	
(*v*)	*hold firmly*-kakatera
pinch (*v*)	ningota, ṯohora
pine way (*v*)	sepunuka
pineapple (*n*)	okandombo
pinkeye (*n*)	ongurangura
pinky (*n*)	kariuona
pipe (*n*)	*smoking device*-onyungu yomakaya, *tube*-omuriu
pipestem (*n*)	omutiri
pit (*n*)	omwina
pitch (*v*)	umba
pitch-black (*n*)	ṯukuṯuku
pitchfork (*n*)	otjitoore
pity (*n*)	ondjenda no ruhoze
place (*n*)	*area*-eha, otjirongo, *rank*-oruveze
(*v*)	*put*-twa
placenta (*n*)	*animal*-oruaṉi, *human*-orukutu
plague (*n*)	otjikurungise, otjiwonga
plaid (*n*)	oupaka wovivara
plain (*n*)	*land*-ehandja, otjana
(*adj*)	nokuhina otjiweziwa
plaintiff (*n*)	omupangure
plait (*n*)	epamba
(*v*)	pamba, woza
plan (*n*)	ondunge, ondyero, tyaa
(*v*)	saneka, uta
plane (*n*)	onḓera
planet (*n*)	ondiange, evaverwa
plank (*n*)	otjipirangi
plant (*n*)	otjihape
(*v*)	kuna
plaster (*n*)	okuromba
(*v*)	romba, serura
plastic (*n*)	*material*-onairona, *container*-onguana
plate (*n*)	otjiaha
play (*n*)	*story*-ongundasaneno, *to play*-okunyanda

(v)	*enjoy*-nanisa, hambana, nyanda, nyandee
play-at (v)	nyandera
player (n)	omunyande
playfull (adj)	nyanda
playhouse (n, pl)	ouruwo
plead (v)	hekena
please (v)	*polite request*-(Sin. *Arikana*), (Pl. *arikaneye*), *make happy*-atjo, okuhepa, tjata
pleased (adj)	nyanda omutima, tjaterwa
pleasure (n)	onyuṇe
pleat (n)	eporoiro (Pl. *omaporoiro*)
pledge (n)	otjiyambo, ondjo
(v)	ritwamo, kara nondjo
plentiful (adj)	takavara, tika, eharui
plenty (adj)	takavara
plight (n)	*unfortunate condition*-okuyaraara, omayaraarero, oruveze rouzeu
plough (v)	taura, tuera
pluck (v)	ponyona, pora, ponyoka, puhura
plug (n)	otjiyezere
plum (n)	oṇinga
plumbing (n)	omiriu mbitupukisa omeva
plural (adj)	ouingi
plus (adj)	wezako
pneumonia (n)	omutjise momapunga
pocket (n)	ondjaṭu
pod (n)	orukarakaka
podium (n)	ondongamo
poem (n)	omuimbo
poet (n)	omutange, omuimbe
point (n)	*end*-ohonga, *idea*-epu
(v)	*show*-yurika, *stand out*-ṭikanana, ṭirika
pointer (n)	otjiraise, otjiurike
pointing finger (n)	katjiurike
poison (n)	*substance*-owanga, ouzuwo
(v)	*cause harm*-rova
poke (v)	tuva, tuera, undura, nyinganyingisa, toka
pole (n)	ongunḓe, ohimbo, otjihenḓe, okaṭoropora
police officer (n)	omupandeke, omuporise, oporise
policy (n)	omazeva
polish (v)	keṇakeṇisa, serura
polite (adj)	ondengero
political parties (n)	ovira
politics (n)	ounongo wo kukaondjisa ouhonapare, opolotika
pollen (n)	osunda, ondukwi
pollution (n)	ombonḓi
polutte (v)	zunḓa
polygamist (n)	omukorondu

polygamy (*n*)	okukupa pevari
pond (*n*)	eo, otjizeva
pondering (*v*)	omeripuriro
pony (*n*)	otjimori
pool (*n*)	eo, otjizeva
poor (*n*)	*not rich*-ousyona, *needy person*-omusyona
(*adj*)	syonapara
poorly (*adv*)	navi
popliteal Fossa	otjisaananga
popular(*n*)	omutjiukwa
(*adj*)	suverwa
population (*n*)	ovature
porch (*n*)	otjitara
porcupine (*n*)	ombakata
pore (*n*)	okarovi, ondikitira
pork (*n*)	onyama yombinda
porridge (*n*)	otjisema, oruhere
portable (*adj*)	otjitjindwa
portents (*n*)	ovihunina, ovihuha
portion (*n*)	*of the speech*-otjinyoko, *part*-otjihinga okuza kotjimbomba, orukondwa, orumbembera
portrait (*n*)	osaneno
Portuguese (*n*)	Otjiputu
pose (*v*)	kuramanawa, ritunina
position (*n*)	ongaro, oviungura
(*v*)	mona, kona, pona
positively (*adv*)	tjiri
possess (*v*)	kara na
possession (*n*)	ouini
possessor (*n*)	omuini
possibility (*n*)	okusora, omasorero
possible (*adj*)	mapeya, sora
possibly (*adv*)	tjikuri
post office (*n*)	onganda yoposa, oposa
postpone (*v*)	yarura ombunda, tanda, twirika, turika, wombisa
posture (*n*)	ongaro
pot (*n*)	onyungu (*pl. ozonyungu*)
potato (*n*)	otjihakautu
potatoes (*n*)	ovihakautu
potbelly (*n*)	ongunduzumo
pot-lid (*n*)	otjikamo tjonyungu
potter (*n*)	omuungure wozonyungu
pottery (*n*)	ovitjuma mbia ungurua po munoko
poultry (*n*)	ozondera, ozohunguriva
pound (*n*)	*money*-opondo
(*v*)	*hit*-tonda, pambara, haha
pour (*v*)	*in*-pakera, *out*-tirahi, hambuna, tirira

poverty (*n*)	ouhepe, oukaiya, ounyake, ousyona
powder (*n*)	orunḓunḓura
power (*n*)	omasa
practical (*adj*)	ondjiviro
practice (*n*)	ondjitiro
practiced (*adj*)	iririra
praise (*n*)	*admiration*-ohiwo, ohiviro, *worship*-ondangero, ondangu
(*v*)	hiva, tanga, yimba, tangee
pray (*v*)	kumba
pray for (*v*)	kumbira
prayer (*n*)	okukumba, ongumbiro
preach (*v*)	zuvarisa
preacher (*n*)	omuzuvarise
precaution (*n*)	okuṱakamisa, onḓakamisiro
precede (*v*)	tenga po, tengakuya
precedence (*n*)	okutenga po
precedent (*adj*)	komeho
precept (*n*)	etuako
precious (*adj*)	omuhuze, omuingona, otjihuze
precipice (*n*)	*high cliff*-ondjendje, orutjeṋe
precipitant (*n*)	oruhaka, hakaura, putauza
precipitantly (*adv*)	neputi
precise (*adj*)	omuhirona
precisely (*adv*)	nouhirona, pokainya
preciseness (*n*)	ouhirona
predestinate (*v*)	omutoororwa
predict (*v*)	uka, okuuka
predilection (*n*)	okunongwa
preeminence (*n*)	outenga
preface (*n*)	omautiro, etengambo
prefer (*v*)	tjita komeho, vanga komehe
preference (*n*)	orutjato komeho
prefix (*n*)	otjituwakomeho
pregnancy (*n*)	ezumo, okutumbapara
pregnant (*adj*)	omuṱumba, okuyakana, otjingundi
prejudice (*n*)	okunyengerua ko, okupangurira ko
preliminary (*adj*)	okuriṱunina, okuṱunina
premature (*adj*)	ovitjitua vyokomurungu oruveze
preparation (*n*)	omaṱunino, onḓunino, omarongerero, omerirongerero
prepare (*v*)	tuna, rongera, rirongera
preparedness (*n*)	omamanukiro
preschool (*n*)	oskole yovanatje wozombura ndano
presence (*n*)	okukara po
present (*n*)	*gift*-otjiyandjewa, *time*-nambano, ndino
(*v*)	*give*-yandja
(*adj*)	*attend*-kara po
presentable (*adj*)	ombunikiro ombwa

presently (*adv*)	nai, indino
preservation (*n*)	ondakamisiro, okuhupisa
president (*n*)	*politics*-omunanene uehi,"opresindenda", *organization*-munane wongetjeva poo uovira
press (*n*)	*device*-otjikame, otjininikize
(*v*)	*push*-kuana, ninikiza
pressure (*n*)	*force*-okuninikiza, *influence*-omaninikiziro, oninikiziro(e)
prestige (*n*)	enaewa, ondangu ombwa
presume (*v*)	haka
presumption (*n*)	oundiona, ovindarwa
presumptious (*adj*)	yenda ovindarwa
pretence (*n*)	otjiwova
pretend (*v*)	ngara, wova, kovakova, kondoroka
prettiness (*n*)	ouwa
pretty (*adj*)	omuwa [*look pretty-pwaa*]
prevail (*v*)	ura, nata
prevalent (*adj*)	yeneyapara
prevent (*v*)	tjaera, tjurura
prevention (*n*)	ondjevererо
preview (*n*)	omaarisiro omatenga
previous (*adj*)	komurungu
price (*n*)	*opereisa, find out what something costs*-ivingapi
prick (*n*)	otjitwere
(*v*)	twera, heka
pride (*n*)	*satisfaction with self*-outonga, *own value*-omerivarero, *feeling of superiority*-omurimune
(*v*)	risera, rivara, tongama, rimuna
priest (*n*)	omupristeri, omuhonge
primary (*adj*)	*earliest*-rutenga, komurungu, *education*-oprimere, oskole yovanatje uozombura ndano nga ku muvyu (Grades 1-5)
primitive (*adj*)	isiwa kombunda noruveze
prince (*n*)	omuhona, omuingona, omuzandu wombara
princess (*n*)	omuhonakaze, omuingona, omukazona wombara
principal (*n*)	*head of school*-omunane wo skole, otjiuru tjo skole
principle (*n*)	otjitengero, *source*-omuze, ongunde, *belief*-oruzo
print (*n*)	otjivavize
prior (*adj*)	*earlier in time*-rutengatenga, *past*-rukurukuru
prison (*n*)	ondeko, ondorongo, ondjuwo yomapando
prisoner (*n*)	omuhuurwa, omukamburwa
privacy (*n*)	oupeke
private (*adj*)	peke, ombirivate
privileged (*adj*)	ingonapara
prize (*n*)	ondjambi
problem (*n*)	*crisis*-otjiripurua, *difficult situation*-ouzeu, ondjemeno, *situation with unsatisfactory choices*-eputi, ombameno
proclamation (*n*)	ongundiro
procrastinate (*v*)	tanda, omawombero

produce (*n*)	*food*-ovihape
(*v*)	*make*-tjita, *organize*-ṯuna, *show*-yarisa
product (*n*)	otjiṉa
productive (*adj*)	ehonge, etunge
profanity (*n*)	eraka ehazendu
progress (*n*)	yendayenda
prohibit (*v*)	zerika
prohibited (*adj*)	pezera, tjizera, tjatjaerwa
promiscuity (*n*)	oukorondu
promise (*n*)	omakwizikiro, onguizikiro
(*v*)	kwizika, kwizikira, tanda
promote (*v*)	*advance*-yera, ryamisa, okutunduza, *encourage*- kurisa
promotion (*n*)	omayerero, momaryamisiro, omahandjauriro
prompt (*adj*)	*quick*-moruveze
pronoun (*n*)	epingenambo (pl. *omapingenambo*)
pronounce (*v*)	*sound*-ombosiro, isana, *to state*-hepura, raera, twapo
pronunciation (*n*)	omaisaneno
proof (*n*)	otjiyarisiro
propaganda (*n*)	ombopera
propane (*n*)	omuinyo, "ogasa"
proper (*adj*)	*suitable*-pwa, *correct*-okupwisa, pwisa
property (*n*)	ouini (pl. *omauini*)
prophecy (*n*)	ovihunina
prophet (*n*)	ombuke, omuuke, omuprofete
propitiate (*v*)	hanganisa
proportion (*n*)	okuṯeka pamwe
proportionally (*adv*)	okupwa, noupwe
proportionate (*adj*)	ṯeka pamwe
propose (*v*)	eta, hea
proprietor (*n*)	omuini
propriety (*n*)	ouhirona, ousemba, omayeneno
prosecute (*v*)	pangurisa
prospect (*n*)	komurungu
prosper (*v*)	pwa, ṉingapara, sora
prosperity (*n*)	ouṉingandu
prosperous (*adj*)	pwa
prostitute (*n*)	omukorondu, omurirandise
prostrate (*v*)	saravara, ritata pehi
protect (*v*)	yama
protection (*n*)	omayameno, ondjamo
protective (*adj*)	*something giving protective*-otjiyame, *somebody giving protective*-omuyame
protector (*n*)	omuyame
protein (*n*)	oproteine
protest (*n*)	ombirukiro
(*v*)	hongonona, rihumina, raisa
protocol (*n*)	*rules*-omazeva, omirari *agreement*-onḓuvasanene yomahi

protrude (*v*)	tingana, undika
protuberance	ondumbo, otjipa
proud (*adj*)	ritongamisa
prove (*v*)	raisa
proverb (*n*)	embo, omuano, omambo wa Tjipangandjera
provide (*v*)	yandja
providence (*n*)	okuyandja
province (*n*)	orukondwa ruehi
provision (*n*)	ombaruriro, onḓunino
provoke (*v*)	handjisa, rungisa, pindikisa
proximity (*n*)	popezu
prune (*n*)	*fruit*-otjihape
(*v*)	*cut*-pinda
prunioides tree (*n*)	omuhama
pry (*v*)	natera
psalm (*n*)	epsalme
psoriasis (*n*)	eviko
psychic (*n*)	ombuke
psychology (*n*)	omerihongero wo umune womundu no vikarovye
psychopath (*n*)	omundu nguavera ovyoze
puberty (*n*)	oruveze rokutiha
pubic hair (*n*)	omainya wokehi, omainya wo pomeho
public (*adj*)	mondjerera, horoka, tjuukwa, *public defender*-ohahende yohoromende, *public school*-oskole yohoromende, *public servants*-omuungurire wohoromende, *public service*-okuungurira otjiwana, *public sector*-orupa rohoromende, *public health*-omapangero kehi yohoromende
publicity (*n*)	ohorokero
publicize (*v*)	munikisa
publicly (*adv*)	okumunika, mokumunika
publish (*v*)	zuvarisa, takavarisa
pudding (*n*)	oputinga
puff (*v*)	suvira, surisa
puff adder (*n*)	esu
puffiness (*n*)	omutwi
pull out (*v*)	*pop out*-homona, pitisa, *retreat*-pita, isamo, *withdraw*-zako, zamo, pitisa
pull (*v*)	*drag*-kokozora, *tow*-nana
pull up (*v. prep*)	*raise*-yera, *stop*-kuramisa[*ohauto*]
pullet (*n*)	okahungirivona okazenḓu
pulse (*n*)	ondoneno yo mutima
pump (*n*)	opomba
(*v*)	pomba
pumpkin (*n*)	otjimbakuna
punch (*v*)	*hit*-tona
punctual (*adj*)	koruveze
punctuality (*n*)	okuya moruveze

puncture (*v*)	pamuka
punish (*v*)	vera
punished (*adj*)	verwa
punishment (*n*)	okuvera, omaverero, omberero
pupil (*n*)	*eye*-onḓoromwina, *student*-omuhongua woskole
puppet (*n*)	"opapeta", omundu nguhena ongurameno ye omuini
puppy (*n*)	ombona, okambona
purchase (*v*)	*act of buying*-randa, okuranda, *something bought*-ovirandwa
pure (*adj*)	oukohoke
purge (*v*)	koha, zemisa
purification (*n*)	okukoha, omakohero
purify (*v*)	kohora
purity (*n*)	oukohoke
purple (*n,adj*)	opuripuri
purpose (*n*)	ombango
(*v*)	rivanga, owina
purposely (*adv*)	owina, omawina
purse (*n*)	okayaṱu komomake
pursue (*v*)	teza, kaende komeho, kongwerera
pus (*n*)	outwika
push (*v*) *force against*-kuaṋa, *move forcefully*-hihiza, undura, *greater strength*-tuva
pussy (*n*)	*vagina*-orutu roukazendu
pustule (*n*)	omburu, okamburu
put (*v*)	twako, twapo, turika, zareka
put in (*v*)	hitisa, hwera, twamo
put to sleep (*v*)	rarisa
putrefy (*v*)	ora, okuora, omaorero
putrid (*adj*)	wora
puzzle (*n*)	okuhaka, omahakwa
(*v*)	himisa, mbambauka
puzzled (*adj*)	himisiwa, pukisiwa, urwa
python (*n*)	ombomi

Qq

quadruplet (*n*)	omapaha yane
quake (*vi*)	zezera, hakiha
qualification (*n*)	ondjiviro
qualified (*adj*)	pwaa
quality (*n*)	ongaro
quantifiers (*n*)	omavarambo
quarrel (*n*)	otjiposa, ozombata, epiko
(*v*)	posa, ponda, tokotora
quarrelsome (*adj*)	okuhazuvasana
quarter (*n*)	orumbembera orutjaine

quartz (*n*)	ombawe
queen (*n*)	ombara oserekaze, *female cat*-okambihi okazendu
quench (*v*)	isa ko onyota, kovisa, kowa
quest (*n*)	okupaha, ombahero
question (*n*)	epuriro
(*v*)	pura
question mark (*n*)	otjiraise tjokupura(**?**)
questionnaire (*n*)	omapuriro omatjangua
queue (*n*)	oruteto
quick (*adj*)	hakahana, himbahimba
quickly (*adv*)	kamanga, tjimanga
quickness (*n*)	okuhakahana, ohakahana, ohakahaneno
quicksand (*n*)	ondundamwina
quiet (*adj*)	mwina, onyima
quietly (*adv*)	kumwi, nyee, porimana
quietness (*n*)	ounyima
quill (*n*)	einya
quilt (*v*)	erapi nda rasirwa
quit (*v*)	esa
quiver (*n*)	omazezerero, omunguma
(*v*)	zezera
quiz (*n*)	okukurakurisa ouruvi
quorum (*n*)	ounepo mbwaso kukara pombongarero yondyero onahepero
quota (*n*)	omahanasaneno
quote (*v*) *repeat words*-okuyaruka nomambo womundu warue, *state price*-pereisa
quotes (*n*)	oviraise oviyarurepo ("")

Rr

rabbit (*n*)	okapi, ombi, ondutupi
rabies (*n*)	orundumba
race (*n*)	*people*-omuhoko, *competition*-enyando
(*v*)	utuka
racehorse (*n*)	orukambe
racism (*n*)	ombangu yomihoko
racist (*adj*)	omunambangu
rack (*n*)	"oraka"
racket (*n*)	ongunya
radiate (*v*)	*light*-kenakena, *spread*-yuumba ondjerera
radio (*n*)	ongoramambo, ombako kourama, "oratio"
radius (*n*)	okuza mondivitivi nga kotjikoro
rag (*n*)	ekoti
rage (*n*)	omarungire, omazenge
(*v*)	runga
ragged (*adj*)	omutauke
raggedness (*n*)	omataukiro

raid (v)	pumaera, wira ko, tauriramo
rail (n)	*railroad*-orutenda, omahina, *bar*-otjitenda
railing (n)	otjitjaere, ozombati
railroad (n)	ondjira yorutenda
railway (n)	ondjira yorutenda
rain n)	ombura
(v)roka [*past tense*-roko, *past participle*-rokere, *present tense*-ma i roko]	
rainbow (n)	outa uombura
raindrop (n)	eta rombura
rained (v)	rokwa
rainforest (n)	ehwa epote
rainwater (n)	omeva wombura
rainy season (n)	okurooro
raise (v)	yera, yeurura, tutumuna
raised (pp)	yerua, tongama
raisin (n)	endjembere
raisin bush (n)	omuvapu, omandjembere
rake (n)	otjiharaka
(v)	haraka
ram (n)	ondwezu yondu
ramble (v)	ryanga, sangauka
rambling (adj)	osangaukiro
rancor (n)	omapindi, onyahe
random (adj)	otjiwangungu, ohaisase
range (n)	oure, ouparanga
(v)	otuwondja
rank (n)	oruteto
rape (n)	okutjera
(v)	tjera
rapid (adj)	hakahana
rapture (n)	ondjorokero onene
rare (adj)	*uncommon*-otjihuze, *lightly cooked*-otjivihu
rascal (n)	omundu omuvi
rash (n)	*skin illness*-ovipamba
(adj)	*careless*-okuhinakonatja
(adv)	yenda ovindarua
rasp (n)	otjikure
(v)	kura
raspberry (n)	oninga
rat (n)	epuku, ohunda
rate (n)	*value*-ondengu, *measurement*-ondekisiropamwe
rather (adv)	tjao, *tjinene*-komeho
ratify (v)	yakura, zeuparisa
rational(n)	ourizemburaka
rattle (v)	porokota
ravage (v)	zunda, nyona
ravagement (n)	omanyoneno

raw (*adj*)	ouvihu
ray (*n*)	okahanya, ondjerera
razor (*n*)	orukurure
reach (*v*)	vaza
react (*v*)	tjitisiwa
reactionary (*n*)	omupirukire po
read (*v*)	isana, resa [*lesa*]
readily (*adv*)	kamanga
readiness (*n*)	okurongera, omarongerero, omamanukiro, omerirongerero
ready (*adj*)	manuka, rituna
real (*adj*)	katjotjiri
realize (*v*)	zuva nawa, munatjiri, yenenisa
really (*adv*)	tjiri, uri
realtor (*n*)	omurandise wozondjuwo
reap (*v*)	konda
rear (*adj*)	kongotwe
rearrange (*v*)	okutuna omuano uarwe
reason (*n*)	*explanation*-epu, *judgement*-ondunge, omeripura
reasonable (*adj*)	enene
reasoning (*n*)	omeripuriro
rebel (*v*)	poka, pirukira
rebellion (*n*)	okupirukira
rebound (*v*)	tuka
rebuild (*v*)	tungurura
recall (*v*)	*remember*- zemburuka, *ask to return*- isana, yarura
receive (*v*)	*get*- kambura, yoya, *welcome*- yakura, pewa
receiver (*n*)	omukambure, omuyakure
recess (*n*)	okaruveze komasuviro
recession (*n*)	sekirapunjoko
recharge (*v*)	okuyandja omasa
recite (*v*)	imba
reckless (*adj*)	omuhinakonatja
recluse (*n*)	omukarapeke, omurike
recollect (*v*)	rizemburuka
recollection (*n*)	omerizemburukiro
reconcile (*v*)	hangana
reconciler (*n*)	omuhanganise
reconciliation (*n*)	ohanganeno, omahanganisiro
reconsider (*v*)	ripura rukwao
record (*v*)	*keep*-horeka, tiza, *store sound or images*- rikota
recount (*n*)	vara rukwao
recoup (*v*)	kotora omasa
recover (*v*)	veruka
rector (*n*)	omupristeri, omunanene wo skole
rectum (*n*)	omuhaka, oura
recycle (*v*)	okuungurisa rukwao
red (*n*)	*color*- otjiserandu

redbushwillow [*combretum apiculatum*](*n*)	omumbuti
reddish (*adj*)	seravera
red-dust-powder (*n*)	ombaaha, otjize
reduce (*v*)	henduruka, henguruka, rendura, isako
reduction (*n*)	omaisakero
reed (*n*)	oruu
referee (*n*)	omutone wohiva, "oreferii"
refill (*v*)	henga
reflection (*n*)	ombaera
reform (*n*)	okuṯuna nawa
refresh (*v*)	mumuna, utisa rukwao, harisa omasa
refreshment (*n*)	ovikurya oviṯiṯi no manuwa omaṯiṯi wopakati koruveze
refrigerator (*n*)	okira
refugee (*n*)	omutaure
refund (*n*)	otjisutwa
refurbish (*v*)	omatungururiro
refuse (*v*)	panḓa
regard (*n*)	ondengero
regardless (*adv*)	nokuhinakutara
region (*n*)	orukondwa
register (*n*)	omeritjangisiro
(*v*)	ritjangisa
registration (*n*)	okuritjangisa, omeritjangisiro
regular (*adj*)	*often-* aruhe, *usual-* ohapo
rehabilitate (*v*)	okuyaruka kohapo, okuyaruka kongaro ombwa
rehearsal (*n*)	omarorero we imburiro; ehungi poo enyando
reign (*n*)	ouhonapare
reject (*v*)	humba
rejoice (*v*)	nyaṉuka, yoroka
rejoicing (*n*)	okunyanda, ombiaro, ondjorokero
relate (*v*)	*tell-* hea, *connect-* sanisa
related (*adj*)	ouzamumwe
relative (*n*)	omuzamumwe, omuhoko
relatives (*n*)	ovahoko, ovazapamwe, ovazamumwe
relax (*v*)	suva, esa
relay (*v*)	raera
release (*v*)	*stop holding-*tjesa, muesa, pitisa, *make public-*zuvarisa
relent (*v*)	puparisa
reliability (*n*)	ouṯakame
reliable (*adj*)	omuṯakame
relief (*n*)	omborisiro, okutumba
relieve (*v*)	*replace-*kutura, *less pain-*porisa, oupukurukwe, *remove burden-*osuvaneno
religion (*n*)	enamwa
religious (*adj*)	omupore
reload (*v*)	tuturura, turika rukwao
relocate (*v*)	okutjinda

reluctant (*adj*)	keyakeya
rely (*v*)	riṱizira, riyameka
remain (*v*)	kara, sewa
remainder (*n*)	otjihupe
remains (*n*)	ehiha, otjihuno (pl. *omahuno*)
remark (*n*)	ehungi
(*v*)	hea, muna
remedy (*n*)	omuti
remember (*v*)	zemburuka
remembrance (*adj*)	omazemburukiro, otjizemburukiro
remind (*v*)	zemburukisa
remission (*n*)	ondjesiro
remnant (*n*)	otjihupe
remonstrate (*v*)	unauna, popa
remorse (*n*)	ongurunguse
remote (*adj*)	kokure
removal (*n*)	okutjinda, okuisa po, omatjindisiro
remove (*v*)	*distance*-humburura, virura, *take away*-isa po, *relocate*-tjindisa, *get rid of*- uka, *eliminate*- zemisa
remunerate (*v*)	suta, pa ondjambi
renew (*v*)	yarura koupe
renounce (*v*)	isa, poka
renown (*n*)	ondangu
rental (*n*)	otjiyazemwa
repair (*v*)	ṱuna
repay (*v*)	okusuta rukwao
repeat (*v*)	yarura ko, rukwao
repentance (*n*)	ondanaukiro
repetition (*n*)	rukwao
replace (*v*)	yarura po, suta
replacement (*n*)	ombingeneno
replenish (*v*)	urisa rukwao, yenenisa
reply (*v*)	zira
report (*n*)	orapota, ondaze, ehupu
(*v*)	hepura
repose (*n*)	omasuviro, osuviro
reprehend (*v*)	temangura, tona
represent (*v*)	kuramena, munikisa, raisa
representation (*n*)	omaraisiro
reproduce (*v*)	tjita nao rukwao, yaruka natjo, tjanga yarwe
reptile (*n*)	otjikokozoke
republic (*n*)	ohoromende yovandu
repulse (*v*)	yanyuna
repulsed (*adj*)	yanyuka
reputation (*n*)	ondangu, ongaro, ohiwo
request (*n*)	eningiriro, omaningiriro
(*v*)	ningira

require (*v*)	hepa
require for (*v*)	hepera
rescue (*n*)	ondjamo
(*v*)	yama
rescuer (*n*)	omuyame
research (*n*)	nongonona
researcher (*n*)	omupahe, omutjinge
resemblance (*n*)	osaneno
resemble (*v*)	sana
resent (*v*)	pindika, nyengwa
reservation (*n*)	okuhoreka, omaturikiro
reserve (*n*)	ongwizikiro
(*v*)	hupisa, kwizika
reside (*v*)	kara, tura
residence (*n*)	omaturiro
residue (*n*)	omuru, otjikambi, otjihupe
resign (*v*)	za mo moviungura
resignation (*n*)	okuza mo, omeriisameno
resigned (*adj*)	riisamo
resin (*n*)	epya
resist (*v*)	piruka, pirukira
resistance (*n*)	omapirukiro
resolute (*adj*)	rimana, manuka
resoluteness (*n*)	okurimana
resolve (*v*)	rimana
respect (*n*)	ondengero, ondira, ondjozikiro
respected (*adj*)	yozikwa
respectful (*n*)	omunandira, omunandengero
respond (*v*)	itavera
response (*n*)	eziriro, epimba, okuitavera
responsible (*adj*)	omuzire
rest (*n*)	*relax*-orusuvo, *other parts*-otjihupe
(*v*)	suva
restaurant (*n*)	ondjuwo yomariro, onganda yomariro
restitution (*n*)	okuyarura
restless (*adj*)	kandakanda
restlessness (*n*)	omanganingani
restoration (*n*)	omayaruriro
restore (*v*)	yarura koupe
restrain (*v*)	tjaera
restrict (*v*)	tjaera, pata
restroom (*n*)	okaruwo
result (*n*)	tji tja zu motjikuao
resume (*v*)	yaruka natjo
resurrection (*n*)	ombendukiro
retail (*n*)	ostora yovirandisiwa, ovirandisiwa
retain (*v*)	ka ra na, ṭiza

retaliate (*v*)	pimba
rethink (*v*)	ripura rukwao
reticulum (*n*)	ondunyu poo oruverera
retire (*v*)	*go off*-kutuka, *withdraw*-zako, *retreat*-kasuve, suva
retract (*v*)	rundurura, yarura omambo
retreat (*v*)	yaruka ombunda, yaruka ovihahambunda
retrieve (*v*)	kotora
return (*n*)	omakotokero
(*v*)	kotoka, kotora, yaruka
reunion (*n*)	omawaneno, omahakaeneno
reunite (*v*)	wana rukwao, waneka
reveal (*v*)	horora, horokisa, raisa, vandurura
revelation (*n*)	okuhorora, okuhoroka, omavandururiro
revenge (*n*)	ongore
revengeful (*adj*)	omunangore
reverence (*n*)	ondira
reverend (*n*)	omuhonge
reverse (*v*)	tanaura
reversible (*adj*)	otjitanaurwa
reversion (*n*)	yarurako
revert (*v*)	kotoka, yaruka ko rukwao
reviews (*v*)	tara ko rukwao, oviyauziwa
revise (*v*)	yaruka natjo rukwao
revive (*v*)	nyomoka, pepera
revoke (*v*)	okuyeka ousemba, okuisako omazuvasaneno ngeripo
revolt (*v*)	pirukira
revolve (*v*)	tanauka
reward (*n*)	ondjambi, otjisuta
rewrite (*v*)	tjangurura
rhinoceros (*n*)	ongava
rhyme (*v*)	omambo ngeno mbosiro imwe komaandero
rhythm (*n*)	omatoneneno omasore [*mokuimbura poo momuhiva na moutjina*]
rib cage (*n*)	otjari
rib cartilage (*n*)	onḓuzuzu [*eṱupa*], orukoro
rib (*n*)	ombati, orupati
ribbon (*n*)	orumbaanda
rice (*n*)	oruiihi
rich (*adj*)	tumba, tumbara
riches (*n*)	okutumba, outumbe, orutumbo
richly (*adv*)	okutakavara
richness (*n*)	outumbe
rid (*v*)	za po, isa po
riddle (*n*)	okuhaka, omahakwa
ride (*v*)	kavira
rider (*n*)	omukavire
ridge (*n*)	otjivanḓe
ridicule (*n*)	ondjora

(v)	yora
rifle (n)	ondjembo
right through (n)	onduurungu
right (n)	*legal*-ousemba, *moral rule*-osemba
(adj)	*correct*-nawa, *direction*-komanene
(adv)	*exactly*-otjingaperi
right now	nambano nai
righteous (adj)	semba, *choice*-ousemba
rightside (n)	kokunene
rigid (adj)	pama, pamisa, kukutu
rigor (n)	outwe
rim (n)	omukuro
rime (n)	oungore, omakende wo mbembera
ring (n)	ongoho, okareinga
(v)	*sound-* tona[*ongoze*], tono (*past tense* of tona)
ring finger (n)	hangombe yakovatwa
ring-hair (n)	otjitenge
rinse (v)	piarunga
riot (n)	ehambano, ezunganeno
riotousness	omazunganeno, onyungunyungu
rip (v)	taura
ripe (adj)	hora, papa
ripen (v)	horisa
ripple (n)	ongorio
rise (v)	*move up-* yandumuka, tongamisa, ronda, *increase-* ronda, yeruruka
risk (v)	rora, rihitisa mo
rival (n)	omararakano
river (n)	ondondu
riverbank (n)	omukuro
roach (n)	okakakaratje
road (n)	ondjira
roam (v)	ryanga, sangauka
roar (v)	okutia otjimboro, vandara
roast (v)	*heat-* nyosa, *bake-* mbaka, *cook-* zika
rob (v)	punda, yeka
robber (n)	omupunde
robe (n)	ombanda
robot (n)	omarambe wo veta yondjira, "oropota"
rock (n)	*tone-* oruuwa
(v)	*move-* nyinganyinga
rock pigeon (n)	etitipongo
rock-rabbit (n)	ohere
rod (n)	okati
roll (n)	omukuta, ongata, otjimangwa
(v)	manga, tungunyuna, tungauka, ranga
romance (n)	orusuvero
romantic (adj)	omusuverwa, otjisuverwa

roof (*n*)	omututu
room (*n*)	etuwo, ezumo
rooster (*n*)	ohunguriva ondwezu
root (*n*)	omuze
rope (*n*)	ohirima, ongoze, orukute, otjikute
rot (*v*)	omborisiro
rotate (*v*)	tanauka poo tanaura
rotten (*adj*)	wora
rough (*adj*)	ouzeu
roughness (*n*)	otjinyuru, otjiparapatu
round (*adj*)	ouputuputu
row (*n*)	ondeto, oruteto
royal (*adj*)	ouhona
rub (*v*)	kunga, *scratch-* kura, *massage-* vava
rubber (*n*)	ongumi
rubbish (*n*)	otjiyaya
rudeness (*n*)	omahirioko
rug (*n*)	otjinguma
ruin (*v*)	okuzuṇḓa
rule (*n*)	ouhonapare, nana, ezeva
ruler (*n*)	"ondemstoka, oliniala"
ruling (*adj*)	omananeno wo horomende poo wo uhonapare
rumble (*v*)	omungunda
rumor (*n*)	embo ro hawatjiri, otjizeze, ondaze
run (*v*)	tupuka, utuka, rambera
runner (*n*)	omutupuke
running (*v*)	*operate-* omaunguriro wotjiṇa, *flow-*omatupukiro wo meva, *fast movement-* okutupuka
rural (*adj*)	oresevate
rush (*v*)	hakahana, ohakahana
rust (*n*)	omureru
rustle (*v*)	omahwarakatero

Ss

sacrament (*n*)	eyapure
Sacramental (*adj*)	ombunguhe
sacred (*adj*)	zera, otjizerika
sacrifice (*v*)	*give up-* yandja, *offer life-* punguha, *place-* otjipunguhiro
sacrum (*n*)	otjitutuza
sad (*adj*)	yumana
saddle (*n*)	otjikaviriro, otjisara
saddle up	kutira
safe (*n*)	*box-* otjipwikiro, *free from danger-* tjevera, yamee
safety (*n*)	oukohoke
salad (*n*)	oviyao oviriwa mbya wanekwa pamwe, osalata

salamander (n)	otjinamake, otjiṯurukuhu
salary (n)	ondjambi, otjisuta
sale (n)	trade- omarandisiro, lower price- ovirandwa kopereisa yo kehi
saliva (n)	omate
salt (n)	omongua
same (adj)	tjingetjo, like- osaneno
sampl (n)	otjisanekwa
sanctification (n)	ondjapuriro
sand (n)	eheke, ehi
sandal (n)	otjikapwite
satan (n)	okasatana, satana
satisfaction (n)	ongovisiro
satisfy (v)	kowa, kuta, woka
satisfying (adj)	kovisa
Saturday (n)	oroviungura
sauce (n)	osose
saucer (n)	okaundatase[borrowed]
sauna (n)	okukanga
sausage (n)	omuhaka [onyama]
save (v)	not waste- heka, hokera, keep-pwika, make safe-hupisa, tangera, yama
saving (n)	ombwiko, ombwikiro
savior (n)	nguyama, uyama, omuyame
saw (n)	see- muna, tool- otjisaaha
say (v)	speak-ha, heya, hungira, give information- hepura, kora, tjaa, express- nyamukura, tja
scabies (n)	ongana, onyaanai
scale (n)	skin- otjikotji, device- otjirekene
scalp (n)	omukova wotjiuru
scan (v)	tara
scar (n)	otjivavize
scarce (adj)	herenga
scare (n)	emuma
scared (adj)	mumapara, tirisa
scarf (n)	otjisiripi
scatter (v)	handjaura, piza, rimbarisa, ombizo
scattered (adj)	rimbara
scent (n)	omuṋuko, ese
scholar (n)	omuhongewa, omuhongwa
school (n)	onganda yomahongero, oskole
scientist (n)	onongo
scissor (n)	otjikonde, otjiskera
scold (v)	okurokoherua
scoop (n)	tool-otjiwote, otjiteke, news-ombuze
(v)	amount held-mosura, tapa, wota
scorch (v)	vaura
score (n)	number- otjivaro
(v)	win- taara

scorn (*n*)	omanyengu, ongura, ondjambururiro
scorpion (*n*)	ondje
scotch (*n*)	*drinks-* omanuwa omandorongise (owhiskey)
scowl (*v*)	okutoora ozongora momurungu
scrape (*v*)	*rasp-* korora, *grate-* kurura, paraura, *rub-*pera, *scratch-* nyaa, para
scratch (*v*)	karaura, nyaa, para, sesura
scream (*v*)	kwa, ura, oruuro
screen (*n*)	oruho [*otivii, okombyutera*]
screw (*n*)	*metal-* omboha
(*v*)	*twist-* kuta omboha
script (*n*)	etjangwa
scroll (*v*)	nana kehi no kombanda
scrotum (*n*)	ombuma
scrub (*v*)	kura, sesura, kurura, korora
scrunch (*v*)	tukutura
scrutinize (*v*)	okutara okukohorora
scuffle (*v*)	rwaa
sculpture (*n*)	ounongo wo kuhonga omiti
scum (*n*)	esuzu
scurf (*n*)	otjipatu, otjinyuru
sea (*n*)	okuvare, omuronga
seal (*v*)	pata
Seal(*n*)	ombwa yomeva
seam (*n*)	omupambo
seamstress (*n*)	omukazendu omuyatate
search instrument (*n*)	otjitare
search (*n*)	omupahe, *hunt-* orukongo, *seek-* okutjinga
(*v*)*look for-* paha, vyavyanga, teza *reason-* ripura, *explore-* tjinga	
season (*n*) *period-* omakueze wombura, *flavor-* ovitjatise vyovikurya	
seat belt (*n*)	ekwamo[*rohauto*]
seat (*n*)	otjihaamwa, otjihavero
(*v*)	kareka pehi, *seated-* haamisa
seclude (*v*)	tarisa, tjaera
second wife (*n*)	omumbanda
second (*adj,adv*)	*count-* otjitjavari, *position-* vevari, oruveze orutjavari, outjavari, *time-* ominute
secondary (*adj*)	ondondo yokombanda, osekondere
secondly (*adv*)	porutjavari
secrecy (*n*)	ohorekero
secret (*n*)	otjiundikwa, ohuti, otjihorekwa
secretary (*n*)	omutjangerepo
secretary bird (*n*)	ombumbameno
secretly (*adv*)	ongumumu
section (*n*)	*part-*orupa, *portion-*otjindimbu, *subdivision-*orukondwa
secure (*adj*)	pwa, kwizika
(*v*)	pwisa, tjevera, pamisa nawa
security (n)	*guard-*omutjevere, *self-assurance-*okuhinaoma

sedan car (*n*)	otjikomona
sediment (*n*)	otjihete (pl. *ovihete*)
seduce (*n*)	omupukise
(*v*)	pandjarisa, pukisa
see (v)	muna
seed (n)	ondwi, ombeva
seek (v)	paha, yevayeva, teza
seem (*v*)	ngara, tjimuna
seen (*pp*)	munika
segment (*n*)	orupa
segregate (*v*)	hana
seize (*v*)	kambura nomasa
seizure (*n*)	*consciousness*- okuseuka, orumbamba, orusenge
seldom (*adj*)	korumwerumwe
select (*v*)	*choose*- toorora, *pick*- tuka
self (*pron*)	omuni [*person*], oini [*animal*]
self regret (*n*)	omeriverero
self-centered (*adj*)	omerivararero omuni
self-complecency (*adj*)	ezinga, okuzingwa
self-confidence (*adj*)	omeritjiviro
self-conscious (*adj*)	omerimunino omuni
self-contained (*adj*)	omeritungiro omuni
self-control (*n*)	omeritjaerero
self-defeating (adj)	omuriteye omuni
self-defense (*n*)	omeritjeverero
self-destructive (*adj*)	ovikaro ovivi, ovitjitwa oviteye
self-employed (*adj*)	okuriungurira
self-esteem (*n*)	ritenga omuni
selfish (*adj*)	rivara omuni
selfishness (*n*)	okurivara omuni
self-love (*n*)	okurisuvera omuni
self-respect (*n*)	okuritjunika
self-restraint (*n*)	omeritjaerero
sell (*v*)	randisa
seller (*n*)	omurandise
semblance (*n*)	okusana, osaneno
semen (*n*)	ombeva (pl. *ozombeva*)
semester (*n*)	ekweze
semicolon (*n*)	ondjande (;)
seminary (*n*)	oskole yo uhonge
senator (*n*)	osenata
send (*v*)	hinda, tuma
send-to-sleep (*v*)	rarisa
senior (*adj*)	omunene, omukurundu
senior citizen (*n*)	omukurundu
sensation (*n*)	okumuna, okununuŋa
sense (*n*)	okutjiza, ondjiziro

senseless (*adj*)	eyova, omuhahu
senselessness (*n*)	ouhahu, ouyova
sensible (*adj*)	ninga
sensitive (*adj*)	tengakumuna
sentence (*n*)	*punishment-* ombanguriro, *grammar-* omuhewo (pl. *omihewo*), oruteto romambo
separate (*v*)	hana, hanika, kakaturura, pangununa, pauka, punga, tuka, yapura
separately (*adv*)	peke
separation (*n*)	okuyapura, omahaneno, omahanikiro, omaisasaneno, omayapuriro
September	Ndengani
septic (*adj*)	hwanga, worisa
serious (*adj*)	hinamate, hanyanda
servant (*n*)	omukarere, omuungure
servant cat (*n*)	okandoto
servant house (*n*)	ondjuwo yovaungure
serve (*v*)	karera
service *n*)	*work-* oviungura, *help-* ombatero
serviceman (*n*)	omuungure
session (*n*)	orupa rumwe rombongarero
set (*v*)	twa, zika
settle (*v*)	suta, zika
(*vi*)	womba
settlement (*n*)	oruuto
seven (*n,adj*)	ohambombari, hambombari
seventeen (*n,adj*)	omurongo na hambombari
seventh (*adj,adv*)	hambombari, oitjahambombari
seventy (*n*)	omirongo hambombari
sever cold (*n*)	otjimbandangere
several (*adj*)	tjiva
severity (*n*)	oukukutu, outwe, ouzeu
sew (*v*)	yatata, okuyatata
sewing machine (*n*)	omahina yokuyatata
sex (*n*)	gender; *male-* ouzandu, *female-* oukaze
shade (*n*)	omuzire
shadow (*n*)	omuzire, otjizire
shake (*v*)	hakiha, *shake off-* huka, *wiggle-* taka, *gargle-* tjukutjura
shake out	pukumuna
shakiness (*n*)	ongurungo, omatomatomeno
shaking (*adj*)	kandakanda
shaky (*adj*)	kurunga, kurunge, tomatome
shall (*aux v*)	mo
shallow (*adj*)	kapopakoto
shallow well (*n*)	ombu, omusema
shame (*n*)	ohoni
(*v*)	taohoni
shameless (*n*)	omuhinahoni
shampoo (*n*)	oheva yozondjise [*yomotjiuru*]

shape (n)	omuhapo
shapeless (adj)	omuhinamuhapo
share (v)	konda ko, yavara
sharp (adj)	outwe, otjitwe, omatweho
sharpen (v)	yupika(e), hupika
sharply (adv)	tjinene nomasa
sharpness (n)	outwe
shatter (v)	nyanyaura, nyanyauka
shave (v)	hora, kurura
shaver (n)	orukurure, ombamo
shawl (n)	otjikeriva, okakeriva
she (pron)	eye [*oukazendu, oukaze*]
shear (v)	henya, hora
shed (v)	*flow-* tika, *fall off-* waa, *get rid-* hukura, isako
sheep (n)	ondu
sheet (n)	erapi rombete, otjirwakanda
shelf (n)	etuwo romaturikiro
shell (n)	otjikongo
(v)	tatura
shelter (n)	otjitara, otjiwameno
shepherd (n)	omurise uozondu
shepherd's tree [*boscia albitrunca*] omutendeereti	
shield (n)	oruvao
(v)	tjizikiza
shift (v)	hihiza, rundurura
shimmer (v)	werawera
shinbone [*tibia*] (n)	omuho
shine (v)	kena, kenakena, yerayera
shining (adj)	otjiyere
ship (n)	oskepi, otjikondise, otjitendeze
shirt (n)	ohema (pl. *ozohema*)
shit (n)	*solid waste-*ombondi
(v)	*excrete waste-*hana
shiver (v)	zezera
shivering (n)	ondekete
shock (n)	omburuma
(v)	uruma, wirwa
shoe (n)	orukaku (pl. *otukaku*)
shoe sole (n)	ekoti
shoelace (n)	ondjatate
shoot (v)	yaha, yumba, veta
shop (n)	ostora
(v)	omarandero
shoplifter (n)	erunga
shopper (n)	omurande
shopping (n)	omarandero
shore (n)	omukuro

short (*adj*)	ousupi, okasupi, otjisupi
short person (*n*)	okandu okasupi
shortage (*n*)	ouhepe
shorten (*v*)	susuparisa
shortly (*adv*)	mousupi, katjisupi, ousupi
shortness (*n*)	ousupi
shortpant (*n*)	omburukweva ondimbu
shot (*v*)	weapon-yaha
should (*aux v*)	ndakuzu
shoulder (*n*)	otjiţuve
shoulder blade [*scapula*] (*n*)	evambi [eyambi]
shout (*v*)	ravaera, rokoha
shove (*v*)	hihiza, undura
shovel (*n*)	otjihupuro, otjiharaova
(*v*)	hupura, wota
show (*v*)	*make seen-* munikisa, riraisa, raisa, *make known-* yarisa, *prove-* raisa, *lead-* yurika
show off (*v adv*)	risera
shower (*n*)	*rain-* ombura
(*v*)	*give-* okuyandja poo yandja
shred (*v*)	taura, nyondorora
shrimp (*n*)	otjinangusuna
shrine (*n*)	okuruwo
shrink (*v*)	*become smaller-* kata, *move away-* nyimauka
shrinkage (*n*)	omakatero
shriveled (*v*)	kanyata
shrub (*n*)	otjimbuku
shrug (*v*)	okuhuka oviţuze
shut (*v*)	yezera
shuttle (*n*)	otjitoore
shy (*n*)	ohoņi, omunahoņi
sibling (*n*)	ovangu, omarumbi [*ovanatje vaina imwe*]
sick (*adj*)	vera
sickle bush (*n*)	omutjete (pl. *omitjete*)
side (*n*)	*edge-* omukuro, *next position-* otjikoro, posyo
sideburns (*n*)	ondjezu, osevena [*oruyezu*]
sidewalk (*n*)	okaira kozombaze
sidewall (*n*)	ekuma rondjuwo
sideways (*adv,adj*)	yendama, orumbembera (pl. *ovimbembera*)
sieve (*n*)	osipe, otjisipe, otjisise
sift (*v*)	sisa, nyenda
sigh (*v*)	suvana
sign (*n*)	ombetja, *mark-*otjizemburikiro, oviņenge
(*v*)	*write-*okutjanga ena ro ye omuini, "okutiekena"
signal (*v*)	yarisa
signature (*n*)	"osaena"
silence (*n*)	omamwinino, ounyima

(v)	mwinisa, porimana, porisa, nyimapara, riṯaisa
silent (adj)	kumwi, mwina
silently (adv)	ongumumu
silver (n)	"otjisilveri"
similar (adj)	ohamukwao, otjingetjo
similarity (n)	ousane
similarly (adv)	andarire
simmer (v)	sumisa
simple (adj)	*easy*-oupupu poo otjipupu
simultaneous (adj)	okutjita ovitjitwa moiri imwe poo motjikando tjimwe
sin (n)	omukwa, ondjo, ouhangundu, ourunde, ouvi
since (conj)	tjinga
sincere (adj)	omukahu
sincerity (n)	oukahu
sing (v)	imbura
singer (n)	omuimbure (Pl. *ovaimbure*)
single (adj)	tjimwe, erike, umwe
single out (adv)	hoorora, toorora
singular (adj)	*grammar*- ourike
sink (n)	ṯomwina
(v)	*go below water*- mosukira, ṯomwina
sinner (n)	omunauvi, omurunde
sinus (n)	otono, omutjise uotono
sip (v)	makera
sir (n)	*title*- omutengwa, *man*- omuhona
sister (n)	omutena [brother siblings reffering to sister], erumbi poo omuangu [*female siblings refering to each other*]
sisterhood (n)	*fellow member or having same parents*- ourumbi, ouangu, *close female friend*- ouzamumwe
sit (v)	haama
sit on lap	pukata
sit up (v,adv)	kengama
six (n,adj)	ohamboumwe, hamboumwe
sixteen (n)	omurongo na hamboumwe
sixth (adj)	otjitjahamboumwe, outjahamboumwe, oitjahamboumwe
sixtieth (adj)	outja mirongo nahamboumwe
sixty (n)	omirongo hamboumwe
size (n)	ounene
skeleton (n)	omaṯupa porwe [*omaṯupa ngeṯiza orutu kumwe*]
skepticism (n)	ouhakambura
skewness (n)	omahendameno
skid (n)	omahezero
skill (n)	ounongo, ondjiviro
skim milk (n)	onderehuwe
skim (v)	tjenga
skin off (v)	purura
skin (n)	omukova (pl. *omikova*), *peel off*-tatura

skinflint (*n*)	omuruvandu
skip (*v*)	katuka
skirt (*n*)	ombanda yovakazendu
skull *n*)	otjikongo, etupa rotjiuru
skunk (*n*)	ondanganda
sky (*n*)	eyuru, evaverwa
slack (*adj*)	outata
slam (*v*)	tona
slander (*n*)	omayamba
(*v*)	yamba, zunda
slang (*n*)	omahungiriro nge hinandjozikiro
slant (*n*)	ombikameno, orumbembera
slap (*v*)	tona [*tona otjirupwi momurungu*]
slash (*v*)	konda, isako
slaughter (*n*)	omazepero, ondepero
(*v*)	zepa
slave (*n*)	omukarere, omutwa
slavery (*n*)	ouhuura, ohuurire
sleep (*n*)	ozombotu
(*v*)	rara, raree
sleepiness (*n*)	okukotura, oruemo
sleeping place	omara
sleepless (*adj*)	kangi
sleepy (*adj*)	kotura, mepotu
sleet (*n*)	omakende wombembera
sleeve (*n*)	okuoko kohema
slice (*n*)	tjeka
slidding down (*v*)	randata
slide (*v*)	heza, hezuzuka, kunguzuka
slide off (*v*)	pona
slight (*v*)	*insult*-nyengura
slim (*adj*)	katiti
slime (*n*)	enanga, otjinoko
slime mucous (*n*)	ongororo
sling (*v*)	yumba
slingshot (*n*)	ongarena (pl. *oukarena*)
slip (*v*)	heza
slipper (*n*)	ozongaku zokusuva
slippery (*adj*)	otjiheze
slit (*v*)	purura, yuva, konda
sloppy (*adj*)	ouhazendu
slow (*adv*)	katiti
(*adj*)	otjizenge
slowness (*n*)	okanwe, ongono, otjirweyo
sludge(*n*)	onguyu
sluggishness (*n*)	epondo
sly (*n*)	ovineya

	(adj)	omunavineya
slyly	(adv)	novineya
smack	(v)	mwaa, tona tjinene
small	(adj)	kaṱiṱi, otjiṱiṱi, okaṱikona, otjiṱikona, okaṋa
small bucket	(n)	okaemere
small cup		okakopi
small hill	(n)	okandunda, oruvanda
small hole	(n)	okarovi
smaller	(adj)	onḓikona
smallness	(n)	ouṱiṱiṱi
smallpox	(n)	otjikoroha
smart	(adj)	ozondunge
smash	(v)	nyanyaura, ṱukuṱura
smashed	(pp)	nyaika, nyanyauka
smear	(v)	vava, hwaa
smell	(n)	omuṋuko
	(v)	ṋuka, ora
smell of urine		otjihwi
smelt	(v)	zuzuka
smile	(n)	ondjora
	(v)	meṱa, meṱameṱa, yora
smith	(n)	omuhambure
smoke	(n)	*cloudy air-* omuise, kanga
	(v)	*breathe smoke-* pepa
smooch	(v)	okuhupita
smooth	(adj)	heze, seruka, serura
smoothly	(adv)	oupupu, ouheze
smoothness	(n)	ouseruke, ouheze
smudge	(v)	hwaa
snack	(n)	okariwa katjimanga, onguta
snail	(n)	ongwenḓu
snake	(n)	onyoka
snarl	(v)	okuwenena
sneaker	(n)	ozondeni [*ozongaku*]
sneaky	(adj)	ovineya
sneeze	(v)	okutya ozombato
	(n)	ombato
sniff	(v)	nana omuinyo, ṋuka
snitch	(n)	okuraera monyondwi
snore	(adj)	omawoneno
	(v)	wona
snoring	(n)	okuwona
snort	(v)	posa motono
snow	(n)	omakende wombepera
snuff	(n)	oseni
so	(adv)	nai, so
soak	(v)	ningeka, ningenisa, topikana

soap (*n*)	oheva, otjikohe, otjirikohe
soar (*v*)	tuka meyuru
sob (*v*)	hekana, hekununa
soccer (*n*)	otjimbere tjozombaze
sociable (*adj*)	ondjiririsa, ohange
societies (*n*)	oviwaṋa
society (*n*)	*people-* oundu, *group of people-* oruwano, *organization-* omboronganeno
sociology (*n*)	omerihongero womboronganeno yo undu
socks (*n*)	ovikausina (sin. *otjikausina*)
sod (*n*)	otjitumbehi
soda (*n*)	omanuwa omatararise
sofa (*n*)	otjihaamwa, otjisita
soft *adj*)	*not firm-* outarazu, *gentle-* oukozu
soft burnt (*adj*)	moṋoka
soft part of bread	otjinyama
soften (*v*)	*smooth-* tarareka, *weak-* ṯukara, puvara
softly (*adv*)	katiti, noutarazu
soil (*n*)	ehi, ombumbi
solar (*n*)	orutjeno rueyuva
soldier (*n*)	omurwe, omusorondate
sole (*n*)	*bottom of shoe-* ekoti
(*adj*)	*single-* erike
solidity (*n*)	ouzeu, oupame
solitary (*adj*)	peke
solitude (*n*)	okukara erike
solution (*n*)	omaandero, omakuturiro
solve (*v*)	kutura
solved	okuzengurura
some (*adj*)	tjiva, yemwe
somebody (*pron*)	omundu
someday (*adv*)	eyuva rimwe komurungu
somehow (*adv*)	momwano
someone (*pron*)	omundu
someplace (*adv*)	oruveze porive
something (*n*)	otjiṋa
sometime (*adv*)	korumwerumwe, rumwe
somewhere (*adv*)	porive
son (*n*)	omuatje omuzandu
song (*n*)	eimburiro, etangero
soon (*adv*)	kamanga
soot (*n*)	osire
soothe (*v*)	poreka
sorrow (*n*)	oruhoze
sorrowful (*adj*)	omunaruhoze
sorry (*adj*)	*condition-* hihamwa, *asking forgiveness-* ndjiisira, sori, *polite refusal-* kako, katjiperi

sort (*n*)	*type-* omuhoko
(*v*)	*separate-* haṋa, sisa, toorora, twa peke
soul (*n*)	omuinyo
sound (*n*)	okuposa, ombosiro
(*v*)	posa
soup (*n*)	omanyuṋe, osopa
sour (*adj*)	otjiruru, otjiyake
sour milk (*n*)	omaere
source (*n*)	omburo, okuza
south (*n*)	okozondwa, okomamuho wehi
souvenir (*n*)	otjizemburukiro
sow (*v*)	kuna
sower (*n*)	omukune
space (*n*)	oruveze
spacious (*adj*)	oruveze orunene, otjihara, otjinene
spade (*n*)	otjiharaova, otjise, otjihupuro
spaghetti (*n*)	omakoroni omare
span (*n*)	oure
spank (*v*)	tona
spare (*adj*)	*extra-* otjihupe
spark (*n*)	ohanḓe
sparkle (*v*)	keṋakeṋa
sparrow (*n*)	ondjandja
spatula (*n*)	orutuwo
speak (*v*)	hungira, kakaura omambo
speaker (*n*)	omuhungire
spear (*n*)	enga
special (*adj*)	peke
species (*n*)	omuhoko
specify (*v*)	raisa omuhingo peke
speciman (*n*)	okaraisiro
spectacles (*n*)	omakende womeho
spectator (*n*)	omutarere
speculation (*n*)	omahakero
speech (*n*)	eraka, omambo, omahungiriro
speeches(n)	eyandjwahungi
speed (*n*)	okuhakahana, otjikara, otjikasuka
spell (*v*)	isana omambo pekepeke, okutamuna ozoletera
spend (*v*)	yandja, ungurisa
spent (*adj*)	manuka, mana
sperm (*n*)	ombeva
sphere (*n*)	ohi, otjiputuputu
spice (*n*)	ovitjatise vyovikurya
spicy (*adj*)	otjinarutjate, otjiruru, oururu
spider (*n*)	otjitjauvi
spiderweb (*n*)	orungovi
spill (*v*)	tirahi, tika, morosa, nyona

spin (*v*)	*make thread-* yoza, *turn-* tanaura
spinach (*n*)	ombowa
spinalcord (*n*)	oruruvi
spine (*n*)	ongoho yetambo
spirit (*n*)	ombepo
spiritual (*adj*)	omunambepo
spit (*v*)	nyeka, tjeka
spite (*n*)	omazenge, omukona, onyengo
splash (*v*)	hambirika
spleen (*n*)	oruteva
splendid (*adj*)	nawa tjinene
splenodenia (*n*)	okasyonapati
splintbone (*n*)	omuho
splinter (*n*)	orupambaro
split (*v*)	haṋa, hahaura, taura, ondaukiro
spoil (*v*)	oro, zuṋḓa, zuṋḓaka
spoken (*adj*)	hewa, kwaze
sponge (*n*)	otjirikohe, otjipezeze
sponsor (*n*)	omukuramene
(*v*)	nana
spooky (*n*)	ooma
spoon (*n*)	orutuwo
sport (*n*)	enyando
spot (*n*)	*mark-* eṋi, *dot-* eta, *stain-*omarira, otjituto, *place-*opona
spout (*v*)	omupupo womasa
sprain (*v*)	pihura
spread (*v*)	*move-* ingana, *cover-* hunununa, nyaneka, pyata, tandaura, yara
spring (*n*)	oruteṋi [**in Namibia September 21–December 22**] [**in USA March 20–June 21**]
spring (*n*)	oruharui
(*v*)	*leap-*tuka, *jump-*ruruma
springbuck (*n*)	omenye
sprinkle (*n*)	epeze
(*v*)	tjatja
sprout (v)	nyomoka
spur (*v*)	hinga
spy (*n*)	ohoze
square (*adj*)	*shape-*ovipaka vine
squash (*v*)	nyanyaura
squat (*n*)	okutongama
squatting (*v*)	tongama
squeak (*v*)	ṱina
squeeze (*v*)	kama
squint (*n*)	epereho, okunanḓa
squirrel (*n*)	orupuka
stab (*v*)	hava, twera, tuvakana
stable (*n*)	*building-* ondjuwo yovipuka, otjiwongo

(adj)		fixed- no kuhina okunyinganyinga
stack (n)		ondunda [yomituaro]
stadium (n)		orupare romanyando, orutjandja, otjiranda
staff (n)		ovaungure
stage (n)		period- oruveze, area- otjipare
stagger (v)		teratera
stagnant (adj)		kuraama pona pemwe
stain (n)		eṇi
(v)		harisa ondova
stair (n)		ondondo
stalk (n)		otjihingiza
(v)		honina, nyonga
stamp (n)		mail- okaposiela
(v)		hit with foot- kunda, beat- tona, pound- tonda
stand (v)		kuruma
stand for (v)		kuramena
stand up (v)		rise- sekama, upright- kengama, move up- yeruruka
standing (adj)		kamuseka
star (n)		onyose
stare (v)		tara, nandinda
start (v)		utisa, uta, tenga
starvation (n)		erambu
starve (v)		kovyoka
stash (v)		horeka
state (n)		express something-twapo, country-otjihuro, condition-ongaro
station (n)		otjikuturiro
stationery (n)		otjitjangerwa [ombapira, embo], otjitjange [opena, opotlota, otjikereite]
stay (v)		kara (pl. kareye)
stay behind		roza
stay forever		karerera
steady (adj)		zikama
steak (n)		onyama
steal (v)		vaka
steam (n)		omuku
steel (n)		otjitenda
steenbuck (n)		ombwindja
steep (adj)		ondjendje, orutjene
steering-wheel (n)		otjihinge
stem (n)		otjiunda
step (n)		distance-omukambo, flat surface-ondondo
stepchild (n)		omuatje ua mweno
stepchildren (n)		ovanatje vamweno
stepdaughter (n)		omuatje omukazona womukazendu poo womurumendu ngu wa kupa nu ngueri owoye omuni
stepfather (n)		tate omweno, iho omweno
stepmother (n)		mama omweno, ina omweno

stepson (*n*)	omuatje omuzandu womukazendu poo womurumendu ngu wakupa nunguheri owoye omuni
stereo (*n*)	ongerema
sternum (*n*)	orukoro
stethoscope (*n*)	orutare romutima
stick (*n*)	*thin wood-* okati
(*v*)	*attach-* kakatera
stiff (*adj*)	pama, hora, keremba
stiffness (*n*)	oungangambungu
still (*adv*)	*until now-* ngamba, ingee, *not moving-* hirimana poo hirimanisa, *quite-* nyee
stimulate (*v*)	tinganisa
stimulus (*n*)	otjitinganise
stimuli (*n*)	ovinyae, [*singular-*okanyae]
stingy (*adj*)	ongopo, okanwe, ouruvandu
stink (*n*)	ovyorero, omaorero, *terrible smell-* ese evi
stinkbox (*n*)	otjinautoni
stinkbug (*n*)	okakuzemaambi
stipulation (*n*)	ondyero yonduvasaneno
stir (*v*)	hera, zunga
stirring stick (*n*)	otjihero
stirrup (*n*)	epoha
stitch (*v*)	yatata
stock (*n*)	*animals-* orutumbo
stomach (*n*)	ezumo, opehuri
stomach pit	ongorotima
stomachache (*n*)	omutjise wopehuri
stomp (*v*)	yata
stone (*n*)	(sin. *ewe*), (pl. *omawe*)
stool (*n*)	okapwindi, okahavero
stoop (*n*)	ongota
stop (*v*)	*prevent-* tjaera, *pause-* kurama
stopper (*n*)	ekumbu
store (*n*)	*business-* ongetjeva, onganda yovirandwa
(*v*)	*keep-* pwika
stork (*n*)	endongo
storm (*n*)	otjivepo
story (*n*)	ehungi
stove (*n*)	ezuko, otjiterekero, otjizikiro
straight (*adj*)	osemba, ohoro
straightforward (*adj*)	ongarate
strange (*adj*)	he iwe, oukumise
stranger (*n*)	owozonganda
strangle (*v*)	nakaura, reka, sina
strap (*n*)	okarukute, okamuvia
stray (*v*)	pandjara
stream (*n*)	omupupo, omuramba, orurondu

street (*n*)	omuvanda
strength (*n*)	omasa
strengthening (*n*)	omazeuparisiro
stress (*n*)	eputi, omeripura, omerikendero, ongavangava
stretch (*v*)	*spread*-nyandavara, tandaura, *become longer*-nana koure
stretcher (*n*)	*transport*-oruara
strife (*n*)	oviposa
strike (*v*)	tona
string (*n*)	ongoze
(*v*)	honga
strip (*v*)	hukura
stripe (*n*)	evara (pl. *omavara*)
strive (*v*)	kondja
stroke (*n*)	*illness*-orusenge
(*v*)	*touch*-sesenga
stroller (*n*)	*baby transport*-okatemba kokanatje
strong (*adj*)	omasa
strong arm (*n*)	ongete
strong person (*n*)	omunamasa
struck (*pp*)	tonewa
structure (*n*)	otjitungwa, omatungiro
struggle (*v*)	kondja (*okukondja*), yaraara (*okuyaraara*)
struggling (*adj*)	orukondjo
stubborn (*adj*)	otjiuru otjikukutu
stubbornness (*n*)	ongukutusengo
student (*n*)	omuhongwa (pl. *ovahongwa*)
studies (*n*)	ovirihongwa
studies (*n*)	ovirihongwa
studio (*n*)	*room*-etuwo[*onganda*]
study (*v*)	kondonona, rihonga
stuff (*n*)	*things*-ovina, otjina, ngamwa atjihe
(*v*)	*fill*-urisa, hweka [*motjina*], hwera [*motjinyo*]
stumble (*v*)	putara
stump (*n*)	otjipwite
stun (*v*)	urumisa
stupid (*adj*)	eyova
stupidity (*n*)	ouyova
sturdiness (*n*)	omuhapo omuwa
stutter (*v*)	kokoma (okukokoma)
Stwana (*n*)	Otjitjawana
sty (*n*)	ongura
style (*n*)	omwano
subdue (*v*)	havera, ura, zeya
subdued (*adj*)	kozupara, woka, zeuka
subject (*n*)	epu, otjirihongwa
(*adj*)	wisa kehi
subjection (*n*)	okuwisa kehi

STUMP / *OTJIPWITE*

subjugate (v)	huura
sublime (adj)	yeruruka, tongama
submerge (v)	twa momeva
submission (n)	okuriwisa kehi
submissive (adj)	riwisa kehi
submit (v)	riyandja, yandja
subordination (adj)	omeriyamekero, owokehi
subside (v)	henduruka, pupurukwa
subsist (v)	kara
subsistence (n)	omahupiro, ehupiro
substance (n)	otjiṋa, ongaro
substantial (adj)	tjatjiri, yenenisa
substantiate (v)	raisa
substitute (v)	pimba, yaruka moruveze
subtract (v)	isa ko, isa po
Suburb (n)	omaturiro, orokasi
subvert (v)	zunḓa
succeed (v)	pingena
success (n)	okusera, outoṋi
such (adj)	tjanao
suck (v)	nyama, sepa, [*past tense-sepi*]
suckle (v)	nyamisisa
suckling (n)	nyamu, okunyama
sudden (adj)	hakahana
suddenly (adv)	tjimanga
suffer (v)	tjinda ouzeu, hangauka
suffering (n)	omuhihamo, ouzeu, okuhangauka
sufficiency (n)	omaeneneno
sufficient (adj)	enene, epu
suffocate (v)	sina
sugar (n)	outji
sugarcane (n)	omuenge (pl. *omienge*)
suggest (v)	tamuna, ṱaisa
suggestion (n)	okuyandja ondunge
suicide (n)	okurireka, okurizepa omuini
suit (n)	*clothes-* omukuta
(v)	*work well-* yenena
suitable (adj)	yenena, *being correct-* osemba
sum (n)	omaworonganeno
summarize (v)	hungira momambo ousupi, punga
summary (n)	omaongero
summer (n)	okurooro [**in Namibia December 22 —March 22**] [**in USA June 22 – September 22**]
summit (n)	ohonga, ondomba
sun (n)	eyuva
sunbathe (v)	okuritereka peyuva, okuwota eyuva
sunbeam (n)	ohanya

[146]

sunburn (*n*)	ozonyota
Sunday (*n*)	osondaha
sunflower (*n*)	ongara
sunglasses (*n*)	omakende uokomeho
sunlight (*n*)	ohanya
sunny (*n*)	eyeva
sunrise (*n*)	omapitiro weyuva
sunset (*n*)	omahitiro weyuva, omuihi, otjiserayuva
sunshine (*n*)	ohanya
super (*adj*)	*excellent*-nawa tjinene, *large*-otjinene
superb (*adj*)	nawa tjinene
superintendent (*n*)	osoromana
superior (*adj*)	omunene
supermarket (*n*)	omaketa
supernatural (*adj*)	kombanda yongaro
superstition (*n*)	ovizerika
supper (*n*)	eriro rongurova
supplement (*n*)	otjiweziwa
(*v*)	weza
supplicate (*v*)	riheka ku
supply (*v*)	okuyandja
support (*n*)	ombaruriro, okuyeura
(*v*)	*help*- karera po, *provide*- parura, *hold*- tiza
supporter (*n*)	omukuramene, omuyandjaruvara
suppose (*v*)	hea, ndaasi, tjangovasi, sokurira
suppression (*adj*)	ondatumisire
suppressor (*n*)	omutatumise, omuṉiṉikize
sure (*adj*)	zikama
surely (*n*)	omazikamisiro
surface (*n*)	kombanda
surgeon (*n*)	omutaure, omupange
surgery (*n*)	omatauriro, omaururiro
surname (*n*)	ofano, ena roruzo, ena raiho omunene nguaṯa rukuru
surplus (*adj*)	otjihupe
surprise (*v*)	himisa
surprised (*adj*)	himwa
surrender (*n*)	okuriyandja
survive (*v*)	hupa, kareka, okukareka
survivor (*n*)	ngua hupu, ovandu mbahupu
suspect (*v*)	tjangovasi
suspend (*v*)	turika, tjaera
suspenders (*n*)	otupate
suspense (*n*)	okuundja okutjiwa
suspicion (*n*)	okuripura pevari
suspicious (*adj*)	ripura nao
sustain (*v*)	*support*- ṱiza, *suffer*- tjinda, zara
swab (*n*)	okavate kokukoha omatui

swagger (*v*)	sisivara
swallow (*v*)	ṋiṋa
swamp (*n*)	etosa, otjinokorindi
swan (*n*)	ombaka
swap (*n*)	ombimbasaneno
(*v*)	pimbasana
swarm (*n*)	ehapu, enyangatara
sway (*n*)	ouvara
(*v*)	nyinganyingisa, taka
swear (*v*)	tukana, yana
sweat (*n*)	orukutu
(*v*)	rukutura
sweater (*n*)	ondjesi
sweep (*v*)	komba, pyanga
sweeper (*n*)	omukombe
sweeping (*adj*)	omakombero, okukomba
sweet (*n*)	okareke, omuzeze
(*adj*)	tjata
sweetheart (*n*)	omusuverua
sweetness (*n*)	oruaze
swell (*v*)	sura
swelling (*n*)	omusuro, omwambu
swift (*adj*)	nohakahana
swim (*v*)	tjaara, tendeza, ṱumba
swing (*v*)	nyinganyinga, taka, tona
switch (*n*)	*device*-okayakise, *stick*-oruhongwe
(*v*)	*electric current*-kamburisa
swollen (*adj*)	sura
swoon (v)	ouwotame
sword (*n*)	engaruvyo
syllable (*n*)	ondundo
syllabus(*n*)	osilabesa
symbol (*n*)	omuano, otjizemburukiro
symmetry (*n*)	omaṱekiropamwe, osaneno
sympathetic (*adj*)	omunatjari
sympathies (*n*)	oviari
sympathize (*v*)	nyaṋuka, tira ondjenda
sympathy (*n*)	ondjenda, otjari, ounyaṋutima
symptom (*n*)	otjiraisiro, omutjise
synthesis (*n*)	okukutakumwe, okutwakumwe
syphilis (*n*)	ovitjwaava
syrup (*n*)	omuzeze, oruaze
system (*n*)	ondunge poo onḓunino yomaunguriro

Tt

tab (*n*)	okasuta okaṱiṱi
table (*n*)	otjitiha, otjiriro, otjitjangero
tablecloth (*n*)	erapi rotjitiha
tablet (*n*)	*pill-* opera
taboo (*n*)	ovihuna; ovizera
tack (*v*)	papera
tail (*n*)	omutjira
tailor (*n*)	omukonde wozombanda, muyatate
take (*v*)	*accept or catch-* kambura, *move-* tuara, *remove-* toora, *hold-* ṱiza
take a bite	humbura, hokora, nyokora
take an oath	yana, oruyano
take apart	pungurura
take around	namburura
take away	pitisa, twara, isa ko, virura
take back	yarura
take care	ṱakamisa, hunga
take courage	panḓa, panḓipara
take down	raura, turura
take further	humburura
take off	kakaturura
take out	zukura, pitisa, pungurura
take out thorn	pyasa
take part	kamburira
take up	toora
taking side	ongarera
talc (*n*)	otjizumba, opwaiyera
tale (*n*)	ehungi, otjimbaharere
talent (*n*)	otjiyandjewa
talk (*n*)	okuhungira
(*v*)	hungira, tema
talkative (*adj*)	erimbu
talker (*n*)	omuhungire
tall (*adj*)	ourepara
tamboti tree [*Spirostachys Africana*](*n*) orupapa	
tame (*v*)	hamba, tjera, zeya
(*adj*)	kozupara, ongozu, zeuka
tan (*n*)	otjikaki, otjimbonde, otjirumbu
tangerine (*n*)	okambandorine
tank (*n*)	onḓoroma
tap dance (*v*)	okutona outjina
tapeworm (*n*)	ondeku
tar (*n*)	ondombo
tardiness (*n*)	eseno
tardy (*adj*)	otjizenge
tarry (*v*)	kovakova, vandama

task (*n*)	oviungura
taste (*n*)	omuhoro, omutjato, oruho, orutjato
(*v*)	*try-* rora, *pleasant-* tjata
tasteful (*adj*)	tjata, okutjata
tasteless (*adj*)	kuha, oureze
taught (*adj*)	hongwa
tax (*n*)	otjitjamurongo tjohoromende
taxi (*n*)	"otaxi", otexi
tea (*n*)	otee
teabag (*n*)	okandjatu kotee
teach (*v*)	honga
teacher (*n*)	omitiri, omuhonge
team (*n*)	otjira
teapot (*n*)	otjiketisa
tear (*v*)	*pull apart-* pora, taura, nyondorora, pamburura, *eye liquid-* ehoze
tearful (*adj*)	no mahoze
tease (*v*)	nyekerera, toka
teaspoon (*n*)	okarutuwo kotee
teat (*n*)	evere, omuii
technology	ounongoupe
tee shirt [T-shirt] (*n*)	"okaskipa"
teenager (*n*)	okamutanda, omundu wozombura okuza po murongo nandatu (13) nga po murongo namuvyu (19)
	(*v*) yandisa, mana
teeth (*Sin. tooth*)(*n*)	omayo (sin. *eyo*)
telegram (*n*)	onderakerama
telephone (*n*)	ongoze yomambo
telephone book (*n*)	embo rongoze
telephone number (*n*)	onomora yongoze
televise (*v*)	inganisa, handjaura
television (*n*)	otivii
tell (*v*)	kora, raera, serekarera
temper (*n*)	omapindi, omazenge
temperature (*n*)	omuinyo woye
temple (*n*)	ondembeli, ongwikiro
temporary (*adj*)	kaukarerere
temptation (*n*)	omarorero
tempter (*n*)	omurore
ten (*n,adj*)	omurongo
tender (*adj*)	*soft-* monoka, *care-* nombango ombwa, *painful-* tetara
tendon (*n*)	omusepa mbuhondja ombwini ketupa
tennis (*n*)	otenesa
tense (*n*)	oruveze (pl. *otuveze*)
tension (*n*)	ombameno
tent (*n*)	ondanda
tentative (*adj*)	rorwa

tenth (*adj*)	otjitjamurongo
term (*n*)	*time-* oruveze, *word-* embo
terminalia prunioides (*n*)	omuhama terminate
termite (*n*)	ohwa (pl. *ozohwa*)
termite-mound (*n*)	otjitundu
terrible (*adj*)	navi
terrific (*adj*)	nawa nawa
terrify (*v*)	okutira, tira
territory (*n*)	orukondwa
terrorist (*n*)	osondoro, otororesa
test (*n*)	omarorero
(*v*)	rora
testament (*n*)	etestamente
testicle (*n*)	etoni
testify (*v*)	hongonona
testimonial (*n*)	otjihongononeno
testimony (*n*)	omahongononeno
testosterone (*n*)	ombeva yourumendu
text (*n*)	etjangwa (pl. *omatjangwa*)
textile (*n*)	otjiyatja
thank (*v*)	tanga, tja okuhepa
thank you	okuhepa, ondangi
thankful (*adj*)	nyandera
thanksgiving (*n*)	okuyandja okuhepa
that (*adj,adv,conj*)	kutja, nai, nga, oku, opu, tji
that one (*adj*)	ingena, ingwina
thatch (*n*)	otjihekero
(*v*)	hokera
thaw (*v*)	zuzuka
thee (*pron*)	ove
theft (*n*)	okuvaka, ouka, ourunga
their (*pron*)	vyawo
their house (*pron*)	koyawo
theme(*n*)	ondimwa
them (*pron*)	owoo, ozo
themselves (*pron*)	oveni
then (*adv*)	are, indu, tji, indino, otjinga
theology (*n*)	omerihongero ohunga na Mukuru novina vye
there (*adv*)	imbo, ingwina, mbena, ngwina, opombo, ongo
thereabout (*adv*)	nai mba, nai mbo
thereafter (*adv*)	kuzambo, kuzamba
therefore (*adv*)	mena ranao, opu, otji
thereon (*adv*)	ko, po
thermometer (*n*)	otjisaneke tjoupyu, orutare roupyu
these (*pron*)	imba
thesis (*n*)	ongondononeno
they (*pron*)	owene, owoo

thick (*adj*)	*not flowing-* kande, kanda, ongande, ovikande, otjisema *close together-* pota, *deep-* ondindi, outindi
thicken (*v*)	kandisa, tindisa
thickly (*adv*)	otjikande
thickness (*n*)	oupote
thief (*n*)	eka, erunga
thieve (*v*)	vaka
thighbone [*femur*] (*n*)	etumbo
thimble (*n*)	okasurunguta, ombundure, okaundure
thin (*adj*)	oupepu, puvara
thing (*n*)	otjiṇa
think (*v*)	ripura, ndaasi, zemburuka
thinking (*n*)	omeripuriro
thinly (*adv*)	oupepu
third (*n,adj*)	outjatatu
thirdly (*adv*)	porutjatatu
thirst (*n*)	onyota, okukangara
thirsty (*adj*)	onyota, kovyoka
thirteen (*n*)	omurongo natandu
thirty (*n,adj*)	omirongo vitatu
thirty-one (*n,adj*)	omirongo vitatu na imwe
this (*pron*)	ingwi
thistle (*n*)	omunanyiva, onyiva
thong (*n*)	omuvya
thorax (*n*)	orukoro
thorn (*n*)	okuiya (*Pl. omakuiya*)
thoroughly (*adv*)	nawa
those (*pron*)	imbo, imbyo, inḏa, ovyo
though (*conj*)	orundu, nanda, nanga
thought (*n*)	ondunge, ouripura
thoughtful (*adj*)	nozondunge
thoughtlessly (*adv*)	ohamuzemba
thousand (*n,adj*)	eyovi
thousands year (*n*)	ozombura eyovi
thrash (*v*)	tona
thread (*n*)	orusepa, orupungo
(*v*)	hueka
threat (*n*)	okutanda
threaten (*v*)	kererisa, tanda
three (*n,adj*)	ondatu, utatu
threshing floor (*n*)	otjitondero
threshold (*n*)	pomuvero
thrifty (*adj*)	ombwiko
thrill (*n*)	okupendura
thrive (*v*)	hapa, hapa nawa, sora
throat (*n*)	omuriu
throne (*n*)	otjihavero tjouhona

throughout (*prep,adv*)	oruveze aruhe ndui, tuurungira
throw (*v*)	huka, umba, yumba, imbirahi
throw away (*v*)	imbirahi, nakaura
throw down (*v*)	kunda pehi, nata, tata, yema
throw out (*v*)	imbirahi, ramba
throw over (*v*)	tjengura
thrust (*v*)	undura
thruway (*n*)	ohaupata, otjitaova
thumb (*n*)	okatjimunene
thunder (*v*)	tutuma
thunderstorm (*n*)	orututumo
Thursday (*n*)	Oritjaine
thus (*adv*)	nai, otji
thyroid gland (*n*)	ovitoro
tick (*n*)	ongupa
ticket (*n*)	okatekete, okaraisiro
tickle (*v*)	tikatikisa
tidiness (*n*)	ouhirona
tidy (*adj*)	ouhirona, omuhirona
tie (*v*)	kuta, pandeka
tiger (*n*)	ongwe
tight (*adj*)	pama, ekwani, oukwani
tighten (*v*)	kuta, kutu, pamenena, pamisa
till (*prep*)	inga, ngunda, tjaa
tilt (*v*)	hendama, hendamisa
timber (*n*)	ovihende, ozongunde, outoropora
time (*n*)	oruveze
timely (*adj*)	koruveze, poruveze nawa
timid (*adj*)	omumumandu, emuma
timidity (*n*)	emuma
tin (*n*)	otjitenda, ondooha
tingle (*n*)	okutuerewa morutu, omahwiriri
tiny (*adj*)	katiti
tip (*n*)	ohonga, otjikoro
(*v*)	honga, upika
tire (*n*)	okurama kwetemba
tired (*adj*)	urwa, urisa, hakaura
tissue (*n*)	otjiripyone
title (*n*)	ena, ena rondjozikiro, otjihako
to be	arire
to become	arire
to bite	okurumata
to cut	okukonda
to die	okuta
to drink	okunwa
to eat	okurya
to face	okuhungama

to fall	okuwa
to give	okuyandja
to hear	okuzuva
to hit	okutona
to hunt	okuyeva
to inherit	okurumata
to kill	okuzepa
to (*prep*)	ku, ko
to know	okutjiwa
to laugh	okuyora
to leave	okuyenda
to live	okuhupa
to play	okunyanda
to praise	okuhiva
to see	okumuna
to sit	okuhaama
to sleep	okurara
to smell	okuṇuka
to think	okuripura
to turn	okutanaura
to walk	okuwondja
toad (*n*)	otjisume
toast (*n*)	okunwakondjozikiro
tobacco (*n*)	ekaya (pl. *omakaya*)
today (*n,adj*)	indino, ndinondi
toddler (*n*)	okanatje okaṱiṱi
toe (*n*)	omunwe wokombaze
toenail (*n*)	onyara yo munwe wo kombaze
together (*adv*)	kumwe, pangana, pamwe, tjimwe
togetherness (*n*)	veripamwe
toilet (*n*)	okaruwo
token (*n*)	otjizemburikiro
tolerance (*n*)	onḓaro
tolerant (*adj*)	omunakatarera
tolerate (*v*)	tjinda, zara
tomato (*n*)	otjitamati
tomatosauce (*n*)	otamatisose
tomb (*n*)	eyendo
tomorrow (*n*)	muhuka
ton of (*n*)	otuwondja
tone (*n*)	ombosiro
tongs (*n*)	ombamo
tongue (*n*)	eraka
tonight (*n*)	ouṱuku mbwi
tonsils (*n*)	ombwise (pl. *ozombwise*)
too (*adv*)	*more*- rukwao, *also*- wina
tool (*n*)	otjiungure

tooth (*Pl. teeth*)(*n*)	eyo (pl. *omayo*)
toothache (*n*)	hihamwa eyo
toothpaste (*n*)	omuti womayo
top (*n*)	*higest part-* ohonga, *lid-* ekumbu, otjikamo, *upper-* kombanda
top most (*adj*)	kombandambanda
topic (*n*)	epu
torch (*n*)	ondotja
tore (*adj*)	tauka
torment (*n*)	okutatumisiwa
(*v*)	tatumisa, hihamisa
torn (*v*)	taurwa, kurupa
tornado (*n*)	orukumbambura
torrent (*n*)	omupupo womasa
tortoise (*n*)	onḓuzu
tortoiseshell (*n*)	otjikongo tjonḓuzu
torture (*n*)	omahihamisiro
toss (*v*)	yumba
total (*n*)	atjihe
totally (*adv*)	kaparukaze
totter (*v*)	teratera
touch (*v*)	ṱuna
touchy (*adj*)	nomahandanduze
tough (*adj*)	otjikukutu, omukukutu
tourism (*n*)	otjitamba tjovaryange no vayenda
tourist (*n*)	omuryange
tournament (*n*)	omanyando
tow (*v*)	nana
towards (*prep*)	ku
towel (*n*)	ohanduka, otjiripyoŋe, otjiriyeke
tower (*n*)	oruhungu, otjiretundu
town (*n*)	otjihuro
townspeople (*pl.n*)	ovandu wovihuro
toy (*n*)	otjinanisiwa, otjinyandisiwa
trace (*n*)	ondambo
(*v*)	teza
trachea (*n*)	ongongo
track (*n*)	konga, kova, omukoka
tractor (*n*)	otjiṱerekera
tractor-**trailer** (*n*)	orori, otjirori
trade (*n*)	*exchanging-* omarandero, *job-* otjiungura
(*v*)	randa
trader (*n*)	omurande
tradition (*n*)	omuhingo, oruzo, otjiambo
traffic (*n*)	*cross-* okupimba, ombimbo, mapingasaneno, *person-* omuporise wondjira
traffic jam (*n*)	epunda rovihauto mondjira imwe
traffic lights (*n*)	omarambe uongohorore yondjira,"oropota"

tragedy (*n*)	oumba
trail (*n*)	omukoka, ondambo
(*v*)	koka
train (*n*)	*rail engine-* omahina
(*v*)	*prepare-* honga, hupika, vira, zeya
trample (*v*)	tamba, yata
trance (*n*)	ekwise
transfer (*v*)	hinda, kapitisa, tjindisa
transform (*v*)	tjitukisa
translate (*v*)	tundurura, tanaura
translation (*n*)	okurundururira meraka rarwe
translucent (*v*)	munina
transmitting (*v*)	tuurungira
transport (*v*)	"otransporta"
trap (*n*)	ombate, onguehe, otjipatero
trapping (*n*)	omerizengiro
trash (*n*)	ondova
trash-bag (*n*)	ondjatu yondova
trash-bin (*n*)	otjikatinga (pl. *ovikatinga*), onḑoroma yondova
travel (*v*)	kuka
traveler (*n*)	omuryange
tray (*n*)	otjiyaha otjitorerwa
treasure (*n*)	otjihuze
(*v*)	huze
treasurer (*n*)	omuṯize uotjimariva
treat (*v*)	*medical care-* hunga, *special care-* ṯuna nawa
treatment (*n*)	omaṯunino
treaty (*n*)	omakutasaneno
tree (*n*)	omuti (*Pl. omiti*)
trek (*n*)	orutjindo
tremble (*n*)	ondekete, ondakwe
(*v*)	zezera
trench coat (*n*)	ondjasa onde
trend (*n*)	omuano omupe
trespass (*n*)	omatataiziro, ongatukiro (*v*) katuka
trespasser (*n*)	omukatuke, omutataize
trial (*n*)	*legal process-* otjiposa, *test-* omarorero
triangular (*adj*)	omikuma vitatu
tricycle (*n*)	okanyeti komarama yetatu
trifle (*n*)	okasasero
trim (*v*)	*cut-* henya, konda
trimester (*n*)	ohohoze
trip (*n*)	ouyenda
tripe (*n*)	etangara
trombone (*n*)	ohiva
troop (*n*)	ovasorondate, oṯurupa
trophy (*n*)	otjikorone, ekopi

trouble (*n*)	eputi, oumba
troubleshooting (*n*)	onḑunino, omuano uokuṯuna otjiṉa kutja tjiungure nawa
trough (*n*)	etemba [*romeva*]
trousers (*n*)	omburukueva
trowel (*n*)	otjiserure
truck (*n*)	orori
true (*adj*)	owatjiri
truly (*adv*)	tjiri, katjotjiri
trumpet (*n*)	ohiva
trunk (*n*) *rear of a car-* ondingi, *storage-* otjipwikiro, *stem-* otjiunda, *nose-*omukati
trust (*n*)	ongamburiro
(*v*)	*believe-* ṯakama, *hope-* ndjikambura
trustworthy (*n*)	omuṯakame
truth (*n*)	owatjiri
try (*v*)	*attempt-* kondja, *test-* rora
(*adv*)	*compete-* orukondjo
try on	saneka
try to	kondjee
tub (*n*)	etemba rokurikoheramo
tube (*n*)	*pipe-* omuriu
tuberculosis (*n*)	otimbii (TB)
Tuesday (*n*)	Oritjavari
tuft (*n*)	epunda, ondomba
tug (*v*)	nana
tuition (*n*)	otjimariva otjisute tjoskole
tumblebug (*n*)	ombwayakaingene
tummy (*n*)	opehuri
tumor (*n*)	omusuro, esena
tune (*n*)	*adjust signal-* omuhingo, *melody-* ombosiro yokuimbura
tunnel (*n*)	omwina
turbulence (*n*)	oruzungo
turkey (*n*)	otjikarakuna
turn (*n*)	*opportunity-* otjikando
(*v*)	*go around-* kondoroka, *light-* yakisa, *become-* tanauka, *wist-* tanaura
turn around	tanauka, poroka
turn away	za po
turn back	yarura
turn out	tjaera
turn over	tanaura, tana
turn up	poka
turnip (*n*)	etanga
turquoise (*n*)	otjiterekuesa
turtle (*n*)	ohima
turtledove (*n*)	ohanda
tutor (*n*)	omuhonge peke
tweezer (*n*)	ombamo (pl. *ozombamo*)
twelve (*n,adj*)	omurongo nambari

twentieth (*adj,adv*)	otjitjamirongo vivari
twenty (*n,adj*)	omirongo vivari
twenty-eight (*n,adj*)	omirongo vivari na hambondatu
twenty-five (*n,adj*)	omirongo vivari na ndano
twenty-four (*n,adj*)	omirongo vivari na ine
twenty-nine (*n,adj*)	omirongo vivari na muvyu
twenty-one (*n,adj*)	omirongo vivari na imwe
twenty-six (*n,adj*)	omirongo vivari na hamboumwe
twenty-three (*n,adj*)	omirongo vivari na ndatu
twenty-two (*n,adj*)	omirongo vivari na mbari
twice (*adv*)	tuvari, potuvari
twilight (*n*)	ongura
twin (*n*)	epaha (pl. *omapaha*)
twine (*v*)	woza
twinkle (*v*)	papaiza, werawera
twist (*v*)	sotorora, tanaura, woza
twister (*n*)	orukumbambura
twitch (*v*)	hakana
two (*n,adj*)	vevari, imbari, ombari, uvari
twosome (*n*)	vevari
tycoon (*n*)	omutumbe
typewriter (*n*)	omahina yokutaepa
tyranny (*n*)	ondatumisire
(*v*)	tatumisa

Uu

ubiquitous (*adj*)	kara akuhe
ubiquity (*n*)	okukara akuhe
udder (*n*)	otjiwa
uglily (*adv*)	navi
ugliness (*n*)	ouvi
ugly (*adj*)	otjivi, omuvi
ulcer (*n*)	omusuro
ultimate (*adj*)	omaandero, ousenina
ululation (*n*)	okutona ondoro
umbilical cord (*n*)	ongwa [*ongua*]
umbilical hernia (*n*)	ongumbwa
umbrella (*n*)	ehika
umbrella thorn (*n*)	orusu
unable (*adj*)	ha sora, hayenena, hayenene
unaccompanied (*adj*)	erike, no kuhina omuṯike
unaccustomed (*adj*)	okuhina
unanimous (*adj*)	yenda kumwe
unanimously (*adv*)	kumwe
unarmed (*adj*)	pondora, ponono
unaware (*adj*)	onyondwi

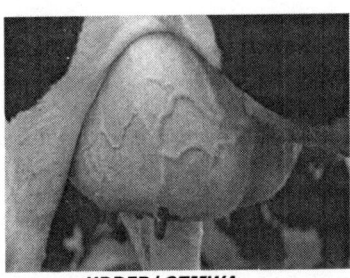

UDDER/ *OTJIWA*

unbearable (*adj*)	ha sora okutjinda
unbeatable (*adj*)	ombanḑe
unbelief (*n*)	okuhakambura
unbeliever (*n*)	omuhakambura
unbend (*v*)	nyaturura
unbind (*v*)	kutura
unbreakable (*adj*)	hatauka, hateka, otjihateka
unburden (*v*)	turura, isa ko omutuaro
uncertain (*adj*)	ha tjiukwa
uncertainty (*n*)	ekurungo, okairiiri
unchangeable (*adj*)	harunduruka
uncircumcised (*adj*)	omuhasukara
uncircumcision (*n*)	okuhasukara
uncivilized (*adj*)	okuhupira moye oukuru
unclaimed (*adj*)	otjihinamwini, omuhinamwini
uncle (*n*)	inyangu, ohonini, omo
unclean (*adj*)	omuhakohoke, otjihakohoke
uncleaness (*n*)	ouhakohoke
unclothed (*adj*)	hukura, kutjurura
uncomfortable (*adj*)	okuhinahange
uncompleted (*adj*)	yenena
unconcern (*n*)	hinakonatja
unconscious (*adj*)	mekwise, mepoṱu, seuka
unconsciousness (*n*)	ekwise, epoṱu
uncover (*v*)	kutjurura, vandurura
uncut (*adj*)	otjimbomba
undecided (*adj*)	kakama
undeniable (*adj*)	no ku hinambata
under (*prep*)	kehi
underage (*adj*)	kehi yozombura
underarm (*adj*)	okuapa
underestimate (*v*)	nyengura
undergarment (*n*)	onḑoroko, ozombanda zokehi
underground (*adj,adv*)	kehi yehi
underhand (*adj*)	onyondwi
underline (*v*)	nana omukoka
underneath (*adv*)	kehi
underpaid (*adj*)	otjisuta otjiṱiṱi
understand (*v*)	zuva nawa
understanding (*n*)	ozondunge
understood (*adj*)	tjiukwa
undertake (*v*)	uta, tjita
underwear (*adj*)	ombanda yo kehi
undesirable (*adj*)	otjihayorokisa
undivided (*adj*)	hahaṇika
undo (*v*)	ṱuna rukwao, kutura
undress (*adj*)	hukura

uneasiness (*n*)	omerikendero, okuhinoupupu
uneasy (*adj*)	kandakanda
uneatable (*adj*)	ha riwa
unequal (*adj*)	ondorondomba
unequally (*adv*)	ohendi
uneven (*adj*)	kavi sembamene
uneveness (*n*)	ouhasembame
unexpectedly (*adv*)	ohamuzemba, ohei
unfaithful (*adj*)	ouhakambura
unfinished (*adj*)	engura, hiamanuka, kamaiyanda
unfit (*adj*)	hapwa
unfold (*v*)	nyaturura, ponyonona
unforgettable (*adj*)	himeezembi
unfortunate (*n*)	oseve
(*adj*)	omuhumandu, omuparandu
ungodliness (*n*)	ourunde
ungodly (*adj*)	omurunde
ungrateful (*adj*)	hinandangi
unhappiness (*n*)	ouhumandu
unhappy (*adj*)	omuhumandu
unhealthy (*adj*)	omuhakohoke, omuverandu
unholy (*adj*)	omuhaitena
unhook (*v*)	peta
unification (*n*)	ombuaneno
uniform (*n*)	omuzaro umwe
unify (*v*)	eta pamwe
unimportant (*adj*)	hinanḑengu, otjihinanḑengu, ouhinanḑengu, ouhinahepero
uninitiated (*adj*)	hatjiwa
unintentional (*adj*)	kamawina, kawina
union (*n*)	omawaneno
unique (*adj*)	sana peke
uniqueness (*n*)	oupeke
unisex (*adj*)	ngamwa
unit (*n*)	omutunda
unite (*v*)	wana, waneka, wanisa, okukuta
united (*adj*)	waneka kumwe
unity (*n*)	oruwano, ohanganeno
universal (*adj*)	tja akuhe
universe (*n*)	evaverwa, ouye
university (*n*)	oskole yokombanda, omahongero wokombanda
unjust (*adj*)	ouhasemba
unjustly (*adv*)	komuhingo wo uvi
unkind (*adj*)	omuhinandjiririsa
unknown (*adj*)	heiwe
unleavened (*adj*)	ouhaori
unless (*conj*)	tji ha
unlike (*adj*)	ha sana

unload (*v*)	herura, turura
unlock (*v*)	paturura
unluckiness (*n*)	ouhumandu
unlucky (*adj*)	omuhumandu, omuparandu
unmanageable (*adj*)	omundu ka mu pupu, ombara, otjirangaranga
unmanliness (*n*)	emuma
unmannered (*adj*)	omuhinatjikaro
unmarciful (*adj*)	omuhinatjari
unmarried (*adj*)	omukombe
unpack (*v*)	kutura
unplug (*v*)	isako korutjeno
unpredictable (*adj*)	ondende
unprepared (*adj*)	ha rongera
unreal (*adj*)	katjotjiri
unreasonable (*adj*)	omuhinazondunge
unreliable (*adj*)	haṱakama, hazikama, ondende
unrepentant (*adj*)	herivere
unreserved (*adj*)	omuhaori, omukahu
unrighteousness (*n*)	ouhasemba
unripe (*adj*)	engura
unroll (*v*)	mangurura, zengurura
unrolled (*adj*)	manguruka
unsafe (*adj*)	pena emuma, pena ooma, kapa kohoke, oumba
unscrew (*v*)	kutura
unseat (*v*)	huka
unseen (*adj*)	otjihamunika, omuhamunika
unsettle (*v*)	kandaiza
unsettledness (*n*)	ekurungo
unshell (*v*)	pamuna
unspeakable (*adj*)	hahungirwa, kahungirwa, omuhahingirwa
unspotted (*adj*)	omukohoke
unstable (*adj*)	omuhaṱakama
unsteadiness (*n*)	ekurungo, okuhazikama
unsteady (*v*)	kurakura
unsuccessful (*adj*)	okuhinautoṋi
unsuccessfully (*adv*)	omungandjo
unti l(*conj,prep*)	nga tji
untidiness (*n*)	omuhazendu, ouhazendu
untie (*v*)	kutura
untied (*adj*)	manguruka
unto (*prep*)	ku
untrue (*adj*)	ovizeze
untwist (*v*)	mangurura
unusual (*adj*)	komuhingo peke
unwearied (*adj*)	haurwa
unwillingness (*n*)	omukona
unwished	hayorokisa

unwrap (*v*)	mangurura, paturura
up (*adj*)	*out of bed-* penduka, sekama
(*adv*)	*higher-* kombanda, meyuru
upbringing (*n*)	omekurisiro
upgrade (*v*)	kayende ondondo yokombanda
uphill (*n*)	omuru
uphold (*v*)	karera
uplift (*v*)	yera
uplifting (*adj*)	omuinyo omuwa
upon (*prep*)	kombanda
upper (*adj*)	kombandambanda
upright (*adv,adj*)	osemba, kaseka
uprightness (*n*)	ousemba
uproar (*n*)	ezunganeno
upset (*v*)	pindika
urgent (*adj*)	tjimanga
urinate (*v*)	nyina, ṯutama
urine (*n*)	omanyuṉe, omaṯuta
us (*pron*)	eṯe, oweṯe
usable (*adj*)	oviungurisiwa
usage (*n*)	*of things-* omuzaro, *of words-* omaungurisiro
use (*v*)	ungurisa
used to	rendera
useful (*adj*)	otjinambatero[*things*], omunambatero [*person*]
useless (*adj*)	otjihinambatero, omuhinambatero, tasepara
user (*n*)	omuungurise
usual (*adj*)	aruhe
utensi (*n*)	otjirye (pl. *ovirye*)
uterus (*n*)	ezumo, orukutu
utter (*v*)	nyamukura
utterance (*n*)	okunyamukura, okuhungira
utterly (*adv*)	okumana
uvulva (*n*)	okarakona

Vv

vacancy (*n*)	*position*-oviungura, oruveze
vacant (*adj*)	kamwaha, muri uriri, uriri, kamuaha
vacate (*v*)	pita, isa
vacation (*n*)	omayuva uomasuviro
vaccinate (*v*)	yandja omata, kwika
vaccination (*n*)	omaendero, omata
vacillate (*v*)	keyakeya
vacuum cleaner (*n*)	otjikombo tjorutjeno
vagina (*n*)	orutu roukazendu

vagrancy (*n*)	osango
vague (*adj*)	ouhawatjiri
valentine (*n*)	omusuverua
valid (*adj*)	ovinanḑengu
valuable (*adj*)	otjinanḑengu, omunanḑengu
value (*n*)	onḑengu
values (*n*)	ounanḑengu
vapor (*n*)	omuku
veal (*n*)	onyama yondana
vegetable (*n*)	otjihape (pl. *ovihape*)
vegetable soup (*n*)	orundjomba
vehicle (*n*)	otjitoore, ohauto
veil (*n*)	omungarera, ewiwiri
vein (*n*)	omusepa
venereal disease (*n*)	otjikamuaha
venom (*n*)	ouzuwo, owanga
verandah (*n*)	otjitara
verb (*n*)	etjitambo
verbal (*adj*)	kotjinyo
vertebra (*n*)	ondundo, ongoho
vessel (*n*)	otjitjuma
vexation (*n*)	omarungisiro
vicinity (*n*)	ozondendera, koṋa
victim (*n*)	complainant, ongaripira
victory (*n*)	ondoṋeno, outoṋi
videocamera (*n*)	otjiperende
videocassette (*n*)	okasete kotjiperende
videotape (*n*)	okateipa kotjiperende
view (*n*)	oumune
(v)	tara
Village (*n*)	okarongo, oresevate, okoutwa
vindictive (*adj*)	omunangore
vine (*n*)	omundjembere, omuvite
vinegar (*n*)	oaseina, omeva omayake
vineyard (*n*)	otjikunino tjomivite
vinyl (*n*)	onairona
violate (*v*)	yamburura
violation (*n*)	omazunḑiro, omakatukiro
violence (*n*)	ovitjitua motjomasa
viper (*n*)	esu onjoka
virgin (*n*)	ehandjoze
virus (*n*)	ondwi
visa (*n*)	ovisa
vise (*n*)	otjange
visible (*adj*)	munika
vision (*n*)	omamunikiro, ombuniko
visit (*n*)	ouyenda, okuvarura

(v)	ryanga, varura
visitor (n)	omuryange, omuyenda, omuvarure
vital (adj)	otjinanḓengu, omunanḓengu
vitamin (n)	ovitamine
vocabulary (n)	omambo
vocal-cords (n)	ongongo
vocation (n)	oviungura
voice (n)	*opinion-* eraka, *sounds-* ombosiro
void (n)	muritjo
(v)	zemisa, isa ko
volcano (n)	ondundu ondjupa muriro
volume (n)	*book-* embo, *amount-* ouingi
voluntary (adj)	rivangera
volunteer (n)	omuriyandje
(v)	riyandja nombango yoye
vomit (n)	ovikungo, ongungo
(v)	kotora, kunga
voodoo (n)	omiti imirozi
vote (v)	yandja eraka, okutoorora
vow (n)	oruyano
(v)	yana
vowel (n)	epose (*Pl. omapose*)
voyage (n)	ouyenda woskepi
vulgar (adj)	omatuka
vulnerable (adj)	ovimwamwa, otjimwamwa
vulture (n)	onguvi

Ww

wage (n)	*money-* ondjambi, *payment-* ovisuta
(v)	*fight-* rwa ovita
wagon (n)	etemba, okakara
wagon's tire (n)	okurama kuetemba
waist (n)	opokati
wait (v)	*stop-* kurama, *hang on-* undja
wake (v)	*incite or arouse-* pendura, *get up-* penduka, *rouse-* yanḓimuka, yanḓimuna
walk (v)	kaondje, wondja, yata
walk about (v)	yepayepa
walk slow (v)	hona, honahona, kundakunda
walker (n)	okahoneno, ongunya
wall (n)	orumbo
wallet (n)	okaaṱu kovimariva
wander (v)	ryanga orusango
wanderer (n)	omuryange

wane (*v*)	pwira
want (*n*)	okuhepa
(*v*)	hepa, vanga
war (*n*)	ovita
warden (*n*)	omutakamise
wardrobe (*n*)	omuzaro
warfare (*n*)	omarwiro, ovita
warm up (*v.adv*)	zuzura
warm (*n*)	oupyu
(*v*)	pyupara, pyupareka
warn (*v*)	raerera po, raerera, rakiza
warner (*n*)	omurakize
warning (*n*)	ondondoze, erakizambo, okuraerera po
warrior (*n*)	omurwe, omundu wovita
wart (*n*)	*lump on skin-* okazerazera, omburu, *mole-* okanatje
warthog (*n*)	ombinda
was (*v*)	ri, u ri, wari
wash (*v*)	koha
washcloth (*n*)	otjikohe
washer (*n*)	omukohe
washing (*n*)	okukoha
wasp (*n*)	engongwa (pl. *omangongwa*)
waste (*v*)	morosa, nanisa, nyona, piza
watch (*n*)	*small clock-* oiri
(*v*)	*look at-* tarera, *be careful-* tjevera, takamisa
water (*n*)	omeva
(*v*)	*give water to animal-* hira, *water plant-* tjatja
waterfall (*n*)	oruharui
watering hole (*n*)	ewo (eo), omusema, otjikango
watermelon (*n*)	etanga rakautji
wave (*n*)	*ridge of water-* ongazona
(*v*)	*move repeatedly-* taka, takataka
waver (*v*)	ivaiva
wax (*n*)	*substance-* otjikambi
(*v*)	*become-* rira
way (*n*) *manner-* omuhingo, omuano (*pl. omiano*), otjikaro, *route-* ondjira	
we (*pron*)	atuhe, ete
weak (*adj*) *wimp-* otjingundi, *not intense-* tata, *lacking strength-* tukara, *lacking abilities-* sononoka	
weaken (*v*)	ngundiparisa
weakened (*pp*)	ngundipara
weakness (*n*)	oungundi
wealth (*n*)	*plenty of money-* outumbe, *abundance of having livestock-* orutumbo
wealthy (*adj*)	omutumbe
weapon (*n*)	otjizepe, otjirwise
wear (*v*)	hwikika, zara

weather (n)		atmosphere- omaukiro uomuinyo, fresh air- orumuinyo, rain- ombura, heat- omutenya, cold- ombepera
weave (v)		pamba
web (n)		ondjuwo yotjitjauvi
web-site (n)		orungovi
wed (v)		kupa
wedding (n)		ondjova, orukupo
wedge (n)		okati
wedlock (n)		orukupo
Wednesday (n)		oritjatatu
weed (n)		ondombora, ekaya, engeha
week (n)		otjivike (pl. *ovivike*)
weekday (adj)		eyuva rotjivike
weekend (n)		onavyeka
weekly (adj)		motjivike atjihe
weep (v)		rira, omaririro
weigh (v)		haveha, rihaveha, saneka, viha
weight (n)		ondjinda, ohaveha
weighting (n)		ondengu
weighty (adj)		otjizeu
weird (adj)		otjikumise, omukumise
welcome (adj)		yakura nawa
well (n)		spring of water- ombu, hole- ondjombo, orui
(adv)		satisfactory- nawa
weigh (n)		haveha
well-done (v)		monoka
well-groomed (adj)		erenga
west (n)		okongurova, okoutokero
wet (adj)		ningeka, ningena
wetness (n)		orututo
whale (n)		otjipuka tjo momeva [*oweila*]
what (pron)		tjike, tja, tji, onguaye, ongena
what time?		mongapi?
whatever (pron)		ngamwa atjihe
wheat (n)		ovikokotwa
wheel (n)		okurama
wheelbarrow (n)		okakirivaha
wheeze (v)		noisy breathing- suvana tjinene, gasp- hekana
when (adv, conj)		tji, tjandje, rune, tjinangara, ndovazu
whenever (adv, conj)		aruhe
where (adv, conj)		pi, kupi, mupi, pepi
whereabout (adv)		ku tjine
whereas (conj)		tjinga
whereby (adv)		pu tjike, na
wherefore (adv, conj)		tji, opu, pu tjike
wherein (adv)		mu
whereupon (adv)		a rire tji

wherever (*conj*)	akuhe
wherewith (*adv*)	na tjike
whether (*conj*)	nanga
whey (*n*)	omaṯuka
which (*pron*)	tji, tjiṉe, iṉe, viṉe, zeṉe, uṉe
which one	iṉe, uṉe
while (*n*)	*length of time*- oruveze
(*conj*)	*during*- tjandje, *although*- ngunda
whimper (*v*)	*sob softly*- kwina, *whining*- tjema
whine (*v*)	kwina
whip (*n*)	ongora
whiplash (*n*)	oruhongwe, orutone
whirl (*n*)	orukambura
whirlwind (*n*)	orukumbambura
whisk (*v*)	*remove*- viva, *beat food*- taka, tona
whisker (*n*)	ondjezu, oruyezu
whisper (*v*)	hokora, hungira kehi
whistle (*n*)	ohiva, orukwi
whistling (*n*)	tona orumbweze, tona orukwi
white (*n*)	*color*- otjivapa, *pale skin*- omuvapa
white thorn(*Ana tree*) (*n*)	omue
whiten (*v*)	yeparisa
white-person (*n*)	otjirumbu
whiter (*adj*)	yepaera
white-stripe (*n*)	otjiyeo
who (*pron*)	aṉi, ngu, ouṉe, uṉe, waṉi
whoever (*pron*)	ngamua
whole (*n*)	otjimbomba
wholly (*n*)	kamuhwehwe
whooping cough (*n*)	omukoo
whore (*n*)	omukorondu
whose (*pron*)	iaṉi
whosever (*pron*)	auhe ngu
why (*adv*) *ask the reason*- okutjavi?, *express agreement with course of action*- onguaye, tjike, *express surprise*- tji	
wick (*n*)	ongoze yemunine
wick bascket (*n*)	otjimbamba
wicked (*adj*)	ourunde
wickedness (*n*)	ourunde
wide (*adj*) *open to an extent*- ombapi, mouparanga, *large distance apart*-otjipapi, *large in scope*- paranga	
widen (*v*)	parangisa, tandaura
wideness (*n*)	ouparanga, omurya
widespread (*adj*)	ombaranga
widow (*n*)	omukazendu omuhepundu
widower (*n*)	omurumendu omuhepundu
width (*n*)	ouparanga

wife (*n*)	omukazendu omukupwa
wig (*n*)	"epreika"
wiggle (*v*)	taka [*ombwa mai taka omutjira*]
wild (*adj*)	otjindandi
wild dog (*n*)	ohakaṇe
wild fig (*n*)	omuzuvakuvare
wild plum (*n*)	oṇinga
wildcat (*n*)	okahue
wilde beest (*n*)	otjimburu
wilderness (*n*)	okuti ongaango
wildnes (*n*)	oundandi
wilful (*adj*)	otjirangaranga, ombara
will (*n*)	ombango
(*v*)	vanga
willful (*adv*)	owina
willing (*adj*)	vanga
willingly (*adv*)	nombango
wimp (*n*)	otjitata
win (*v*)	taara, toṇa
wind (*n*)	*air*-ombepo, otjivepo
(*v*)	*turn*-namburuka, *twist*-woza
windchill (*adj*)	otjikaka
Windhoek (*n*) [*The capital of the Republic of Namibia*] Otjomuise	
windmill (*n*)	opasenge, opomba
window (*n*)	oruiho (pl. *otuiho*)
windpipe (*n*)	ongongo
wine (*n*)	omavinu
wing (*n*)	otjivava (pl. *ovivava*)
wink (*n*)	ombapaiziro
(*v*)	papaiza
winner (*n*)	omutaare (pl. *ovataare*)
winnow (*v*)	sisa
winter (*n*)	okupepera [**in Namibia June 21–September22**] [**in the USA December 22 – March 19**]

wipe (*v*) *removed by rubbing-* koṇa, pyona, *rubbing strokes-* pyanga, *applying with light stroke-* sesenga, *get rid by wiping-* yeka

wiper (*n*)	okainya, otjiyeke
wire (*n*)	onḍarata
wisdom (*n*)	ounongo
wise (*adj*)	nongapara
wish (*n*)	*yearning-* onḍero
(*v*)	zera, vanga
Wisp [whisk](*n*)	orutako
witchcraft (*n*)	owanga, omurozi, ounganga
witchdoctor (*n*)	ombetere, ondjai, onganga
with (*prep*)	na
withdraw (*v*)	rihumiṇa

without (*adv,prep*)	tjo
witness (*n*)	ohatoi, omuhongonone
wolf (*n*)	ombungu
woman (*n*)	omukazendu
womanhood (*n*)	oukazendu
womb (*n*)	orukutu, ezumo
women (*n*)[*sin. woman*]	ovakazendu
won't (*v*)	kako
wonder (*n*)	*amazed-* kumwa, *unusual-* otjiheimukuru
(*v*)	*surprise-* kumisa
wonderful (*adj*)	nawa nawa
wood (*n*)	ozonguṉe (sin. *orukuṉe*)
wooden bead (*n*)	ondao
wooden vessel (*n*)	ehoro
woodpecker (*n*)	ondondoramuti
woodshed (*n*)	ekuma
word (*n*)	embo (pl. *omambo*)
wordbook (*n*)	embo romambo
work (*n*)	oviungura
(*v*)	ungura
workable (*adj*)	otjiungurua
workaholic (*n*)	omundu ngwa suvera oviungura
workbook (*n*)	embo roviungurua
workday (*n*)	eyuva roviungura
worker (*n*)	omuungure
workforce (*n*)	oviungura
working (*adj*)	ondjitiro, ungurira
workload (*n*)	oviungura ondundu, oviungura ovingi
workman (*n*)	omurumendu omungure
workmanship (*n*)	omungure
worktable (*n*)	otjitiha tjomaunguriro
workweek (*n*)	omayuva wo maunguriro motjiveke
world (*n*)	ouye
worm (*n*)	etiva (pl. *omativa*)
worn (*v*)	yazarekwa, yazarwa
worn-out (*adj*)	kurupa
worries (*n*)	omerikendero
worrisome (*adj*)	ongendo
worry (*v*)	rikenda, ongendo
worse (*adj*)	*immoral-* ouvi, *severe-* navi
worship (*v*)	rikotamena, yozika
worshiper (*n*)	omukumbe, omuyozike
worth (*n*)	onḓengu
worthless (*n*)	otjipezeze, otjisirititi
wound (*n*)	*cut-* otjirwaro (pl. *ovirwaro*), *injury-* otjito (pl. *ovito*)
wrap (*v*)	*cover-* rimanga, *coil around-* manga
wreath (*n*)	oruzenga

WOODSHED/*EKUMA*

wreckage (*n*)	otjinyanyaukiro, otjitekero
wrecker (*n*)	omuhahaure
wrestle (*v*)	pikasana
wring out (*v*)	kama
wrinkle (*n*)	*fold in material-* eonya, *ficial line-* omikova momurungu
wrist (*n*)	ongoho, okaṱiho
write (*v*)	tjanga
write over (*v*)	tjangurura
writer (*n*)	omutjange
writing instrument (*adj*)	otjitjange (pl. *ovitjange*)
written (*n*)	etjangwa (pl. *omatjangwa*), katjangwa, yatjangwa
wrong (*adj*)	*incorrect-* navi, *immorality-* ouvi, ourunde, *mistake-* otjipo, *not in normal state-* okokuvi, zunḓara
(*v*)	*mistaken-* tataiza, *different result-* zunḓa

Xx

x-ray (*n*)	omahina ndjitara orutu

Yy

yard (*n*)	*space between the house and the kraal-*omuvanda, *measurement-*oyata
yarn (*n*)	orusepa ro kutunga
yawn (*v*)	ṱa onyanya
year (*n*)	ombura (pl. *ozombura*)
yearly (*adj,adv*)	ombura aihe
yearn (*v*)	zera
yearning (*n*)	onḓero
yeast (*n*)	osure, osurise
yell (*v*)	*shout loudly-*ravaera, load *shout-*okoha, scream-ura
yellow (*adj*)	otjingara, otjirumbu
yes (*interj*)	ii
yesterday (*n*)	erero
yet (*adv,conj*)	nungwari
yield (*vt*)	eta
(*v*)	riwisa kehi
yolk (*n*)	orundindo
you (*pron*)	*singular-* ove, *plural-* eṋe
you-all (*pron*)	*singular-* amuhe, *plural-* avehe
young (*adj*)	okaṱiṱi, omuṱiṱi
young man (*n*)	omuzandona, okatjutju
young woman (*n*)	omusukona, otjikauhungu
younger-sibling (*adj*)	omuangu

youngster (*n*)	omutanda
your (*pron*)	tjoye, *singular-* yoye, *plural-* yeṉu
your father (*pron*)	iho
your friend (*pron*)	omukweṉu
your house (*pron*)	koyeṉu, koyoye
your-mother (*pron*)	nyoko
yours (*pron*)	tjoye, vyeṉu, yoye
yourself (*pron*)	omuini
youthful (*adj*)	outanda

Zz

Zambia (*n*)	Osambia
Zambian (*n*)	Omusambisi(sin), Ovasambisi(pl)
zebra (*n*)	ongoro yokuti
zero (*n*)	ouriri, pouriri
zest (*n*)	orutjato
Zimbabwe (*n*)	Osimbabwe
Zimbabwean (*n*)	Omusimbabwe(sin), Ovasimbabwe(pl)
zinc (*n*)	otjitenda, otjipereke
zip (*v*)	pata
zipper (*n*)	okasepa
ziziphus mucronata (*n*)	omukaru
zone (*n*)	*district-*ehi etoororua, *region-*omukuma
zoo (*n*)	orumbo rovinamuinyo, orumbo rovipuka
zoology (*n*)	okurihonga ovinamuinyo
zoom (*v*)	*closer-*nana, *quickly-*hakahana
Zulu (*n*)	Omusulu(sin), Ovasulu(pl)

PART II

Life and Culture *Omuinyo noMbazu*

OVAHERERO BEFORE 20TH CENTURY
Copyright/coutesy: Theological Research Institute in Namibia (TRIN), (2006)

OVAHERERO OF 21ST CENTURY

OMUHIMBA OF 21ST CENTURY
Photo by Goussard Elsa

OVAZEMBA (DHIMBA) OF 21ST CENTURY

COMPARISON

CHART AMONG OTJIHERERO-SPEAKING PEOPLE OF NAMIBIA

OVAHERERO AND OVAMBANDERU	OVAHIMBA	OVAZEMBA (DHIMBA)
LOCATION		
Ovaherero and **Ovambanderu** lived in central Namibia, where they grazed their cattle with no limited boundaries. The largest Otjiherero speaking populations Settles in: **OTJOZONDJUPA, ERONGO, KHOMAS** and **OMAHEKE** region.	The **OKUNENE** region has always been home to Ovahimba people ever since their existence in Namibia. They spread across Okaokoland and settle in their villages.	**Ovazemba**(Dhimba) live in Southwestern Angola and the **Okunene** region of Namibia. In Namibia some Ovazemba live among Ovambo people and some live among the Ovahimba people. Ovazemba who live among the Ovahimba people speak Otjiherero language.
HISTORY and CULTURE		
Ovaherero and Ovambanderu are cattle herding pastoralists that used to trek from place to place in search of better grazing and water. Present-day Ovaherero and Ovambanderu are engaged in professions other than farming, but the majority still raise livestock in their villages. The families are linked by a double-descendant system, patrilineal (*oruzo*) and matrilineal (*eanda*) that gives them identity. Their values and practices are centered around holy fire (*omuriro* and *okuruwo*). O*muriro* and *okuruwo* is between the main house and the kraal, and is where the living ancestors (*ovaṭi*) and the Creator (*Omuute*) connect. The fire is set every day in the morning and evening. The elder of the household (*onganda*) visits *okuruwo* regularly every morning and	Ovahimba are cattle herding pastoralists who still trek according to seasons from place to place in search of grazing, water and food. Today, the Ovahimba still maintain their cultural lifestyle. Families are linked by a double-descendant system; the patrilineal (*oruzo*) and matrilineal (*eanda*). Their values and practices are centered around the holy fire, *omuriro* and *okuruwo*. *Omuriro* and *okuruwo* is located in the center of the homestead. *Okuruwo* is where Ovahimba connect with the ancestors (*ovaṭi*) and the Creator (*Omuute*). The Ovaherero holy fire customary practices are true for Ovahimbas, as well.	Ovazemba are semi-nomadic livestock herders. Today, many settle in their villages in the northern part of Namibia, where they are closely linked to other tribes in Angola. Families are link by matrilineal kinship. The Holy Hearth known as *elao*, is also the mainstay of their culture. The *elao* is in the center of the homestead, where all services and ceremonies take place such as name giving, the serving of sourmilk from a calabash gourd, and the overnight resting place for the body of the deceased headman before burial. It also serves as a daily socializing, resting, and sitting area during the morning and evening hours, for all.

OVAHERERO AND OVAMBANDERU	OVAHIMBA	OVAZEMBA (DHIMBA)
late afternoon and all others usually only visit *okuruwo* during ceremonial activities.		
SHELTER		
Ovaherero and Ovambanderu originated in the villages before making their way into the cities. Each family has a homestead (*onganda*) with as many dwellings as the family can afford. Dwellings are rectangular huts made in many sizes and styles. Nowadays, dwellings are made either from modern or old materials but the roofs are still all composed of zinc plates. Modern dwellings are made of brick and cement, with medium size rectangular windows and two doors (front and back). Some modern houses are made of entirely of zinc plates. The old-style huts, are made with Mopani and *Omingondo* tree branches and plaster, with cattle dung and clay mixed with water. Windows on the huts are very small and there are always two doors, front and rear.	Ovahimba settle in small villages usually in one extended group in an *onganda*. The homestead (*onganda*) is surrounded by a circular branch fence (*outoropora*) made from Mopani trees. Traditional dwellings are circular and built in dome-shape or round huts that vary in sizes. The huts are built with Mopani tree branches and plastered with cattle dung and clay soil mixed with water. The roof are also created the same way. There are no windows and one small entrance.	Ovazemba in Namibia settle in villages among Ovahimba and Ovambo. Each family has an *onganda* with as many dwellings the family needs. The dwellings are arranged in a circle around an *elao*. The dwellings of unmarried children and kitchens are located outside the circle, behind the parents' dwelling. The dwellings are constructed with Mopani and *Omihama* tree branches and plastered with the cow dung and soil mixed with water. The roofs are made with grass.
PUBERTY CEREMONIAL		
MALE Circumcision (*okusukara*) initiation and ritual takes place during pre-pubescent. It is performed by a traditional surgeon as a social custom. This is a long lasting fratern brotherhood bond between	**MALE** Male circumcision initiation and ritual take place during pre-pubescent. Traditional surgeon performed circumcision as a social custom. Circumcision causes a change in social status.	**MALE** Circumcision ritual known as *etanda/enyando* is highly regarded and celebrated for weeks. Circumcision initiation takes place when boys are old enough to understand the initionation process.

OVAHERERO AND OVAMBANDERU	OVAHIMBA	OVAZEMBA (DHIMBA)
circumcision peers. The fraternal bond supersedes almost everything in male's life. **FEMALE** Girl's first menstruation or *okuhwama* ceremony is no longer a common cultural tradition practice (talking about it is not even encouraged unless is between mother and daughter). Traditionally, first menstruation is when young girls celebrate trying-on headdress (*okusaneka otjikaiva*).	The fraternal bond supersedes almost everything in male's life. **FEMALE** Girl's first menstruation or *okuhwama* is ceremonial honored. Ceremonial girl(s) is isolated from the rest of the people, except her mother's sister, older sister and some wise women who teach her about sexuality, childbearing, and marriage.	Traditional surgeons conduct the circumcion. Young circumsised boys form a long lasting unity bond. **FEMALE** Girl's first menstruation or *ethuko* is celebrated. The process takes a week of celebration. The girls go into a hiding place in the veldt bushes every morning and returns home in the evening. At home, they continue to hide and are only seen by someone bearing a gift.
NAME GIVING CEREMONIAL		
Special occasion. Baby is not given name until he/she has been taken to the holy fire for introduction rituals. Name selected by elders. Christian name is given but not mentioned at holy fire, mostly use in school and work places. In recent years, the name giving tradition has changed due to many people giving birth at hospitals or staying far away from villages.	Special occasion. Baby is not identified with any name until ceremony takes place two to three weeks after birth and when the umbilical cord has fallen off. Name selected by grandparents or elders of *okuruwo*. Usually, the name selected honors a special event, ancestor or reflects a certain trait. Ceremonial ritual takes place at *okuruwo*.	Special occasion. Baby name selected before or at birth. Biological parents select the name. Ceremony ritual takes place at *elao*. Christian name very common.
CULTURAL BODY MODIFICATION		
Circumcision is only limited to men. Women pierce the ear lobes for western earrings. The filing of anterior top teeth in both sexes is less popular with younger generations. Tattooing (*Onḏikiṯira*) become less norm among the Ovaherero/Ovambanderu.	Only men practice circumcision No ear lobes piercing in either sexes Both sexes extract two of the bottom front teeth.	Circumcision limited to men only. No ear lobes piercing. Both sexes extract four bottom front teeth and groove two upper front teeth. Tattooing (*onḏikiṯila / onḏikiṯira*) on the arm is very common in young people.

OVAHERERO AND OVAMBANDERU	OVAHIMBA	OVAZEMBA (DHIMBA)
FAMILY		
Family is under the authority of an oldest male in the family. Polygamy is rarely practiced Marriages are rarely arrange Children are celebrated and shelter. Parents and grand parents are respected and cherished. Female often fulfill dual roll of household and wage-earning Westernization nuclear families only high in younger generation.	Family is the first priority. Polygamy is a norm. Children are celebrated and sheltered. Male fulfills head of household, herding activities, trading regarding cattle, watering herds and hunting roles. Wife fulfills domestic roles. Women build houses, caring for children, grandparents, watering small livestock and conducting trading of their crafts.	Family is the first priority. Polygamy is a norm. Children are celebrated and sheltered. Man fulfills head of household, conduct all activities involving cattle. Woman fulfills domestic roles, involved in harvesting crops, caring of pigs and chickens.
RELIGION or FAITH		
Traditional custom *okuruwo* Christianity.	Traditional custom *okuruwo*	Traditional custom e*lao* Christianity.
STATUS		
Large ownership of livestock is more important than money in the eyes of society. Younger generations hold high achievement of higher education, job titles and employment.	Large ownership of livestock is more mportant than money in the eyes of their society. Social status is important and is established based on circumcision group, marital status and cattle wealth.	Large ownership of Livestock and garden is what gives security and pride.
CLOTHING		
MEN Before colonial men wore waist wrap made of animal skin. Today, menswear consist of western wear dress pants, shirts, coats, ties and shoes. Casual wear like shorts, jeans, t-shirts, sneaker or tennis shoes are likely to be worn by young people.	**MEN** Menswear consist of clothes made of animal skin. Men wear breechcloth or flap between the legs and tucked over a belt so that the flaps or *ombuku* fall down in front and behind. Men walk barefoot or wear sandals *ovitjapute* made out of animal dried hide for sole and soft leather for straps.	**MEN** Men wear less clothes made of lambskin or western fabrics refer to as *ozonkonde*. The cloth or skin is made into two pieces which fastened by the waist with leather belt and hang in folds in the front and on the back. Men wear *orukaku rongombe* or shoes made of old tire rubber with leather straps.

OVAHERERO AND OVAMBANDERU	OVAHIMBA	OVAZEMBA (DHIMBA)
BOYS Young boys wear *omutjira*. It is a leather belt with multiple leather strands hanging on the back and small *ombuku* or apron on the front made of cloth.	**BOYS** Baby boys wear nothing or strings on the waist. Young boys up to ten or twelve years of age wear omutjira with a small front leather apron.	**BOYS** Baby boys wear *ondambo* worn more like a cloth diaper, tucked between the legs. Older boys wear *ozonkonde*.
WOMEN Before the 19th century women wore animal skin clothes. In the 19th century and on ward, women adopted missionary victorian style dress made of western fabrics. A matching *otjikaiva* or headdress complement the dress and *otjikeriva* or shawl adorn the complete look of the dress. To obtain the voluminous Victorian style, five to eight petticoats are worn.	**WOMEN** Women wear little clothes made of cattle skin. Women's daily wear consists of a leather mini skirt wrapped carefully and neatly around the hips. The skirt falls in layers in the front (*oruhira*) and the back (*oruheke*). The waist is tied with a belt that is decorated with conch shells, metals and red powder *otjize*. Normally, women walk barefoot or sometimes wear sandals *ovitjapute*.	**WOMEN** Women wear less clothes made of western fabrics, refered to as *omalutha*. *Omalutha* is layers of fabric cloth made in to a miniskirt and tied on the waist with colorful beads. The miniskirt is then carefully arranged to fall down on the back and front. *Ondjaku* is a piece of cloth over the front apron with decorated well sewn edges refered to as as *okuthalala*.
GIRLS Young girls wear *omutjira*. A wider leather belt with more multiple strands hanging on the buttocks and a wider adorned apron. Girls who reach puberty wear western clothes.	**GIRLS** Girls before puberty (*ngunda ave hiyahwama*) wear folds of soft cattle skin that hang in the front and back which is called *omutondi*. The waist is tied with string of shell beads or leather bands decorated with shells and metals.	**GIRLS** Girls wear *omindondi*, which are two pieces of cloths that covered the front and back like aprons. The hips of a young woman are not covered and the waist is decorated with various glass or plastic beads.
HAIR		
MEN All men wear short cut hairstyles. Dress hats are worn during ceremonial events and when travelling away from homestead. **NEWLYWED MEN** A handkerchief is worn	**MEN** Married and mid age mens hairstyle is refered to as *ondumbo* where hair is braided and twisted in a bun that piled high on the crown of the head and covered with a tight cloth. **NEWLYWED MEN** *Ekweyo* hairstyle worn by newlyweds, is two plaits of	**MEN** All men wear shortcut hairstyles. Sometimes men wear a piece of cloth wrapped on the head.

OVAHERERO AND OVAMBANDERU	OVAHIMBA	OVAZEMBA (DHIMBA)
under the hat to hang over the face to show the groom man status.	hair mix in *otjizumba* and *omaze* or fat. The hairstyle is worn until the ritual is completed *(zekara ngandu omukupe tjari onyama yotjoto)*.	
BOYS Babies to school age, wear small tufts of hair on top of the head or hair totally shaved off.	**BOYS** Babies to pre-adolescence wear various hairstyles from shortcut, Mohawk, little tuft on top of the head, twisted hair tuft. One braided plaits running from back to front to hang above the eyes. Young men wear *ondatu* hairstyle that is one row of plait like a Mohawk or two parallel plaits running from front to back.	**BOYS** Babies to 15 years old, wear various hairstyles: *Ondai* which is shaving off the entire hair. *Omurenge*, similar to a mohawk. *Ondjuku* is when the entire hair is shaved with a remaining tuft of hair close to the front.
WOMEN Before the missionary influence, women wore a long pointed ear-horn headpiece made of animal skin over their shaved head. Nowadays, women wear a traditional headdress. A headdress is wrapped around the head to reveal a small portion of comb hair.	**WOMEN** **Married** women wear headpieces known as *erembe* made of soft lambskin placed on top of braided ochre hair. During ceremonial events women wear on their head a three ear-horns call *ekori* also made of lambskin.	**WOMEN** All women tie a wrap on their head known as *omapanda* or *ozontombi*.
GIRLS Babies to school age, hair is kept short, braided or shaved off for easy maintenance.	**GIRLS** Babies to pre-adolescence girls wear various hairstyles; shaved bald, cut short, braided in two thick plaits that hangs over the eyes refers to as *ondato*. As they reach close to adolescence the hair is mix with *otjize* or ochre powder and *omaze* or fat than twisted and hang freely on the back and the front over the eyes called *ehando*.	**GIRLS** Girls from 3 to 8 years old wear their hair in two thick braided rows that run from back to front. Young girls wear *orupole* hairstyle which is dreadlocks mix with *otjizumba*. Another hairstyle is to tie *elesu* or *otjikaiva* cloth on the head.

OVAHERERO AND OVAMBANDERU	OVAHIMBA	OVAZEMBA (DHIMBA)
JEWELRY		
MEN Traditionally men have no special jewelry. A watch is the most common jewelry worn by men. **Married** men wear a ring as a symbol of marriage.	**MEN** Traditionally, men wear handmade metals and leathers decorations on the wrist, waist and ankles. **Married** men wear *ombongora* around the neck. **Unmarried** men wear *ombware* around the neck made of leather, horns and seashells.	**MEN** Men wear simple necklace made of plastic beads or glass beads. The hair is adorned with little jewelries and some attached to the front head. **Unmarried** young men wear *Otjingolingo* a two rows of decorated beads received as a gift from a love one.
WOMEN Traditional women cover or wear something around the neck. Traditional jewelries (*ovitjuma*) are wooden beads (*otupapa, ozondao*) and glass beads (*oundjendje*). Sometimes women wear scarves around the neck On the wrist, women wear bracelets(*ozongoho* and *ozondengura*) made of metals and animal horns. On the ears women wore earings made of metal and in recent years, women wear more of western jewelries.	**WOMEN** Traditional women decorate themselves from head to ankles. **Married** women wear *erembe and ekori* decoration headpieces on top of their hair. A married woman wears a cluster of seashell beads, *otupapa, ozondao* around the neck and *ohumba* or conch shell that hangs between their breasts in the front. The arms and wrists are adorned with bracelets called *ozondengura* or *ozongoho*. Ankles are decorated with heavy metal rings *omihanga* as well as other jewelries made of copper, ostrich shells or woven reeds.	**WOMEN** Traditional women wear tight necklace made of rows of beads threaded onto a wire and spaced with cattle hide. Young women wear their jewelries loose fitting to the neck in multiple strands. The head is decorated with colorful plastic or glass beads twisted or sewn in with in the hair. Some wear colorful plastic ribbon around the forehead. Young women wear numerous of colorful *ovindjendje* or beads on the waist or on one side of the shoulder to cross between the chests. The arms are adorned with crafted animal horns and colorful plastics called *ovivela*. The ankles also decorated with very tight plastic anklets also known as *ovivela*.
CHILDREN Boys and girls from infants to pre-adolescent wear around the neck a string of a black twisted thread attached with small garlic herbs cloth pouch pendant.	**CHILDREN** Adolescence women wear heavy ornaments called *otjingongo* that includes a leather straps, metals and conch shell (*ohumba*) that hangs between their breasts in the front and a metal-studded leather plate(*eha*) that hangs down the center of their back. Young boys wear *eha* and	**Black beads** worn during *omukungu* or mourning period is worn by selected family members after a death of a close relative such as husband or wife. **Yellow beads** are worn by people who had worn black

OVAHERERO AND OVAMBANDERU	OVAHIMBA	OVAZEMBA (DHIMBA)
	ombware around the neck. Young girls wear *eha* and *otjingongo* around the neck. Arm wrists and ankles are decorated with small leather straps and metals.	beads when they nearing the time to remove the black clothes and black beads. **CHILDREN** Children wear similar jewelries as adults.
COSMETICS		
Relies heavily on Western cosmetics. *Otjize* or ochre powder declined in use with older generation. Natural beauty especially in older generation is more desire in both men or women. "Wash and go".	Tradition cosmetic is their noted ochre powder called *otjize*. Both sexes cover their entire body with *otjize*. The importance of *otjize* is that it protects the skin against the harsh sun, insects and use as a body cleanser.	Tradition cosmetic is *omaze wozongombe* or cattle fat rubbed on the body. Nowadays, vaseline is use on the body. Men use nuts/corns (*ozosukwa*) as breathalyzer.
PERFUME		
Traditional scent is *otjizumba*, which derived from the mixture of different fragrance shrubs and trees. *Otjizumba* applied directly to the body, to clothes or used to scent the covers such as blankets. Another traditional aroma is *orupapa*, which is bunt on *otjipuna* or on a flat stone to smoke the room, person or clothes. *Ozondao* jewelries worn around the neck not only use for beauty but also for their delicate scent.	Traditional scents are *otjizumba, otupapa* and *ozondao*. The women do not use water to cleanse their body, they use *otjizumba* fragrant and sauna (*okukanga*) in the smoke of *orupapa* burnt on *otjipuna*. The aroma of burning *orupapa* is also used to fragrance the room, animal skin clothes and the covers *ovinguma* (sin. *otjinguma*). Cattle fat (*omaze wozongombe*) mix with *otjize* rubbed over the body for a sweet scent.	Traditional scent are *otjizumba* and *omaze wozongombe* use to fragrance the body and clothes.
FOOD		
Diet consists of meat (goat or beef) and cow buttermilk. Porridge mix with buttermilk is a seasonal staple food. The goat *omaere* or sourmilk	Diet consists of goat and beef meat and buttermilk. Seasonal veldt vegetables, fruits and nuts are also added to their diet.	The main seasonal food includes *otjithima, ombindhi* come in two types (*ompungu & elopa /ombowa*). *Onyama*, dry spinach –

OVAHERERO AND OVAMBANDERU	OVAHIMBA	OVAZEMBA (DHIMBA)
and *omaheu* or seasonal porridge soup is given to children and babies. *Ozomboroto* and *Ovikuki* (homemade breads and doughnuts) are new added traditional food.		*omakaka, omavanda. Omaungu (omingu), onengu (omakunde), epungu (ozomiriva), omatanga* two types *(epupwa, ombalahiya), otjingomene, ondombe, otjintwantwanga, outji wodhonyutji*
DRINKS		
Tea (*otee*) is the most consume beverage among Otjiherero-speaking people. Tea consumes in heavy quantity in the morning, noon and evening. Tea is brew with water and served with milk and sugar. Other consume beverages are water, *ohambeya*, soft drinks and alcohol beverages.	Hot drinks such as tea and coffee are popular drinks. During the rainy season, Ovahimba drink *omaere, omatuka* and *ohambeya yomaere.* The new drinks or are also popular: *otombo*, liquor and soft drinks	Traditional drinks are; *embwathu, otombo, okela, olambiki, ombulunga, omavele, ompembe yomavele, ompembe yombulunga.*
MEDICINE		
Rely heavily on western medicine, doctors and other various health providers. Many people still believe in witchcrafts (*ozombetere*) for diagnosis or for incurable diseases. Some of folk medicine are still in use; such as *otjihangatene, otjindombo* to treats someone suffering from high blood pressure. Drinking the juice of boiled goat's dung treats someone suffering from chickenpox, the root of *omuzema* tree is chewed to clean teeth and prevent bad breath. To prevent bad spirit little bag of garlic is attached to a string and worn around the neck or waist.	Rely on traditional *otjimbanda* or healer and holy fire. Use different healing methods such as spiritual forces, trees, plants, dances and drums in diagnosing and healing the sick. Use folk medicine or spirit to seek healing for illness. Roots of *omutete* and *omumbonde* are boils in water and given to mother right after given birth.	Rely on traditional healer. Use combination of holy fire *elao* and *otjiyuku* a fire burnt behind the house. Holy fire *elao* is use for prayer to connect with ancestors and the creator and *otjiyuku* fire is use for treatment of the sick. Witchcraft is used for diagnosing the sickness. A healer use bloodstream of animal organs to diagnosed the sickness. Roots and leaves plants of *omuhama* are use to relief cough symptoms.

OVAHERERO AND OVAMBANDERU	OVAHIMBA	OVAZEMBA (DHIMBA)
\multicolumn{3}{c}{**SONG and DANCES (MUSICAL)**}

OVAHERERO AND OVAMBANDERU	OVAHIMBA	OVAZEMBA (DHIMBA)
Omuhiva is a popular traditional men's dance. The audience are organized in a circle and sings while the *omuhiva* dancer is in the center, stamping his feet and singing praise songs. **Outjina** is a traditional women's dance. Women stand in a semicircle clapping their hands while one or two women in the center take turns tapping with one foot tied with a plank that creates drum beats. The dancer dance rhythmically while pointing her arms upward to imitate cattle horns while singing a praise songs composed for the events. There are also religious songs, *omaimburiro wokowa*, that consist of rhythms provided by choruses singing in harmony. **Oviritje** *Oviritje* is performed for an audience with the performers organized in one to three lines facing the audience. Each individual will maintain his/her position, and dance and sing. In some instances, a soloist will come forward and perform. **Ombimbi** is a praise narration performed by men during commemorations, inaugurations and funerals. It is a call and response structure, where a narrator gets responses from the troop or audience. *Ombimbi* is incorporated in	**Omakamba** are songs performed by men during birthing and name-giving rituals. **Ondjongo** is a socializing traditional dance refered by Ovahimba as a game play. *Ondjongo* is performed in a semicircle where participants clapp hands and sing praise song while each person take turns to dance in the center. The dancer(s) in the center stamps feet, shakes the body and dance ecstatically. **Omukwenga** is a play dance performed by young girls during social gatherings or happy times. **Ondoro** are songs performed by women during birthing, funeral, and name-giving rituals. **Orondongo** are healing songs performed by everyone. **Oviritje** is largely adopted by the younger generation who narrate their histories through the songs. Well-established groups compete at a national level against other groups from around the country.	**Onkakula** is a song performed by men while sitting down during a celebration. It is performed by clapping hands and stamping feet, while one performer dances, praises, and imitates the walk of a favorite horned cow. **Onkandeka** is a traditional game played by boys. The game is performed in the circle, where they sing while two people rotate into the center, hitting or wrestling with one another. **Omakamba** is a game played by everybody. **Omutjopa** is a song sung by everyone. It is accompanied by two drums, one bass and one deep bass, with the group singing the tones. **Okusela** is men showing off their bow & arrows during a wedding ceremonies. **Okutena ozongombe** is a praise song performed for leaders during holidays and commemorations. It is sung by everyone in free form.

OVAHERERO AND OVAMBANDERU	OVAHIMBA	OVAZEMBA (DHIMBA)
adopted western troop (oṭurupa). Women participates by marching in the *oṭurupa* parade but only respond with ululation once the narrator and men have finished their responses.		
TECHNOLOGY		
In most homesteads there is at least a car, cellular phone, well pump, solar system to provide electricity in some modern houses, indoor lavatory. More multiple rooms in the house compared to traditional one room hut.	Ovahimba mainly walks from one place to another. Donkeys in some homesteads are use as means of transportation. Processing animal skin into clothing and house hold items. Mastery in basketry. Money usage is slowly been adapted as an exchange for economic goods compared to traditional livestock exchanges for goods.	Expert in reusing materials available in their environment. Recycle hard plastic into jewelries and old car tires into shoe soles.

(Source: *collaboration effort of Mr. Muhaṭa Kapi, Malek Mutirua and the author*)

OVAHERERO CHIEFDOM

NAME	BIRTHPLACE	LIVED	TERM
Mutjise ua Mbunga	Kaokoveld	UNKNOWN	b.1700
Tjirue ua Mutjise	Kaokoveld	UNKNOWN	~1750
Mukuejuva	UNKNOWN	UNKNOWN	~1780
Mbondo	UNKNOWN	UNKNOWN	~1810
Peraa	UNKNOWN	UNKNOWN	~1810
Ndomo	UNKNOWN	UNKNOWN	~1820
Tjamuaha ua Tjirue	UNKNOWN	1790-1861	1842-12/1861
Maharero ua Tjamuaha	Okahandja	1820-1890	1861-10/1890
Katjikumbua Samuel Maharero	Okahandja	1856-1923	1891-1915
Frederick Maharero	Okahandja	1875-1952	1923-9/1952
Katjikururume Hosea Kuṯako	Kalkfeld	1870-1970	6/1925-7/1970
Mutuurunge Clemens Kapuuo	Ozondjona	1923-1978	7/1970-3/1978
Kuaima Isaac Riruako	Aminius	1935 -	6/1978-

Information extracted from Cahoon, Benjamin.
"http://www.WorldStatesmen.org"html document, 2006.
Copyrights granted on 8/16/2006

CULTURE (*OMBAZU*)

OMURIRO / OKURUWO (Holy fire / Shrine)

Holy fire (**omuriro poo okuruwo** mostly used interchangeable) is the sacred fire that kept burning 24 hours a day. Sacred shrine (**okuruwo**) is the place where the holy fire kept and is located between the main hut and the central livestock enclosure. The practices of **okuruwo** depends from Omuherero to Omuherero and from village to village but the ultimate beliefs for all, **okuruwo** is the family center, the foundation, union and the link to the ancestors. The male elder of the family communicate with ancestors and the female elder of the family kindle the fire.

OKURAVAERA(-UA) no OKUTJUKUTJURA OMEVA (Invocation and Libation)

Okuravaera (invoke) and **okutjukutjura omeva** (libation) is an essential traditional ritual that gives homage to ancestors. As a sacred communal ritual, it helps to bind families and communities with the living and with those that had lived. It is also an act of remembrance to keep families linked to their familial legacy and to prevent them from becoming isolated and adrift in society. An elder of the family commonly performs the ritual. The ceremony starts with an invocation to invite ancestors to participate in the function and ends with libation. Mainly water is used, but in rare cases ash, soot, dirt or piece of small tree branch/leaf is used.

Common ceremonies where Libation (*okuravaera; okutjukutjura omeva*) is perfomed:

- On the road site where prominent ancestors rested
- Funeral
- Wedding
- Adoring (name giving)
- Welcoming
- Farewell
- Thanksgiving, such as for a new homestead (*otjitamba otjipe*), new car, new job, etc.

OKUYAMBERA (Commemoration)

Otjiherero-speaking communities honor the memory of their dead. **Okuyambera** is a commemoration rituals that take place at gravesites. In general, Ovaherero pay homage tributes at gravesites on top of that the historical personalities gravesites are annually, ceremonially, celebrated. The officiator could be a male person such as an elder, royal families (**ovakuatwavanawa**) or griot (**ondangere**, pl. **ovarangere**).

OMAAMBERO (Historical site)

Omaambero	Location / Sites
Eharwi (Kapfarm)	Epukiro
Kaondeka (monument/ombindi)	Otjozondjupa
Genocide site (commemoration of 2004)	Ohamakari
Okahandja (monument/*ombindi*)	Okahandja
Okandjoze	Ozonahi
Okeseta	Epukiro
Otjunda	Epukiro
Okozonduzu	Ozonahi/Omaheke
Otjipawe	Omurambawandjou (Kalkfeld)
Okamuzeze	between Okahandja and Omaruru
Omaruru (monument/*ombindi*)	Omaruru
Okaoko tavi	Opuuo
OzombuZovindimba	Otjinene, Lothar von Trotha extermination order site
Shark Island concentration camps	Swakopmund and Luderitz

OTURUPA (Troop)

Oturupa (troop) is a military style social units consisting of males and females of all ages ascribing to the same cultural flag (**erapi rombazu**). **Oturupa** marches in military like fashion and in military like style uniforms, which were adopted from the colonial era. The military like marches is incorporated with traditional ululation (**ondoro**) and chanting (**ombimbi**) which are carried out at the following community gatherings: heroes' commemorations, funerals, celebrations of traditional leader emancipation, and lately moved into national events and school competitions. The colors of the uniforms worn by the different troops (oturupa) represent the cultural flags of red, green and white. The color black is mixed with each one of the three cultural flag colors in the uniform. **Oturupa** serves an important symbol of unity and strength. The formation of cultural troops also serves as training tool for the youth, in order to sustain the collective cultural consciousness of the nation.

OMARAPI WOMBAZU (Cultural flags)

There are three symbolic flags within the Otjiherero-speaking nation that symbolize strength and unity namely: **Red flag, Green flag and White flag**. The history of the flag colors stems from the early 1800's civil war between the Ovaherero and the Namas. After constantly losing individual battles against the Namas, it became obvious that individual Omuherero or single homestead could not defeat an army of Namas. As a result, the Ovaherero organized warrior groups and wore a red feather from **ondera otjihunamavere** in their headbands as a symbol of unity. The resulting social units, which wear these colors and carry these cultural flags are known as follows: **Otjira tjo tjiserandu**, representing the Red flag troop; **Otjira tjo tjingirine**, representing the Green flag troop; **Otjira tjo tjivapa**, representing the White flag troop. Within the context of the culture, among the Otjiherero-speaking people the meaning of the colors given to the flags are as follows: Red signifies blood, Green color is for vegetation, and the White color stands for peace.

OMIṰANḎU vyo VIRONGO (poetic praise of places)

Omuṱandu (plural-omiṱandu) is a poetic praise of a place, person or any thing with cultural value.

Namibia:
Ehi ra Hiakauakovere, kozombwa za Kuzema rozombiriwona ozondjandja, romitjete no mimbonde, ezorondu no vandu varo, ehi retu muya murarere Riarua wo hona ya Mukende. Ondombora ya Kavikua yepingo rotjitenda, Okarundu kaMbeti ka Hamujemua ku kaumba ombunda mezeva ro ngandunda yaMuakapumba, ku keri peke ongungandjou.

Otjomuise (Windhoek):
Ku haurondanga ya mukaa Komauva Konjange ya Katjakau.

Epako (Gobabis):
Kohunanḏera ya Kaeru korupindi

Epukiro:
Ookomuramba wongombe okasazu korunjo, imbwi mbwaeta ongombe ya Tjituka tja Tjandero indji ohungu nawanga. O kozongombe zaKaheuva otumana, komuramba wetu konguze mbwatjindo mbanda yo mukupwa aihaharo ruuma.

Otjinene:
Oketundu raTjiponda wa Kaungure endjangu rekwao, oketundu ra Mate wa Tjova tja Tjozongara. Okozombonde mbari, ombonde otjikoroona ndjakata omayuva wakoro na indjombonde ombondera yovanatje vaHiambanda vombanda ndjaruka Ndoni.

Omonda (Swakopmund):
Oomovipuka vyo mitjira, mohiva yaKapembe, motjirondero tjozondu no zongombe.

Ombae (Walvis Bay):
Ezorongondo ndi ha otua, menḏumba ndihakangua, mondjuwo yo mukazendu wa Kotjikete

Okakoverua (Luderitz)
Okondjuwo yomukazendu wa Katjovaurua ngwaṱire ozonḏura ahariwa

Okanduu (Usakos):
Omutjipurambueze wa na Hange nguaziki yevari ayo ombura momikurundu ozongombe mo zo mbombota za Murumbua ombwa ozombu ti te.

Otjandjomboimue (Karibib):
Omozonganda za Kaimu, mozongombe omao vambi

Okajombo (Arandis)
Komaryo wozongombe zovanatje va Tjaveondja omitanda

Ovitoto:
Ozondundu zetu nderi Nependa wa Kambekura, ozombapa utuku ozondorondu mutenya inda nda horeka ondana yongombe ongwari.

Okahandja:
Kotjimbuku tjozondu zamujemua, kekunde ratjambi, kewe retu ndiposa ayoo ri nomundu mo ukoto poo ndiposa ohinini

Otjiwarongo:
Kongombe ya Kambirongo ondjeo, ndja ondjoza omuhona ua Kaoko.

Otjizingue (Otjimbingwe):
Kondjuwo ya kasari kozonongo, ndja tungwa novitenda aayo ya kaiya omiti. Kongombe ya tjindere tjomborongane, kongombe yetu okasaona kozombindu kozonya, ohinamutena, kondondu yetu yo marunga

Omaruru:
Koruue rondera, kondondu yetu ombapa, yoruuma mutenya amuhino zongombe, ndjaai hakondwa i Mutumba naTjivereko. Yakonderue i Kangoro kotjiuru, nakondere kozongoro owa ngumatira

Omatjete:
O motjimuti tjo vanatje va Tjipundi tja Hijamuraua. Mo kahuro koukambe, mu Marera wa Nganga.

Otjohorongo:
O motjimuti tjo zondeo nozongunya ovitau. Mondjuwo yo mukazendu wa Musirika wa Mukaza Tjindandi. Motjirongo tja komukambo wo mure- ee Kavezemba wa Kariko. Ousupi kamutima ingui wa Matingana. Ohuna vandu otjo uazapanda.

Otjozondjou:
O ko ngombe ya Kaunga ndji mai mungu otjinyo okuvandara a ndja puka ovirongo. Kewe ra Tjitua ra Katjivanda ehona romukuro. Kehoro ra Huva. Kongombe ohaka yo vingore ndjiri komuzandu wa Muniazo.

Omutiuanduko:
O ko uta wa mutjinde wa Rumburuka ombura imwe wa rumbirua i Karumuti wo nganda ya Tjindeke nomunduko wa Mupandja.

Otjitoporo:
O ko zongombe za Kangombe inda omitanda zo hambo yo muatje mondungaurua otja ya mambonde yo vikurya mbi hariua.

Ozongaka:
O ko zongombe za Kapika ka Mbuere, ku kangoro ko tjiuru wa Tjaverua. Ko rumbo ro muzandu wa Mbaukua omutenga tjirongo.

Okongue:
O ko zongombe za Hiruku zo Kuruwo okumbanda. Ketundu romuzandu wa Uateka.

Okaseraue:
O ko maryo wo zongombe za Muhenje ozondaambe

Okanuanambuku:
O mondjuwo yo mukazendu wa Konduezu omutenga tjirongo. Movi nyoko vyo zongoro za tjivi tja Rukombo. Imbo oukambe wo tjipuna pu wa kapitira tjimauzu Kepupa ko ngombe ya Tjikange.

Ovihitua:
O ko zongombe za Tjamena tja Karuuombe, ozongoto zo maombo nḓe haondjoza ku ngamua mundu

Okapere:
O kongue ya Kazombambo otjouandura, mo zongeyama za Kauaria ka Rupingena

Omitjira:
O movituṇḓa vyo mukazendu wa Kondjima, ko ngombe ombaranga yo mukaa Kekuva no mukaa Kondjima

Okamapuku:
O mondjuwo yo mukazendu wa Tjoviue. Mo zongombe za Karize Kondjima ya Kapombo.

Okondomba:
O ko zongeama za Kavehungira

Omboronḓo:
O kongova ya Muheke ya Tjiundja e kuara

Omungambu:
O kombapa rumbu ya Nambunga yo kauru okaṭiṭi ndja i vandarere ondana ayo ondana ka i karire nayo.

Ondjombo yo Vakururume:
O mo nduezu ya Hijangura ndjaenda a ma i roro, a ma i pose ovimboro tji ya za komanene wovikori

Ozondati:
Oko ndjembo ya Kamure otjo uangaende. Ko rutjandja rua tja Kaoko

Otjiperongo:
Okuhukununa wa Katando ka hoke, kangombe ombwa ozondama

Okamaeremetemba:
Oko ndjuwo yo mukaa Koviue no ko ndjuwo yo mukazendu wa Koutunda

Okombahe:
Okongombe ya Nango ndja kwata nai pandjara ayo kayo mukazona

Okonjainja:
Okongombe ya Munjanga otjiṯurua noviti ouwa ndje kura ekurioma

Otjivaja:
Okonḓu ya Mukundua ondume yo nḓu ndji hari na Kaave

Otjongundu:
OoHuruhuru ya Kangu Katjipueja ndjaa isiserise omiriro a i tjo mavara wongoro

Otjingore:
O ku Mborooro nguaendere morutjindo rozongombe amari ozoṉinga e ri ye ngu rangera ozongombe za Mbutuninga zamua mbingana.

Otupupa:
O kondambo ya Kavinonguava, O kondambo ya Ngueriunga ngwa tuka novirongo vyo vaherero aha tukanua. O kongombe ombapa yo zonḓera komeho ndjiri kerenga ra Kongandu ro vihako ovingi otjo wa Kambengu ndji wo ngareka mutenya, uṯuku a i haṉa aku kuaire ovandu.

FAMILY LINEAGE (*OMUHOKO*)

The **totemistic clan system** is one of the most **distinctive features** of Ovaherero culture. It is an important social unit that gives sociological cohesion to the Ovaherero society. The clan's ancestry are traced from both sides of the family (patrilineal and matrilineal), **oruzo** and **eanda**. Each **Omuherero** has a principal sacred totem inherited through **PATERNAL LINE.**

Example of identifying oneself:

Owami **Omukwendata** omunaa **Kwauti** ngumbi yanenwa mo'**Vakwenambura**

[Biological mother] [Biological father] [Paternal grandfather]

omunaa (plural-ovanaa):-biological father

omukaa:-Miss, marital title

oruzo (plural-otuzo):-patrilineal lineage; clan name

eanda (plural-omaanda):-matrilineal lineage; clan name

ovizerika:-totems (sacred)

okuyanenwa (omuyanwa; oruyano):-person is praise through the paternal grandfather Line.

omurirua:-eulogy (eulogizing the decease based on his/her birthplace and through the paternal and maternal lineage.

okukundwa (okukunda):-women's call and respond wailing in the house of mourner where they identify themselves based on their husband birthplace. If a woman is not married, she will identify herself through her matrilineal line.

Example of a married women identifying herself:

Owami **omukaa kongombe** ya **kaMerika**...

[merital status] [husband birthplace]

Example of an unmarried woman identifying herself:

Owami **omusuko wangombe** yarumbu...

[not married] [Maternal grandfather birthplace]

OMAANDA (Clans) with their Subdivisions known as houses (ozondjuwo) and their poetic praises (Oviyano)

According to tradition, oral historians there are only seven (7) clans "**omaanda**" emerged from its origin Central Africa.

1. **Ovakwendata vena otupa tuvari (ondjuwo onene no nḓiṱi)**
   a) **wondjuwo onene**
      i) woya Kaheka ka Nanḓu
      ii) woya Kamukandi
      iii) woya Kanameva
      iv) woya Kangendje
      v) woya Kapeke ka Tjerindi
      vi) woya Kateta ka Munḓuva ya Hauanga
      vii) woya Katuse ka Tjivanda
      viii) woya Kongoto
      ix) woya Mukende
      x) woya Nanḓu ya Tjova
      xi) woya Nangeyama ya Tjikange
      xii) woya Nango
      xiii) woya Nangombe
      xiv) woya Rupiu

   Otjiyano tjovakwendata wondjuwo onene:
   Oo Tjondundu na Tjombe mayao ya mukaza Hengari. Oo Matjiuma wa Hembahu na Matjuma wa Tjimbi ya nḓorozu. Oo Kapaheraṇi wa Kamutikirua na Kapaheraṇi wa Tjimanamuinjo. Oo Nauanga wa Tjikundu na Nauanga wa Tjova. Ovakazendu va manganị vevari oo Hukununa wa Ngaisiue na Hukununa wa Marenga. Oo Rukova na Ruzumo, oo Kozombungu na Hupira. Otjondu na Tjombonde mayo ya mukaa Hengari.

   b) **Wondjuwo onḓiṱi/karuuona**
      i) woya Kamana
      ii) woya Kamberiueza
      iii) woya Kamuahao Kondjumba
      iv) woya Kanangutirua ka HijaNjose
      v) woya Kapangure
      vi) woya Karukua
      vii) woya Kazembua ka Pembe
      viii) woya Mukwauti
      ix) woya Nambinda
      x) woya Nanḓu ya Tjikutirua
      xi) woya Nanganga

   Otjiyano tjovakwendata wondjuwo onḓiṱi:
   Ovakazendu mbuya vekupu Hokero wo tumuti oture tuturi kosemba ya Tjorunjo ya mukaza Tjamuandoze. Imba ooina ya Tjaamo Kanaori wo mawe

ovikerewe ngu ngayaka ozondjeno. Oo muza Tjinganga ya Rukuma outjina mbua zire komake na u yaruka komatumbo. Oo Hijakahi na Hijandikiza

2. **Ovakweyuva**
   a) wo Muṯati
   b) Muzi
   c) wo Pera
      i) Koviti wa Katavi ka Kare
      ii) Katjitjo wa Handenge
      iii) Mbaheua wa Ngonga
      iv) Karirua wa Muhona
   d) Wo Hauari
      i) Kaherero ka kangunja
      ii) Kateta ka Tjikamauzuo
      iii) Katjipu
      iv) Konḓemba kahava mutjise
      v) Kuuonga ka hiya Tjituka

Otjiyano tjovakweyuva wo Mutati:
Ovakweyuva vo Mutati wa muakaheke Tjiuongua tja Kaṯimona ina omuṯena wa Kanauanga. Ovandu mbatjirua po munguinḓi wa Tjaveva mba hazire kokure no ngava aayo ovapoṯu. Oohokuru kanyama katangara na rire omau rumbembera. Oonaa Tombo ndjavera ya Kanamatanga. Oohokuru Kanyama katangara wo ngombe ya muambo ndja nyanekwa orumbembera. Oonaa Kapetja Kavirore.

Otjiyano tjovakweyuva wo Muzi:
Oona ya Tjizu nonaa ya Ndjavera ovandu osupi vo ya Nangava ya Tjindjo. Mbahari na Ngai na Hepo.

Otjiyano tjovakweyuva wo Hauari:
Ovare wo zongombe mbehari viti vya zongombe eeri mbatumba ozongombe. Oo Tjeja na Tjirongo oo Konḓemba na Kamana oo Ngeke na Natuuo oo Kavikua na Tjikuaa ovare uonduezu ondaura ndji ha rondo ketambo rangombe airi ongombe. Oo naa Kuve no naa Katjijao ovare wo zonde hira mbekanga averi kozondjaṯu omazumo yevari ngekuata nu ngehavereke wa naa Rujambo, Rujombo wo ndoto ya nameva.

Otjiyano tjovakweyuva wo Pera, Koviti, Katjitjo, Karirua, Mbaheua:
Oo Hijauazuma na Hijatjipanḓera. Oo Hijakovazandu ovengi otjimbumba mba teza ongombe Jananḓa ya mukaza Ndjaramena. Oohokuru konguari ya Mutunda ya Kambo ombahiyona, onguari ombwa ndja tja i sora nu yaṯa oturavayo. Ovanatje va Tjonga tja Kasimbona

3. **Ovakwahere**
   a) va Kamunakua
   b) wo Kanḓere
   c) wo Karundu

   Otjiyano tjovakwahere:
   Ovahona uozonḓu ovakoto uozondovazu. Oo Hijambimbo ya mukaza Zangandja. Oo Katjerukua na Kanauanga. Oo Kakuahere Kombwa na Kakuahere Komundu. Oo navita ya Tjizu na navita ya Tjijendo. Ovandu va Hiajanguire wo mbanda ya Nandimba ya mukaza Tjikuvare. Oo rukuma rua Kahorongo na rukuma rua Kandjou.

4. **Ovakwendjandje**
   a) wo Nḓorera/wo Tjaora
   b) wo Serandu/wo Kawitji
   c) wo Kahumba

   Otjiyano tjovakwendjandje:
   Oo hokuru Karore Kamupueja ya Mbandua. Oo naa mazuko wo zongoro za tjambi ovijarera. Oo Hijangariue wo ngombe ya mbandi ekunde. Ovikurutju ma vya Kaundja wo ndungo mbi ndja zembua metundu, omukazendu wa Tjikukutu tja Tjipepa outjina mbua zire komake na uyaruka komatumbo. Oo mukaza Kajuru Tjivingurura ovandu mbaharere ondana yongoro otjipuka navetua kongombe. Ovandu mberi pehi kotjinḓe komuhama wa Kaoko.

5. **Ovakwauti**
   a) Tjivanda
   b) Kazonḓio
   c) va Katana ka Hijajaija
   d) Kamungandjo
   e) Nanḓiruka

   Otjiyano tjovaKwauti:
   Ovikururume mbia kurupa ozongoro oo ngamba ya Kavari na ngamba ya Tjombe. Oo tjihekuta ya Murora ya Rukombo ovirya mbi ye kekuta kovambo. Ohokuru kamapunga wo ngeama ndjihayenene monyungu ondindi. O mupupu Tjirongo Hijakamurumbueze suvire uonganda ya Murora ya Mukaanjuva. Oo Naangono, ngono ngwa kwata okuṇi narire okurooro.

6. **Ovakwatjivi**
   a) va Hitjene kamuhoko
   b) wo Katambe
   c) Kovandu
   d) wo Kautu

Otjiyano tjovaKwatjivi:
OonaaRova wo ndukwa ya Musengua ndji ya i tukwa ovandu omurongo ozondu mbari za Tjindumbutja Kandomaze ondume nondendu nda kururua po zondomba. Omaue iyevari ekwee ne kweerwa. Ozombo imbari Otjikuze no Tjizorohaka. Oo Karivangua komeho na Karivangua ko mupotu, Katjiua omukwatjivi ngu ha ri na matuvika. Oonaa Kaira ya ndorozu kokure nga i ye popezu inevara oya Munietara. Oonaa Kaueja wo ndjuwo ya Huambi Tjirongo. Oohokuru Kangeenguno wo ndjuwo ya Muharua.

7. **Ovakwenambura**
   a) va Nandjou / va Nangombe
      i) Mbingana ya Kevero
      ii) Karukombo
      iii) Kamazemba
      iv) Katjivi
      v) Ngondivi ya Kataura
      vi) Kaseua
      vii) Kamana ka Muheke

   b) Nandomba
      i) Kaheua ka Hijakamendo
      ii) Kauza ka Hijamutjimba
      iii) Kaundja ka Mbuere
      iv) Kakoto ka Mahoze
      v) Kanaurumbu

Otjiyano tjovakwenambura
Oohokuru Kombungu ya Mutjimba ya Karekua osemba ndovazu. Konganda kuiheere ndjatira vevari oo ngwa pata na ngwa korora Kandamba ka Katjiuari. Omatwi wo ngombe ya Tjoro tja Tjombumbi, mavetja ka i twarere nu imbo omukoka owatjike? Oohokuru Tjindaindai oo Katjimba neheke. Ovakazendu mbave kupu Seu wo ngutirua Jandina ongozu, ndjihari na Karuuri okakamburiro ayo kandjiri ongutiruona. Onaandji wo kao Kanaahange ku ke kandwa a karara ko ina. Oo Kamazemba wo Hungu ombi ndji ya i kupu ina a i kupire ozondunge. Mbinge na Katjivikua na Mbinge wo naa Kahirara na naa Mureko.

1. a) **Ovakwenatja:**
   i) Kozondendu
   ii) Ombindura

Otjiyano tjovakwenatja:
Oonaa ya Muzungo wo ngombe ya Kajona Katjorukui, oomukaza Ngango ya navita yaka vitaura mutambui virorera yo zongominya za Tjeja.

2. b) **Ovakwatjiti**
   i) Kovandu ka Nanḓu
   ii) Kautu ka Nanḓu
   iii) Katambe ka Katuvausiona

   Otjiyano tjovakwatjiti:
   OoTjizu tja Nganda na Tjizu tja Tjirumbu, oonaa Ndiha na naa Mbahuurua rukazona wo ngombe ya Mutombua nu ndjiheri ombako ohoro. Oohokuru Kaujombo, wo uyombo ovari mburia ongombe ya Ndoni ya Tjongotue ya Kaongo ombaranga. Ovasupi ovakanga vomatako mbararakana ombanda ya naa Rurongo okuyendjeza.

OKUKURASANA (Joking Relationships)

There are two categories of joking or mockery "**okukurasana [*ongura*]**" between clans "**omaanda**" namely: **ongura yo nḓiro** [*joking at death*] and **ongura yo vikurya** (teasing *food lover*).
The purposes of joking exchanges are to alleviate underlying tension among community, such as grief at funeral, preventing witchcraft, and teasing those who are obsessed with food.

These are the joking alliances between clans at death, funeral and bewitching:

- **Ovakwendata and Ovakwenatja** between (*vekurasana*): ovaKwahere novaKwendjandje

- **OvaKweyuva** between (*vekurasana*): ovaKwenambura; ovaKwauti; ovaKwatjivi; Ovakwatjiti novaKwenambura

With regard to teasing the food lover "**Okukurasana kovikurya**": only the children **vomaanda** called **omunaa** (plural-**ovanaa**) can tease "**kura**" each other.

- **Omunaa Kweyuva** will be teased (**makurwa ko**) by children of **ovaKwauti, ovaKwatjivi** and **ovaKwenambura**

- **Omunaa Kwendata** will be teased (**makurua i o**) by children of **ovaKwendjandje**

Additionally, among the joking relationship is a laughable but sometimes blistering teasing from a newlywed man's cousins and his age-mates to his newly wife.

OTUZO (Clans) and their totems:

Clans name (Otuzo)	English equivalent	Totemism and Taboo
Ohorongo	Kudu	Members of this clan don't breed **hornless** (*ovihungu*) and **vestigial ears** (*ovinueya*) livestock and abstain from **eating their flesh**. They decorate their graves with horns.
Omakoti		Members of this clan don't eat **reticulum** (*oruverera*) of cattle and forbidden to return to the **grave yard** after burial.
Ongwatjiya	Cautious group	Members of this clan not allowed to **breed hornless** (*ovihungu*) and **vestigial ears** (*ovinueya*) livestock nor allowed to **eat** them.
Ongwendjandje		Members of this clan don't breed **all butter / camel** (*ozondumbu*) cattle
Ongwangemba		Members of this clan not allowed to **breed hornless** (*ovihungu*) and **vestigial ears** (*ovinueya*) livestock nor allowed to **eat** them.
Otjiporo		Members of this clan don't breed grayish (**ozongange**) cattle.
Ondanga	cow with white blaze in the face	
Ondondere	sheep	
Ondoto		
Okasama		
Ozombapa		
Omarunga		
Otjirungu		
Oherero		Members of this clan settle their homestead (*ozonganda*) West (*kongurova*) to their neighbors
Omuko		Members of this clan don't eat thighbone (*omatumbo*).
Ombongora	sea-shell necklace	Members of this clan abstain from eating animal's front legs (*omapindi*) and blood of a sheep. This clan forbids children for **bold clipping the hair** (*onguara*) and **smooth shave** their head.
Ohambandarua		
Onguanjimi	iron wire ornament	Members of this clan not allowed to **breed hornless** (*ovihungu*) and **vestigial ears** (*ovinueya*) livestock nor allowed to **eat** them.
Omurekwa	an isolated woman	

Otjihavirya		
Onguangoro		
Otjitjindua		
Ekoto		
Esembi	chameleon	The chameleon is their sacred animal, they **breed brown** and **bridled cattles** and they don't breed grayish sheep
Okanene		
Onguakavero		
Ondjiva		
Ongweyuva		
Ongwatjindu		
Omuhinaruzo		

OKUHUHURA (process of spiritual purification)

Okuhuhura is a rite process of spiritual purification after a homestead or person is suffering from a spell (**ovihuha; okuhuhwa**). Thus, disturbances bring the appropriate member of a clan (**oruzo**) to the said holy-fire to appeal to the ancestors for deliverance from problems and curses. The clan member recites something like "**Varumendu muahapavi mbu mamu zepa ovandu monganda na o, na i su vi see ovandu monganda ka tuna ku vanga ozondjiro poo ovituatungo monganda ru kwao**". (*what is wrong with you men, you are killing people in the homestead, now let the people in the homestead rest, we don't want death and trouble in the homestead*)

This process is a reciprocal among, between and within different prominent clans (*otuzo*) houses.

1. Ohorongo i **huhurasana kuna ihwi**
   Otjihavirya
   Otjitjindua
   Onguatjiya
   Onguangoro
   Ondanga
   Ongwanjimi
   Onguangemba
   Ondondere

2. Omakoti i **huhurasana oyeni**
   Oherero
   Ondjiva

3. Ohambandarua i **huhurasana kuna ihwi**

Ekoto
Omurekwa

4. Ombongora i **huhurasana kuna ihwi**
Esembi
Ongwendjandje

5. Omuhinaruzo i **huhurasana kuna ihwi**
Ongweyuva
Okanene
Otjiporo
Ondjiva

OVIHUNA no VIZERIKA (Taboos and sacred)

In Otjiherero there are important fundamentals living guidance to maintain the relationship between ancestral and the living.
Below is a none universal examples of cultural beliefs and taboos. The Otjiherero-speaking people still beliefs in the existence of ancestral spirits and in other individuals with power to protect them such as witch doctors and western doctors. These are all old tales varying from family to family and village to village.

Examples:

- **Onḏuzu tjiyeya monganda ihuna - okutja maihee kutja monganda kamuri naua muna ozondjakaha**
  If a tortoise come in the homestead - it means the homestead is experiencing trouble such as disputes or quarrels

- **Ongombe tjiyeya nehozu motjinyo tji maizu mokuti - mapehee kutja okuti kuri nawa maze kuta nawa tjinene**
  When a cattle arrives home with grass on its mouth - it means abundant food in the veldt

- **Omundu tjapiti omburu keraka - mapehee kutja mari onyama**
  Pimple on the tongue - it means plenty of meat will be available

- **Omundu tja piti otjiruanga - mapehee kutja kuna onḏiro yopopezu naove tjinene**
  When you get an abscess - it means death of a closest person or relative

- **Omundu tjapiti eviko - mapehee kutja omundu wopopezu na ye omuṱumba**
  If a person has sudden psoriasis - that means someone close is pregant

OVIZERA (Sacred)

Ondjuwo yokuruwo kai rirarere - ondjuwo yokuruwo onahepero tjinene nu omumu ka ra ouŋingandu wetu otjo muhoko okutja kaiso okurara uriri nokuhina omundu muyo.
The main hut of the homestead should always be occupied overnight

Omukazendu omutumba kai kozombongo poo kaka paka - mena rokutja eye utjinda otjina otjihuze pehuri nu tjai kozombongo maka hakaena nozombepo ozombi tjaa azetjiti navi kotjina tjo pehuri
Pregnant woman not to visit graveyard or burial - It means graveyard or burial site have bad spirit that could harm the fetus or baby

OVAHERERO CLANS In The Nutshell:

Clan system (**eanda** (pl. **omaanda**)) insured and guaranteed the continued survival rule of exogamy and endogamy and the ultimately total preservation of a clan. Also preserve the traditional rule of law pertaining the inheriting of property (**eta**).

Clan system (**oruzo** (pl. **otuzo**)) served important customary functions providing rules of law order. These customs are founded on sacred totems based on holyfire, animals, food, plants, and other objects related to ancestrally.

KINSHIP LABELS as it refers to first person:

aunt	**tanda; hongaze**
boy	**omuatje omuzandu**
brother	**omutena; erumbi; omuangu**
children	**ovanatje**
child	**omuatje**
cousin	**omuramwe**
daughter	**omuatje uandje omukazona**
daughter-in-law	**omuatje ngwakupwa komuatje uandje**
family	**etundu; omuhoko**
father	**tate**
father-in-law	**tate omweno**
girl	**omuatje omukazona**
grandchild	**omuatje uomuatje uandje**
granddaughter	**omuatje uomuatje uandje omukazona**
grandfather	**tjikuume; tate munene**
grandmother	**tjikuukae; mama munene**
grandparent	**tjikuume; ovanene**
great-parents	**ovanene**

grandson	**omuatje uomuatje uandje omuzandu**
husband	**omurumendu**
mother	**mama**
mother-in-law	**mama mweno**
nephew	**omusya**
niece	**omusya**
niece or Nephew's children to an uncle or aunt	**okasya okasyona**
brother refers to his sister first born son	**omusya wopewe**
parent	**ovanene**
relative	**omuhoko**
sibling	**ovanatje vaiho na nyoko**
sister	**omuṯena; erumbi; omuangu**
sister-in-law	**erumbi; omuangu omweno**
son	**omuatje uandje omuzandu**
son-in-law	**omuatje ngwakupa omuatje uandje**
uncle	**omo; ongundwandje**
wife	**omukazendu**
father's elder brother	**honini**
father's younger brother	**inyangu**
father's sister	**hongaze; tanda**
mother's brother	**ongundwa'ndje; omo**
mother's sister	**mama** (elder = **mama erumbi**/middle = **mama wopokati** /younger = **mama ongero**)
brother's children	**ovasya** (singular- **omusya**)
sister's children	**ovasya** (singular- **omusya**)
brother's and brother's children	**omarumbi; ovangu; ovaṯena**
sister's and sister's children	**omarumbi; ovangu; ovaṯena**
brother's and sister's children	**ovaramwe** (singular- **omuramwe**)

The father or the mother first-born child refers to as **otjiveri** and the last-born child is refers to as **ongero**.

The younger brother(s) refers to the older brother(s) as **erumbi** (plural- **omarumbi**) and the older brother(s) refers to the younger brother(s) as **omuangu** (plural-**ovangu**).
Both brother(s) and sister(s) refer to each other as **omuṯena** (plural- **ovaṯena**).

The younger sister(s) refer to the older sister(s) as **erumbi** (plural- **omarumbi**) and the older sister(s) refer to the younger sister(s) as **omuangu** (plural-**ovangu**).

Brother(s) and sister(s) refer to nephew(s) and niece(s) as **omusya** (plural-**ovasya**).

Sister and brother's children refer to each other as **omuramwe** (plural- **ovaramwe**).

Sister's and sister's children refer to each other as **omuṯena** (plural- **ovaṯena**), **erumbi** (plural-**omarumbi**) or **omuangu** (plural-**ovangu**). Referring to each other depends on the gender and age.

Brother and brother's children refer to each other as **omuṯena** (plural- **ovaṯena**), **erumbi** (plural-**omarumbi**) or **omuangu** (plural-**ovangu**).
Referring to each other depends on the gender and age.

Father's older brother(s) refers as **honini/tate**.

Father's younger brother(s) refers as **tate/inyangu** and father's sister(s) refers as **tanda/hongaze/hongaz'andje**.

Mother's brother(s) refers as **omo/ongundw'andje** and mother's sister(s) refers as **mama**.

Nephew or Niece's children to an uncle referred as **Okasya okasyona** (plural-**ousya ousyona**).

In-Laws: Brother can inherit (**okurya**) his deased brother's wife and sister can inherit (**okuriwa**) her deased sister's husband in the case of death. Mutual agreement is established between both family.

Cousins: Cousins (*ovaramwe*), children of brother and sister, can marry each other from either side of the mother or of the father as long as they are label cousins (*ovaramwe* (singular-*omuramwe*)). Marrying between children of brothers or sisters are forbidden and regarded as incest.

Common First Name and their Meanings:

Otjiherero names have phenomenal meaning and unique histories. Generally, most names in Otjiherero are given based on events that happened in the community or to the family. Some names are family inheritance. The meanings given here are more of a direct translation. To find out a true meaning of a person's name ask the individual attached to the name. Most names are unisex.

Unisex Names:

Eerike	solitary
Himeezembi	unforgettable, memorable
Hizembi	I do not forget
Hitjivirue	did not know
Jahana	divider
Jamee	savior
Joroka	joyful, glad
Jozikee	worship, honor
Kaenda	newborn, pristine, visitor
Kaire	did not go
Kamaazembua	never be forgotten
Kape	newly, modern, recent
Kasupi "Shorty"	nickname for a short person
Katira	not afraid
Kauarive	"God for all"
Kavekotoka	no return (referred to departed ancestors)
Kavetjiua	clueless
Kuvanjo	be generous to the needy {idiomatic expression "*Susanjo pao kuvanjo*"}
Kuveri	ancestors are there
Maandero	an ending (*given to last born children*)
Matuipi	where are we going?
Mbahimua	doubtful
Mbakumua	dubiousness, uncertainty
Mbapeua	"I was given"
Mbeumuna	endured all, I have seen it all
Mbitjita	act of GOD
Menongongo	observation, vigilance
Meunaje	endurance, persistence (*one who struggle with*)
Meundju	patience, I will wait
Mezeri	wishful, hopeful
Muingona	precious, cherished
Munatjari	compassionate, mercy, sympathetic
Muningandu	fortune
Ndjambi	the Creator
Nduviro	obedience
Ngaripue	congenial, pleasurable

Ngatangue	worship, honoring God, praise the lord
Ngatukare	let us stay
Ngumbiro	prayer
Ngunovandu	one with people
Nguripo	he is there
Ngutukiro	freedom
Nguundja	one who waits
Nguvitjita	he who does everything "God's way"
Njandee	enjoy
Nokokure	{idiomatic expression "*Nokokure kuno wee*", "find unexpected help from stranger"}
Puvitanda	{idiomatic expression "*Puvitanda kapuvimbunda*", "not always do what intended"}
Rakotoka	our country is back to us {name that exercise the love of compatriot}
Raonga	perplex {country}
Raṭoveni	country entanglements caused by the ancestors {relating to the country}
Reura	complete, full {country or family last name}
Rikondja	strife {country}
Rikondjerua	striving support {country}
Ripuree	think, meditation, formulate
Rukeeoveni"Rukee"	named the child yourselves
Runjandise	playful, frisky
Rusuvero	love, passion, darling
Tangeje	Praise him
Tiree	be afraid
Tjeripo	when he is there {GOD}
Tjijandjeua	gift of God
Tjimbinaje	if I have him
Tjinouhona	aristocracy
Tjipekapora	when is tranquilized
Tjipura	{idiomatic expression, ""*tjipura oina*" blood is thicker than water"}
Tjireja	when that day arrived, anticipated Day
Tjitanga	{idiomatic expression, ""*tjitanga ka orerengo*" when things are not right"}
Tuamanovandu	our people are finished
Tujama	save us
Ṭunee	fix
Tuṭejuva	we die day by day
Uaetotjari	empathy, pity
Uahindua	messenger
Uaisaneua	chosen one
Uapingena	successor
Uaripi	where were you?
Uaṭavi	Why/how did he/she die? before unfinished business
Uatjavi	what did you say (*reminder question*)

Uatjiuavi	how did you know? "*How did God know this is what was needed*"
Uaṯokuja	an unexpected surprise child
Uaundikua	concealed, hidden treasure
Uaundjua	long waited child
Uazuvirua	God answer prayers
Uerieta	came forward
Uetuesapi	where have you left us (*question to the late ancestor/head of clan when they die*)
Ujama	Savior
Ukarapo	his being, existence
Ukondja	aspire, endeavor
Undjakuje	wait for him {GOD}
Undjee	wait
Unomasa	strength
Unomuinjo	vitality, divine spark
Unotjari	sympathetic
Utjevera	God protects
Uzera	wishful, sacred
Vaja	left, departed, "who have left the family " *Vaja va iririra*" (*departed ancestors*)
Vasana	identical
Veendapi	where do they go?
Veja	arrived
Vejama	savior, rescuer
Vejanda	finished
Vekondja	(indirectly telling off those who mind others affair)
Venaaṇi	who do they have
Veripi	where are they (*usually referred to ancestors*)
Vetja	they say
Vezemburuka	people remember
Viandamuje	end within him {GOD}
Vijanda	things have an ending
Zeenao	reiterate

Female Names:

Inaa......	female common name meaning mother of...
Joree	smile
Kaengeri	Angel
Kakazona	girly, womanly, feminine form
Kandjeomuini	belonging, forever mine
Kaputuputu	(*describing the shape of the woman*) pudgy, plump, cylindrical
Kaserandu	the light skin one
Kasukona	effeminate, feminine, womanish
Muuaa	beautiful one
Susanjo	be generous to the needy {idiomatic expression "Susanjo *pao kuvanjo*"}
Tjisukoo	feminine

Male Names:

Ihia...	male common name meaning father of...
Kamaijanda	everlasting, eternal, ceaseless, father's name lives on
Karumendu	manful
Kazandona	masculine
Kazandu	manly, noble
Kuṯako	{became a popular name in use as a memorable token to keep alive the name of one of the greatest paramount chief of ovaHerero chief Katjikururume Hosea Kuṯako}
Muhindua	messenger
Munionganda	property guardian, owner, proprietor, holder
Mupahe	seeker, examiner
Mutjinde	a great warrior
Mujeve	hunter
Ngarikotoke	{popular name during colonizing period, it means give our land or country back to us}
Ngarikutuke	{popular name during colonizing period, it means free our land or country}

GENDER DISTINCTION

Masculine labels describing male throughout life cycle

Okanatje okaṱiṱi okazandu	infant boy
omuatje omuzandu	baby boy
omuzandu	boy 3-19
okazandona	pre-teen 10-12
omutanda	puberty 15-19
omurumendu	man or husband
omberipa	man approaching midlife
omukururume	old man

Feminine labels describing female throughout life cycle

okanatje okaṱiṱi okakazona	infant girl
omuatje omukazona	baby girl
omukazona	girl 3-19
otjikauhungu	pre-teen 10-12 (not gone through the headscarf ritual
omusukona	puberty 15-19
omukazendu	woman or wife
omberipa	woman approaching midlife
omukurukaze	old woman

Traditional role of Gender and Age in meat consumption

Otjiherero structure	English structure	Consumes by
otjimbangwe	reproduction area	men of the same age (omakura)
etumbo	thigh (femur)	men
ehuri	liver	men and women
eraka	tongue	men
omutjira wonḓu	tail of a lamb	men mainly headman
ouhongona	backbone (loin)	men (men give this part of meat to the love one as a precious) gift (**otjiwonda komusuverua omuhuze**)
orukoro	sternum	men
orunḓe	backbone (chuck)	men (generally women eat this part of meat during wedding ceremony)
omongo	marrow	men mainly, everybody
etambo	backbone (sirlion)	women (not eaten by *oruzo rOmuko*)
ombumba	omasum	women
ozombati	ribs	women

epindi/osyona	front legs (shin bone)	women (not eaten by members of *oruzo rOmbongora*)
osyoti	kidney	women
oruehe	omentum	dried and cook to produce fat (a piece of it also use on the bride's head during Wedding ritual)
eokoryo	brisket	boys
orukete	humerus	girls
engoti	neck	herdsman and children
oura	intestines	herdsman and children
omuho	tibia (shin)	grown-up (not eaten by some one with the living father)
etangara	rumen (tripe)	grown-up, in some household eaten by everybody
otjiti tjevango	pelvic bone	grown-up
omutanana	tail	grown-up
omeho	eyes	grown-up
ouruvi	brain	grown-up
ombinḓu	blood	grown-up (only lamb blood is eaten)
ovipongoryo (omapunga)	lungs	everybody
otjiuru	head (cattle or goat)	everybody
otjari	chest	everybody
otjiuru tjonḓu	head of a lamb	mainly boys
ombumbwangoro	knee	everybody
eyambi (eambi)	scapula (shoulder blade)	mostly children
omatwi	ears	everybody
ozondama	cheeks	everybody
ozonyu	hooves	everybody
oruteva	spleen	everybody-depending on *oruzo*
oruverera (ondunyu)	reticulum	everybody (not eaten by people belonging to "*oruzo romakoti*")
ozombati mbari	two ribs	cut right away from the cattle and prepared for the groom and bride
ondangarona	obamacen	everybody (cook with meat to give a tasty flavour
oruramwa	palate	(a piece of bite is given to the groom and bride by the bride's elder)
omukova	hide	not eaten (sold or processed as clothes, mats, shoes, belts, etc)
ehango	inner thigh	eaten and cut by people who belongs to the same *onduko/oruzo* clan

Onyama yonḓu ka i yandjwa ombihu, i zikwa na i riwa ponganda nga tji ya anda
Onyama momuvanda ka i pi mezuko pendje ne huri ponḓiro ne hango

WEDDING Traditions and Customs phrases

ORUKUPO no ngaro yombazu

etuwo romukupwa - dark room (mainly the main homestead hut) where the bride is kept during the wedding ceremony

evango - part of the meat exchanged on Saturday between the groom's family and bride's family, this signify unity between the two family. Otjiherero proverb, "*ku kwa zu evango ku yaruka evango*"

ezumo etenga - family of the newlywed wife are responsible for delivering and caring for the first pregnancy.

okuhuwa omaze - newly wife apply cattle fat mix with red ochre powder in her hands, a day after arrival, this ritual is were the newly wife is welcome and adopt her new husband's surname (customs).

okuisako oruehe - taking of the face veil and the piece of omentum placed on the bride's head. This rite is done by an aunt of the bride.

okuisako otjikeriva - taking off the shawl worn by bride from the first day of marriage asking ritual until post-wedding ritual is completed. Generally, the shawl is taken off by the newly husband's fraternal brothers (**omakura**).

okukakanda - newly wife milk the cow for the first time at the newly husband's homestead. This ritual is merely a promise that the newly wife is capable to feed and to sustain her new family.

okukomba - is when the bride's elder set the final wedding date and lobola price, during this wait time, bride's and groom's family not to take part in any funeral activity. In this case, normally the bride and groom are also prohibited to see each other until the wedding day.

okuningira orukupo - marriage asking

okuruwo - sacred fire between main hut and cattle encampment

okutjukutjura omeva - newly wife and members of the newly husband's clan visit *okuruwo* in the morning hours of the next day of newly wife's arrival. The clan headman concludes rituals with (libation) sprinkles of holy water on everyone including the new wife, also a welcome ritual.

okuuondja kozongoro - The groom's family including the groom entered the main hut on their knees/crawl from the left side of the house. This is the sign of showing respect for the homestead and for the ancestors.

okuvareka - engagement

okuyarura okati - Is when the groom and the bride return the cane to the bride's homestead within few days. The cane (*okati*) is given to the bride, by her father or an elder contacted the ceremony, the last day she is seen by her family. Ovaherero people respect and honor a man's cane (*okati*) and by giving this specific cane to their daughter, symbolizes a firm open journey, good fortune and secures the old man's presence during his daughter's first days at a new place.

omahitiro womukazendu mondjuwo - Is the time when the bride goes in hiding room, the bride at this time stays invisible with the exception of the closest family members and closest friends.

omahitiro wongombe - The arriving of the bride price (lobola) which includes three young female cattle (*ozondema* also known as *ovitunya/orutombe*) and ox (*osazu* also known as *kamanguere*). Today, in some household *kamanguere* is replaced by money. The rite proceeds with women arriving with the cattles praises to show the regards towards their gift (cattle) and women receiving the cattle, cheering, ululation and playfully chase the cattle. During the arrival of the lobola (three females cattle and an ox (money)) the male head of household including his male blood family sit at the hearth (*okuruwo*) to show the people that they are at home.

omaronga - traditional commandments given to the newly weds by elders (sometimes new wife's elders extent it to the new husband's family)

omitwaro vyomukupwa - Personal possessions a bride should have; wedding chest, iron, washbin, pots, blankets etc.. These items are place for display in the front of the main hut the morning the bride handed over to the groom. In the old days, these items symbolized the readiness of the bride to work for the groom and his family. Recently, it is considered status symbol of the family, the more expensive the items are, the more sophisticated is the family.

omukandi - celebration, ceremony

omukazendu omukupwa - bride

omukuramene po - groomsman, best man, bridesmaid

omurumendu omukupe - groom

omuṱike - A maid of honor, traditionally is a bride's sister or niece who accompany the bride to the groom's homestead to give her moral support and help during the first days before the return of *okati*.

omuvanda - Is a space between the house and cattle encampment

ondjova - Is a follow up wedding party organized at the newly husband homestead (similarly to western honeymoon)

oruehe - A small piece of omentum (peritoneum fold) is place on the bride's head during the wedding ceremony to bless the union and for healthy future childbearing.

orukupo - marriage

oruramwa - Is a palate (a piece of bite is given to the groom and bride by the bride's elder or a person contacting the wedding

orusepa - Is a piece of ligaments taken from the cattle spinal cord. The ligaments is place on top of the head of the female head of the household or an aunt during the wedding ceremony as a sign of tying the union for ever.

orutombe - cattle given to the new wife at the husband homestead as a first gift.

outjina - a semicircle comprised of all women who clap and sing with one or two dancer(s) inside the circle stamping their feet and pointing their arms upwards in a rectangle shape to imitate the horns of the favorite cattle. *Outjina* does not start until the bride is in hiding room, that means once she is in hiding place she is ready and willing to proceed with the wedding ceremony. *Outjina* is started by the bride aunt who is the sister of the head of household or either started by the female head of household.

CORRESPONDENCE   OMATJANGERO

The following are examples of formal writing in Otjiherero Language:

GREETINGS   OZOMBINIKA

Ozombinika zoKresmesa
Me ze rire po ouŋingandu ounene ku mamaa wandje omusuverwa, Kandjindji Kazekondjo (ena) mo Komukaru tja Mongua (motjihuro mu muna omuminikwa), ko mayuva omawa wongwatero yo muna ngu maye ya. Me tja: "Mamaa o mayuva o wongo, kara nenyando mu wo"
O mazeriro po wo uningandu nga ya zu ko muatje we, Ihonia Tjituka (ena ro ye) moTjomuise.

Christmas wishes

Best wishes for the upcoming Christmas to my mother Kandjindjii (name) in Okomukaru (city). I am hoping the holiday will bring you joy and success. These greetings come from your son, Ihona Tjituka (your name) in Windhoek (your city).

Omazerirepo mombura ombe
Me zerire po ouṉingandu ku tatee (ena) wandje mombura ombe. Me tja: "omberukiro nomuinyo omuwa mo mbura ombe"

New Years Wishes

Best wishes to my father (name) for a new year. I wish you good health and happiness ahead.

Omazerirepo wo nguatero
Me zerire po mamaa (ena) ouṉingandu ounene ko ma yuva yongwatero ye. Muhona nge mu we zire po ozombura ozengi komurungu.
Omazeriro po wo uningandu nga ya zu ku Himee (ena ro ye) mo Tjomuise (ena ro tjihuro mu uri).

Birthday Wishes

I am wishing my mother (name) a healthy and a happy birthday. Let the Almighty add more years to come.

From yours,
Himee in Windhoek

Omazerirepo wouṉingandu
Me minike tjikuume wandje Hiaseka Vita (ena) mo Outjo. Me tja: "Tjikuume arikana kara nawa nu muna omberukiro ndji mo hepa"
Opuwo wa zemburukwa i yo muatje wo ye, Tjounatje Vita (ena) mo Tjoruuma.

Well Wishes

I am sending my best wishes to my grandfather Vita in Outjo. Be well and I hope you get all the health you need.
From your beloved grandson T. Vita from Tjoruuma.

ANNOUNCEMENT　　　　　　　　　OMAZUVARISIRO

Omazuvarisiro/Omatjivisiro worukupo
Ku inyangu Huuzeko (ena) mo Zongaka (ena ro tjihuro) mbaningira omuyakise wo muriro numba pewa. Mo mayuva tji ye ri yevari ku Kambundu ombura omayovi ye vari nandano (omayuva) matu tura kongotwe onganda mo Tupupa (ena ro tjihuro) potjiwaṋa tja Utumba (ena/omana wo vanene wo mu kupwa). Ove noserekaze zuvee nao.

Note: In Otjiherero culture anything involves wedding (plans, announcement, invitation) are done by grandparents, biological parents or uncles of a groom and bride. However, nowadays, a growing number of young people are taking control of their lives and involves 100% in their own wedding planning.

Wedding Announcement

Issued by Groom's parents
Mr. and Mrs. Keeja have the honour of announcing the marriage of their son Undjakuje Keeja to Miss Tira Utumba on Saturday, the second of May two thousand five at Utumbas' family in Otupupa, Omatjete

Issued by Bride's parents:
Mr. and Mrs. Utumba have the honour of announcing the marriage of their daughter Tira Utumba to Undjakuje Keeja on Saturday, the second of May two thousand five in Otupupa, Omatjete

---

NOTICE/MEETINGS   OMATJIVISIRO WOMBONGARERO KOTJIWAṈA

Omatjivisiro wOmbongarero yo sikore
Matu tjivisa kovanene mbeno vahongwa posikore ndji oChief Kuṭako (ena rosikore). Matu mutjivisa ombongarero yovanene ndji mai kara mo ritjatano, omayuva tji ye ri muvyu ku Kambundu, 2005 (omayuva). Omapu wombongarero owonga: Omahaṋeno wovanatje okuza mosikore oiri yosikore, omaungurisiro womeva wamururu, omangundiparero wonḓengu yomatuwo womara nomateero wouini wosikore.
Ombongarero mai utu mapeta mondano nu ngamwa omunene ngu nomuatje posikore yetu ma undjirwa okukara po. Omatjivisiro nga ya zu ko tjiuru tjosikore ya Chief Kuṭako, Mitiri Ngutjiua Ueetu mo Mongua.

School Meeting Notice

To all parents and guardians with student(s) at Chief Kuṯako, we are pleased to announce the upcoming school meeting on Friday, May 9, 2005 at 5:00 PM. The agenda will include; Division of students during school hours, provide awareness for usage of drugs and alcohol, poor school facilities and vandalism.
We know that students' success directly related to your involvement. We strongly urge you to share this very evening with us. We look forward to meeting with you.

Sincerely,
Principal
Ngutjiua Ueetu

Ombongarero yo tjira tjo polotika

Ko uṉepo wo unity (ena rotjira) tuna ombongarero ohunga no matoororero ngumayeya. Ouṉepo novanambango avehe wo tjira ngatu woronganene kehi yo Mumbonde (yandja oruveze) momayuva (tjivisa eyuva poo omayuva)

Political Party Meeting

Unity would like to encourage your attendance at the next meeting on an upcoming national election. Members and those who are interested are welcome to join us at our Community Hall on January 10, 2004.

Omatjivisiro wombongarero kotjiwaṉa

Otjiwaṉa atjihe otjiture tja Maheke matji ṉangwa kombongarero yongomainde ndji mai kara ko omayuva tji yeri yetatu ku Suramazeva, 2005. Ombongarero ndji mai tara kozondjemeno azehe nḓe munikwa motjiwana tjorupa rwaMaheke.
Inga ya zu ko munane Chief Munionganda Muhingirirepo

Community Meeting

Dear Residents,

The residents of Omaheke region are cordially invited to attend the municipal meeting-taking place on July 3, 2005 in building A. The purpose of the meeting is to look and to improve all the obstacles faced within the community of Omaheke region.

Thank you for your continued support of our efforts in keeping Omaheke region a safe and secure environment for our residents and visitors. I look forward to seeing you there.

Sincerely,

Chief Munionganda Muhingirirepo

WRITING FORMAL LETTERS – OMATJANGERO WO TUTUU WOKOTJIVETA

Sale	Ovirandwa

Okutjangera Ouye wozongetjeva
Otjikesa tjoposa tjomutjange- poo eha re
                              Erf 454
                              sabel Street
                              Soweto

12 August 2005

The Manager
Pamwe Cooperative   *Otjikesa tjoposa tjongetjeva ku mo tjanga orutuu*
123 Tuba Street
Katutura
Windhoek

Komutengwa poo oserekaze,

OMARANDASANENO OMAHAYANDJAHANGE --- *Epu ndi wa tjangere orutuu u raisa ousupi*

Oroviungura, 12 Katjose, 2005, mba toorere ozondandona zandje e twara komarandisiro nga ri kOmongua. Tjinga ovinamuinyo avya ri ovingi pomarandero, ozongombe ozengi za rarere aze karandwa mependukirwa pu ze itji haveherwe rukwao komeho womarandero, ozo pu za yetere ondjinda yokehi.

Pombutiro raisa ousupi kutja wa tjitwa i tjike u tjange orutuu ndwi, wina rumwe okuraisa kutja oove une.

Ovinamuinyo mbi otja tji vya rarere vya ri avya wisa ondjinda yavyo kutja vi yete ondjambi yokehi. Orutu rovatuta rwenu rwa ri nondjiviro ndji nu aru ungurisa yo okuwisira wina ondjambi yomarandero. Omararero wozongombe nga kayetisire po ouzeu mbwi ya eterwe po i youngundi wonganda yenu okuranda ovinamuinyo ovingi otjiwana tjovatuta tji tja etere moruveze ndwa ri po. Ondjito ndji ya hihamisire ovengi vetu motjiwana mbe kara nongamburiro momekuriro yapamwe wotjiwana tjetu.

Morutu raisa epu ove ndi wa tjangere orutuu roye; raisa kutja pa kayendere tjike.

Omuano womaunguriro mbwa kayendere po otja imbo owoposyo nu kau sere okuyandjerwa okuhonapara. Omaunguriro nga katjama koukevengwa okuza korutu orusembame otja indo kaye sere okutarerwa komeho.
Me zeri kutja orutu rwenu maru hongorerwa po i yerakuza romeraka ewa ndi okukaondja komeho nomaunguriro omawa ngu ru kara nawo.

Imba u sokuraisa kutja ove mo zeri kutja pe toorwe omukambo poo imikambo mbya sana pi.
Owoye,

[218]

Uapingena Nguaiko

Morutuu kongoramambo poo imba otjikesa tjoposa tjoye pu tji ha sere okutjiukisirwa po, otjo tji tjangwa kehi yena roye ndi he ri oraKatjiri, motuveze tjiva ndu isanewa kutja o Pseudonym.

Eha romutjange ri ri ra enahepero indu omutjange tji ma undju okutjangerwa eziriro yorutuu rwe. Omuzire worutuu u katjanga ena romutjange otja tji ra tjangwa komapatero worutuu neha re otja tji ra tjangwa komanene womapatururiro worutuu nu e vi tjanga kombanda yombapira eye mu ma kahindira orutuu rwe ziriro. Momuhingo mbwi, eziriro ndo opu ri yera keha romutjange ingwi omutenga.

Writing for business

The writers postal or physical address is written here- Erf 4546
Isabel Street
Soweto
12 August 2005

The Manager

Pamwe Cooperative   *You write the address of the Company you are writing to.*

123 Tuba Street
Katutura
Windhoek

Dear sir or madam,

The sales conducted are displeasing--- *The reason the letter is written is put succintly.* On Saturday, 12 August, 2005, I took off my steers to the auction in Aminius. Since the animals were plenty at the auction, most were finally bought a day later, at which point these animals were weight again before being autioned. Their life-weight had obviously decreased after they had spent a night in the auction kraals.

Indicate clearly and briefly the complaint which you are trying to raise.

These cattle had drizzles of water and no forage for the night. And because they had stayed a night in the kraals, their weight had declined considerably. Your farmers' union had this knowledge in mind when you used it deliberately to conduct sales at the lowest prices possible. The animals' problem that was the direct cause of this problem was because of your cooperatives' incapacity to accomodate and auction the many animals, that the farming community, brought in the time at hand. This has hurt most of us in the community who believe all-inclusive development of our community.

In the body of the letter, you must indicate the complained; all that has happened.

The method that was used in the conducting of that auction is dispeakable and should not be allowed further presidence. Such conduct which is tantamount to fraud from a prevalent cooperative as yours should not be tolerated any further. It is my wish that your cooperative would head this friendly notice to proceed forth in the reputable manner in which it always does its business.

In this paragraph, you must make a recomendation of some sorts. You must indicate what you feel should be done about your request or your problem.

Yours truly,   Uapingena Nguaiko

WRITING A CURRICULUM VITAE (CV) - OMATJANGERO WO CV

YORUVEZE RWAKANDINO

Career application - Omaningiriro wo viungura

Otjihorera tjo CV membo ndi matji yandjwa mOtjiingirisa tjinga otjingi tjotutuu tomaningiriro nozoCV avi tjangwa meraka rokotjiveta potungi. Wina, tji wa tara kotjikesa tjoposa neha porutuu rwetu mo munu kutja ovyo vya yandjwa meraka rokotjiveta kehi yomapu tji nge wo; kutja omundu ngamwa auhe ma yenene okuungurisa ondjiviro ndji mai tuurungisirwa mu two. Omuungure wopoposa tje he ri Omuherero kamaa yenene okutjiwa otjotjihorera kutja orutuu roye nga hinde pi oro tji rwa tjangwa eha notjikesa tjoposa mo Tjiherero.

Otjihorera tjomuhingo omupe wo kutuna oCV yoye. Zemburuka kutja pomahongero, momuhingo mbwi wokutuna oCV yoye, omundu u yandja omahongero nga tjama pu ngu maye i kumwe noviungura mbi mo paha. Otjotjihorera, tji mo paha okukahonga poskole noCV yoye ndji mape hitasana motjimbe tjokutja, u nomahongero woumitiri. Tji u hi nomahongero ngo to kuungurisa oCV indji onguru ndji tamuna omahongero woye ayehe.

English:
In Namibia curriculum vitae (CV) is used when applying for position and should be written in the official language (English).
The content of your CV or Resume should have:

Contact information: Name, address, telephone, e-mail address on top

Objective or Summary: An objective tells potential employers the work you are hoping to do. Once you have determined your objective, you can structure the content of your resume around that objective. Think of your objective as the bull's-eye to focus your resume on hitting. If you write your resume without having a clear objective in mind, it will likely come across as unfocused to those that read it. Take the time before you start your resume to form a clear objective. For examples: To obtain a teacher position within an Education institution requiring strong educational and organizational skills. Tailor your objective to each employer you target or for every job you seek.

Education: New graduates without a lot of work experience should list their educational information first. Include your degree (A.S., B.S., B.A., etc.), major, institution attended, minor / concentration.

Work Experience: Briefly give the employer an overview of work that has taught you skills. Use action words to describe your job duties. Include your work experience in reverse chronological order-that is, put your last job first and work backward to your first, relevant job.

POBox 7591
Katutura
Windhoek

Tel: 061-999-999
E-mail: trhyn@yahoo.com

Rhyn Tjituka

Objective To work in a challenging environment, gain experience and improve the living standard of my people with education and knowledge.

Experience 1999-2001 Windhoek College of Education
Student
- Gave the best lesson ever for the assessment of the BETD programme
- Captained "Bad Boys" soccer team
- Practice Teaching
- Orban Primary School
- Theo Katjimune Primary School
- St. Barnabas Primary School
- Taught lessons which totally defied norm/criteria

2002 Bethold Himumuine Primary School
Substitute Teacher
Class teaching Grade 3
Improved Reading Skills by more than 50%

2003-2005 Jakob Marengo Secondary School
- Class Teacher
- Grades 9,10
- African Languages Teacher (Otjiherero)
- Piloted the implementation of Otjiherero at Jakob Marengo Secondary School
- Teacher—Geography grade 8
- Coach—Soccer whole school
- Teacher—Namcol, English Gr 12
- Assistant to the author—Otjiherero working dictionary

Education 1999-2001 Windhoek College of Education
Windhoek
Basic Education Teachers Diploma (BETD).

Skills Keyboard Skills, Writing skills

Sample thank you letter

Use a standard business format

                                                  Rhyn Tjituka
                                                  P.O BOX 7591
                                                  Katutura
                                                  Windhoek
                                                  061-999999

25 August 2006

Ms. Uri Tjipuka   *Spell the interviewer's name correctly*
Director
ShopRite Limited
Windhoek

Dear Ms. Tjipuka:

Thank the interviewer

Thank you for the opportunity to interview with you yesterday afternoon. I am very interested in the childcare position you described.

Highlight your qualifications

My child development classes, summer jobs, and recent volunteer work as a storybook reader at the community center have prepared me well for a preschool teaching position. I am especially interested in the field trip program you mentioned. I would welcome the opportunity to contribute to that effort. [Express interest in the job]

I enjoyed meeting you and your staff and look forward to hearing from you soon. If I can provide any additional information, please call me at (061) 999999. Thank you again for your time and consideration.

Place your phone number near the end

Sincerely,   *Sign your first and last name*

Rhyn Tjituka

Ovihongorere po kembo romambo

Otupa atuhe membo matu raisiwa momakongorerasaneno woalfambeta nu twa tjangwa nomambo omaṉunisiwa. Embo e ungurisiwa ngamwa ra toorwa otja tji ri ungurisiwa ohapo mokutjanga no mokuhungira na ri torokwa nondando yokutja yokuvatera kutja i rire oupupu okurimuna nokumuna omaheya waro.
Ngunda amo ungurisa embo romambo ndi arikana yandja ombakatwi kowatjiri wokutja omambo tjiva wOtjiherero; tjimuna inga wOtjiingirisa, ye toora omaheya omengi. Omuhingo wokuzuva omaheya wembo u ri momuhingo embo mu ra ungurisiwa tjimuna pu u ri mu indi embo ndo orini. Momatorokero tjiva wotupa twOtjiingirisa - Otjiherero, omihingo pekepeke omihongorerepo vya ungurisiwa okuhongorera po omuungurise wembo ndi nga komatorokero nga pwire. Omambo nga tjangwa motungondo maye ungurisiwa okuyandja omaheya wembo ndi nomaheya omengi kombanda yarimwe. Ondja yangurisiwa okuhaṉa omatorokero womambo ngatjama. Omambo nge ri mo "" omambo poo oviraise mbya yazemwa komaraka Woutokero (Otjimburu, Otjindoitji, Otjiingirisa). Omambo nge ri moupaka [] na nge ri mouwongo () maye haṉa omahandjauriro poo maye yandja ena rounongonone kembo kaaṉi ndo.

ERAKA / ONGARAMATIKA

Epose

Omapose ye ungurisiwa momihingo vine mbi mOmatjangero wOtjiherero:

Otja omapose omasupi—epose rimwe mondundo aihe (ondundo orupa oruṱikonaṱikona romalesero wangamwa embo kourike waro mu mu kara epose rimwe pu neharapose poo omapose pu neharapose poo omaharapose omengi).

Omuti **om**ure = Omapose ayehe nga zorerisiwa ye ri, arihe pu neposapamwe mondundo yaro, okutja arihe epose esupi mondundo ndjo.

Tara kovihorera vyomaisaneno womapose omasupi kehi mba:

a\ tjimuna mu h**a**nda [hold]
e\ tjimuna mu **e**ke [hand]
i\ tjimuna mu mi**ṱ**iri [teacher]
o\ tjimuna mu k**o**ha [wash]
u\ tjimuna mu p**u**ra [ask]

Otja omareparisiro wombosiro—omapose yevari pu maye kongorerasana mondundo imwe kutja omulese ma nane ombosiro yembo pondundo kahatjondumba ndjo.

Om**uu**ngure w**oo**Hi**aa**vehe mari oru**ii**hi oruvapa tw**ee**.

Mozondundo tjiva nḓo ozo (aa, ee, ii, oo) nozo (uu) maze kongorerasana okutja pe isanewa kutja omareparisiro wombosiro.

Otja omakongorerasaneno womapose—omapose nga sana na nge ha sanene pu maye yenene okukongorerasana mondungiro yembo.

Om**ai**hi wot**ee** nom**ae**re yatate maku ya nak**au**rwa i yovar**oi** uṱuku.

Mozondundo kaaṋi nḓo o: ai, ee, ae, au, oi za kongorerasana; ku nao, omakongorerasaneno womapose.

Omaharapose (semi-vowels)

Eharapose

U - W

O (u) momatjangero wOtjiherero i tanauka ai karira o (w) tji mai kongorerwa i yepose [a, e, i, o] momuhewo pendje na motuveze twi:
 A. Tji i ri motjituwakomeho tjomuhoko nu epose ndi mari kongorere tji ri ri motjiunda tjembo ndo
 B. Tji mai kongorerwa i yo(u) ongwao momuhewo (omareparisiro wombosiro)
 C. Tji i ri orupa rwerukwana (Proper noun)

Ovihorera:

Vya sorwa	Vya zuṇdwa
omuatje √	omwatje ×
Omuute √	Omwute ×
Uaeta √	Waeta ×

I – Y

O (i) momatjangero womambo wOtjiherero, tji mai kongorerwa i yepose rimwe pu inga: [a,e,o,u] i tanauka ai karira o (y) pendje na motuveze twi:
 A.   Tji i ri motjituwakomeho tjomuhoko nu epose ndi mari i kongorere tji ri ri motjiunda tjerikuramenambo ndo.
 B.   Tji mai kongorerwa i yo (i) ongwao (pe tjiukwa otja omareparisiro wombosiro).
 C.   Tji i ri pokati ko(r)no(u)
 D.   Tji mai kongorere o(n)nu mai kongorerwa i yepose rarwe.
 E.   Tji i ri orupa rwehondjere ekotorise nu mai kongorerwa i yepose.
 F.   Tji i ri merukwana ngamwa.

Nambano tara kovihorera mbi atjihe otja komihingo vyokuhinokutanauka kwo (i) okukarira eharapose:

Ovihorera:

Vya sorwa	Vya zuṇdwa
omiano √	omyano ×
omiimbo √	omyimbo ×
omuriu √	omuryu ×
omuniazo √	omunyazo ×
riara √	ryara ×
Muniazo √	Munjazo ×

J – Y

O (j) momatjangero womambo wOtjiherero, tji mai kongorerwa i yepose rimwe pu inga: [a,e,i,o,u]i tanauka ai karira o (y) pendje na motuveze twi:
    A. Tji ya tjangwa pu no(t)okurira o(tj)
    B. Tji ya tjangwa pu no(nd) okurira o(ndj)
    C. Tji ya ungurisiwa merukwana

Ovihorera:

Vya sorwa	Vya zunḑwa
• tjituka √	tyituka ×
• ondjaṭu √	ondyaṭu ×
• Jakuaterua √	Yakwaterwa ×

Eraka/ Ongaramatika (Grammar)

Eraka rOtjiherero ri tjangwa momihingo vitatu mbi:
1. Pe nomihoko vyomambo aruhe mbi tjangwa ku vyo ovini
2. Pe nomuhoko womambo mbu tjangwa, rumwe ku wo ouni na rumwe ku nomihoko vyarwe [pevari]
3. Pe nomihoko vyomambo mbi ha roro okutjangwa ku vyo ovini

1. Omambo nge tjangwa ku wo oyeni ye rira otjingi tjomambo nge ritunga ongondoroka nerikuramenambo na wina omambo ya pu netjitambo. Arihe romambo womihoko mbi ri tjangwa nokuhina okukutwa komambo yarwe.

Otjihorera:
1. Omuatjewa tupukiretjinene oku ye ndakostora. **wrong** ×
2. Omuatje wa tupukire tjinene okuyenda kostora. **correct** √

2. Omambo nge tjangwa pevari: rumwe ku wo oyeni na rumwe ku nomakwao omahondjere. Oyo omambo yetano kotjivarero inga: **na, nu, pu, ku, mu**. Tjiwa kutja omahondjere nombambo nge tjangwa ku wo oyeni, indu tji maye katjangwa ku nombambo yarwe ye pandjarisa omapose, potungi rimwe porwe, kutja ye katjangwe ku nomambo yarwe.

Otjihorera:
Pu mo tjanga ehondjere ku ro orini.
    a) Mama **na** tate va ri **ku na** inyangu kOtumborombonga.
    b) **Ku** Utjiua **na** Katiori, **pu** Nguundjua pe nondjaṭu yandje **mu mu** notutuu otunahepero, arikanee, eterereye **ku** Maukirua, otjisuta **opu** tji ri.

Pu mo tjanga ehondjere ku nomambo yarwe.
    c) Hita **mo**ndjiwo nu u yete ekende rotee **no**tjihavero.
    d) **Ko**tjomuise ku **no**mukazendu omuangu wetu wina.

3. Omihoko vyomambo mbi ha roro okutjangwa ku vyo ovini ovyombi:
Okandimbu okayendise, ehondjere ekotorise, ehondjere reraisauini, okandimbu okapataṉise nehondjere ehitisiwa. Omihoko vyomambo mbi, vya ungurirwa okuvatera okuyenenisa oungundipare mbu ri mu tjiva womambo inga nge tjangwa ku wo oyeni (1) na inga nge tjangwa pevari (2).

Omihoko mbyo ovyombi:

Okandimbu okayendise

Okandimbu okayendise o ka + etjitambo (**ka+etjitambo=okandimbu okayendise**)
Okandimbu okayendise ke tjangwa ku netjitambo, okuvatera etjitamba okuraisa otjitjitwa tjaro tji tja katjitwa kwarwe. Etjitambo kari nomasa wokuraisa otjitjitwa tji ri kuramena indu otjo tji tja katjitwa poruveze rwarwe pendje naindwa omuhungire / omutjange womuhewo pu ma raisire. Ku nao, oko (okandimbu okayendise) ke rira otjituwakomeho tjetjitambo okuvatera okuraisa kutja otjitjitwa tjetjitambo ndo tja katjitirwa parwe.
Otjihorera:
   a) Eṱe matu **ka**tupuka k**O**kahandja momayuva womasuviro nga.
   b) **Ka**ete otutuwo ovandu ve karye ovikurya, va undju orure.
   c) OoHipangua kave po?, okutja va **ka**vaka okombeisa nao!
   d) Me vanga oku**ka**kotoka muhuka, **ka**eterere Mujende.

Zemburuka Kutja:
Okandimbu okayendise tji ka kutwa ku nembo nda vazewa nehondjere ekotorise komautiro ke tanauka okuza ko (ka) ake katjangwa otja o (ke).

   Omuatje ma kanyanda.
   Omuatje me *keri* honga.

Ehondjere ekotorise

Ehondjere ekotorise o ri+ etjitambo (**ri+etjitambo=ehondjere ekotorise**)
Ehondjere ekotorise ri tjangwa ku netjitambo, oro ri vatera okuraisa kutja otjiṉa ngamwa tji matji tjiti otjitjitwa etjitambo ndo tji mari kuramene po, matji tjiti mu tjo otjini. Etjitambo kari yenene okuraisa kutja otjiṉa tjorive tjo matji tjiti otjitjitwa tjorive tjo mu/ku tjo otjini—momambo yarwe, matji ritjiti. Ehondjere ekotorise wina ri varwa otja otjituwakomeho tjetjitambo.

Otjihorera:
   a) Ami me **ri**koho momeva omatarazu.
   b) Ami himee **ri**heke kove, **ri**kotamena kouruvandu woye.
   c) Fabiola Tjihoreko u **ri**honga nawa; u **ri**purira komasa wokutjanga oukahu.
   d) Ovanatje mba henene oskole erero ngave **ri**ete oveni kotjiuru tjoskole.

Ehondjere reraisauini

Ehondjere reraisauini ri rira embo ngamwa ndi tjangwa ku nerikuramenambo / epingenambo / ehandjaurambo na tjiva womambo warwe okuvatera okuraisa kutja embo riṋe ndi ri orini rekwao. Oro ri tjangwa ku nembo indi ndi ri orini rekwao. Owo ye ri otja povituwakomeho vyomuhoko vyerikuramenambo, mape hee kutja otjituwakomeho tjerikuramenambo atjihe tji nehondjere reraisawina ratjo.

Otjitihe tjokuraisa tjiva vyovituwakomeho vyomuhoka nomahondjere weraisauini wawo.

Ovituwakomeho vyomuhoko		Omahondjere weraisauini	
Ourike (singular)	Ouingi (plural)	Ourike (singular)	Ouingi (plural)
1. omu	ova	wa	va
2. omu	omi	wa	vya
3. e	oma	ra	ya
4. o	ozo	ya	za
5. otji	ovi	tja	vya
6. oru	otu	rwa	twa
7. oka	ou	ka	wa

Otjihorera:

a) Omuatje ngu ungura kostora **owa** Kavee.
b) Ozongombe **ze**tu za pandjara.
c) Omundu maku wa kayevere noruvyo **rwo**tjitenda.
d) Okatana **ka** Ngahupe maku zu ka pandjara.

Eraisauini	Possessive Pronoun
yandje	my
yoye	your (singular)
ye	his/hers
yetu	our
yeṋu	your (plural)
yao (yawo)	their

Okandimbu okapatanise

Okandimbu okapataṋise ke tjangwa ku nembo indu tji make vatere embo ndo kutja ri pataṋise onḓengu ndji mari kuramene. Oko ke ungura tjimuna omuhingo watjipeheri, posi oko o ka+embo ngamwa (**ka+embo=okandimbu okayendise**). Oko motuveze tjiva ke kutwa tjimuna ehondjere ku nomambo ngu maye kongorere.

a) Omuatje ngo **ka** zuu.
b) Inyangu **ka** zire kEpako; wa zire kOtjinene.
c) Ove **ka** ove omuatje wa Hivanga, iho o rata.
d) Unomasa **ke** rihongo, omuatje opuwo wa suvera omanyando.

Ehondjere ehitisiwa

Ehondjere ehitisiwa ri hita pokati kotjituwakomeho tjomuhoko notjiunda tjerikuramenambo kaaṋi ndo, okuvatera erikuramenambo kutja ri yenene okurihandjaura orini. Pu pa ungurisiwa ehondjere ehitisiwa pe sana aayo, indi ehondjere ehitisiwa ra kambura oruveze ndwa tja aru rira orwehandjaure/ehandjaurambo poo erukambo ehandjaure. Indi ehondjere ehitisiwa ndi mari heewa embo ngamwa ndi mari yenene okuryamisa omaheya werikuramenambo indu tji ra hitisiwa moruveze ndwa tamunwa (**pokati kotjituwakomeho tjomuhoko notjiunda tjerikuramenambo**).
Otjihorera:

a) omundu	omu**rume**ndu
b) omuti	omu**ret**i
c) omundu	omu**haze**ndu

Omihoko vyomambo mbi tjangwa ku vyo ovini:

Erikuramenambo (Noun)

Erikuramenambo embo ngamwa ndi ruka ena motjiṋa. Komuhingo mbo, erikuramenambo ena ngamwa, ena rotjiṋa kangamwa atjihe, otjiṋa atjihe kombanda youye tji nena. Ena ratjo ndo okutja erikuramenambo.

Omihoko vyerikuramenambo

Erikuramenambo ri nozonḓengu ine nḓa:
a) erukambo
b) erukwana
c) ewongambo
d) erukambo ehaṋuṋungwa

Erukambo embo ndi ruka oviṋa ngamwa mbi novikaṋena vimwe ena rimwe ku vi sokutjiukirwa. Erukambo romourike ri raisa kutja otjiṋa atjihe tji mari ruku otjomuhoko uṋe woviṋa. Erukambo ri isanewa kutja ena rakauriri rangamwa otjiṋa tjotjimbumba tjoharive.

Otjihorera:
   a) omundu   ovandu
   b) orukaku   otukaku
   c) omuti   omiti
   d) ongombe   ozongombe

Erukwana ena romundu poo otjiṋa kaaṋi kourike watjo. **Oro ra haṋika kerukambo motjimbe tjokutja oro ri ruka erukambo arihe ndo, pu mape heye kutja otjiṋa ngamwa motjimbumba tjavyo tji yenena okukara nerukwana.**
Erukwana komuhingo mbo ena ngamwa romundu poo otjina kourike watjo.
Otjihorera:
   a) Undjakuje
   b) Otjomuise
   c) Kambambaro
   d) Hauhau

Ewongambo embo ndi ruka oviṋa vyomuhoko umwe (erukambo) mbi ri motjimbumba. Wina, ewongambo ri yenena okuruka ovimbumba ovingi vyomuhoko umwe. Ewongambo romowingi ri ruka ovimbumba ovingi vyotjiṋa tji nge tjo.

Otjihorera:
   a) Orupanda roukambe
   b) Ekuzeze rouzera
   c) Ehapu rozonywitji
   d) Ombunga yovandu

Erukambo ehaṋuṋungwa ri rira embo ngamwa ndi ruka ena kotjiṋa omundu ke hi na maa yenene okuṱuna. Oviṋa mbi vi rira oviṋa ovandu mbi ve kambura/tjiwa kutja okuviri posi mbi hi nomuhapo kaaṋi. Embo ngamwa ndi ruka vyo komuhingo mbo opu ri isanewa kutja erukambo ehaṋuṋungwa.

Otjihorera:
Ondjara, onyota, omeripura, orusuvero, oukoze, omazenge

Ohunga no kuhaṋa kutja embo erikuramenambo poo karikuramenambo, omapu nga ye sokuṱizirwa mourizemburuka.
   a)   Embo ngamwa ndo ri sokuyenena okutanauka okuza mourike okuyenda ko wingi, poo tji ri ri mo wingi, ri sokutanauka okukotoka kourike

b) Embo ndo ri sokurira ena/erikuramenambo posi kari sokurira embo ndi mari hungire ohunga nena
Otjihorera:
Ekwamo *ewa*.
Omakwamo *omawa*.
Embo ndi ekwamo erikuramenambo motjimbe tjo kutja ena rotjiṇa
Embo ndi ewa karikuramenambo motjimbe tjo kutja mari hungire ohunga nekwamo/nombuniko yekwamo.

c) Erikuramenambo wina ye tjangwa ku nehondjere reraisauini
Omuatje wa *tate* omuwa. Zemburuka kutja ehondjere reraisauini ri tjangwa ku nerikuramenambo indi ndi ri orini rekwao, posi karo ndi ndi ri ouini wekwao.

Omapingenambo (Pronoun)

Embo ngamwa ndi he ri ena posi ndi yenena okuungurisiwa moruveze rwena (erikuramenambo) okutja epingenambo. Epingenambo ri yenena okuraisa kutja erikuramenambo ndi ra pingene oromuhoko uṇe mokuurika komuhoko werikuramenambo oro mbu ra pingene.

Komuhingo mbo nu wina okuraisa ousupi, erikuramenambo ngamwa ri nepingenambo romuhoko waro, otja kotjituwakomeho tjaro. Epingenambo ri yenena okupingena erikuramenambo potuveze tuvari twi: erikuramenambo pu ra ri etjite na pu ra ri etjitirwa.

Omapingenambo	**Pronoun**
ami	I
eye	he/she
indji	it
eṱe	we
ove	you (singular)
owo	they
eṇe	you (plural)

The table beneath contains the following:
A noun prefix, its pronoun and its demonstratives

Otjituwakomeho tjomuhoko/ prefix	epingenambo pronoun	Eraisambo - demonstrative			
		This	That	These one	Those one
omu ova	eye(he,she) eṱe(us) eṋe(you) owo(they or them)	ingwi imba imba imba	ingo imbo imbo imbo	ingwina imbena imbena imbena	ingwini imbeni imbeni imbeni
o ozo	oyo ozo	indji inḓa	indjo inḓo	indjina inḓena	indjini indjini
omu omi	owo ovyo	imbwi imbi	imbo imbyo	imbwina imbina	imbwini imbini
otji ovi	otjo ovyo	ihi/itji imbi	iho/itjo imbyo	itjina imbina	itjini imbini
e oma	oro owo	indi inga	indo ingo	indina ingena	indini ingeni
oru otu	orwo otwo	indwi itwi/iswi	indo itwo	indwina itwina	indwini itwini
oka ou	oko owo	inga imbwi	ingo imbwo	ingena imbwina	ingeni imbwini
ou oma	owo owo	imbwi inga	imbo ingo	ingena imbwina	ingeni imbwini
oku oma	okwo owo	ingwi inga	ingwo ingwo	ingwina ingena	ingwini ingeni

Omahandjaure (Qualifier)

Omahandjaure omuhoko womambo omunene tjinene. Owo omambo nge hungira otjiṋa ngamwa ohunga nerikuramenambo. Omihoko vyomambo mbi omingi tjinene posi otjiungura tjayo i tjimwe. Ku nao, omerihongero wawo omapupu orondu tji maye tjiukwa kutja omahondjere kombanda yaindu tji maye rihongwa omuhoko auhe kourike wawo. Ovihorera mbi ri kehi mba avihe ovyomahandjaure:
    a.   Ehandjaurambo---Omuatje **omuwa**---------Ombuniko
    b.   Evarambo---Ovanatje **vetatu**----------------Otjivarero
    c.   Eraisambo---Ozohauto **nḓo**-------------------Oupopezu noukokure
    d.   Ehandjaure ezametjitambo---oruvyo **oruṱi**-----Otjitjitwa

Omihoko vyomambo mbi omingi tjinene, posi otja tji mo munu, ovyo avihe vi hungira otjiṋa kaaṋi ohunga nerikuramenambo.
Onduvasaneno ndji sokuvazewa komuhingo mbo okutja oyondji. Ngamwa embo ndi mari raere otjiṋa ohunga nerikuramenambo ehandjaure; mape sokuyakurwa kutja omahandjaure nga ye nomana yawo wina.

Ehondjere retjite/nehondjere retjitwa

Ehondjere retjite ri nozonḓengu mbari, oyerikuramenambo noyetjitambo. Erikuramenambo ri kara nourike nowingi; etjitambo ri notuveze, tjimuna orupeveze, orukapitaveze noruyaveze. Ku nao, ehondjere retjite ri waneka erikuramenambo retjite (eha romuhewo) ku nondimwa (otjitjitwa) tjaro. Ehondjere retjitwa ri waneka etjitirwa romuhewo ku notjitwa tjaro.

Tara kovihorera mbi:
    a)   Omuatje *ma* tupuka kostora.
    b)   Okanyeti ka*ke* tupuka pohauto.
    c)   Eṱe tji *twa* ya, eye *wa* sewa kombunda *a* ru ku novanatje mbo.

Ku nao, embo ngamwa momuhewo ndi mari tanauka okuza kourike okuyenda kowingi poo okuza mowingi nga kourike nu wina ndi mari tanauka tjimuna etjitambo okuza koruveze nga ku rwarwe (orupeveze, orukapitaveze poo oruyaveze) ehondjere retjite.

Omatjitambo (Verb)

Etjitambo monḓengu yaro ku ri tjiukirwa ri rira embo ndi raisa otjitjitwa tjomuhewo. Nambano, otja kondjiviro yetu, ngamwa otjitjitwa tji tjitwa moruveze kaaṋi ndo. Ku nao, pe nomaundjiro wokutja tu zuvasane kutja etjitambo ri kara notjikaṋena tjokusokutanauka momihingo mu mari yenene kutja ri yarise otuveze ohongora tovitjitwa twi: orupeveze, orukapitaveze, noruyaveze.

Etjitambo ri yenena okurira embo ndi mari ungura oviungura vivari ohongora mbi momuhewo, na wina vyarwe otja mozonḓengu zaro nḓa handjauka poo nḓa tandavara:

- Embo ngamwa momuhewo ndi mari raisa otjitjitwa tjerikuramenambo romuhewo mbo
- Embo ngamwa ndi mari raisa ongaro poo ongongorerasaneno ndji kayendisiwa i poo ndji kayetisa po otjitjitwa.

Ovihorera

1. Ami me **i** kostora muhuka.
2. Hapo u **ungura** pi?
3. Ami mbe mu **vangere**, pa **kapitwa** opuwo.

Zemburuka kutja omambo nga ye varwa otja ovituwakomeho; ku nao orupa oruyakurwa rwetjitambo.
   a. Ehondjere ekotorise
   b. Okandimbu okayendise
   c. Okandimbu okapatanise
   d. O(oku) ndji ri otjituwakomeho tjomuhoko womerikuramenambo

Omamangurure (Modifier)

Omamangurure omuhoko womambo omanene tjinene. Owo omambo nge hungira otjiṋa ngamwa ohunga netjitambo. Omihoko vyomambo mbi omingi tjinene posi otjiungura tjayo itjimwe. Okurihonga wo oupupu orondu tji maye rihongerwa okuza kotjiungura tjayo tjokuraisa ngamwa mbi ye yenena okuraisa—okuhungira ohunga netjitambo. Okurihonga auhe womihoko mbi ouzeu komaunda yokusokuisana ngamwa arihe romambo nga otja emangurure okuisa okuza kokutja kondumbwa embo ndi raisa onḓengu yotjitjitwa tjetjitambo ri isanewa kutja emangururambo. Ovihorera mbi ri kehi mba avihe ovyomamangurure:

Emangururambo--omuatje ngo u tupuka **nawa**----omuhingo wokutjita
Emangurure------omuatje wa rara **ondonya**------omuhingo wokutjita
Emangurure------ungura **tuvari**----------------omuano
Emangurure------twa ire **rukuru**--------------oruveze

Oviraise vyokuresa (Punctuation)

Onde(.)
Onḓe i ungurisiwa otja otjileṱera otjisenina momuhewo poo okuraisa omasusuparisiro wembo.

- Ungurisa onḓe komaandero womuningirahewo wotona yokehi.
  Tjanga kehi mba (ove).

- Ungurisa onḓe momasusuparisiro womambo.
  E. H. Hoveka

Otjiraise tjokupura (?)
- Otjiraise tjokupura tji ungurisiwa kombunda yepuriro.

  Mo i pi?

Otjiraise tjondavaerero (!)
- Otjiraise tjondavaerero tji ungurisiwa kombunda yotjimbumba tjomambo poo omuhewo mbu mau raisa ondondo kaaṋi yotjimbi poo mbu mau hepa okuṱaṱerwa ko.

  Serwa ondaya!

Ondja (,)
- Ondja i ungurisiwa okuhaṋa omambo poo ovimbumba vyomambo momuhewo.

  Ami mbi nyanda otjimbere, okateni, orakwi notjiketara.

- Ungurisa ondja okuhaṋa otupa otukutuke tuvari tomuhewo umwe tjinene tji matu wanekwa i yomahondjambo tjimuna nga: na, posi, poo, ku nao na ngunda.

  Mitiri Tjituka wa suvera okuhonga, *posi* kavanga okutona ovahongwa
  Hapo Kaetua ma i, *poo* oUazirapi ngu ma i?

- Ungurisa ondja okuhaṋa orupa ndu maru paturura omuhewo ku imbwi omuhewo ouni.

  Ovayeve tji va katavizire, maku tjandje ya rondo ko onene ndji ri Kaurimbi ondumbi!

- Wina ungurisa ondja okuhaṋa orupa orusupi ndu maru paturura omuhewo.

  Ii, matu i pamwe kOtjomuise.
  Kai na tja, twa ṱokupandjara.

- Ku kauriri, ungurisa ondja okuhaṋa orupa ngamwa komuhewo ove potjohekana tji mo ru hungire.

  Ami mba suvera onyama yongombe, kaindji ombapa kako.
  Eye u kara kOmongua, kakOmaruru kaiya!

Omaungurisiro wondjanḓe (;)
- Ungurisa ondja okuhaṋa tu twa tjama notukutuke twomuhewo tu hi ya wanekwa i yehondjambo.

**Ovaungure avehe aave suva ozoiri ndatu ometaha; nai ve suva imwe uriri nu rumwe kave suva kaparukaze.
Ondjira osupisupi okuyenda komongua oyondji yokupitira moDordabis; ombwambwa oyondji yokuyenda kEpako rutenga.**

- Ungurisa ondjanḓe pokati kotupa tuvari otukutuke indu orupa orutjavari tji mari utu na rimwe romahondjambo nga: ngunda, tjarwe, mena ranao, otjihorera n.v.k.

  Ohauto yandje i tupuka poyoye; nangarire nai, ngatu karuke otjikara.

- Ungurisa ondjanḓe okuhaṋa omambo nge ri movimbumba tji maye hepa okuhaṋwa komeho indu oyo tji ya ri aya haṋwa nondja rukuru.

  Otjira atjihe tja ri nomuzaro mbwa haṋika: Omaheke, omumblou; oKhomas, omuserandu; Otjozondjupa, omumbonde; nOkunene, omurumbu.

Ependa rozonḓe (:)

- Ungurisa epanda rozonḓe okuhaṋa oviṋa mbya tamunwa mongongorasaneno korupa ndwa kayetisa omatamunino wavyo.

  Mondjaṱu ndja pandjarere mwa ri noviṋa mbi: ondjasa yombura, omburukweva ondjina, okakarata kondjiukiro, oruvyo orukondakuvari nembo roviperendero.

- Ungurisa epanda rozonḓe pokati kotupa tuvari otukutuke tomuhewo indu orupa orutjavari tji maru kahurura poo susuparisa indwi orutenga.

  Omuungure wa ri nena ndi: "Suami."

  Zemburuka omambo nga: "Kongora mo paturwa; ningira mo pewa."

  Ndino matu pata nomambo yaJohn Donne: " Kape nomundu ngu r'okakoverwa ku ka hovekwa, omundu auhe orupa rwehi."

- Ungurisa epanda rozonḓe kombunda yomapatururiro morutuu rokotjiveta, okuhaṋa oiri kozominute, nokutjanga omazeva nomakondwa wOmbeipela.

  Me i mo 9:24 P.M konganga, tjazumba, e i kombongo nu atu karesa Ombeipela. Matu karesa mu Isaiah 4: 23.

Orutau (-)

- Orutau mokuungurisiwa rwa tjama kepanda rozonḓe, posi tji mo ungurisa ro [orutau], ripura aayo mo vanga kutja ombango yomukalese i yandjwe

komambo nga tjangwa komurungu worutau, pu mape hee kutja omambo nge kakongorera orutau ye handjaura uriri posi kaye rire omanahepero tjinene.
- Haṋa orupa orupaturure poo omeripura komahandjauriro waro mokuungurisa orutau pokati kavyo.

**Okuhonga nokurongerisa—imbi ooviungura ohongora vyomitiri.
Ovanyandere vomozongondjero zovakwao—imbo oovandu mbu mbi ha ṱuṋu ko.**

- Ungurisa orutau okuraisa omatanaukiro wohakahana okuza komeripura nga ri po.

**Ami hi ku zeri-kako, kako hi ku munu.
Ngatu katare otjimbere-kako, ngatu itji ri rutenga.**

- Tji mo vanga okuraisa kutja embo poo orupa rwembo rwa isiwa pendje momatjangero wongundasaneno, ungurisa orutau.

"Omuatje ngo wa i ko—?," Inyangu wa purire.

Omaungurisiro wouwongo (( ))
Ouwongo u ungurisiwa okuhaṋa ngamwa omambo poo otupa tu matu kurungisa omaheya womuhewo. Ouwongo mo ṱokutja u kuramena po omasuvaneno momeripura womutjange; omambo aruhe nge kara moukoto wouwongo ye rira ombuze ndji ndja yeterwa ko. Omambo nge ri mouwongo, omutjange tja tye okuhinokutjanga, kaye sokuṱuna komaheya womuhewo.

- Ku nao, ungurisa ouwongo okupatera mo ngamwa ombuze, omapu poo ovitjingwa mbi mo munu kutja mavi yetere ko ongahukiro komuhewo, posi kavi nokuṱuna komaheya womuhewo.

Atuhe twe kurira koresevate imwe (Otjiungukua, Omongua).

Osikore mai pata muhuka (Oritjatano).

Omaungurisiro wotjiraise otjihondje (-)
Otjiraise tji tji ungurisiwa okupora embo mokati komaandero womuhewo kutja ari ha ruruma oruveze romatjangero oruyandjerwa; okuraisa kutja embo ndo nomuhewo mavi kayendo momurari wokehi. Embo ndi mari haṋwa ri sokurira mangara ere. Otjiraise tji tji sokuhaṋa embo pokati kozondundo zaro.

Ondundo orupa oruṱikonaṱikona embo mu ri haṋewa ari yenene okulesewa.

Tara kovihorera mbi:

Omuatje omure, omutonga, omuhoni nomu-wa tjinene ongu korwa mokuvaka ovikurya vyosikore yaKovimburu.	√
Omuatje omure, omutonga, omuhoni nomuwa tjinene ongu korwa mokuvaka ovikurya vy yaKovimburu.	osikore

Otjiraise tjomaisapero (')

- Otjiraise tji tji ungurisiwa okuraisa kutja ovileṱera poo ozonomora kaze tjangerwe, wina okuraisa kutja otjileṱera tja nambirahiwa, tjinene pomakutiro womambo womihoko vivari pekepeke kumwe.

    Mombura ndji o '80, otji twa ya kovita.

    Ozombar'ovitambi, ovandu ozombambairi, ovahatira'honga yorukuṋe, Omunane Kuaima Riruako, Omunane Munjuku Nguvauva, Omunane Eerike Zeraeua, Omunane Ngaveteṋe, imba ovanane votjiwaṋa tjOuherero moumbomba watjo, na varwe mbu tu ha tamunine.

Epanda roviraise oviyarure po ("") notjiraise otjiyarure po tjimwe (' ')

- Ungurisa oviraise oviyarurepo ovitenga okuraisa omambo oyeniyeni nga hungirwa i yomuhungire kaaṋi. Moukoto woviraise mbi, o zembi okuungurisa oviraise vyokuresa tjimuna ozondja nozonḓe otja tji vi sokuungurisiwa.

    "Omuatje u rongaronga, hapo mo mana ruṋe ovandu ve kayende?", Papaa wa purire nao ku Karumbii.

- Zemburuka kutja oviraise tjimuna otjondavaerero notjokupura mavi kara moukoto woviraise oviyarurepo indu omambo ngu maye yarurwa po tji ye ri epuriro poo ondavaerero kaaṋi; omuhewo auhe tji u ri epuriro poo orupa ropendje yomayaruriro po tji ru ri epuriro poo ondavaerero, oviraise mbi mavi ya pendje yoviraise vyomayaruriro po.

    Hapo oTjipangandjara poo Kandambungu ngwa tja: "Tji tja woro tji pu r'oina"?

- Ungurisa oviraise oviyarurepo okupatera omana womambo, omiimbo, omaimburiro, omana wozongongorasaneno zoratio notv, nomana wotukondwa tomambo. Wina omana wokutjitasana ouhahu na ngamwa omana nge he ri owokotjiveta, neraka ndi he ri rokotjiveta ye haŋwa komuhewo auhe mokuungurisa oviraise oviyarurepo imbi ovitenga.

Ongongorasaneno indji *"Kurakurisee ouruvi"* **i imwe yaind̦a nd̦e zerwa omayuva ngu ku novitjitwa; ngahino ovandu ve vanga okutoŋa oukarata wokukahita ovitjitwa otjari.**

Clemens "Nguundjua" Tjano wa ri umwe wovatone wozongomi ohongora motjiwaŋa tjOvaherero.

Tji twe yere mbo, mbi twa ri amatu zuu *"oHey Jeffy, deal die Mulla man".*

- Oviraise oviyarurepo mbi ovitjavari vi ungurisiwa okuhaŋa omayaruriro po nga tjitwa mokati komayaruriro po omakwao.

    Kakujarukua wa tjere: *"Matu yazema komambo waMartin Luther 'Mbi noruroto' oku matu yazema ndino."*

EMBO ROMAMBO RO OTJIHERERO - OTJIINGIRISA

Aa

aa! (*interjection*)	oh!
aayo	as if, as of, as though
aehe	all
akuhe	everywhere, wherever
ami	I, me
ami omuini	myself
amuhe	everybody, you all [*refere to people*]
amuii	don't go
amuri	don't eat
andakuzu	if, would
andarire	like, likely, similarly
aṇi	who
apehe	everywhere
are	not so, then
arikana (*singular*)	please
arikaneye (*plural*)	please
ariretji	then
aruhe	eternal, ceaselessly, always, forever, whenever, daily
arwe	other, different, another
atatata (*interjection*)	wow!
atja	otherwise
atjihe	total, whole
atuhe	all of us, we all
auhe	each, whosoever
avehe	all of them
aveyeine	all four
aveyetano	all five
aveyetatu	all three
aveyevari	both
avihe kumwe	generally
avihe	all [*references to things*]
ayee	no, not at all
ayehe	all of it
ayoo	as if
azehe	all of them [*references to animal*]

Ee

eanda	matrilineal clanship, family name
eendo	grave
eero	black market (selling of goods illegally)
eha	place, dwelling, home, address
ehakutwaraka	prose
ehambaneno	mirth, playing due to joy
ehambano	madness, foolishness
ehandja	plain
ehandjaurambo	adjective
ehandjoze	virgin
ehanḓu	naughtiness, impertinence
ehaŋeno romambo	verse
ehapu	swarm
eharapose	semi vowel
eharasa	drinking glass
eharekero	decoration
eharwi	plentiful
ehatjimwe	synonym
eheero	meaning
eheke	sand
Eherero	a fat, clumsy Omuherero
ehewa	predicate
eheyambo	ideophone
ehi ehuura	colony
ehi etoororwa	zone
ehi randje	my country
ehi	sand, soil, ground, earth, country, territory, sphere
ehiha	remains
ehika	umbrella, screen
ehira	slab, slice
eho	eye
eho rongoro	kneecap (*patella*)
ehondjambo eṯekisapamwe	co-ordinate sentence
ehondjambo	conjunction
ehondje	copulative
ehondjere ekotorise	reflexive
ehondjere enarupe	relative concord
ehondjere reraisauini	possessive
ehondjere rerukambo ehandjaure	adjectival concord
ehondjere retjite	subjectival
ehondjere retjitwa	objectival
ehondjere	concord
ehongore	antecedent

ehongwa	lesson
ehoro	milk pail, wooden vessel
ehoze	tear
ehozu	grass
ehozu ekahe	hay
ehuha	loop, noose
ehundju	fish
ehungi kozombuze	press release, press conferernce
ehungi ravevari	dialogue
ehungi rimwe	monologue
ehungi rovisenginina	myth
ehungi	conversation, narrative, story, tale, topic
ehupiro	livelihood
ehuri	liver
ehwa	forest, bush, grove
ehwe	edible root [*root of Fockea Angutifolia*]
ei	egg
eimburiro	song, hymn
einya	feather, hair [*body*]
eka	thief, con
ekahu	clear
ekamba	dry waterless cloud
ekanyama	axe, machete
ekara	coal
ekaro	appetite
ekaya	tobacco, cigarette
eke	hand
ekende	bottle
ekerse	candle
ekombezumo	illegitimate child [*child born out of wedlock*]
ekondwa	chapter, paragraph
ekopi	cup
ekori	hat
ekoro	lap
ekoti	shoe sole, a piece of cloth
ekukutu	dry soil
ekuma	sidewall, woodshed
ekumbu	calabash stopper, top, cork
ekunde	bean
ekungu	cucumber
ekura	persons of same age or age group
ekuru ranare	archaism, old form
ekurungo	unsteadiness, uncertainty
ekuryoma	built
ekutu	canvas bag
ekutwana	handwriting
ekutwaraka	poetry

ekuva	axe
ekuya	thorn
ekuyu	fruit of fig tree [*Ficus Sycomorus*]
ekuzeze	lot, flock
ekwamo	belt
ekwara	crow
ekwatandere	useless person, one who offers no help
ekwise	trance, unconsciousness
emangururambo	modifier
embo rokomeho	preface
embo romambo	dictionary, glossary, lexicon
embo	book, word
embo rovitjitwa vyeyuva	diary
embo ezamekwao	derivative
embondo	that book, that word
embuita	friction drum [found in Kaoko]
emuma	fear
emunine	lamp, candle
ena romundu	person name
ena rondjozikiro	title
ena ropoŋa	place name
ena roruzo	last name, surname
ena rotjipuka	animal name
ena	name
enamwa	religion
enanga	mucus
enatje	chick, lady
endindi	cricket
endjembere	raisin, grape
endongo	stork
endu	antogonist, enemy, opponent
eŋe	you
eŋena	back part of the thigh [*semitendinosus*]
enena	fit, competent, match, qualified
enene [*past tense of enena*]	fitted, sufficient
enga	spear
engaha	palm of hand
engete	million
engongwa	wasp
engororo	millipede
engoti	neck, nape
engura	unripe, unfinished
eŋi	grease-spot, stain
eningiriro	request, petition, asking
enonono	diarrhea, dysentery
enorini	proper noun
enyando enene	exultation

enyando eyorokise	comedy
enyando okasupi	sketch
enyando reyuru	bliss of heaven
enyando	delight, joy, gladness, celebration, festival, game
enyangato	crowd, multitude, a lot
enyari	group of kids
enyengure	derogative
enyenyo	boasting
enyingi	a lot, enough
enyunguhuka	dawn, daybreak
eo	pond, waterhole in the rock
eonya	wrinkle, fold
epaha	twin
epamba	cornrow braids, plait
epanda rozonḓe	colon
epando	bond, tie
epanga	friend
epango	troop, unit, group, party
epapangumba	cataract (*of an eye*)
eparu	mistake in haircut
epatje	brilliant
ependa	brave, bold, courageous, valiant, diligent, daring, hero
epeni	cent
epereho	squinting
epeze	drizzle, sprinkle
epiko	quarrelsomeness
epimba	response
epindi	shin bone
epingenambo ehazikamisa	indefinite pronoun
epingenambo eraisauini	possessive pronoun
epingenambo romundu	personal pronoun
epingenambo	pronoun
epingo	crowbar
epiruke	antonym
epoha	stirrup
epondo	sluggishness, boring, lazy
eporoiro	plait
eposapamwe romotono	nasal consonant
eposapamwe	consonant
epose emango	close vowel
epose eparanga	open vowel
epose esenina	final vowel
epose rokomeho	front vowel
epose rombutiro	initial vowel
epose romokati	central vowel
epose	vowel
epoṱu	drowsiness, insensibility unconsciousness

epsalme	psalm
epu	fact, reason, knot
epukisiro motjihorera	analogy
epuku	mouse
epumbo	bad fortune, evasion, disappointment
epunda	bunch, tuft
epunga	lung
epurambo	interrogative word
epuriro	question, inquiry
eputi	trouble, adversity, stress
eputuko	coincidence
epya	gum, glue, resin
eraero	command
erai	dumb
eraisambo	demonstrative
eraisauini	possessive pronoun
eraisiro	announcement
eraka etenga	first language
eraka etjiukwa mozondendera	local language
eraka eyenda	foreign language
eraka oritjavari	second language
eraka raina	mother tongue
eraka rokotjiveta	national language / official language
eraka rotjiwaṋa	indigenous language / national language
eraka rovandu wokehi	slang
eraka	tongue, language, speech
erambe	light
erambu	thin, leanness, starvation, malnourishment
erapi retu	national flag, our flag
erapi romosengo	scarf, tie
erapi	cloth, sheet, flag
eraru	appetite, greedy, desire
eratiane	lantern
eravaerambo	interjection
erembe	headdress worn by Omuhimba married woman
erenga	tidy appearance, beautiful
erero	yesterday
ererona	day before yesterday
erike	(*adj*) alone, (*adv*) privately, solely, singly
erikuramenambo	noun
erimbu	talkativeness
erindi	lake, pool
eronga	admonition, reprimand, advice
eroramazuviro	comprehension test
erori	tractor-trailer
eruka	term
erukambo eserekarere	qualificative

erukambo	nominal
erukwana	first name
erumbi	older sibling of the same sex (elder sister, elder brother)
erunga	thieve, shoplifter
eruru	jealousy, envy, greed
esakramende	sacrament
esanakwao	homonym
esaneke	allegory
ese	scent
esembi	chameleon
esena	abscess, tumor
Eseninarindi	March
eseno	tardiness
esere	hundred
eserekarerwa	novel
eserewondo	century
eseta	closely
esikaho	ptosis
eso	leaf
esoroko	fork
esoromuṭati	mamba [*angusticeps*]
esu	puff adder, viper
esupa	jealousy [*act of woman towards sexual partner (man-Oukoze)*]
esupihungi	short story
esuru	cold disposition, influenza
esusuparisiro	abbreviation
esuzu	foam, scum, lather
eta outwika	fester
eta ovikurya	fruitful
eta rombura	raindrop
eta tjarwe	replace with another thing
eṭa	inheritance, estate
eta	*take somebody or something*-bring, fetch, spot, *dripping of liquid*-droplet
etako	buttock
eṭako	joke
etamba	witchcraft
etambo	back
etamekero (**omatamekero**) introduction	
etaneho; omataneho	cross eyes
etanga rakautji	watermelon
etanga	melon, gourd
etangambo	preface
etangara	tripe
etangero	song of praise
etata	prostration
etatu	flattery
etau	billion

eṱe oveni	ourselves
eṱe	we, us
etemba [*romeva*]	trough
etemba rovavere	ambulance
etemba	car, vehicle, cart, wagon
etenga	first
Etengarindi	February
etestamende	testament
etetewe	bustard
etiku	trick, dissimulation, guile
etitiparisambo	diminutive
etitipongo	rock pigeon
etiva (*pl. omativa*)	worm
etjangwa eute	manuscript
etjangwa	script, epistle, written
etjaṋinga	mole, blot
etjendje	deceit
etjipa	peg
etjitambo ehakapita	intransitive verb
etjitambo ekapite	transitive verb
etjitambo erikuramene	principal
etjitambo evatere	auxiliary verb
etjitambo ezamekwao	derived verb
etjitambo ropoutwingi	frequentative main verb
etjitambo	verb
etjite/etjitire	subject
etjitiro	act
etjitirwa[etjitwa]	object
etjo	cliff
etoko	hornbill
etokoti	mopani tree seedpod
etongo	hight
etoni	testicle
etosa	swamp
etoto	both
etowa	windmill, windpump
eṱukuhuka	dawn
etumbo	thigh(*femur*)
eṱunḓu	family
etunga	gland in liver
etunguuze	dung beetle
eṱupa	bone
eṱupa retambo	vertebra
eṱupa rorukoro	rib cartilage
eṱupa rotjiuru	skull
eṱupare	personally
etutu	foam

etuwo	room
etwako	commandment, rule
etwangoma	bustard
etwiyu	blister, cyst
eumburiro	song
euru	*engine cover*-hood, *organ of smell*-nose
eutwana	initial
euwa	bald
evanda	cake, pancake, loaf
evangeli	gospel
evango	pelvis
evara	birthmark
evarambo enene	cardinal
evarambo eṱune	ordinal numeral
evarambo	numeral
evare	fibrous
evaverwa	universe, sky, planet
evere	breast
everi	eldest daughter
everipa	first born, first pregnancy
eviko	psoriasis
evyaro	mirth, enjoyment
ewe	stone
ewe epapi	slab
ewiro	fall
ewombo	silence, modesty
ewongambo	collective noun
eyambi	shoulder blade (*scapula*)
eyame	enclisis, encliticum
eyandjwahungi	speech, speeches
eyapure	sacrament
eyaya	insect
eyayu	abhorrence, disgust
eyazemambo	loan word, borrowed word
eye	he, she
eyere	bright
eyo	tooth
eyova	mushroom, stupid
eyovi	thousand
eyoviwondo	thousand years
eyuma	melancholy, depressed
eyuru	heaven, sky
eyuva	day, sun
Eyuva kOkumoho	the South
Eyuva kOkunene	the North
ezamerukambo ehandjaure	de-adjective
eze	horse fly

ezeno	tardiness
ezeva	verse
ezikamisero ropoŋa	locative
eziriro	answer, response
ezuko	fireplace, stove, hearth
ezumo	abdomen, stomach, belly, womb, pregnancy, uterus, room
ezumo etenga	first pragnancy
ezumo oritjavari	second pregnancy also could mean a second room
ezumo romara	bedroom, dormitory
ezumo romariro	diningroom
ezumo romaunguriro	office
ezumo romerikohero	bathroom
ezunganeno	uproar, riot, chaos

Hh

ha pwa	unfit
ha riwa	uneatable
ha rongera	unprepared
ha sana	dissimilar
ha sanene	dissimilar
ha sokukamburwa	incredible
ha sora okutjinda	unbearable
ha sora	unable, unlike
ha tjata	displease
ha tjiti	omit
ha tjiukwa	uncertain
ha varwa	countless
ha yandja	unfruitful
ha	mean, promise
haama	sit
haamisa	make to sit
haenena	insufficient
haha	cause enmity, hostility
hahambunda	go backwards
hahaŋe	after pains
hahangana	irreconcilable
hahaŋika	undivided
hahapisa	infertile
hahauka	break up, destroyed
hahaura	break, split, damage, destroy
hahiza	reject, loose interest
hahuruka	lessen
hahurura	dilute

haisase	disorder
haka	guess, join together
hakaena	meet
hakaenisa	combine
hakahana	hurry
hakana	grab
hakauka	overtired
hakaura	tired out completely
hakiha	shake
hakura	cut lengthwise
hamara	process of pounding something in with the hammer
hamba	tame
hambana	play, frolic
hambirika	splash, decrease
hambombari	seven
hambondatu	eight
hamboumwe	six
hambuna	pour
hambura	forge
haṇa	divide, breakup
hana	drop maneuver, to shit
handa	hold
handja	become angry, rage
handjaura	explain, scatter
handjisa	annoy, make angry, furious
handuka	be shocked, jumped
haṇḍuka	naughty
handurura	diluted
haneṇa	divide
hanga	make, mix
hangahanga	anxious, squirms
hangana	reconcile
hanganisa	make to reconcile
hangasana	bond, unite
hangauka	suffer, struggle to survive
hangombe yakovatwa	ring finger
hangununa	introduce, disclose, praise by telling one's history
haṇika	breakup, divorce, separate
haori	impertinent, insolent
hapa	grow
hara	be, become, nearly
haraharisa	loosen
hareka	decorate, beautify, furnish, adorn, equip
harunduruka	unchangeable
hasema	diamonds [*suits used in cards*]
hasukara	uncircumcised
haṭakama	unreliable

hatauka	unbreakable
hateka	unbroken
hatira	audacious
hava	stab, abundant
haveha	weigh, evaluate
havera	subdue, lie on, sit upon
hayenena	inadequate, unable
hayenene [*past tense of hayenena*]	unable
hayorokisa	undesired, unwished
hazendu	careless, filthy
hazikama	unreliable
hazuva	disobey
hea	indicate, relate, apprehend, suppose
hee	suspect, mean
heha	flake, cut
hehera	beg
heiwe	unknown person
heka	accumulation, save
hekana	gasp, sob, breathe fast
hekena	plead, beg, appeal
hekununa	comfort
hemba	challenge, giggle
hembakana	other side, beyond
hembandina	across, other side, beyond
hemena	lure, attract
hena	escape, flee, desert
hendama	crooked, canting, askew
hendamena	incline
henduruka	lessen, reduce, subside
hendurura	lessen
henga	refill, alter, change
hengisa	discolor
Hengua Joda	Traditional omuhiva dancer
hengura	criticise, find fault
hengurisa	criticise, find fault
henguruka	reduced, become less
Henguva Kareke (b. 1974) oviritje composer and a singer nick name "**Onganga yoviritje**"	
henuka	go down, backwards
henya	trim, cut, shear
henywa	be trim, be cut
hepa	lack, require, need, want
hepe	destitute, in want
hepera	supply, provide
hepisa	impoverish
hepura	announce, communicate, say, notify, inform
hepwa	necessary, serviceable

hera	stir, maneuver
herenga	scarce, diminish, spare
herengisa	diminish
heruka	climb down
herura	unload, dismount
heuka	crumble
hewa	spoken
heya	mean, say, state
heza	slide, glide, slip
hezuzuka	sliding
hi notjari	unmerciful, stern, inconsiderate
hi notjipo	without defect
hi notjivara	without color, colorless
hi nowatjiri	without truth, false
hi perwe	not given, not gifted
hiamanuka	unfinished, not ready
hihama	long for, miss, pain, regret
hihamisa	hurt, grieve, injure, disappoint, depress, afflict
hihamwa	ache, hurt, in pain
hihiza	shove, bring, push
himbahimba	alert, quick
himee	never
himisa	astonish, surprise, puzzle, amaze, startle, admirable
himise	astonishing
himisiwa	puzzled

Himumuine Bethold Was an activist, school principal and one of the first black person to obtain matric; equivalent to grade12

himwa	amazed, surprised, wonder, be astonished
hina	devour
hinakuhepa	ungrateful
hinakuitavera	disapprove
hinakuzuvasana	disagree
hinandengu	valueless, worthless, unimportant
hinda	send, post, dispatch
hindwa	*difficulty with defecation*-constipated, *courier*-messenger, be sent
hinga	blow, drive, move
hingwa	driven
hira	to give water
hirimana	quiet, still, silent
hita	enter, go in, step on
hita mo	interfere
hitasana	pertinent, relevant
hitisa	put in, lead into
hiva	encourage, praise
hivirika	praise, glorify
hivirikwa	beloved, favourite, honored
hiyomuhoko	ancestor

hiyurura	disentangle, separate
hoha	add
hohe	appending
hohiza	*air movement-* blow, fan, *make a case worse-* instigate
hohoroka	disappear
hoka	waken
hokera	close up, save
hokora	whisper, take a piece
hokuru	ancestor
homa	clot, coagulate
homoka	fall out, come loose
homona	pull out
hona	walk slowly
honahona	walking slowly
honapara	reign, rule
hondja	join, couple
hondjasana	join together, follow each other
hondjera	join
hondjwa	be joint
honga	teach, educate, sharpen
hongo	carved, cut
hongonona	testify
hongora	lead
hongwa	taught
honina	stalk
honini	uncle [father's elder brother]
hoora	choose, single out, select
hora	ripe, stiff, shave
horeka	concealed, buried, hidden, keep a secret
horera	imitate
horisa	ripen, dry out, shave
horo	desire
horoka	revealed, exposed
horombamba	stretched out
horora	report, reveal, make known
hoveka	mix, combine
hovekwa	mixed

Huaraka Ṯunguru (b.1932) Ambassador, First Namibian Permanent Representative to the United Nations 1991-1996.

huenda	good evening
huhumiṋa	console
huhunuka	loose
huka	unseat, shake, throw
hukura	undress
humba	reject, chase
humbura	break, bite off a piece
humburuka	move

humburura	remove, take further
humina	tie
huna	foretell, indicate
hunga	treat, nurse
hungama	confront, go face to face, face
hungira	speak, talk, say
hupa	live, survive
hupisa	save
hupita	kiss
hupura	dig
huta	fold
huuna	barefoot
huura	capture, colonize
hwaa	smear, smudge
hwama	menstruation
hwanga	infect
hwange	contagious disease
hwarakata	rustle
hwasana	smear each other
hweka	insert, pierce
hwera	put in, stuff in
hwika	light, ignite
hwikika	to dress, wear
hyurura	disentangle intestines

Ii

i	going
ihe	his or her father
ihi	this
iho	your father
ihwi	these
ii	yes
iine	four
imba	here, recite
imbari	two
imbena	there, those
imbi	this
imbirahi	condemn, throw away
imbo	those, there
imbura	sing
imbwi	these
imuvyu	nine
imwe	one
ina	his or her mother
indano	five
indatu	three

indee	not yet, no
indino	today, present
indjeye (*plural*)	come
indjo (*singular*)	come, let
indjo nguno	come here
indu	then
iṋe	which
ine	four
ingana	be known, spread out
ingee	still not
ingena	that one
ingona	dear
ingonapara	be privileged
ingoneka	indulge, favour, cherish
ingonekua	privilege
ingwi	this
ingwina	there
inyangu	uncle
iparekisa	abort
iririra	to be accustomed, addict, habitually
iririre	away forever
isa	free, leave, disband
isa	abandon, desert, forsake, relinquish, quit, allow, let
isana	call, read, recall
isanewa	be called
isapo	abolish, elide
isira	forgive, derive
isirako	discount
itavera	agree, accept, approve
itja	express, voice, say
itjangovazi	suppose
ivaiva	waver
iyemwe	same

Jj

[*this letter is mostly used with proper nouns. For common words, the letter (y) is commonly used instead, they are both pronounced the same way*]

Jahaṋa	divide, split
January	Rozonḓu
jane	four
Jeesu	Jesus
Jehova	Jehova

Kk

(*adj*)	small, little, minor, tiny
Ka	is
Kaa	chop
kaemo	not there [*used in relation with liquids; no water, no milk*]
kaende	go
kaera	absent, miss, lack
kaere [*past tense of kaera*]	missed
kaerisa	disconcert
kaete (*singular*)	fetch, go get
kaeteye (*plural*)	go bring, go get
kaha	be dry
kahavandje [*personification*]	jackal

Kahimise Rahii Karumburumbu (b. December 15, 1944) Anti-apartheid activist and revolutionist

kahisa	dry out, parch
kahongerwe	illiterate

Kahorongo Kuiri (April 24,1948 - December 24, 2002) Born in Windhoek (ourokasi) and attendent Reinse Sending school. He was a member of Otjiserandu flag. He works as a reporter at Otjiherero FM radio with the other legendaries like (Katjivazeua G. Kangootui, Mbaoua Tjatjitua, Kahivere and Nguenḓu Maxi Mbaha). Discovered programs such as "*Ombako kourama, Omapuriro komitanda, Omanjando no Miṯuka*" also a founder of Chief Hosea Kuṯako Foundation.

kahu	clear
kahungirwa	unspeakable
kahurura	clarify, explain, articulate
kaka	dirty
kakama	undecided
kakatera	adhere, hold on, stick, cling, cohere
kakaturura	take off, separate, disentangle
kakazona	girlish

Kakero Mbaeva (b. October 10, 1927) Bishop of St. Stephan's Apostolic Mission

kako	no, none, not, is not
kama	squeeze, dry out, wring out
kamaa	never [*these are linking verbs*]
kamaamu	you never [*these are linking verbs*]
kamaatu	we never [*these are linking verbs*]
kamaave	they never [*these are linking verbs*]
kamandjembere	clubs [*suit used in cards*]
kamanga	readily, immediately, moment
kamawina	unintentionally
kamba	dry
kambakana	cross, overstep

Kambauruma Tjimbongoro (b.1964 - d.1997) boxer
Kambausuka Tjitavi (1960) traditional doctor "*onganga yombazu*"

BISHOP KAKERO MBAEVA
Copyright/coutesy: Theological Research Institute in Namibia (TRIN)

Kambazembi David Kaonjonga (b.unknown- d.1904) Succeeded his father Kambazembi uaKangombe chiftainship in 1903 and died in 1904.
Kambazembi David Tuvahi (b.1932 - d.2006) Chief of the Kambazembi Royal House, waterberg, Okakarara, succeeded his father Josephat Maveipi Kambezimbi
Kambazembi Hijatjiti Son of Chief Salathiel Kambazembi
Kambazembi Hijauatja Older son of Chief Salathiel Kambazembi
Kambazembi Josephat Maveipi (b.1917- d.1960) Succeeded his father Salathiel Kambazembi to the chieftainship. He was Waterberg chief from (1941-1960)
Kambazembi Julius Son of Chief Josephat Maveipi Kambezimbi
Kambazembi Mbaimbai uaKangombe (b.unknown- d.1903)Was Ovaherero chief of Otjozondjupa (Waterberg) during ca.1860-1903.
Kambazembi Salathiel Kauamihe (b.unknown- d.1940) Son of Kambazembi ua Kangombe. He participated in the German – Ovaherero war of 1904 and after the war he became the chief of the remaining war survivor in the Waterberg area until he died.
Kambazembi Uaakutjo (b. August 12, 1969) Succeeded Chief Tuvahi Kambazembi in 2006. He is identified through " omuKwenambura omunaa Kwendata nguyanenwa movaKwenambura" born in a small village Epunguwe in Okaoko / Okunene region. Son of Hijatjiti Kambazembi and Veneṇunga Kapi.

CHIEF KAMBAZEMBI UAAKUTJO

kambo	it is not a book
Kambundu	May
kambura	receive, take, believe, catch, hold, contain
kamburasana	hold hands, embrace, cuddle
kamburira	catch on, concur
kamburisa	light up, switch

Kamburona Asseria (b. 1932)Arch Bishop of Unity Protestant Church in Namibia.
Kameeta Zephania (b.1945) Bishop of Evangelical Lutheran Church, member of the Constituent Assembly and a Deputy Speaker of the Namibian National Assembly from 1990 - 2000.

kamuhwehwe	wholly
kamungwisi	mongoose
kamuseka	standing up, erectly
kamwaha	open, accessible, vacant
kanda	draw milk from the udder
kandaiza	annoy, harass, unsettle
kandakanda	moving, shaking, anxious, restless, unease, impatient

BISHOP KAMBURONA ASSERIA
Copyright/coutesy: Theological Research Institute in Namibia (TRIN)

Kandanga Gertrud Rikumbirua (b.1937- d.2002) First woman to join OPO (SWAPO) in 1959

kande	thick
kandisa	thicken
kanga	smoke, sauna
kangamwa	every
kangara	thirsty
kangi	sleepless, alert

kangisa	smoked, sauna
kangombe	it is not a head of cattle
kangombo	it is not a goat

Kangootui Edward (b.1911 - d.1998) born in a small village called Otjomandongo near Epako. One of the First black Namibian Roman Catholic pastor to ordain to the priesthood in 1942.

kangura	iron, heat
kanuka	clear up, pass away
kanyaera	speak rudely, harshly
kanyata	shriveled
kaondja [*kaondje*]	walk, advance
kaparukaze	not at all, totally
kapenamundu	nobody, not a soul

FATHER KANGOOTUI EDWARD
Copyright/coutesy: Theological Research Institute in Namibia (TRIN)

Kapere Asser Kuveri (b.1951) National Council Chairperson from 2004 - 2009

Kapika Hikuminue son of Muniomuhoro Kapika, succeeded his father to the chieftainship. Chief Kapika rejected the Epupa Hydroelectric dam project and travelled to Europe for support cause in the 1997.

Kapika Muniomuhoro (b. unknown - d.1986) He was chief Vita Thom upper-hand man. When the chief died he took over the chieftainship until Kazonguinḓi Thom was ready to carry the title. Chief Kapika lived in Omuramba and was the most recognized Omuhimba chief.

kapita	go past, outrun, pass, exceed
kapite	transient
kapitisa[*e*]	transfer

Kapuuo Mutuurunge Clemens (b.1923 - d.1978) Son of Clemens and Alexandeline Kapuuo was born on 16 March 1923 in Ozondjona zandjamo. He succeeded Paramount Chief Hosea Katjikururume Kuṱako on July 20, 1970 until he was ssassinated on March 27, 1978.

kara (*pl. karee*)	stay, take place, subsist, exist, reside, remain
kara akuhe	ubiquitous
kara katumba	watch, be alert, stay awake
kara kokure	stay at a distance, be absent
kara kombunda	stay behind
kara konatja	be worried, interfere
kara kozongoro	sit kneeling
kara mepotu	drowsy
kara mozondanda	encamp
kara nawa	good-bye, stay well
kara nomuinyo	be alive
kara nondjo	pledge, owe
kara nonḓuviro	obey
kara noviungura	engaged
kara pehi	sit, take a seat
kara peke	differ, be different
kara po	be present, occupy, persist
karaura	delete, scratch

kare	aquire
karee (*sin. kara*)	stay
karera	serve, support
karerera	stay forever, last
kareye	stay

Karirao Amingo composer and a singer

kariwona	little finger
kaseka	distant, far, upright
kasupi	short
kata	bend, shrink, contract
katiti (*adv*)	slowly, softly, gently
katjangwa	written

Katjavivi Peter Hitjitevi (b.1941) a diplomat, politician and founding Vice-Chancellor of the University of Namibia

KATJAVIVI PETER

katjetako	hearts [*suit used in cards*]

Katjimune Theo (b.1919 - d. Feb 07, 2003) was a teacher and a principal.

katjimunene	thumb
katjina	nothing

Katjipi Johannes (b.1908-d.19) Traditional omuhiva dancer

katjisupi	shortly

Katjiuongua Moses (b.1942 - d. 2011) Minister, politician. Founder member and president of Swanu party in 1982.

Katjiurike	index finger, pointing finger
katjizorondu	spades[*suit used in cards*]
Katjose	August
katjotjiri	truly
katuka	trespass, jump, break law
katuka orukupo	commit adultery
katukisa	overreach
katumba	awake, stay up

KATJIUONGUA MOSES

Katutura suburban location in Windhoek [*meaning we don't live there*]
kauhungu with out horn, also references a woman without a headdress
Kaujeua Muningandu Hiamipupo Jackson (b.1953 - d. 2010) Son of Tusnelde Mutjise Itavi and Adolph Karora Kaujeua, born on 03-07-1953 in Keetmanshoop, Namibia. He was a composer, singer, author and an actor.

kaungurwa	made

Kaura Katuutire (b. February 03, 1941) President of the Democratic Turnhalle Alliance (DTA) since 1998, Minister, teacher and also member of the National Assembly.

kaurimbi	lion
kauvihu	raw, coarse
kava	famished

KAURA KATUUTIRE

Kavari Kakazona (b. April 29, 1980) Composer and oviritje singer

kavienene	unfit, unseemly

kavinakuketa	uneven, unmatched, odd
kavira	ride
kawami	it is not I
kaweṯe	it is not us
kawina	unintentional
kawo	it is not them
kayenda [*kozongoro*]	crawl
kazandu	manly
Kazenambo Kazenambo	(b. 1963) Politician and a minister
kee	chopped
keetute	gossipmonger, gossip
kehi	under, lower, bottom
keka	chop down
kekema	excuse
kekera	give livestock as a gift
kemwe	one
keṇa	shine, glitter
keṇakeṇa	sparkle, shine
keṇakeṇisa	make to shine
kenda	annoy
kengama	sit up, walk straight
kengeza	notice, be careful
kererisa	threaten
Kerina Mburumba	(b. 1932) Politician, first person to coined the name Namibia.
ketambo	behind
keyakeya	hesitate
koha	wash
kohoka	clean
kohorora	clean thoroughly
koka	drag, die
kokoma	stutter
kokozora	pull, drag
kokumuho	left side
kokunene	right side
kokure	far
komamuho	to the left
komanene	to the right
komba	sweep
kombanda	above, on
kombandambanda	top most
kombazu	originally
kombazu ye	identity
kombunda	behind, later, late, after, afterwards
kombunda yomahatenya	afternoon
komeho	ahead, first, in front of, approximately
komuhuka	east
komurungu	before, ahead, primary

KERINA MBURUMBA

koṇa	vicinity, wipe
konatja	care, concern, heed
konda	cross over, cut off, abbreviate
kondisa	pass, make to cut, brew
kondja	strive, attempt, work hard, struggle
kondjee	try to
kondjera	contest, pursue
kondjisa	urge, enforce, compel, force
kondokera	treat respectfully like given someone a special sweet nickname
konḍonona	examine, study, scrutinize, investigate
kondoroka	go round, turn, compass
kondorokisa	circulate
konga	look for, track
kongora	knock
kongorera	follow, go after
kongorerwa	followed, track, be a result
kongotwe	behind, back side
konya	mince, cut into pieces
kora	nourish, maintain, foster, greetings [*for one person-what's up*]
koree	how are you, what's up [*greetings to more than one person,* **kora** *is used for one person*]
korisa	greet
korokoha	chew, gnawed
korokope	stingy
korongana	clogged, blocked
korora	scrape, cough
korumwerumwe	sometimes, seldom
korutambo	hyena
korutenga	at first
koruveze	timely, punctual
koruzo	customary, tradition
kosi	mission
kosyo	aside
kotama	bend over, bow down
kotamena	bow down, bend
kotera	drink
kotjinyo	oral, verbal
koto	stoop, curve, deep, crooked
kotoka	returned, revert, come back
kotora	bring back, retrieve, rewind, reverse, reclaim, vomit
kotora omuinyo	relive, recover
koṭura	sleepy, drowsy
kotutu (*sin-orutu*)	corpse, organization, bulk, quantinty
kounḍarama	dramatic
koupe	new
koutengatenga	prior, from the begining
kouṭiṭiṭiṭi	bit, piece by piece, gradually

kova	track, grip
kovakova	prevaricate
kovasuvere	those who like
kove	to, towards you
kovera	surround, enclose, circle
kovisa	quench, satisfy
kovyoka	very hungry
kowa	quench thirst, satisfied
koyandje	at my house
koyao	at their house
koyawo	at their house
koye	at his / her house or at her house
koyeṇu	at your house
koyetu	at our house
koyoka	thirst, dry
koyora	break
koyoye	at your house
koza	mortify
kozewa	famish
kozombosiro	phonetic
kozongoro	kneeling, crawling

Kozonguizi Fanuel Yariretundu (b. 1932 - d. 1995) The first permanently appointed Ombudsman after the independence of Namibia. He was a scholar, lawyer and a politician.

Kozonyanga	April
kozosyo	on all sides
kozupara	become tame, subdued
ku	towards, unto, to, on, of, for, from
kuha	tasteless, lost interest
kuhe [*past tense of kuha*]	uninteresting, insipid
kuhisa	aversion, dislike
kuka	leave, travel, journey

Kukuri B. Rikurura (b. 1948) Deputy minister and a businessman

kukuta	dry, hard, wither, stiff
kukutisa	dry out, stiffen, make dry
kukutu	hardy, rigid, tough, severe, firm, hard
kumba	pray
kumbira	pray for
kuminina	accuse, charge
kumisa	amaze
kumise	amazing, strange
kumuka	depart, leave a place, go away
kumwa	marvel
kumwe	together
kumwi	silently, quietly
kuna	plant, sow, till, cultivate
kunda pehi	throw down

kundakunda	walk slowly
kunga *rubbing foreheads with your elders-sort of greeting*-rub, *throw up*- to vomit	
kungu [*past tense of kunga*] rubbed, vomited	
kunguzuka	crawl, slide
kunguzuka kezumo	creep, stealthy
kupa	wed, take in marriage
kupasana	intermarry
kura	full-grown, wean, *act of rubbing*- scrub, file
kurakura	unsteady
kurama	halt, pause, wait, stand up
kuramanawa	pose
kuramena	represent, stand for
kuramisa	stop
kurira	rub
kurisa	enlarge, nurture, promote
kuruka	scrape, consumed
kurunga	wear out, unstable, shaky
kurungisa	confuse, hinder, tease, worry
kurungisiwa	worried
kurupa	old, worn, decay
kurura	shave, scrape, remove smoothly
kuta	pack, bind, fasten, tie, satisfied
kuṱa	nearby, close by

Kuṱako Katjikururume Petrus Hosea (b. 1870 - d. 1970) Born 1870 in Okahurimehi, Okahandja. He became an Ovaherero Paramount Chief after succeeded Chief Samuel Maharero on June 01, 1925 and led the Ovaherero nation until he died on July 18, 1970.

kuṱanguno	near
kutira	muffle, saddle up
kutja	that, incase
kutjira	cover
kutjurura	unclothe, uncover
kutuka	independent, loose
kutura	unscrew, untie, solve, liberate, loosen, relieve
kuturwa	deliver
kuura	break off
kwaere	light up, sunny
kwamiṋa	cloudy
kwamomo	overcast, cloudy
kwamwina	quiet
kwaṋa	press
kwata	breed, generate, produce, give birth to, engender
kwatasana	increase breeding
kwatera	native
kwaza	spoken
kwazorere	darken up
kwenena	disturb, distract

kweya	grind
kwina	cry, whimper, whine
kwinakwina	moan, sqeaks, whimpering sound
kwizika	reserve, invest, ensure, assure
kwizikira	devote
kwizikirwa	destine

Mm

ma i roko	is raining

Maharero Frederick (b. 1875 - d. 1952) The oldest son of Samuel Maharero.
Maharero Samuel (b. 1854 - d. 1923) Son of Maharero ua Tjamuaha. He became Ovaherero Paramount Chief from 1891- 1915. He is known for his courageous war against the Germans during 1904-1908 uprising. He fled to Botswana in 1915 and lived in exile until he died in Serowe, Botswana on 14 March 1923. Chief Samuel Maharero is buried along side the heroes and heroines in Okahandja cemetery.
Mahua Kaundjirue Eric (b. January 03,1975) singer

makera	taste, sip
maketjo	empty handed
mama	mom, mother
mana	finish, exhaust, conclude
manga	fold up, roll, wrap
mangara	approximately
mangara	nearly, like as
manguruka	unrolled, untied
mangurura	clarify, define, unroll, untie, unwrap
manuka	completed
mapeṋe	completely naked
mapeya	could be
matukambura	we believe
mba tjiza	careful
mba	here
mbanangarasi	suppose
mbaraura	redo cooking
mbena	there
mbi	this

MAHUA KAUNDJIRUE

Mbuende Kaire Munionganda (b. 1953) Politician, Diplomat, Minister and an Ambassador

mbyo	beside, next to
mema	carve, start, create, discover
memuna	beat
mena	because
mena ranao	therefore
mena rokutja	because of
meṋe	beside, next to
menga	start
mepoṱu	sleepy, tired

MBUENDE KAIRE

meṱa	smile
meṱameṱa	smile
mimiṋa	console
minika	console, greet
minuka	disappear
minuna	bring closer
miṱiri	teacher
mo	in
mokupepera	in the winter, during cold
mombangurisiro	implementing
mondaro	in the look
mondjuwo	in the house
mongora	bend over, bend down, stoop
moṋoka	soft burnt, well done
moro	good morning
morosa	waste, spill
moruhaka	hassle, constant worry
morusuvo	in peace
moruveze	prompt, in place
mosora	you are correct, you are right
mosukira	sink into
mosura	scoop
motjiveta	official
moukoto	in
mouparanga	wide
moutumbo	in brackets
mu	through, of, out, in, from at, within, where
muhahaure	wrecker

Muhaindjumba Kauatjama Grace Tjitjekura (b. 1976) self-made traditional fashion designer and a teacher.

Muharukua Angelika (b. 1958) Politician and Minister

muhimise	amuser

Muhona Kaṱiṱi Kasupi despises Chief Vita Thom and took up men to fight Thom. The war resulted in a mass killing which later become known as "ovita onguvare".

Muhona	the Lord, royal
muhonge	reverend
muhuka	tomorrow
muingona	precious
Mukuru	God
mumapara	scared, fearful, terrified
mumaparisa	frighten, discourage
mumuna	weaken, exhaust
mumwe	mix
muna	*to receive*-get, obtain, achieve, *to see*-witness, notice, detect
munasana	see one another
mundaarumo	middle finger
munga	chew

Mungunda Anna Kakurukaze (DOB-unknown - d.1959) Socialist
Mungunda Marlene (b. 1954) Politician and Minister
munika	visible, evident, seen, appear
munikisa	show, represent
munina	glimpse, peep, quick look, translucent, see through
munine	transparent
muno	here
munu [*past tense of muna*]	received, achieved, saw, witnessed

Mureti ua Kaupangua (b. 1841- d. 1887) A rich man living in Kaokoland at the time where there was no chief or leader in the area. He did most of the leadership duties in Kaoko area. At the time of his death he settled in Otjipawe where he died and buried.

murongo	ten
museka	erectly, standing up
mutengwa	sir
mutenya	daytime
mutjiwe	so that you know
mutundu	naked, bare

Muuondjo Vevangua (b. 1965) Tailor, outjina dancer and a well known Otjiherero headscarf designer

muvyu	nine
muzu	naked, nude, base
mwaa	smack, hit
mwata	largest part
mwauhara	good afternoon
mwina	silent, quiet
mwinisa	silence, hush, still, keep quiet
myanga	massage

Nn

na	and, with, have
nai	like this, so, thus
nakaura	throw away, reject, repulse
nambano nai	instantly, immediate
nambano	now, immediately, lately, presently
nambatero	be useful
nambera	close, cover up
namburuka	go around
nami	and I
namituka	amusing, comical, clownish
nana	pull, draw, withdraw
nana omukoka kehi	underline
nanda	although
nanḓa	squint, peek, glimpse
nandaku	if

nandengu	valuable
nandinda	stare, look fixedly
nanga	either, even if, faint
nangarire	despite, although
nanisa	waste, squander, trifle
nanuka	lengthen
nanukira	strive, desire, lust
nanununa	draw out, lengthen
nanwa	be pulled, be drawn
nanyune	interesting
naruho	craving, aromatic
nata	conquer, defeat, prevail, throw down
natera	peek, inspect
natjari	merciful, pitiful
natwa	befall
navi	badly, ugly
navineya	dishonest, sly, subtle
nawa	beautifully, fine, ok, comfortable, exquisitely, good, well, nicely, properly, safely, thoroughly
nawina	also
nazondunge	clever
ndaasi	assume, think
ndakuzu	should, if
ndangi [*borrowed*]	thank you
ndano	five
ndapwire	necessary, essential, fitted
ndaronda	hike, rise [*as rise in prices*]
ndatu	three
Ndengani	September
ndino	today
ndinondi	today
Ndjambi	God
ndoovazu	if, when
nembo	with a book, and a book
nga	that
ngahino	perhaps
ngamba	still
ngamwa	any
ngamwa atjihe	whatever, whichever
ngamwa auhe	anyone
ngara	pretend, seem, appear, pose, simulate
Ngarano	June

Ngarikutuke Tjiriange (b. 1943) Politician and also a member of the National Assembly secretary general of SWAPO

ngarura	smoke food
ngarurwa	smoked

Ngatjizeko Immanuel (b. 1952) Politician and Minister

Ngavirue Josef Zedekia (b. 1933) Politician, economist, Ambassador, vice president of SWANU (1978).

ngi	many
ngu	who
ngunda	while, during, till, before, as long
ngundipara	weaken, debilitate, dismay
ngundiparisa	weakened, debilitated
nguno	here
ngunotjari	merciful
ngurova	evening
nguruhu	wilderness

Nguvauva Hiatuvao Lead Ovambanderu in Botswana
Nguvauva Kahimemua (b. 1850 - d. 1896) Leader of Eastern region of Ovaherero and Ovambanderu
Nguvauva Keharanjo father of Ombara onene Jovambanderu Nguvauva Munjuku II.
Nguvauva Keharanjo II (b. 1985- d. 2011) Eldest son of Chief Nguvauva Munjuku II and his wife Aletha Nguvauva. Keharanjo II succeeded his late father Chief Nguvauva Munjuku II as the 4th and youngest Chief.
Nguvauva Aletha Karikondua crowned as queen (chief) of Ovambanderu after she succeeded her late son Keharanjo II.
Nguvauva Kilus Karaerua (b. 1957) Son of Chief Nguvauva Munjuku II and he is a Deputy minister of Ministry of Fisheries and Marine Resources
Nguvauva Munjuku II (b. 1923 - d. 2008) was a Namibian elected Ombara onene Jovambanderu (Chief) from 1951 - January 16, 2008. A traditional Paramount chief and leader of the Ovambanderu communities, ethnic groups who live in Namibia and Botswana. Chief Nguvauva was also deputy chief of Namibia's Traditional house.

CHIEF NGUVAUVA KEHARANJO II

ngwina	that, there
niaa	fart
nikora	gather, pick, pluck
ningeka	wet, dip, soak
ningena	become wet
ningira	ask, request
ningirira	burnt, burnt out
ningota	pinch
nohange	peaceable, peaceful
nohoņi	bashful, coy, modest
nokuhatjiwa	unconscious
nokuhayanda	incessantly, unceasing, continually
nokuhinakukurama	uninterrupted, nonstop
nokuhinakunyinganyinga	motionless
nokuhinakupangura	indiscriminately
nokuhinakurituna	impromptu

nokuhinakutara	regardless
nokuhinaoma	safe
nokuhinatjikaro	unmannerly
nokuhinatjipo	innocently
nokukengeza	discreet
nokupwa	worthily, perfectly
nomakwiya	uncomfortable
nomarama	swift
nomasa	constantly, hard, vigorously
nombango	willingly
nomuhona	with the chieftain, and the chieftain
nomuinyo	alive
nomunene	with the big one, and the big one
nondjara	starving, with hunger
nondjingonekero	favourably
nondjo	indebted
nondova	filthy, foul
nongapara	become wise
nongonona	discover, inquire
nongopara	be skillful
nongwa	desire
nonyuṇe	amiable, polite
noomama	with mothers
nootate	with fathers
noruaze	delightful, enthusiasm, with pleasure
noseve	unlucky
notjari	kindly, gracious, considerate
notjikaro	to conduct oneself effective, manner
notjipo	defective
notjiwonga	obstacle, infortunes
notjo	and it
nouhirona	precisely
nouhona	with a kingdom, and a kingdom
nounongo	ingeniously, with skills
noupenda	boldly, courageously
noupupu	easily, smoothly, with easiness
noupwe	decently, proportionately
noupyuke	eagerly
nousupi	briefly
noutarazu	softly, cool
noutoṇi	successful
noutwe	perforce
nouvaṇde	valiantly
nouyere	splendidly
novakuru	ancestor, with/and the old ones
nove	and you
novineya	slyly, surreptitiously, cautiously

novizeze	falsely
nowatjiri	sincere
nowingona	favorably
nowo	and they
nozondera	nervous
nozondunge	thoughtful, clever
nu	but
nungurura	drink up, exhaust
nungwari	but, yet, however, nevertheless
nwaa	drink
nyaa	scratch
nyaika	broken, sudden fall and breaks in parts
nyainya	crush, grate, rasp
nyainywa	crushed, rasped
nyama	suck
nyamukura	say something
nyanda	play
nyandee [*plural form of nyanda*]	play
nyandera	play at, without due consideration
nyaneka	spread out
nyanga	gather, collect
nyangatara	rattle, restless
nyanuka	rejoice, happy
nyanyangiza	gather
nyanyari	nappy hair
nyanyauka	broken as in small pieces
nyanyaura	break, grind, wreck
nyarinyari	nappy, course [*hair*]
nyaturura	unfold
nyee	nothing, quiet still
nyeka	mock
nyekerera	tease, despise
nyenda	sift, filter
nyendirwa	filtered
nyengura	underestimate, detract, disdain
nyengurisa	depreciate
nyengurwa	despicable, despised
nyenyena	boast, brag, vaunt
nyimapara	silent
nyimauka	shrink
nyina	urinate
nyinganyinga	move, flap, vibrate, swing, rock
nyinganyingisa	move, stir, stimulate
nyinganyingisiwa	moved
nyingena	wet
nyoko	your mother
nyokora	take away part

nyomborora	chatter, tattle
nyomoka	bloom, sprout, flourish
nyona	waste, destroy, break down, desecrate
nyondorokera	sneak in
nyondorora	tear, shred
nyonga	stalk, move slowly
nyonoka	spoiled, destroy
nyosa	burn, heat, fry, roast
nyuta	fold
nywa	itch
nywisa	to itch

Ṋṋ

ṋanga	call, invite, hint, advise
ṋangerako	enlighten, hint
naṋi	perhaps, perchance
ṋiṋa	swallow, absorb
ṋingapara	lucky
ṋiṋi	greedy [desire to have more of something than needed]
ṋiṋikiza	press, oppress, purse, force
ṋiṋine	swallowed
ṋiṋwa	be swallowed
ṋuka	smell, sniff, scent
ṋuna	become fat, obese
ṋunisa	fatten, make fat
ṋuṋunga	feel

Oo

oalfabeta	alphabet
oanḓeresa	address
oenda	injection
oeṋe	you
oeṱe	ourselves
ofonema [*borrowed*]	phoneme
ofunguna [osunguna]	radio
ohahi	cocoon
ohaisase	random
ohakahana	rush, hastiness, quickness, hurry
ohakahaneno	quickness
ohakaṋe	wild dog
ohake	hook

ohako	logo, badge
ohama	indignation, resentment
ohamara	hammer
ohambeya	diluted curd
ohambo	cattle post
ohambombari	seven
ohambondatu	eight
ohamboumwe	six
ohambunino	outpouring
ohambwarakana	unity, compliment, support, strength
ohamukwao	such, similar
ohamuzemba	unexpectedly, random, thoughtlessly, coincidence, general
ohanda	turtle dove
ohanḓe	spark
ohanduka	towel
ohanga	bullet
ohanganeno	reconciliation, unity
ohange	peace, friendship
ohaŋi	disunity, disagreement, difference
ohanya	sunlight, sunbeam
ohapo	custom, normal
ohara	loose, not tight
ohatoi	witness
ohauveve	mint tea
ohei	accidentally, chance, unexpectedly
ohema	shirt
ohengu	criticism
oheo	arrow-head
ohepero	necessity, need
ohere	rock-rabbit
oheva	soap
ohi	fish
ohima	brick, turtle
ohimbihimbi	phony, hypocrite
ohimbo	pole, tooth
ohinauhendi	balanced
ohindja	crack in the heel
ohinga	half, narrowly, scarcely
ohirima	calf rope
ohiva	trumpet, pipe, whistle, horn
ohiviro	praise
ohiwo	praise
ohohoze	beginning of pregnancy
ohoke (*pl. ozohoke*)	bush, grass species
ohoko	ached (pain) in the chest
ohokuru	uncle
ohomonena	original

ohonga yeraka	tip of the tongue
ohonga yevere	nipple
ohonga	peak, point, top, tip, climax, edge, apex
ohongaze	aunt [*your father's sister*]
ohongora	commander, leader
ohongwe	devil thorn
ohoṇi	shame, shyness, disagree
ohonini	uncle [*your father's elder brother*]
ohonono	evidence
ohore	piece of cloth worn under headdress, cotton wool
ohorekero	secrecy
ohorokweva	dress
ohoromende	government, republic
ohorongo	kudu
ohozohozo	after one
ohukuha	mole
ohumba	conch shell
ohumburi	flying termite
ohumburuko	remote, distant
ohumbyu	warm sand from the sunlight
ohunda	rat
ohunga	direction, concerning
ohunguriva	chicken, fowl
ohunguriva onḓenḓu	hen
ohunguriva ondwezu	cock, rooster
ohura	lust, concupiscence
ohuti	secret
ohuto	bundle, parcel
ohwa	termite, iguana
ohwati	passionate, enthusiastic
oimwe	one
oina	mother of an animal
oindaviu	interview
oine	four
oinga	ink
oingineya	engineer
oini	self
oiri	watch, clock, hour
oitjahambombari	seventh
oitjahamboumwe	sixth
oitjaine	fourth
oitjamurongo	tenth
oitjamuvyu	nineth
oitjatano	fifth
oitjatatu	third
oka	singular nominal class prefix
okaemere	small bucket

okaendrae [*borrowed*]	roller
okahahu	naughty
okahanduka	napkin, handkerchief
okahanya	ray
okahavero kozombaze	footstool
okahavero	stool
okaheho	irony
Okaherero	a little Omuherero
okahinauke	toe corn
okahirati	goat's wattle
okahirikova	membrane
okahiva	whistle
okahondje	hyphen
okahoneno	walking stick, cane, walker
okahumburwa	snack, bite
okahwe	wild cat
okainya	accurately
okairiiri	hypocrite, fickle
okakaiva	headscarf
okakakaratje [*borrowed*]	roach
okakambe okatuezu	stallion
okakambe okazenḑu	mare
okakambe	horse
okakara	wagon
okakaramara	clothespin
okakarata	card
okakereite	crayon, chalk
okakeriva	scarf
okakirivaha	wheel barrow
okakombo	brush, little broom
okakuzemaambi	stink bug, melon bug
okamba	enclosure, encampment
okambandorine	tangerine
okambapira	note, paper
okambarona	balloon
okambihi	cat
okambokohepero	notebook, tablet
okambokonḑiro	Easter
okambona	puppy
okamburu	abscess, pimple
okamukoka okazemburukise [*orutau*]	dash
okamutanda	young person
okaṋa	particle, small thing
okanambaka	frog
okanatje okaṯiṯi	infant
okanatje	baby
okandimba okayendise	directive particle

okandimbu	particle
okandjeketa	small jacket
okandjendje	glass bead
okandjira	path, small road
okandombo	pineapple
okandoto	serval cat, wildcat
okandu okasupi	midget, small person
okandukawatata	dwarf
okandunda	small hill
okandungo	pin
okanḑuru	cap, headwrap
okandwi	germ, small seed
okaṋe	dental sign
okaṋepo	member
okangaha	having children after another
okanguma	carpet, mat
okaṋiṋe	ellipses
okanoina	water-bottle
okanwamaihi	evening star
okanwe	stinginess, delay
okanyae	stimuli
okanyataova	flea
okanyeti	bicycle
Okapa	Cape Town
okapapu	mat
okaparwa	match
okapate komuriu	epiglottis
okapate	hook, lock
okapendi	panty
okapepu	slice
okapi	bunny, rabbit
okapikapike	naughtiness
okaposandjombo	big frog
okapuka	insect
okapuku	mice
okapupu	simple, easy, weightless
okapuruse	inattentiveness, daydreaming
okapwindi	stool
okaraisiro	sign, ticket, sample
okarakona	uvulva
okareke	candy, sweet
okarenda *[borrowed]*	calendar
okarikurema	curriculum
okariona	pinky, little finger
okaritje	music, song
okarongo	village, small town
okarovi	pore, small hole

okaruite	refer to a pregnant animal that is small in body size
okarukondwa	paragraph
okarunda	hill
okarupa kembo	formative
okarupambaro	mote, splinter, speck
okarusuvo	break, respite
okarutau	silver, fraction, morsel
okaruveze	minute, instance
okaruwo	toilet, restroom
okaruwona	cottage
okasasero	trifle
okasatana	Satan
okaseni	dik-dik buck
okasepa	zipper
okaserekarerwa	novel
okasino	donkey
okasungu	coccyx
okasurunguta	thimble
okasuta	tip
okasya komayo	lateral incisor
okasyonapati	splenodynia
okaṱahoṋi	hedgehog, echidna
okaṱakaha	fox
okatara	canopy
okatarera	observation
okatase	breakable cup
okatekero	crumb
okatekete	ticket
okatemba	cart
okatemonḓonḓu	somersault, tumble, flip
okatenda	earring, small metal
okatepise	firecracker
okati	stick, rod, wedge
okaṱiho	wrist, joint where ankle and feet meet
okaṱike	stamp
okatikisa	catechists
okaṱikona	tiny, miniature
okaṱiṱi	little, small
okaṱize komavere	bra
okaṱize	stand
okatjimunene	thumb
okatjiurike	pointing finger, forefinger
okatjoro	group
okatjove	hartebeest
okatjutju [slang]	label given to attractive young woman, cheecky
okatonwa	cricket
okatoto kouwa	dimple

okatutatuze	bug, insect
okatware	stamp
okaundatase	saucer
okaupa	pear
okaura	appendix
okavaslapi [*borrowed*]	washcloth
okaviravira	butterfly
okawa	describing anything small and beautiful
okayakise	switch
okayaṱu kovimariva	purse, wallet
okayona	lamp
okayupa	pear
okazemise	eraser
okazerona	chick, baby chicken
okazorera	dizziness
okereka	church
oketja	cash
okira	mock, freezer
okirinika	clinic
okofa [*borrowed*] **otjikesa**	suitcase
okokure	far, distance
okokuvi	not suitable, wrong
okokuwa	suitable, proper, right
okoletja [*borrowed*] **omahongero wo kombanda**	college
Okomamuho	South
Okomanene	North
okomiti	committee
Okomuhuka	the East
okondoma	condom
Okongurova	the West
okosiva	coffee
Okoutjiro	East
Okoutokero	West
Okozondwa	South
oku-	to
okuapa	armpit
okueta	to bring
okuhaama	to sit
okuhaenena	inaccurate
okuhahaura	to destroy, to demolish, to ruin, to wreck
okuhaka	puzzle, guessing
okuhakahana	quickness, haste, hurry
okuhakambura	disbelief, unbelief
okuhakara [**mo,ko,po**]	absence
okuhakoka	immortality
okuhamba	coition [*of animals*]
okuhana	defecate, bowel movement

[279]

okuhana	split, divide
okuhangana	alliance, agreement, reconciliation
okuhanganisa	atonement
okuhangununa	disclosure
okuhanika	division, divorce, part
okuhara	have, desire, chance
okuhara omureru	rustiness
okuhasora	inability, impossibility, failure, disability, inefficiency
okuhasukara	uncircumcised
okuhayanda	endlessness
okuhazikama	unsteadiness, unfounded, unestablished
okuhazuva	disobedience, waywardness
okuhena	elopement, desertion
okuhenga	change, strange, unusual, disorientating, mysterious
okuhepa	thank you, want, needs
okuhepera	providence
okuhepura	offer news; inform with a news
okuhera	to stir meat
okuheripo	absence
okuheritjaera	intemperance
okuhihamwa otjiuru	headache
okuhinakonatja	apathy, indifference
okuhinakupwa	inefficiency
okuhinakutjiwa	uncertain, suspense
okuhinakuyenena	deficiency
okuhinakuzuvasana	dissension, friction
okuhinamasa	helpless, powerless
okuhinamazuvasaneno	discord, disagreement
okuhinambango	reluctance
okuhinandangi	ingratitude
okuhinandengero	impertinence, direspect, rude, insolent
okuhinandengu	insignificance, unimportance
okuhinandjo	innocent
okuhinaoma	fearless
okuhinavikaro	rudeness
okuhinazondunge	imprudence
okuhinda	send, dispatch
okuhinokuungura	without working
okuhinondatero	dishonour
okuhinongokero	immortality
okuhinoupupu	uneasiness
okuhinouwa	animosity, hostility
okuhiva	to praise
okuhohiza	encourage
okuhonga	to teach
okuhora	maturity, ripeness
okuhoreka	reservation, to hide

okuhorekisa ovirandwa	lay-away, lay-buy
okuhorera	emulation, copying
okuhoroka	revelation
okuhuha	curse
okuhuhura	purification
okuhunga	to heal
okuhungira	expression, talk
okuhupa	to live
okuhupisa	preservation
okuhupura	dig a well
okuhwanga	contagion, infection
okuimba	chant, music recite, write poetry
okuimbirahi	discard
okuimbura	singing
okuipareka	abortion
okuiririra	experience, custom to
okuisana	to call
okuisapo	removal, exception
okuitavera	response, agree
okuiya	thorn
okukaera	deficiency
okukakatera ko	adhesion
okukambura	faith, belief
okukandakanda	care, anxiety, impatience, uneasiness, lapse, waver
okukapita	lapse, expiration
okukaranda	to go to buy
okukareka	survive
okukarera	defense
okukaseka	afar
okukata	contraction
okukatuka	to breach, delinquency
okukatura	to live
okukawa	cool down, wane down
okukendjimuna	to go to see me
okukeyakeya	hesitation
okukoha	washing, purification
okukoka	decease, to die
okukoka orumbamba	epileptic fit
okukomba	to sweep
okukonda	to cut
okukondja	attempt, to try
okukorongana	indistinctness
okukoṯura	sleepiness
okukumba	to pray
okukumuka	early departure
okukumwa	amazement, astonishment, shock
okukuna	cultivation, tillage

okukunda	yowl, sad cry
okukupa pevari	bigamy
okukupa	to get married, marriage
okukura	friction, growth
okukurama	standing
okukurasana	to ridicule about food greediness
okukurupa	oldness, old age
okukuta	unite, tie, bind
okukutakumwe	synthesis, join
okukutuka	freedom, liberty, independence
okukutura	deliverance, emancipation
okukwa	call
okukwata	birth, breeding
okukwizika	guarantee, reserve, insure
okumana	completion
okumanuka	exquisitely, completely
okumbangorota	bankruptcy
okuminika	to greet, salutation
okumuna	sight, intuition, to see, detect
okumuna kokure	farsighted, to see far
okumuna popezu	nearsighted, to see close
okumunasana	date, interview, meeting, consultation
okumunika	manifestly, publicly, openly, view
okumunikira ko	prominence
okumunina po	advantage, gain, foresight
okunene	right through
okungara	dissimulation
okuṋi	Fall, Autumn, dry season, (**in Namibia March21–June22**)
okunia	fart
okunikora	gather, pluck
okuṋiṋikiza	pressure
okunongonona	inquisition
okunongwa	inclination, predilection
okuṋuka	to smell
okuṋuṋunga	feeling
okunwa kondjozikiro	toast
okunwa	to drink
okunyamisisa	breast-feed, suckle
okunyamukura	utterance
okunyanda	to play, to have fun, gladness, to joke
okunyanyaura	demolish, ruin
okunyenena	boasting
okunyengura	disdain, to disrespect
okunyengwa	hatred, dislike
okunyinganyinga	emotion, motion, movement
okunyinganyingisa	to thrill, to move
okunyomborora	jabber mouth

okunyomokisa	promiote
okunywa	to itch, itching
okuoko	arm (*humerus*)
okuoko kohema	sleeve
okuondja	to walk
okuongara	coalition, to come together
okupaha	quest, to search, expendition
okupaka	burial, *storage-* to store
okupambarera	to pressure, to assure
okupamuka	to explode
okupepera	winter [**in Namibia June21- September22**]
okuperenda	photograph
okupora	to chill
okupurura	skinning, skin removal
okupwena	to drink, sip [*hot liqids*]
okurama (*pl.omarama*)	leg, wheel, hoof
okurara	to sleep
okuravaera	invocation, ritual of connecting with ancestor/higher power
okuresa no kutjanga	literacy, to read and to write
okureva	mock
okurihonga	to learn
okuripura	to think
okurireka	suicide
okurisuta	bail
okuritjiwa	to know oneself, intuition, insight
okuritjunika	self-respect
okuriṱunina	preliminary, preparation
okuriutira	originality
okurivangera	willingness, motivation
okurivara	conceit, pride, snobbery
okuriwisa kehi	yield, compliance, submission
okurizemburuka	recollection, imagination
okurizenga	entanglement
okurizepa	to commit suicide
okuroka kaṱiṱi	drizzle, light rain
okuroka	rain
okurokoha	fuss, to make noise
okuronda	coition [*of animals*]
okuronga	to exhort, to reprimand, to urge
okurongera	readiness
okurooro	rainy season, summer [**in Namibia December21- March22**]
okurora	experiment, probation
okurorwa	trial
okuruka	con, to name
okurumata	to bite, to inherit
okururumisa	excess, to blow start a fire
okuruta [*vulgar, not to be mention*]	coition, sexual intercourse

okuruwo	sacred shrine, altar, hearth
okurwa	fighting
okurya	to eat
okusana	resemble, affinity, akin
okusasanekwa	to be compared
okusekasana	correspondence
okusekirisa	hospitality, host
okusera ondaya	benediction, to bless
okuseuka	faintness
okusitwa	hiccup, hiccough
okusora omambo	eloquence
okusora	ability, success, possibility, capability
okusukareka	circumcision
okusunda	to use all
okusura	fermentation, swelling
okusuta	to compensate, to pay
okusutira	atonement
okusutira ondjo	to pay fine
okusutisa	revenge, to charge
okusuvera	to love
okusuvera ehi rawo	patriotism
okusuvera okutjiwa	to be curious
okusuverasana	to love each other, friendship
okusuvirira mo	inspiration
okusuvirisa	ventilation
okuṭa	death, decease, disaster, to die
okuṭakamisa	precaution, guard, care
okutakavara	affluence, numerously, richly
okutanaura	translation, to turn
okutanda	threat, set out, plan, cut
okutanga	to praise
okuṭapamwe	adequacy
okutara	to look, observation, inspection
okutarera	indulgence, to be tolerance
okutatumisiwa	torment, abused
okutaura	to flight, to escape, to tear
okutaurwa	medical operated, surgical operated
okutenga	tease
okutenga po	precedence, to be the first
okuteya	to breach, to break
okuteza	look for, search, pursuit, seek
okuti	field, region, wild
okuti ongaango	wilderness
okuti onguza	arid region
okuṭiza	aid, keep, hold, sustain
okutja	consequently, hence
okutjaera	opposing, stop, halt

okutjakana	interruption
okutjangasana	correspondence
okutjavi?	why?, what?
okutjera	to rape
okutjinda	to move, removal, to carry, to bear
okutjinga	to search
okutjita	action, doing, to do
okutjituka	transubstantiation, to change in colour
okutjiwa	to know
okutjiza	sense, to be cautious, to becareful
okutjizikiza	defense, cover, shield, obsecure
okutjukutjura omeva	libation
okutjurura	to prevent
okutjurura orukwato	birth control, to prevent child birth
okutoka	annoy, provoke, tempt
okutona	hitting, beating, to hit
okutonda	hatred, dusgust, also mean to pound
okutongama	squatting
okutongamisa	exaltation
okutoora	culpability, to take
okutooroka	exclusive, outshine, to stand out
okutopotora	chatter, natter
okutoroka	to translate
okutuika	inflammation of eye
okutuka	abuse, oppress, grind away
okutukutura	shred, grind
okutumba	wealthy
okutunduza	promote
okutupuka	running
okutuurungira	to go through
okutwi (*pl.omatwi*)	ear (*pl. ears*)
okutyakana	interruption
okutyora	to fetch wood, to gather wood
okuuka	foretell, predict, project
okuukira	to bark [*dog*]
okuunauna	discontent, to complain, whining
okuundja	anticipation, to expect
okuungura	to performance, to work, labour
okuungwa	colic
okuura	fullness
okuuraa	refer to an animal when beginning showing sign of pregnancy
okuurua	fatigue, tiredness
okuuruma	to be panic, to fright
okuurumisa	to frighten, to scared
okuvaka	to steal, theft
okuvakirasana	to have an affair
okuvanda	front yard [*space between the main house and the kraal*]

okuvandama	pastime
okuvandara	crawling call
okuvandurura	disclosure
okuvanga	intention
okuvara	estimation, to count, appreciate
okuvare	sea, ocean
okuvarura	to visit
okuvezuva	to hear them
okuviura	discipline
okuwa	to fall, decline
okuwana	to unite, to meet, to gather
okuwenena	to growl
okuweza	to add, addition, acquisition
okuwonga	misfortune, to collect, to gather
okuwora	decay, rotting, corruption, to corrupt
okuwotama	weariness
okuya	arrival, to arrive, to come
okuyahama	wide open[could be a mouth or a door]
okuyambera	commemoration
okuyamburura	to insult
okuyanda	to end, termination
okuyandja	to certify, consent, to give
okuyandja omihingo	legislator
okuyandja ondangi	thanksgiving
okuyandja ondunge	suggestion
okuyandjera	to license, to give permission
okuyaraara	plight, to be in a dilemma
okuyarura	restitution, to return
okuyaukwa	to be nausea
okuyavara	food offering, to offer
okuyenda	to leave, to go
okuyenena	adequacy
okuyepa	missed
okuyeura	to support
okuyeva	to hunt
okuyevayeva	to look about
okuyora	to laugh, to smile
okuyoroka	to be happy, brightness, good humour, cheerfulness
okuyova	detect
okuyumana	despondence
okuza	source of originality, from
okuza mo	resignation
okuzemba	forgetfulness
okuzemburuka	to remember, rememberance
okuzembwa	to be forgotten, oblivion
okuzengurura	solved, elucidate
okuzepa	mortally, to kill

okuzikama	firmness
okuzingwa	self-complacency
okuzorera	eclipse, to
okuzungana	agitation, disturbance
okuzunganisa	disturbance
okuzuva	hearing, to hear, to soften a riem or leather
okuzuvara	audibly, intelligibly
okwiitavera	consent
oleṯera	letter
oleṯera onḓinḓi	small letter
oleṯera otjiuru	capital letter
olita	liter
omaandero	end, final, limit, termination, extremity
omaendero	vaccination
omaendo	graves
omaeneneno	adequacy, capability
omaenenisiro	achievement
omaeneno	maturity
omaepero	deviation
omaere	buttermilk, sour milk
omaha	places
omahaameno	council, conference
omahahero	grudges
omahakaeneno	junction, join, meet, connectivity, communication
omahakaenisiro	combination
omahakero womatjangero	punctuation
omahakwa	puzzle, riddle
omahandjauriro womambo	glossary
omahandjauriro	promote, promotion, phrase extension
omahaṋeno womambo	word division
omahaṋeno	division, abstraction, separation
omahanganisiro	conciliation
omahangasaneno	conspiracy
omahaṋikiro	partition, border, boundary, divorce, separation
omahapero	growth
omahapisiro	fertility, growth process
omaharekero	adornment
omahatjimwe	synonyms
omaheero	statement
omahekeneno	intercessions
omahekununino	comfort, consolation
omahendameno	inclination, skewed
omahendekero	maldistribution
omaheneno	escape
omaheṋeno	classification
omahenye [*front*]	hairline
omahero	meaning

omaherukiro	getting off [as from the train, bus, car]
omaheu	mixture of porridge and buttermilk when it turns sour
omaheyero	meaning, intention, definitions
omahihamisiro	injury, torture, offence, affliction
omahina ndji tara orutu	x-ray
omahina	train, machine
omahiryoko	rudeness
omahitiro	entrance, access, admission
omahitiro weyuva	sunset
omahondjero wakumwe	synthesis
omahongero	teaching, education
omahongero mouhonge	theology
omahongero wombutiro	basic education
omahongonona	evidence
omahongorere	prepositions
omahungiriro womasaneno	figurative speech
omahungiriro wotukondwakondwa	dialect
omahungiriro	expression, speech
omahungiriroomahungame	direct speech
omahungununino	parenthesis
omahupiro	way of life
omahwangero	contamination
omahwarakatero	rustling
omahwe	edible root
omahwiriri	tingle
omaihi	milk
omaimbirahiro	rejection
omaimburiro	songs
omaingonekero	preference
omainya	hair, feathers
omairo	departure
omaisaneno womambo	pronounciation
omaisasaneno	separation
omaisireko	discount, reducing
omaisiremo	taking out
omaisiro	derivation, forgiveness, excusing
omaitaverero	acceptance
omakamburiro	catching
omakandakandero	struggling, instability
omakara	charcoals
omakarerere	permanent, lasting, ongoing
omakarero	circumstances
omakatero	shrinking, bending
omakende wombepera	ice
omakende woupoṱu	eyeglasses
omakende woutarazu	ice cubes
omakende	bottles

omaketa	supermarket, grocery store
omakeyakeyero	hesitation
omakohe	washing water
omakohero	laundry
omakombero	sweeping
omakondero	crossing, passage
omakondisiro	fermentation, taking to the other side
omakondononeno	examination
omakongorasaneno wotuveze	sequence of tense
omakoroni	macaroni
omakotokero	return
omakoverero	surrounding
omakuapa	arm pits
omakuiya	thorns
omakukumino	pathos
omakumbiriro	intercession
omakumbu	calabash stoppers, corks
omakuminino	accusation
omakumino	admiration
omakumukiro	departure
omakundiro	interview
omakunino	cultivation
omakura	age-groups, circumcision peers
omakurameno	stop, suspense, standing
omakuriro	friction
omakuruhungi	history
omakurusu	genuine
omakutasaneno	agreement, treaty, intimacy
omakuturiro	deliverance, emancipation
omakwizikiro	promise, assurance, guarantee, security
omama	mother, mom
omamangoparisiro womapose	narrowing
omamanukiro	completion, readiness, preparedness
omambo omatjangwa	documents, written words, scriptures
omambo wa Tjipangandjara	idiomatic expressions, proverbs
omambo wouyova	nonsense
omambo	expressions, words, terms, vocabulary
omamemwatjangwa	literature
omaminikiro	greeting, form of address
omamuho wehi	south
omamunikiro	appearance
omamwinino	silence
omana	names
omananeno	leading [*organizing*]
omanangero	weakness
omananukiro	lengthening, lust
Omandaha	Monday

omandindi	king crickets
omandjembere	grapes, velvet wild raisins [*fruit of grewia flava*]
omandjombakaṉisiro	degradation
omanene wehi	north
omanenenene	major
omaneneparisiro	increase, augmentation
omangaṉingaṉi	agitation, restlessness
omangasina	magazine
omangongwa	wasps
omangura	unripe
omaṉiṉa	mucus, booger
omaningiriro	application, cost, price
omaṉiṉikiziro	constraint, compulsion, pressure
omaṉiṉino womambo	ellipsis
omaṉunino	fatness
omanuwa	beverage, drinks
omanyamukuriro	utterance
omanyeṉanyeṉe	glossy, shinny, sparkling
omanyengu	egotism, arrogance
omanyenyo	boasting
omanyinganyingiro wehi	earthquake
omanyinganyingiro	motion
omanyoneno	destruction, waste
omanyuṉe wonyama	gravy, sauce
omanyuṉe	urine
omanywino	itch
omaoko	arms
omaombero	delay
omaoneno	snoring
omaongarero	assembly
omaongero	collection, summary
omaonya	wrinkles
omaori	oil, paraffin
omapaha	twins
omapakero	burying
omapameno	tension
omapamukiro	bursting, explosion, blowing, eruption, outbreak
omapanḍero	refusal, strike
omapando	confinement
omapanga	friends
omapanguṉunino	analysis, interpretation
omaparanga	broad
omaparangero	extension, breadth, width
omaparangisiro	extension
omapataṉeno	denial
omapaturuke	open ended
omapaturukiro	opening

omapetukiro	flexibility
omapia	glue, gum [*of a tree*]
omapikameno	disinclination
omapikururiro	dissimilation
omapimba	responses, oppose, words exchanges
omapindi	anger, wrath, crossness
omapindikisiro	irritability
omapingasaneno	crossing, junction, intersection
omapingenambo	pronouns
omapirapiro	disorder, confusion
omapirukiriro	antithesis
omapirukiro	antithesis, resistance, opposition
omapirurasane	antonyms
omapiruriro	confrontation, resistance
omapitiro	vent, issues
omapitisiro	broadcasting, issues
omaporero	calmness, reaping, plucking
omaporoiro	pleat, gathers, folds
omaposapamwe	consonant
omaposatjimwe	rhyme (*as in poetry*)
omaposatjimwe womaandero	final rhyme
omaposatjimwe wombutiro	head rhyme
omaposatjimwe womokati	middle rhyme
omapose omahasanene	diphthongs
omapose	vowels
omaposiro	tone
omaposiro wokehi	low tone
omaposiro wokombanda	high tone
omaposiro womoruramwa	palatalisation
omapu	facts
omapukiro	delusion
omapukisiro	deception, delusion
omapunga	lungs
omapungiro	summary, synopsis
omapunguṋunino womihewo	sentence analysis
omapuriro	inquiries, questions, examination
omapweṋeno	escape, to slip
omapwiriro	evaporation
omapwisiro	beautification
omapyukiro	fervour, fervency
omara	sleeping place
omaraa	instructions
omaraera	commandment
omaraerero	message, orders, annunciation
omaraisiro	show exhibition, presentation, reference, proof, marking
omaraka	tongue, languages, speeches
omarama (*sing. okurama*)	wheels, legs

omaramangero	perseverance
omarambero	dismissal, expulsion, pursuit
omarandasaneno	commerce
omarandero	trade, sale, fair, market, buying
omarandisiro	trade, vending, sale
omarangerero	ceremony
omararakaneno	emulation, competition
omaravaerero	clamour
omarema	rapidity
omaremaneno	paralysis, disability
omaremanisiro	disable
omarero	past days
omario	pasture
omarira	spots, stains
omariro	meal, eating
omarondero	ascension
omaronga	advice, admonition
omarongerero	readiness
omarongero	advice, exhortation
omarorero	temptation, test, examination, probation
omarukiro	terminology, naming
omarundurukiro	transition, change, variation, innovation
omarungiro	rage, mixing
omarungisiro	vexation, irritability
Omaruru	Erongo region constituency
omaruru [as *to milk*]	sour, bitter
omarurumisiro	excess
omarwiro	warfare, fight
omaryameno	advancement
omaryameno	advancement, innovation, movement, progress
omaryamisiro	promotion
omaryamisiro	promotion
omaryo	grazing land
omasa	strength, power, vigour, lustiness, authority, efficiency
omasanekero	scheme, measure, to fit on
omasaneno	likeness
omasanisiro	assimilation
omasasanekero	estimation
omasasanekero popezu	metaphor
omasekameno	departure
omasekirisiro	accommodation, hospitality
omasembamisiro	justification, rectification
omasengiro	curse
omaserekarerwa	narratives
omaserekarerwahungi	oral tradition
omaso	tea, bushes
omasorero	virtue, ability, righteousness

omasoroko	forks
omasosononeno	discussion
omasotoroke	thick, sticky, adhesive
omasukarekero	circumcision
omasusuparisiro	abbreviation
omasutiro	payment
omasutisiro	vengeance, retribution, charge
omasuviro	repose, resting
omata	vaccination, drops
omaṱakamisiro	carefulness
omatako	posteriors, buttocks
omatambo	lamentation
omatamekero	introduction
omatamunino	nomination
omatanaukiro	turn
omatandero	contempt
omatangero	thanks, song of praise
omatarazu	cold (mostly use in referencing liguid
omaṱarisiro	disguise
omatataiziro	wrong doing
omataukiro	raggedness
omatauriro	refugee, escape, medical operation, surgical operation
omate	saliva
omaṱekiropamwe	symmetry, equality
omaṱekisiro	equality
omatemba	vehicles, cars, automobiles
omatemeno	admiration
omatezero	following
omatiero	decision, program, scheme
omatinga	sexual arousal
omatirahiro	outpouring, ejaculation [*sexual*]
omaṱiririro	innocent bystander
omatiririro	pouring
omaṱiṱiparisiro	diminuation
omatjaerero	clog, hindrance
omatjamisiro	antonomasia, title
omatjangero	register
omatjangisiwa	dictation
omatjangururiro	copy
omatjangwa	writings, articles, records
omatjangwa omatindi	bold type, bold face
omatjeverero	ward, guard
omatjindisiro	removal
omatjitiro	doing, dead, execution
omatjitisiro	constraint
omatjivisiro	notice, announcement
omatjo	mountains

omatokero	challenge
omatokoti (*sin. etokoti*)	mopane tree seedpod
omatomatomeno	shakiness
omaṯomwinino	immersion
omatondero	contempt
omatoneno	hitting, conquest
omatongameno	dignity, crouching
omatongamisiro	elevation
omatoororero	election, choice
omatoto	moths
omatuka	vulgar
omaṯuka	whey
omatumbo	thighbones
omatungiro	construction, form, build
omaṯunino	arrangement, tabulation, preparation, reformation, reproof
omaturikiro	reservation
omaturiro	residence, location, dwelling, habitation
omaṯuta	urine
omatuviriro	reference
omatweho	sharpness, smart
omatwi (*sin. okutwi*)	ears (*sin. ear*)
omatwiro wakumwe	composition
omauingi	majorities, multitudes
omauini	belongings, property, assets
omaukiro	prophecy
omaumune	opinion
omaunaunino	moan, whine, complain, discontent
omaundjiro	expectation, anticipation, hope
omaunguriro	workmanship, craft
omauriro	fatique, tiredness
omaurumino	nervousness, desperation
omaururiro	surgery
omauṯuku	nights
omauu	obstacle
omauvi	sins, uglinesses
omavandururiro	revelation
omaverero	illness
omavinu	drinks
omawa	ideal, perfect
omawaneno	union, intersect, connection, coalition
omawina	on purpose
omawombero	procrastination
omawoneno	snoring
omawongarero	meeting, assembly
omawongero	summary, collection
omaworero	stinking, bending
omaworonganeno	sum, collection

omawovisiro	deception
omayambi	shoulder blade
omayambururiro	contempt, insult
omayandekero	end, anullation, extermination
omayarisiro	exhibition
omayarukiriro	repetition
omayarurire po	quotation
omayaukiro	nausea
omayekero	deprivation
omayendo	graves
omayeneneno	competencies
omayepero	dodging
omayerero	promotion
omayero	arrival
omayo	teeth
omayuru	heaven
omayuva	days, dates
omaze	fat, oil, butter, *insects*-horse-flies
omazembiro	forgetfulness
omazemburukiro	commemoration, remembrance
omazenge	rage
omazengisiro	omission
omazeuparisiro	strengthening, emphasis
omazeva	rules
omazezerero	shivering
omazikamisiro	formation
omazikiro	inauguration
omaziriro	answers
omazuko	hearths
omazuṋarero	deformation
omazunganeno	chaos, riotousness
omazuvarisiro	announcement
omazuvasaneno	agreement
omazuviro	comprehension
ombaaha	red dust powder[*dye*]
ombaanga	bank
ombaari	washpan, basin
Ombae	Walvis Bay
ombaera	beam, ray, reflection
ombahe	giraffe
ombahere	lust
ombahero	search
ombahorera	imitation
ombahu	grasshopper, locust
ombaikiha	coat, jacket
ombaka	duck
ombakata	porcupine

OMBAARI / *WASHPAN*

ombakero	funeral
ombako	funnel, intercom, speaker
ombambairi	diligent person
ombambaukire	ambiguity
ombambi	duiker-buck
ombambo	open wound
ombameno	problem
ombamisiro	need
ombamo	tweezers
ombana	pan
ombanda (*pl.ozombanda*)	clothing, clothes
ombande	unbeatable, hero, pole, support
ombandero	refusal
ombandi	button
ombandje	jackal
ombando	callus
ombandukiro	birth
ombangane	hero, brave person
ombango	attention, will, interest
ombangu	apartheid, difference, discrimination
ombangukiro	distinction
ombanguriro	judgment, trial, sentence
ombanui	black nut
ombao	bellow, deep voice
ombapaiziro	wink
ombapira	paper
ombapira ondjiukise	circular
ombapira yokotjiveta	official letter
ombapira youtjiwasane	friendly letter
ombapitisimo	baptist, christening
ombara	chief, king, head wound
ombarakana	parallel, next to
ombaranga	broad, wide
ombari	two
ombarise	mistress, concubine
ombaruriro	nourishment, means, maintenance, support
ombaruru	carrot
ombarwisiro	mistake
ombase	hip, waist
ombata	argument
ombataneno	denial
ombatasaneno	competition, debate
ombate	trap, block, catch
ombatero	aid, assistance, help
ombato	sneeze
ombatwe	occipital
ombawe	gravel, hailstone, quartz

ombaze	foot
ombazu	culture
ombe yovitoro	glottis
ombe	mark on the lip
Ombeipela [*borrowed*]	Bible
ombeka	bakery
ombembera	part, side
ombendamuti	woodpecker
ombendukiro	resurrection
ombengura	casualty, accident
ombepe	nostril
ombepera	cold, chill
ombepo	wind, spirit, breeze, mood
Ombepo Ondjapuke	Holy Spirit
omberero	punishment, admonition
omberoo	office
ombete	bed
ombetere	witchdoctor
ombeterero	lot
ombetja	sign, symbol, mark, sign
ombeva	sperm, semen, seed
ombeze	severe scolding, lashing out
ombi	bad, bunny, rabbit
ombikameno	revolt, slant
ombike	pick-ax
ombimbasaneno	exchange, bartering
ombimbi	chant
ombimbo	contradiction, traffic
ombinda	hog, pork, pig
ombindi	hero-plot, monument
ombindu	blood
ombine	mallet
ombingeneno	succession, replacement
ombinika	salutation
ombinikiro	greeting
ombiri	conferring
ombiriha	cheap, discounted
ombirinyama	kite
ombirivate	private
ombirive yotjiveta	official letter
ombirive youpanga	friendly letter
ombirive yovitjitwa	business letter
ombirive	letter
ombitiro	exit, outlet
ombitjofa	bishop
ombize	soot
ombizo	scattering, dispersion

ombo	ostrich
omboha	screw nail
ombokiza	term use to approximate a person's age within a specific range
ombomba	unit
ombombo	bedbug, butterfly, moth
ombomi	python
ombona	puppy
ombonde	coffee-bean
ombondi	nauseous, abomination
ombongarero	meeting, counsel, assembly
ombongo	congregation, cemetery
ombongora	necklace
omboo	common corkwood [*commiphora pyracanthoides*]
ombopera	deceit, propaganda
omborero	calmness
omborisiro	relief
omboro	deaf
omboronganeno	society
omboroto	bread
omboru	corruption
ombosiro	noise, sound, tune
ombosiro oheze	glide sound
ombosiro ombamuke	explosive sound
ombosiro ondezere	rolled consonant sound
ombosiro ondone	click sound
ombosiro ongurasane	affricate sound
ombosiro ongure	fricative sound
ombosiro oramange	continuant sound
ombosiro osuvane	aspirate sound
ombosiro yomahungiriro	speech sound
ombosiro yomayo	dental sound
ombosiro yomina	labial sound
ombosiro yominavivari	bilabial sound
ombosiro yomotono	nasal sound
ombosiro yomovitama	lateral sound
ombosiro yopokatikomayo	interdental sound
ombosiro yoruramwa	palatal sound
ombowa	spinach, vegetables
ombu	well
ombuka	ant
ombuke	psychic, prophet
ombukisiro	delusion
ombuku	apron for a little boy
ombuma	scrotum
ombumbameno	secretary bird
ombumbi	manure, soil
ombumbu	eyelash [eyebrow – *oruumbu*]

ombumbwangoro	kneecap
ombunda	backwards, back part
ombundu	mist, fog, haze
ombundure	thimble
ombunga	crowd, caravan
ombungu	wolf
ombunguhe	sacramental
ombunguhiro	offering, sacrifice
ombunguriro	policy
ombunikiro	appearance
ombura	rain, shower, year
ombura aihe	annually, yearly
omburi	earring
omburo	source
omburu	*wart-* pimple, *person-* Boer
omburukisiro	confusion, perplexity
omburukweva	pant, trouser
omburuma	fright, terror, panic, fear
ombuta	butter
ombutiro	beginning, origin, creation, introduction
ombuze	news, message, information
ombwa	*domestic animal-*dog, *pleasing to senses-*beautiful
ombwanekero	essay, composition
ombwayakaingene	beetle, tumble bug
ombweza	appendix
ombwiko	investment, saving
ombwiko yehi	economy
ombwindja	steenbuck
ombwiṇi	muscle
ombwiro	perfection, joy
ombwise	tonsil, gland
ombwisiro	improvement, perfection
ombyangombe	dutch oven
ombyarero	abundance, luxury
ombyaro	rejoicing
omeho	eyes
omeila	mile
omekuriro	development, growing up
omengi	a lot, greatly
omenye	springbuck
omeriameno	self defense, self help
omerihahiziro	dejection, despair
omerihepuriro	confession
omerihihamisiro	self-punishment, penance
omerihongero womakuruhungi	history
omerihongero womawe	geology
omerihongero womiti omipange	medicine

OMBYANGOMBE / DUTCH OVEN

omerihongero wongaro noumune womundu	psychology
omerihongero wouye	geography
omerihongero wovinamuinyo	zoology
omerihongero wovivarero	mathematics
omerihongero wozombosiro	phonetics
omerihutiro	contraction
omeriindjikiro	permission
omerikendero	anxiety, uneasiness, worried
omerikundiro	monologue
omerikutiro	alliance, coalition
omerimunino	emotion
omerimwino	feelings
omeripura	concern
omeripuriro	meditation, thinking, pondering
omerirongerero	readiness
omerirungiro	interference
omerisusuparisiro	humility
omeritjaerero	self control, tolerance, temperance
omeritjatisiro	courtship, favor seeking
omeritjindiro	conduct, behavior, manner, condition
omeritjiviro	conscience, confidence
omeritongamisiro	pride, arrogance, haughtiness
omeritutiro	contraction
omerivarero	pride
omeriverero	penance
omeriyamekero	subordination, dependence
omeriyandjero	surrender
omerizemburuka	memory, imagination
omerizemburukiro	meditation
omerizengiro	trapping, entanglement
omerizirira	responsibility, dependability
omerizuvakisiro	expression
ometa	meter
ometaha	noon, midday
omeva omayake	vinegar
omeva omerikohe	bathing water, washing water
omeva	water
omeyero	arrival
omi	plural nominal class prefix [*trees, vegetation*]
omiano	proverbs
omieze	months, moons
omihewo	sentence
omihinamizire	without shadows[refer to trees
omihingo	circumstances
omikato	distance
omikova *(sin. omukova)*	skins (*sin. skin*)
omikova momurungu	wrinkles, lines

omikuma vitatu	triangle
omikuru	old
omiṇa	lips
omindjenga	joke, humour
omindjipange	my prescribtion drugs
ominoko *drinks*-liquors, alcoholic beverages, *modeling substance*-clay, *soil*-mud	
ominono	squeal, moan
ominute	minute
ominwe	fingers
omipe	newest, latest
omipupo	floods
omirari	directions, guidance, protocols, outlines
omiriva	corn
omirongo hambombari	seventy
omirongo hambondatu	eighty
omirongo hamboumwe	sixty
omirongo muvyu	ninety
omirongo vine	forty
omirongo vitano	fifty
omirongo vitatu na imwe	thirty-one
omirongo vitatu	thirty
omirongo vivari na hambombari	twenty-seven
omirongo vivari na hambondatu	twenty-eight
omirongo vivari na hamboumwe	twenty six
omirongo vivari na imwe	twenty-one
omirongo vivari na ine	twenty-four
omirongo vivari na mbari	twenty-two
omirongo vivari na muvyu	twenty-nine
omirongo vivari na ndano	twenty-five
omirongo vivari na ndatu	twenty-three
omirongo vivari	twenty
omirongo	tenths
omirya	capacity, resources
omitanda	youth
omiṯanḓu praise narrations, poetic verses of cities, towns and villages	
omitara	verandahs
omiti (*sin. omuti*)	medicine, trees
omiti omirozi	voodoo, witchcrafts
omitima	heart
omiṯiri	teacher, educator
omitjete	sickle bushes
omiṯuka	jokes
omitumba	hills
omitwaro	luggage
omivya	tie ropes, thongs
omiwa	beautiful
omize	roots

omizumbi	music
omo	uncle
omoṉa	present place
omongo	marrow
omongwa	salt
omoukoto	center, in, inside, within
omu	singular nominal class prefix for [*tree, person*]
Omuambo	Oshiwambo tribesman
omuambu	swelling of a gland
Omuangora	Angolan
omuangu	younger brother or sister
omuano	proverb, style, way, manner, arrangement
omuano womatjangero	style
omuapostele	apostle
omuatje (*pl. ovanatje*)	child, kid, young
omue	anatree [*faidherbia albida*]
omueme	dew, haze
omuenge	sugar cane, music genre [*originated from SA-Mbaqanga music*]
omuengeli	angel
omuepiskopi	archbishop
omuevangeli	evangelist
omueze	moon, moonlight, month, menstruation cycle
omuhahandu	naughty, wild person
omuhahaure	wrecker, destroyer
omuhahu [*use only for a person*]	naughty
omuhahungirwa	unspeakable
omuhaitena	disbeliever, heathen
omuhaka	sausage, rectum
omuhakambura	unbeliever
omuhama	purple-pod terminalia [*terminalia prunioides*]
omuhambune	steward, cupbearer
omuhambure	blacksmith
omuhamure	general
omuhana	diarrhea
omuhanganise	reconciler
omuhao	juice (*from sheperd's tree*
omuhaori	insolent person
omuhapo omuhatjituka wetjitambo	infinitive
omuhapo omukapite	transitive
omuhapo wokutamuna	vocative
omuhapo wongaro	perfect form
omuhapo	shape, form
omuharupu	generous person
omuhasukara	uncircumcised person
omuhatjiwa	ignorant person, uninformed
omuhaveruka	cureless
omuhazendu	sloppy, untidiness

omuhazuva	disobedience
omuhekene	beggar
omuhena ruuto	homeless
omuheŋendu	important person
omuhepe	needy person
omuhepundu	widow
omuhere	empty
Omuherero (*pl. Ovaherero*)	Herero person, tribesman
omuhewo omunarupe	relative clause
omuhewo omuhangunune	parenthetical clause
omuhewo omunene	main clause
omuhewo omutuwakumwe	complex sentence
omuhewo wehewa	verb clause
omuhewo wetjite	subjectival sentence
omuhewo wetjitirwa	objectival clause
omuhewo wotjiuru	main clause
omuhewo	sentence
omuhihamo	grief, pain
omuhihamwa	injured person
omuhimba (*pl. Ovahimba*)	person, tribesman, originally inhabit okunene region
omuhinahoŋi	shameless
omuhinakonatja	irresponsible person
omuhinde	sender
omuhindwa	messenger, envoy
omuhinge	driver, chauffeur
omuhingire	talker, speaker
omuhingirirepo	spokesperson
omuhingo omukongorere	consecutive
omuhingo omuraise	indicative mood
omuhingo omuweze	subjunctive mood
omuhingo watjiperi	affirmative, positive mood
omuhingo wohungiriro	idiom
omuhingo wondjitiro	participle
omuhingo	way, manner, method, mood
omuhirona	neat person
omuhiva	compose and sung by men, dance for men
omuho	shinebone, splint bone (*tibia*)
omuhoko (*pl. ovahoko*)	*family member* relative, tribe, similar, *sexual characteristics* gender, type, *grammatical* class
omuhoko wembo	part of speech
omuhoko womarukambo	nominal class
omuhoko womuhapo	infinitive class
omuhoko womuhewo	type of sentence
omuhona	lord, king, boss, sir
omuhonge	teacher, minister
omuhongewa	scholar, apostle, follower
omuhongonone	witness

omuhongore	leader
omuhongwa	student, scholar
omuhoni	colored person
omuhoro	taste
omuhorore	informer
omuhuka omunene	morning
omuhumandu	unlucky
omuhunga	direction
omuhunge	nurse
omuhuurwa	captured
omuhuva	innerbark
omuhwi	grass seeds
omuihi	sunset, dusk
omuii	teat, nipple
omuimbe	poet
omuimbo omuimbe	lyric peom
omuimbo wouvanḑe	epic peom
omuimbo	poem, music, recitation
omuimbure	singer
Omuingirisa	Englishman
omuingona	darling, spoil child
omuini	self, possessor
omuinyo	breath, life, soul
omuisanewa	quest
omuise	smoke
OmuJuuta	Jew
omukahu	honest, sincere
omukambo	step, pace
omukambure	believer, receiver
omukamburwa	criminal, prisoner
omukaṇandu	troublemaker, quarrelsome
omukandi	banquet, celebration, feast, party
omukandi worukupo	marriage feast
omukapitahapo	transitive verb
omukarapeke	recluse
omukarere wombongo	deacon
omukarere	servant, maid, slave
omukaro	baby excreta
omukaru	buffalo thorn [*Ziziphus mucronata*]
omukati	elephant trunk
omukato	distance
omukatuke	trespasser
omukavire	rider
omukazendu (*pl. ovakazendu*) woman	
omukazendu omuhepundu	widow
omukazendu omumyange	masseuse
omukazona wombara	princess

omukazona	girl, virgin
omukerenyungu	black scorpion
omuko	bowstring
omukohatjinyo	mouthwash
omukoka	track, trail, line
omukoke	deceased
omukombe	bachelor, bachelorette, sweeper
omukona	malice, spite, unwillingness
omukondonone	investigator
omukongorere	follower, successor
omukono	leg of dutch oven
omukoo	whooping cough
omukorombata	centipede
omukorondu	immoral, polygamist, whore, promiscuous, prostitute
omukota	nose bleed
omukova [*pl. omikova*]	skin, hide
omukova weho	eyelid
omukova wotjiuru	scalp
omukriste	christian
omuku	vapour, steam
omukuma	zone, side, page, aspect
omukumbe	worshipper
omukune	sewer, planter
omukungu	hemorrhage
omukupe	groom
omukuramene	sponsor, benefactor
omukurisiwa	foster, nurture
omukuro	shore, riverbank, side
Omukuruha	San people [*used to be known as Bushman*]
omukurukaze	old woman, grandmother
omukurundu	senior, elder
omukururume	old man, grandfather
omukuta	roll, suit
Omukuture	Saviour, deliverer, redeemer
omukuyu	fig tree [*Ficus sycomorus*]
omukuyumbwa	namaqua fig [*Ficus cordata*]
Omukwangari	Kwangali tribe
omukwangu	milky way
omukwao	comrade, colleague, fellow
omukwate	parent
omukwatera	native, citizen
omukwatjike	what kind is
omukwatwa nawa	lord, noble
omukwatwa	descendant, offspring
omukwe	family in-Law
Omukwena	Hottentots, Nama
omukwenu	comrade, your friend

omukwetu	colleague, my friend
omumbanda	second wife
omumbaru	sauce, gravy
omumbonde	camel thorn [*Acacia erioloba*]
omumborombonga	leadwood [*Combretum imberbe*]
omumbuti	red bushwillow [*Combretum apiculatum*]
omumbuyu	baobab [*Adonsonia digitata*]
omumenga	cause
omumumandu	timid
omuna	son [*often used when referring to Christ as the son of God*]
omuṉa	lip
omunahange	peaceful person
omunahengu	critic
omunahoṉi	shy person
omunakatarera	tolerant, patience
omunamasa aehe	almighty
omunamasa	mighty
omunambangombi	malicious
omunambo	diaper
omunambwiro	insured person
Omunamibia	Namibian
omunamukona	malicious person
omunamwa	invulnerable
omunandira	reverent
omunandjo	criminal, sinner, delinquent
omunandunge	intelligent, expert
omunane wo skole	principal
omunane	leader, commander, boss
omuṉange	adviser
omunangongo	artist, clown
omunangore	revengeful, vindictive
omunanyiva	thistle
omunaruru	jealous
omunatjavivi	hypocrite
omunatjirweyo	lazy person
omunatjiwova	deceiver
omunautoṉi	tree type
omunauvi	sinner, malefactor
omunavineya	cheat, deceiver
omunavita	enemy, adversary
omunavizeze	liar
omunazondunge	ingenious, clever
omundjembere	vine, wild raisin [*grewia flava*]
omundjerere	root of sheperd tree [*Boscia albitrunca*]
omundjipange	my doctor, my healer
omundjivatere	my helper
Omundoitji	German

omundu (pl. *ovandu*)	person, human
omundu omuvi	rascal
omundu otjirema	handicap, cripple, disable
omundu wambangu	alien, foreigner
omundu wopehi	pedestrian
omunene	elder, adult, aged, superior, parent
omungarera	veil, curtain
omungondo false umberalla thorn [*Acacia reficiens*]	
omungongomwi blue thorn [*Acacia erubescens*]	
omungu	caterpillar, mopane worm
omungunda	rumbling noise
omungwinḓi	shepherd's tree [*Boscia albitrunca*]
omuṇinga	wild olive tree [olea europaea]
omuningire	beggar
omuṇiṇikize	suppressor, imperious
omunoko	clay, mud, cement, alcohol beverage
omunwe	finger, drinker, alcoholic
omunwe wokombaze	toe
omunyame	sucking
omunyande wovikara	runner
omunyande	player, actor
omunyaṇutima	compassion
omunyengwatima	contempt, abhorrence
omunyoke	cheater
omunyone	destroyer
omuombise	bridesmaid
omuomborore	groomman, brides man, best man
omuondjoze	bridesmaid
omupahe	searcher
omupaime	wide-awake
omupamatima	peevishness
omupambo	crack, scar, fracture
omupanda	second wife
omupandeke	police, officer
omupandjare	loser
omupanduke	maternity
omupandukise	midwife
omupange	doctor, surgeon, healer, physician
omupanguṇune	analyzer, interpreter
omupangure	judge
omupangurise	plaintiff
omupapa	pope
omuparandu	unlucky, unfortunate
omupepere	pepper tree [*schinus molle*]
omupepo	bellows
omupia	passion
omupiṇe	handle

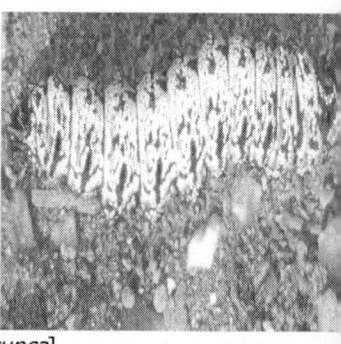

OMUNGU / CATERPILLAR

omupingene	successor
omupirukire	opponent
omupore	calm
omuporofete	prophet
omupoṱu	blindness
omupristeri	priest
omupukise	seducer
omupukurukwe	squeaky, steady, religious
omupunde	dancer, robber
omupupo wosuvaneno	air current
omupupo	flood stream
omupuratene	listener
omupure	interrogative
omupurure	butcher
omupyu	devoted, passionate, enthusiastic
omupyuke	devoted, dedicated
omurakize	warner, consultant
omuramba	stream
omurambe	chaser, persecutor
omuramwe	cousin
omurande	buyer, purchaser, seller, merchant, customer
omurandise	salesman, peddler
omurangere	performs old religious rites
omurarakane	rival, contestant
omuraranganda	neighbor, neighbour
omurari	foot path
omuravandjara	appetite
omure	*distance*- long, *height*- tall
omureko	clothesline
omuremane	disable, handicap, cripple
omurenaka	giant
omurenge	mane
omureru	rust
omuretima	patience, endurance, tolerance
omuriarikaṋene	intercessor
omurike	recluses, loner
omurimba	ambidextrous person
omurimune	pride
omurirandise	prostitute
omuriro	fire
omurise	keeper, shepherd
omuriu	throat
omurondore	accuser
omuronga	sea, ocean
omuronge	admonisher
omurongo	ten
omurongo na hambombari	seventeen

omurongo na hambondatu	eighteen
omurongo na hamboumwe	sixteen
omurongo na imwe	eleven
omurongo na ine	fourteen
omurongo na mbari	twelve
omurongo na muvyu	nineteen
omurongo na ndano	fifteen
omurongo na ndatu	thirteen
omurore	tempter
omuroro	ballad
omurozi	witchcraft
omuru	uphill, vapor, residue
omuruko	border
omurumate	heir
omurumendu (*pl. ovarumendu*)	man, male, husband
omurumendu omuhepundu	widower
omurunde	sinner
omurungu	face
omuruvandu	niggard, skinflint
omurwe	fighter, soldier
omurya	capacity, contents
omuryambambi	magic guarri [*euclea divinorum*]
omuryangava	slender three-hook thorn [*Acacia Senegal*]
omuryange	visitor, traveler
Omusambisi	Zambian
omusaona	black thorn [*Acacia mellifera*]
omuse	kick
omuseka	height
omusekirise	keeper, companionship
omusema	shallow well
omusemba	righteous person
omusembamise	organizer
omusepa mbuhondja eṯupa ke ṯupa	ligament
omusepa mbuhondja ombwiṉi keṯupa	tendon
omusepa	vein, nerve, *plant*-puzzle bush [*ehretia rigida*]
omuserandu	light complexion person
Omusimbabwe	Zimbabwean
omusuko	lady, miss, maddam
omusuro	swelling, lump
omusuvano	breathing
omusya	nephew, niece
omusyona	poor
omuṯa	crack
omuṯakame	reliable
omuṯakamise	warden, guardian
omutambo	chant (*during mourning period*)
omutanda	young

omuṱanḓu	song of praise
omutange	praiser, poet
omutare	inspector
omutarere	evangelist, audience, spectator
omutataize	trespasser
omuṱati	mopane [*Colophospermum mopane*]
omutatumise	abuser
omutatwa	honorable
omutauke	fighter, ragged person
omutaurambuku	plate thorn [*Acacia fleckii*]
omutaure	refugee, surgeon
omuṱena	brother, sister [man's sister or woman's brother]
omutenga	pioneer
omutengwa	sir, Mr.
omutenya	climate [*hot*], noon, midday, day, heat, sunny
omutereke	cook, chef
omuteze	pursuer, tracer
omuti (pl. *omiti*)	medicine, tree, charms
omuti omuisemo wouzuwo	antidote
omuti omukungise	emetic
omuti omurarise	narcotic
omuti omutjinde wovihape	fruit tree
omuti womayo	toothpaste
omuṱi	deceased, dead, mortal
omuṱike	bridesmaid, guide
omutima (pl. *omitima*)	heart, cardiac
omutima okasupi	impatient, peevishness
omutima omupenda	brave, confident
omutima omure	patient
omutima omutarazu	mild, gentle
omutima omuwa	friendly, nice
omutiri	pipe stem
omutivarungu	gloomy, moroseness
omuṱize wo tjihavero tjouhona	acting chief
omuṱize wo tjihavero	acting director, acting manager
omuṱize	custodian
omutjangahingo wakumwe	conjunctive spelling
omutjangahingo	orthography
omutjange wonḓarama	comedy writer, dramatist
omutjange	writer, author
omutjangerepo	secretary, speechwriter
omutjatjo	flock, herd
omutjato	flavour, pleasure
omutjete	sickle bush [*dichrostachys cinerea*]
omutjevere	guard, security
omutjinda	neighbor
omutjinge	researcher

omutjira	tail
omutjise	symptoms, disease, illness
omutjise momapunga	pneumonia
omutjise omuhwange	contagious disease
omutjise omuzepe	plague
omutjitasanahapo	reciprocal
omutjite	performer
omutjitehapo	active voice
omutjitirahapo	applicative
omutjitisahapo	causative
omutjitwahapo	passive voice
omutjiukwa	acquaintance
omutjivise	informer
omutombe	make up
omutonde	adversary
omutone	conqueror
omutumba	hill
omutumbatima	bitterness of spirit
omutumbe	wealthy
omutume	dispatcher, sender
omutuminwa	addressee, receiver
omutunda	unit
omutundu	corpse, carcass
omutunge wozondopa	bridge engineer
omutunge	builder[*of houses*]
omutungo	exhibition, form, frame
omutupa	hernia, hemorrhoids
omutupuke	runner
omuture	inhabitant, inmate
omuturukira	down hill, downwards
omututa	farmer
omututu womuriu	pharynx
omututu	roof
omutuu	belly button, navel
omutwa	slave, foreigner
omutwaro	load, luggage, pack, burden
omutwe	ash
omutwi	edema, puffiness
omuuke	prophet
omuungure	worker, laborer, servant
omuungure wapamwe	colleague
omuungure wongoporo	miner
omuungure wozonyungu	potter
omuungurirepo	agent
omuungutima	contentment
omuute	creator, author, founder
omuutwa	creature

omuvakire	immoral
omuvapu	raisin bush [*grewia flavescens*]
omuvare	accountant
omuvareke	fiancé
omuvarekwa	fiancée
omuvatere	assistant, helper
omuverandu	unhealthy, sick person
omuvere	patient, invalid
omuvero	door, gate
omuverukise	healer
omuviongere po	advocate, attorney
omuvite	vineyard
omuvya	thong, *fasten knee-strap of an animal*-rope
omuvyu	nine
omuwa	beautiful person
omuwa	godly, beautiful, pretty
omuweziwahewo omuhandjaure	adjectival clause
omuweziwahewo omumangurure	adverbial clause
omuweziwahewo omunarupe	relative clause
omuweziwahewo womasanekero	clause of degree
omuweziwahewo wondandero	clause of purpose
omuwonge wovimariva	collector, miser
omuwovise	deceiver
omuyahe	shooter
omuyakise womuriro	married woman
omuyambe	gossiper, slanderer
omuyame	protector, rescuer
Omuyapuke	Godly, Holy One
omuyareke	cooker
omuyaruke	late, deceased
omuyenda	visitor, passenger, traveler [*traveller*]
omuyeve	hunter
omuzamumwe	relative, family
omuzandona	boy, young man
omuzandu	boy, son
omuzandu wombara	prince
omuzaro	clothes, fashion, uniform
omuze weraka	root of a tongue, radix
omuze	root, cause
omuzema	mouthwash
Omuzemba	Dhimba tribesman
omuzembatima	forgetfulness
omuzepe womonyondwi	assasin
omuzepe	murderer
omuzeze	syrup, sweet
omuzike	cook
omuzire	shade, shadows

omuzo	predisposition, law
omuzorondu	black person
omuzu	nudity, naked
omuzuṉde	malefactor, wrongdoer, troublemaker
omuzunganise	agitator, instigator
omuzuvarise	preacher
omwangu	younger sibling
omwara	queen
omwari	woman call after childbirth
omwarikaze	woman call after childbirth
omwina	hole, tunnel, notch
omwina	hole
ona	flee, louse
onairona	plastic
onaletera imwe	monograph
onane	needle, syringe
oṉango	gallbladder, bile
onaruhoze	tragedy
onazoletera mbari	digraph
onazoletera ndatu	trigraph
ondaambe	cow with a calf
onḍakamisiro	care, preservation
ondambero	persecution
ondambo	tracks, footprint, trail
ondana	calf
ondanaukiro	conversion, change
ondanda	tent
ondandero	goal, aim, purpose
ondando	agenda, aim, goal
ondanduze	black wasp
ondanganda	skunk
ondangere	griot, person performing duties of the ancestral
ondangero	acclamation
ondangi *[borrowed]*	thanks, gratitude
ondango	tribute, compliments
ondangu	good praise, renown
ondano	five
ondao	wooden bead
ondara	snake species
onḍarama	drama
onḍarata	fence, wire
ondariona	fat calf
ondaro	patience, forbearance, looking
ondataiziro	mistake, miscalculation
ondatu	three
ondatumisire	suppression, oppression
ondatwa	shoelace

ondaukiro	split
ondauriro	escape, flight
ondavaerero	clamour, shout
ondaya	blessing, benediction
ondaze	rumour, gossip, report
onde	long [*as in long road*], lengthy [*as in a lengthy period of time*]
onḑe	*insect-* fly, *grammar-* full stop
ondeima	inch
onḑeka	mobile home
ondekete	trembling, shivering
onḑekisiropamwe	rate, equalization
ondeku	tape worm
ondekurona	descendant, grandchild
ondema	heifer
ondembeli	temple
ondembenge	gentle
ondemone	demon
ondenda	cents
ondende	unreliable, unpredictable
ondendera	district
onḑenḑu	female animal, female cow
ondenga	first, number one
ondengero	regard, respect, politeness
onḑengu	worth, valuable, important, weight
onḑengura	bracelets, wrist jewelry
onḑepasaneno	feud, killing
onḑepero	murder, execution
onḑera	*animal-* bird, *spacecraft or aircraft-* plane
onḑerakerama	telegram
onderehuwe	skim milk
onḑero	wish, desire, longing
onḑerona	chick
ondese	honey badger
ondeto	column, row
onḑeu	heavy [*of nominal class*]
onḑi	gray hair, disgust
onḑikiṯira	burn mark on forearm as decoration
onḑikona	tiny, smaller
ondimba	cave
ondimbo	beam
ondimbu	short pant
ondimwa	nipple, theme
ondindi	thick
ondingi	trunk
ondira	fear, respect
ondiri	bat
ondiriro	fear, fright

ondirisiro	intimidation
onḑiro	death
ondiru	expensive
ondisera	diesel
ondivitivi	center, core, middle
ondiwo	bell
ondja yomakondero	apostrophe
ondja	*grammar*- comma, *scratch or dent*- mark, cut
ondjahe	wounded
ondjai	witchdoctor
ondjambi ondjeziwa	bonus
ondjambi	reward, due, cost, salary, price
ondjambu	abuse, offence, insult
ondjambururiro	abuse, scorn
ondjamo	help, aid, rescue
ondjanḑe	semi-colon
ondjandero	end
ondjandja	cap sparrow, mix color [*on a cow*]
ondjandje	generous, munificent
ondjando	end
ondjangerosemba	spelling, essay
ondjapuriro	sanctification
ondjara	hunger, starvation
ondjarisiro	demonstration
ondjaro	file, layer
ondjasa	coat, jacket
ondjatate	shoelace
ondjatero	step
ondjaṭu yombapira	envelope
ondjaṭu	bag, pocket
ondjaukwe	nausea, abomination, atrocity
ondjave	piece of bread to dip into gravy (*crackers*)
ondje	scorpion
ondjeke	jack
ondjeketa	jacket
ondjema	jelly, jam
ondjembo	gun, rifle
ondjemeno	problem, grievance
ondjenda	arouse, mercifulness, sympathy
ondjendje	precipice
ondjeneno	aptness, suitability
ondjeo	blazed, a white streak on the animal forehead
ondjepo	curve
ondjerera yo mueze	moonlight
ondjerera	light
ondjeruruke	rising
ondjesi	sweater

ondjesiro	forgiveness
ondjeyo	saliva mark on the cheek
ondjezu	whisker, mustache
ondjika	bleach
ondjima	baboon, monkey, ape
ondjimamundu	gorilla
ondjimba	hunger
ondjimbandjimba	aardvark
ondjimbi	nightjar
ondjinda	mass, weight
ondjingonekero	favor
ondjira yo kozombaze	footpath
ondjira yo rutenda	railway line
ondjira	road, path
ondjirakati	middle, half way
ondjiririra	experience, custom to
ondjiririsa	sociable, hospitable, friendly
ondjise	hair
ondjitiro	action, working
ondjito	action, deed, attitude, behavior
ondjitukiro yo muhapo	metarphosis
ondjitukiro	changing, coloring
ondjiviro ye ku twaraka	prosody
ondjiviro ye raka	linguistics
ondjiviro yo muimbo	prosody
ondjiviro	knowledge, skill, understanding, competence
ondjivisiro	information, announcement, notification
ondjo	guilt, sin, debt
ondjoke	burden, load
ondjombo	well, borehole
ondjona	lamp
ondjongo	dance
ondjora	laugh
ondjoroka	happiness
ondjorokero	happiness, exultation
ondjou	elephant
ondjoura	abundance
ondjova	wedding feast
ondjoze	nightmare
ondjozikiro	respect
ondjuhu	hump
ondjupa	calabash, gourd
ondjurumino	despair
ondjuwo yo ma pwikiro	pantry
ondjuwo yo mavinu	bottle store, liquor store
ondjuwo yo mbanguriro	court
ondjuwo yo merinaneno	nightclub, nightspot, club, discotheque

ondjuwo yo utase	hut
ondjuwo yo vaenda	guesthouse
ondjuwo yo vaungure	servant house
ondjuwo yo zohima	brick house
ondjuwo	house
ondo	hip
ondomba	climax, tuft
ondombo	coal, tar
ondombora	weed
ondondendu	ewe
ondondo yo kombanda	secondary
ondondo	step, stair, *school*-grade
ondondoramuti	woodpecker
ondondotwi	collarbone, clavicle
ondondoze	treachery, warning
ondondu	river
ondoneno	victory, fruitful, success
ondongamo	height, podium, stage
ondonya	lie down on the back
ondooha	can
ondopo	confusion
ondorera	darkness
ondoro	ululation
ondoroko	slips, undergarment
ondoroma	drum, barrel
ondoromburuku	men's underwear
ondoromwina	iris or could be pupil
ondorondomba	chaos, confusion
ondotja	flashlight, torch
ondova	dirt, rubbish
ondovi	hole, loop
ondu ondwezu	ram
ondu tji	though, although
ondu	sheep
ondu	therefore
ondukutura	insects nest
ondukwa	calabash, churn
ondukwi	pollen
ondumba	bump, piece of meat
ondumbi	lion
ondumbiro	care
ondumbo	baby blues, postpartum sickness
ondumbukiro	holy communion
ondume	castrated, bull
ondundo	*letters of spoken language*-syllable, *finger joint*-knuckle, joint
ondundu	mountain
ondunge	idea, plan, thought

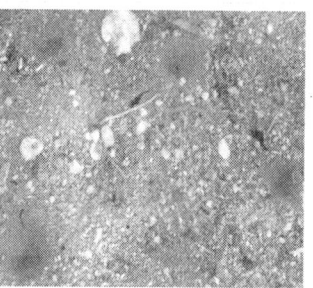

ONDUKUTURA / INSECTS NEST

[317]

ondungiro yo mambo	word building
ondungiro	construction, form
ondungo	awl
ondungwaerera	high
onḓungwe	morning sickness [*during pregnancy*]
onḓunino yomapu	agenda
onḓunino yovityewa	agenda
onḓunino	arrangement, troubleshooting
onḓuno	gemsbuck
ondunyu	reticulum, second stomach
onḓura	fat
onḓuru	head scarf, cap
onḓurumbata	conflict
onḓurumika	lie on the stomach
ondutupi	rabbit
onduu	hippopotamus
onduurungu	right through
onḓuvasaneno	agreement, contract
onduve	mold
onḓuviro	obedience, cooperation
onduwombe	ox
onḓuzu	turtle, tortoise
onḓuzuzu	cartilage
ondwa	bone
ondwezu yohunguriva	cock, rooster
ondwezu yonḓu	ram
ondwezu yongombe	ox, bull
ondwezu yongombo	goat
ondwezu	male mammal, male cow
ondwezuyambunga	lizard species
ondwi	seed, grain, embryo, virus
ondwinga	eyeball, iris
ondwite	refer to an older animal that is pregnant
ondyanga	firefly
ondyange	planet
ondyero	plan, decision
ondyero	arrangement
onga	cumulate
ongaango	arid, wilderness
ongahu	clearness, clarification
ongahukiro	clearness, clarification
ongamero	camel
ongambi	many, crowd
ongamburiro	belief, faith
ongambwi	happiness, luck
ongana	scabies, leprosy
onganda	home, homestead

ongandakandero	movement, impatience
ongande	thick, sticky, adhesive
ongandji	barren, sterile, infertile
ongandu	crocodile
ongandwa	milk cow, milkable
onganga	*treat ill people-* do ctor, physician, surgeon, *magic charm-* witch, *bird-* quinea fowl
onganga omiange	chiropractors
onganga yokangera	oncologist, cancer doctor
onganga yokupandukisa	obstetrician (OB), midwife
onganga yomatwi, yomayuru no muriu	otolaryngologist (E.N.T.s)
onganga yomayo	dentist, tooth doctor
onganga yombazu	traditional doctor
onganga yomeho	optometrist, opthalmogist, eye doctor
onganga yomukova	dermatologist, skin doctor
onganga yomutima	cardiologist, heart doctor
onganga yoramatika	rheumatologist
onganga yotjeṇe	urologist
onganga yotondwe	gastrologist, digestive system doctor
onganga youruvi	neurologist, brain and nerves
onganga yovakazendu	gynecologist (GYN)
onganga yovanatje	pediatrician, children doctor
onganga yovipuka	veterinarian
onganga yovitoro	endocrinologist
onganga yoviyoze	psychiatrist, mental health
onganga yozombaze	podiatrist, foot doctor
onganga yozozyoti	nephrologist, kidney doctor
ongango	rhythm
ongara	flower, blossom
ongaramatika	grammar
ongarangombe	eland
ongaratje	garage
ongaravize	dragon
ongarena	slingshots weapon, elastic bungee
ongarera	bias, taking side
ongarerere	continually, permanent
ongarero	condition [*of health state*]
ongaripira	victim
ongaro	attitude, behavior, condition, character, state
ongarona [*borrowed*]	gallon
ongaropa	gallop
ongata	roll, coil, wreath
ongatukiro	trespassing
ongava	rhinoceros
ongavangava	tension, stress
ongaze	female
ongazona	wave

ongeṉa	what
ongendo	worry, concern
ongengera	bangle
ongeriki	church
ongero	last born
ongetjeva	business
ongeyama	lion
ongo	there
ongoho yetambo	spine cord, vertebra
ongoho	wrist, bangle
ongokero	mortality
ongoma	piano
ongombe (pl. *ozongombe*)	cattle, cow, beast
ongombe onḓenḓu	cow
ongombo onḓenḓu	nanny, doe
ongombo	goat
ongombona	baby goat
ongomi	fist
ongondivi	butterfat
ongondjero	exertion
ongondjisiro	obtrusion
ongonḓononeno	examination, insight, survey, comprehension
ongondoroka	around
ongongo	*breathing tube-*trachea, windpipe, *feeling pleasure-*apparent delight
ongoniha	brownish residue from cooking of butter to fat
ongono	delay
ongoorero	hook
ongopo	greedy, stingy person
ongoporo	copper, mine
ongora	whip
ongore	revenge, hate, recompense
ongoro	*upper leg-* knee, *animal-* zebra yokuti
ongororo	sputum
ongorotima	stomach pit
ongoryo	wrinkled
ongota	stooped, bend
ongoto	depth
ongoṱu	waterbuck
ongotwe	behind, backside
ongovisiro	satisfaction
ongowa	shot-put
ongoze yemunine	lamp wick
ongoze yomambo	telephone
ongoze	cord, rope, string, line, telephone
ongozu	mild, gentle, tamed
ongu	bear
onguatera	descend

onguaye	what
onguena	lawn
ongukutusengo	stubborn, bullhead
ongumba	species of a grass
ongumbiro	prayer
ongumbwa	umbilical hernia
ongumi	rubber
ongumino	admiration
ongumumu	secretly, silently
ongundasaneno	dialogue
ongunḓe yeyo	cuspid, eyetooth
ongunḓe	pillar
ongunḓeveta yEhi	constitution
ongundiro	proclamation
ongunduzumo	potbelly
ongundwe	uncle
ongungu	grave
ongunia	cane
ongupa	tick
ongupiro	marriage, wedding
ongura	scorn, mockery
ongurameno	constitution, policy
ongurangura	sty
ongurova	evening
ongurungo	anxiety, shakiness
ongurunguse	anxiety, remorse
ongurupiro	oldness
ongurusu	bare
onguta	snack
ongute	latchet
onguti	pigeon, dove
ongutire	yoke
onguto	bundle
ongutukiro	independence, liberty, deliverance
onguvi	eagle, vulture
onguyu	cloth, cotton, sludge, slime [*Algae*]
onguzu	barrenness
ongwa	umbilical cord
ongwana	grating, plastic container
ongwao	other (*refer to animal*)
ongwari	pheasant
ongwatero	birth
ongwava	leather jacket, rug, cloak, blanket
ongwe	leopard
ongwenḓu	snail
ongwikiro	temple
ongwinḓi	fruit of sheperd's tree [*Boscia albitrunca*]

ongwizikiro	promise
onini [*not to be mentioned, considered offensive*]	female genitals, vagina
oninga	fruit of wild olive [*olea europaea*], wild plum
onini	insatiable
oninikizire	pressure, force, compulsory
onongo	expert, scientist, clever, wise
onongo yomambo	scribe, radio
onusu	anus
onya (pl. *ozonya*)	horn
onyaanai(n)	scabies rash
onyaho	sneaky
onyama yokasino	donkey meat
onyama yombinda	pork, bacon
onyama yondana	veal
onyama yondu	mutton
onyama yongombe	beef
onyama yongombo	goat meat
onyama	meat, flesh
onyanga	onion
onyangu	swollen gland
onyanya	yawn
onyara yo munwe wo kombaze	toenail
onyara	fingernail, claw
onyati	deer
onyekera ohihamise	sarcasm
onyengo	dislike, hate, contempt
onyima	quietness, quiet
onyiva	ivy
onyoka	snake
onyondwi	unaware
onyoneno	waste
onyonokero	exultation, waste
onyose	star
onyota	thirst
onyu	paw, hoof
onyune	interest, pleasure, game with pebbles or stones, goat's dropping
onyungu yomakaya	smoking pipe
onyungu	dutchoven, pot
onyungunyungu	riotousness
onywitji	bee
oofunda [*borrowed*]	oven
ooihe	your fathers, his/her fathers
ooma	spooky, terror
oongo!	Whoops!
ootate	fathers
oparukaze	totally
opasenge	water tank

animal horn / ozonya zotjipuka

cosmetic container / ozonya zotjizumba

opaska	easter
opati	party
opaṱirii	battery
opehuri	stomach, abdomen
opena	pen
opendje	outer
opepere	pepper
opera	tablet, pill
opokati	waist, middle
opomba	pump, windmill, here
opombo	there
opoṋa petjitiro	scene ground, play ground
opoṋa	site, spot, place
opondo	pound
oporusuvo	resting place
oporuveze nawa	timely
oposa	post office
oprimere	primary
opu	therefore, that, enough
oputinga	pudding
oputjo	worth
Opuuo	main city of Kaokoland
opuwo	enough
oranda	rand
orata	leader
orepere	leprosy [*Mycobacterium Leprae*]
Oritjaine	Thursday
Oritjatano	Friday
Oritjatatu	Wednesday
Oritjavari	Tuesday
oro	is
orondoti	clavicle, collarbone
orondu	therefore, because
Oroviungura	Saturday
Rozonḓu	January
oru	singular nominal prefix
oruamba	diaphragm
oruaṋi	placenta
oruaponda	gradually
oruara	stretcher
oruaze	syrup, sweetness
orue	anatree's pod
oruehe	omentum
oruemo	sleepiness, narcolepsy
orueru	cream, heavy cream
oruha	innerbark
oruhaka	sudden, abrupt

oruharwi	fountain, ditch
oruheke	apron
oruheranyungu	dragonfly, helicopter
oruhere orunḑunḑura	fine flour
oruhere	maze, cornmeal, porridge, hot cereal
oruhindo	mission
oruhira	apron
oruhito	narrow entrance
oruho	taste
oruhongwe	whiplash, lucky breeder
oruhoze	grief, sorrow
oruhungu	peak, tower
oruhupito	a kiss
oruhuro	lusting, affection
orui	drinking place, waterhole
oruiho	window
oruiihi	rice
oruira	footpath, little roar
orukaka	accent
orukaku	shoe
orukambe	racehorse
orukambura	whirl
orukandjo	passion, sharpness
orukapita oruheura	past indefinite
orukapitaveze rwerero	past tense
orukapitaveze	past tense
orukarakaka	flower pod
orukaro	alarm
orukarorwa	old testament
orukete	forearm, radius or ulna
orukondjo	attempt, try, struggle
orukondo	portion
orukondwa	section, division, region, district
orukongo	search
orukoro	sternum, breastbone
orukorore	carving instrument
orukosi	crowd, gathering
orukoze	hawk
orukumbambura	hurricane
orukuṇe	wood, firewood
orukupo	wedding, matrimony, marriage
orukuru	past, before time
orukurure	razor blade
orukute	rope
orukutu	sweat, placenta, uterus
orukwato	generation
orukwenyaere	whistler

orumbaanda	ribbon
orumbamba	epilepsy
orumbarambandja	elbow
orumbembera orutjaine	quarter
orumbembera rwehi	district
orumbembera rwomuhewo	phrase
orumbembera	sideways, slanting
orumbo romaendo	cemetery camp
orumbo	camp, enclosure, wall
orumbunda	herd, troop
orumbweze	whistle
orumongo	eye-socket
orumuinyo	fresh air, breeze
orumunino	flame
orumwe	mosquito
orumya	minced meat
oruna	*connects the heel bone to the calf muscles* [*Achilles Tendon*]
orunakwi	effect
orunanga	creamy, syrup
orunḑe	collarbone, neckbone
orundindo	egg yolk
orundjendje	single row of beats
orundjiri	gutter
orundjomba	vegetable soup
orundumba	insanity, rabies
orunḑunḑura	fine powder
orungondo	branch of false umbrella thorn[*Acacia Reficiens*]
orungovi	spider web, thread, *web-site*
orunguvize	powder
orupa rorive	department, division
orupa	section, segment, part
orupambaro	splinter
orupanda rozohunguriva	flock
orupanda rozongombe	herd
orupanda	yard, flock, herd
orupapa	tamboti tree [*Spirostachys Africana*]
orupare romanyando	stadium
orupare	patio, deck
orupati	rib
orupe	new [*relationship*]
orupera	cloak
orupeveze oruheura	present indefinite
orupeveze	present tense
orupoko	cave
orupuka	squirrel, meerkat
orupungo	fringe, thread
orupunguya	*acacia nebrowni*

oruramwa orukukutu	hard palate
oruramwa orutarazu	soft palate, velum
oruramwa	palate
orure	long time
orurokoho	noise
orurondu	stream
oruroto	dream
orurova	corpse
orururumo	flame
oruruvi	spinal cord
orusango	wandering, aimless stroll
orusengo	dizziness, stroke
orusenina	end, the end of
orusepa	thread
orusu	umbrella thorn [*Acacia Tortillis*]
orusuvero	love, affection
orusuvo	rest, repose
orutako	whisk
orutanga	fertility
orutau	*portion*-fraction, *grammar*-dash
orutavi	branch
orute	core of a tree
orutenda	railway road
orutenga	beginning
oruteni	Spring [**in Namibia September 21-December 22**]
oruteto orutjangerwa	line
oruteto romambo	sentence
oruteto rwekutwaraka	line of poetry
oruteto	line, row, rank
oruteva	spleen, milt
orutjandja rwozondera	airport
orutjandja	open field, meadow, stadium
orutjato	taste, zest, flavor, liking, sweetness
orutjene	steep, precipice
orutjengo [*not to be mentioned (vulgar)*]	male genitals, penis
orutjeno	electricity, flash, lightning
orutjindo	moving, trek
orutjiva	gulf
orutombe	dowry, wedding present
orutone	whiplash
orutoto	trench
orutu	body
orutumbo	livestock, wealth
orututo	wetness, moisture, dampness
orutuṯumo	thunderstorm
orutuu	letter
orutuwo	spoon

oruu	reed
oruuma	dust
oruumbu	eyebrow
oruungu	tank, cistern, reservoir
oruuro	scream
oruuto	settlement, home, nest
oruuwa	rock
oruvakiro	adultery
oruvanda	small hill
oruvao	shield
oruvara	streak, support
oruvareko	engagement
oruverera	reticulum [second stomach]
oruveze mombura	season
oruveze	*expressing time*-tense, time, area, *available*-space, room, given, *opportunity*-chance
oruvyo	knife
oruvyu	snake species
oruwano	unity, union
oruwiwi	fontanel
oruwo	wagtail
oruyano	vow, oath
oruyaveze oruheura	future indefinite
oruyaveze	future tense
oruyeo	jaw
oruyezu	beard
oruzenga	wreath
oruzo	patrilineal clanship, traditional designation
oruzungo	turbulence
osaena	signature
osaneno	resemblance, same
osaona	female cow
osarama	farm
osasanekero	comparison
osasiona	station
osatana	grass hoper, devil
osazu	ox, cattle paid to the bride's family [*lobola*]
osekondere	secondary
osemba	fine
osenda	cent, last breath, breathy
osengiro	curse
osengo	neck, collar
oseni	snuff, powdered tobacco
Oserekaze	madam, mistress, lady, Mrs, Miss
oseu	edible bulb
oseve	unfortunate, bad luck
osewa	orphan

osinga	lint
osingama	chewing gum
osipe	sift
osire	soot
oskepi [*borrowed*]	ship, boat
oskole [**osikore**]	school
Osondaha	Sunday
osopa	soup
osoromana	headman, group leader
ospela [*borrowed*]	pin
ostora [*borrowed*]	store
osukwa	peanut
osunda	blossom, bud, pollen
osure	yeast
osurise	leaven, yeast
osurunga	lining
osurute	cold sore, herpes
osuvaneno	relieve
osuviriro	fresh air, break
osyona	muscle
osyoti	kidney
otae	bow tie
otate	father
otee	tea
otenesa	tennis
otja ko	according, concerning
otja omeva	watery
otja tji tji ri	literally
otja	like, even as
otjaitonga	newspaper
Otjambo	Oshiwambo language
otjana	plain, valley, flat
otjange	vise
otjari	*body part-* chest, breast, *feelings-* sympathy, charity, mercy
otjavivi	hypocrisy, sneakiness
otjeme	moisture
otjememe	cold soar
otjeṇe	bladder
otji	singular nominal prefix [*artifacts*]
otjiaha	plate, dish
otjiapela	apple
otjiaporosine	orange
otjiemere	bucket
otjifleke [*borrowed*]	spot
Otjifransa	French
otjihaamwa	seat, bench, chair
otjihaekwa	draft

otjihakautu	potato
otjihako	mark, earmark, tittle
otjihakwa	puzzle, brain teaser
otjihambarere	fairytale
otjihambure	hammer
otjihanda	hamper, basket
otjihanganga	crop
otjihape	fruit, vegetable, crop, herb, plant
otjiharaka	rake
otjiharaova	spade
otjihauto	motor car, vehicle
otjihavero tjo uhona	throne
otjihavero	chair
otjihehameno	chin
otjiheimukuru	miracle
otjihekero	container, receptacle
otjihekewe	grit
otjihenavaro	cardinal numeral
otjihenda	thickness in curds
otjiheṇde	pole, stem, trunk
otjihenga	beestings
Otjiherero	Otjiherero language
otjihero	stirring-stick
otjihete	sediment
otjihimangongo	celebrity, legend, star, marvel
otjihimise	marvel, wonder
otjihinga	half
otjihinge	steering wheel
otjihohwa	annexure, attachment, appendex
otjihondjwa	appendix, fixture
otjihongo	abscess, swollen gland
otjihongwa	subject
otjihoni	brown
otjihorekwa	secret
otjihorera	example, copy
otjihoveka	mixture
otjihuhe	foretells
otjihumba	music instrument, melodic
otjihune	foretells, omen
otjihungire	organ of speech
otjihuno	remain, carcass, tree branches on which to dry meat
otjihupe	surplus, remainder, rest
otjihupuro	shovel
otjihuro	town, city
otjihuze	treasure
otjihwa	bush, forest

OTJIHERO / STIRRING-STICK

OTJIHUNO / REMAIN

otjihwi	smell of urine
otjiina	mother-thing
Otjiingirisa	English
otjikahanjo	dry mouth
otjikaiva	head-cloth, headdress
otjikaka	cold
otjikaki	beige, taupe, tan
otjikamasa	gaiter, legging
otjikamba	cloud
otjikambi	wax, deposit, residue
otjikamburiro	handle, knob
otjikame	dryer
otjikameno	press
otjikamo	lid
otjikamuaha	gonorrhea
otjikamure	comb
otjikana	urn, jug
otjikando	chance, turn, occasion, time
otjikanga	greaves
otjikango	water pan
otjikangure	iron
otjikapwite	sandal
otjikara	speed, velocity, running
otjikarakuina	turkey
otjikaro	manner, way
otjikate	suppleness
otjikatuko	concern, matter
otjikausina	sock
otjikaviriro	saddle
otjikenga	dung, dry manure
otjikere	bank, cliff
otjikesa	coffin, box, closet
otjiketara	guitar
otjiketjere	harness
otjikohe	wash clothe
otjikoko	lizard
otjikokotwa	chewable, wheat, corn
otjikokozoke	reptile, snake [*any crawling species*]
otjikombo	broom
otjikomona	automobile, sedan car
otjikomonesa	communist
otjikondambunda	back part, lumbar, behind
otjikonde tjondjira	grader
otjikonde	scissor
otjikondise	ship, boat
otjikondo	striped thing
otjikongo	shell

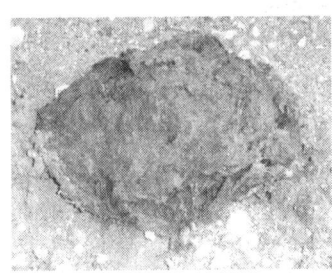

OTJIKENGA / DUNG

otjikongoro	black and white, polka dots
otjikora	cabbage, Cole
otjikoro	angle, tip, side
otjikoroha	measles
otjikoroise	cross
otjikoti	claw, paw, hoof
otjikotji	scale, shell
otjikoyoke	breakable
otjiku	arrow
otjikuki	cake
otjikumbyasa	blanket, comforter
otjikume	deaf, mute
otjikundira	bruise
otjikune	planting instrument
otjikunino	garden
otjikupe	dowry [*price for a woman*]
otjikurameno	stand
otjikure	grater, rasp
otjikuru	old
Otjikuruha	Ju|'hoansi, Bushman
otjikurukaze	grandmother
otjikurungise	ambush, plague
otjikurya	food
otjikusinga	pillow, cushion
otjikute	fasten tool, a tie, a rope
otjikutjire	cover
otjikutu	clan, family
otjikuturiro	station
otjikuve	barrel, jar
otjikwangari	Kwangari
otjikwena /otjiṯakume	Damara / Nama
otjilozi	lozi
otjimariva	money
otjimata	carpet, mat
otjimbaharere	fairy tale
otjimbakete	cardboard
otjimbakuna	pumpkin
otjimbamba	wick basket
otjimbanda	healer
otjimbandanga	influenza
otjimbandangere	severe cold
otjimbangwe	reproduction, lower part of the abdomen down to the genital part
otjimbari	fiery person, rebel
otjimbenyenye	flu, influenza
otjimbere	ball
otjimbi	emotions, feelins
otjimbomba	whole, number

otjimbonde	tan, khaki
otjimbondjwe	retardation
otjimboorote	moth, flying beatle
otjimboro	roar
otjimborokototwa	crumb
otjimborova	big lizard
otjimbuku	candle thorn [*Acacia Hebeclada*]
otjimbumba	group, crowd
otjimburau	blue
otjimburu	buffalo, *language*- Afrikaans language
otjimbuyu	kambro tree [*Fockea Angutifolia*], hot ash
otjimbwaya	epidemic
otjimori	pony, mule
otjimuinyo	good time
otjimuku	huge steam
otjimungusema	close together
otjimunine	lighter
otjimutima	big heart
otjiṇa	thing, something
otjinamake	salamander
otjinaṇdengu	crucial
otjinangusuna	crayfish
otjinanisiwa	toy
otjinanyiva	weed
otjinautoṇi	stink shepherds tree[*Boscia Foetida*]
otjindandi	vicious, wild
otjinḍe	crutch
otjindimba	cancer, boil
otjindimbu	section, butt, part
otjindjumba	fever, cold
otjindoitji	German, could also mean polka dots color
otjindombo	mountain aloe [*Aloe Marlothii*]
otjindonga	Ndonga language
otjindu	enemy, contender, opponent, antogonist
otjinene	big, tremendous
otjiṇepo	body part, organ
otjinga	just then, and so
otjingara	yellow
otjingetjo	similar, same
otjingi	multiple
otjingirine	green
otjingoldo	gold
otjingombwe	ankle
otjingovera	white of an egg
otjinguma	carpet, mat
otjingundi	vulnerable, weak, coward, pregnant
otjinguruvau	dog bowl

otjinguvare	numb
otjingwirira	heartburn
otjiṋi	front teeth, central incisor
otjinikela	nickel
otjinoko	mud, slime, mire
otjinokorindi	swamp
otjinote	note
otjiṋuṋe	fattened
otjiṋunise	enrichment
otjinwino	drink ware, cup
otjinwise	maggot
otjinyaambia	crowd
otjinyandisiwa	toy
otjinyanyaukiro	wreckage
otjinyaze	lint
otjinyo	mouth
otjinyoko (pl. **ovinyoko**)	highlight(s)
otjinyuru	crust, roughness, scurvies
otjiongo	den, nest, shack
otjipa	protuberance
otjipame	fixed, tied
otjipanana	banana
otjipanḓe	heel
otjipapeko	cover, lid, door
otjipapi	flat
otjipara	forehead
otjiparapaṱu	roughness
otjipare	floor
otjipate	lock, trap
otjipatero	trap
otjipatu	scurf
otjipaturure	key
otjipe	new
otjipendero	cutting boards
otjipeni	penny
otjipereke	zinc
otjiperende	camera
otjiperendero	photo
otjiperwa	lucky charm, favour, fortunate
otjipezeze	sponge
otjipindikise	outrage
otjipirangi	plank
otjipiro	scar, burnt
otjipo	defect
otjiposa	dispute, concern, quarrel, matter, court case
otjipu	dead body
otjipuka	animal

otjipunguhiro	altar
otjipupu	easy
otjipuruu	garden grader
otjiputare	obstacle
otjiputarise	impediment
otjiputu	portuguese
otjiputuputu	sphere, round object
otjipwikiro	trunk, box, case, safe
otjipwite	stump, obstacle
otjipyu	council, team, party, organization
otjirae	cabinet, cupboard
otjiraise otjihondje	hyphen
otjiraise tjokukonda	hyphen
otjiraise tjokupura	question mark
otjiraise tjokuresa	punctuation mark
otjiraise tjomakondero	apostrophe
otjiraise tjondavaerero	exclamation mark
otjiraise	indicator, pointer, proof, symbol
otjiraisiro tjombosiro yomotono	tilde, nasal sign
otjiraisiro	symptom, label
otjiraka	slang
otjiranda	stadium, arena
otjirande	buying aid, money
otjirangarange	unmanageable, willful
otjirangerero	altar
otjiranye	orange
otjirarakaneno	contest, race
otjirare	blanket
otjirata tjomaraka	language board
otjirata	board, committee
otjire	long [*in reference to long objects*]
otjirema	cripple
otjireme	brake
otjiretundu	tower
otjirihongwa	subject
otjirikohe	washclothe, sponge
otjirikutjire	cover, blanket
otjirikutjirwa	cover, shawl, scarf
otjirinine	delicacy
otjiripione	tissue, towel, handkerchief
otjiripurwa	problem, enigma
otjiriro	table
otjirirwa	dinnerware
otjiritarero	mirror
otjirivawa	deodorant
otjiriwa	food
otjiriwonya	cramp

otjiriyeke	towel
otjirondero	ladder
otjirongo	place, town, village
otjirumatwa	inheritance
otjirumbu	caucasian, white person, beige[*color*]
otjirumendu	manly, brave
otjiruru	ghost, bitter, sour
otjiruwo	nest
otjirwa	fight, combat
otjirwakanda	sheet
otjirwaro	wound
otjirweyo	laziness, slowness
otjirwise	weapon, antibody
otjirye	utensil
otjiryo	hoof, paw
otjisananga	*the hollow behind the knee-* Popliteal Fossa
otjisaneke	symbol, sign
otjisanekero	example, pattern, measure, outline
otjisanekwa	target
otjisara	saddle
otjise	pick-ax
otjisema	dough, thick porridge
otjisemba	equivalent
otjisenginina	idol, portrayal
otjiserandu	red
otjiserauva	sunset
otjiserekarero	figure, type, talking point
otjiserekarerwa	story, narrative, image, drawing, picture
otjiserure	trowel, plane
otjisilveri[*borrowed*]	silver
otjisipe	sieve
otjisiripi	scarf
otjisise	sieve
otjisisiro	bran
otjisita	sofa
otjisiwi	owl
otjiskera [otjikonde]	scissor
otjisoko tjeho	canthus
otjispili [*borrowed*]	mirror
otjispise	lace
otjisume	toad, frog
otjisundo	gum
otjisupure	dish washcloth
otjisuta (*pl. ovisuta*)	reward, fee, tax, payment, salary
otjisuwahenge	curtain
otjitakanyo	talker, gossip monger
otjitama	cheek

otjitamati	tomato
otjitamunino	nominal
otjitara	porch, shelter, canopy, veranda
otjitarakokure	binoculars, telescope
otjitare	x-ray
otjitata	flabby, wimp
otjitatu	bark, peel
otjitature	peeler
otjitau	part
otjitavi	branch
otjiteke	breakable, scooping utensil
otjitekero	wreckage, bucket
otjitenda	metal, iron, zinc, tin
otjitendeko	joint, burden
otjitendeze	ships, floater
otjitenge	hairline [back]
otjiṱerekera	tractor
otjiterekero	stove, pan
otjiṱi	blunt
otjitiha	table
otjiṱikona	tiny
otjitirise	ghost
otjiṱiro otjindjandja	genocide
otjiṱiro	epidemic, disaster
otjiṱiṱi	small
otjiṱiziro	handle
otjitjamurongo	tenth, tax
otjitjange	pencil, chalk, pen
otjitjangero	blackboard
otjitjauvi	spider
otjitjavari	second
otjitjawana	Setswana
otjitjite	cause, motive, motif
otjitjitukise	pigment
otjitjitwa	activity, event, fact, incident
otjitjuma	vessel, jug, utensil
otjito	scar, light wound
otjitoke	groin
otjitoko tjeho	canthus
otjitoma	halters, bridle
otjitombo	mud
otjitonde	pestle
otjitondero	threshing floor
otjitondwe	colon
otjitoore	vehicle, pitchfork
otjitopore	drill
otjiṱorone	lemon

otjitoto	hole, opening, ditch, pit
otjitotongwe	cheetah
otjiṱumbe	dark in color
otjitundu	termites' nest, anthill
otjiṱunga	stronghold, fortress
otjitunya	dowry
otjiṱurukuhu	salamander
otjitutuza	hip portion
otjiṱuve	shoulder
otjituwako	affix
otjituwakombunda yetjitambo	verb suffix
otjituwakombunda	suffix
otjituwakomeho	prefix
otjituwo tjomapangero	doctor's office
otjituwo tjomatauriro	operation room
otjituwo	corner
otjitwere	sting, prick, knife
otjitwezu	big
otjiunda tjembo	word stem, root-word
otjiunda	base, stem, trunk
otjiundikwa	secret
otjiungura	duty, function, job, work, trade
otjiungure	tool
otjiungurise	instrument
otjiurike tjomakondwa	index
otjiurike	pointer, marker
otjiuru otjitjangwa	heading, title
otjiuru tjoskole, [tjosikore]	principal
otjiuru	head, leader
otjiutwa	creature
otjivanda	hill
otjivapa	white
otjivara	color
otjivaranda	veranda
otjivare	scale
otjivarero	number
otjivaro	census, number
otjivava	wing
otjivavize	print, mark, scar
otjive	burp
otjivepo	storm
otjivereko	baby back carrier
otjiveri	firstborn child
otjivike (*pl. ovivike*)	week (*pl. weeks*)
otjiwa	beatiful thing
otjiwa	udder, blessing, good fortune
otjiwameno	shelter

otjiwana	nation, tribe, community
otjiwaneke	*connection-* associative, *mixing device-* beater, mixer
otjiwangungu	randomly
Otjiwarongo [*name of the place*] beautiful place	
outjiwasane	kith
otjiweziwa	supplement, appendix
otjiwondo	period, fact, era, event
otjiwonga	misadventure, accident, harm, disaster
otjiwongo	hutch, cage, stable
otjiwote	dipper, scoop, ladles
otjiwova	deceit, flattery
otjiyaha	plate, dish
otjiyake	sour
otjiyakisiro	fireplace
otjiyandjewa	contribution, gift
otjiyangapara	good luck
otjiyao	leaf
otjiyatja	fabric, textile, cloth
otjiyaya	garbage, rubbish, trash
otjiyeke	wiper, napkin, duster
otjiyere	light, lift, also a name of a place
otjiyezere	plug, block, cap
otjiza	soft gum caused by removal of teeth
otjize	ochre powder
otjizemburikiro	sign, remembrance, token
otjizenge	tardy, slow
otjizepe	weapon
otjizerika	sacred
otjizeu	difficult
otjizeva	fountain, bath, pool
otjizeze (*pl. ovizeze*)	lie
otjizezengero	swing
otjizikiro	stove
otjizire	shadow
otjizo	handle
otjizoko tjeho	lacrimal Sac
otjizorondu	black
otjizumawe	earthquake
otjizumba	buchu, talc, powder
otjo	it
Otjomuise [**Windhoek**]	"which has smoke"
otjongwa	brackish place
otjotji	gangster, hippie
otjoze	jugular notch
otjunda	barn, kraal
otondoti	collarbone
otono	nasal cavity, sinus

OTJIZA / FRONT GAP

otu	plural nominal class prefix [*groups of things*]
otuheke	leather clothes
otuiho	windows
otukaku	shoes
otukarakaka	flower pods
otukwenyaere	lynxes
otukwi	whistles
oturokoho	noises
oṱurupa	troops, group
otutavi	branches
otuteto	lines
otutu	group, bod
otuverera	stomach
otuveze	opportunity
otuwondja	range
otuze	feces, dung
ou	plural nominal class prefix
ouhatoi	evidence
ouhahu	naughtiness
ouhaisase	disorderliness
ouhakahane	agitation, flutter, haste
ouhakambura	unfaithful, skepticism
ouhakohoka	immortality
ouhakohoke	impurity
ouhangundu	godless, sin
ouhangurahamba	shamelessness
ouhaori	unleavened
ouhara	loose, not attach
ouharupu	goodwill, generosity
ouhasemba	unjust, unrighteousness
ouhasora	inability, indecency
ouhatjiwa	ignorance
ouhawatjiri	falsehood
ouhazendu	sloppiness, untidiness
ouhendi, ohendi	discrepancies
ouhepe	needy, poor
ouheze	smoothness
ouhirona	neatness, tidiness
ouhona	kingdom
ouhonapare	government
ouhonge	ministry
ouhumandu	unluckiness, misfortune
ouhuura	colonize, slavery
ouindandu	happiness, prosperity
ouingi	majority, many, multitude, plural, volume
ouini	belongings, estate, possession, ownership, property
ouiriiri	vacillation, doubt

ouka	theft
oukahu wozombosiro	articulation
oukahu	firmness, fluency
oukahuke	fluency, clarity, distinctness
oukakera	filthy, dirty
oukambe	horses
oukarere	slavery
oukaze	female, feminine
oukazendu	feminine
oukazona	girlish, girlhood
oukohoke	purity
oukorokope	covetousness, greed
oukorondu	promiscuity
oukoto	depth, inmost, inside
oukoze	jealousy
oukozu	gentleness, good temper, softness, mildness
oukukutu	dryness, hardness
oukunga	loneliness, desolation
oukuru	divine
oukurupe	oldness, aged
oukwaṇi	narrow
oukwao	comradeship
oukwetanga	chain
oumba	accident, crash, tragedy, danger, disaster, jeopardy
oumumandu	cowardice
oumune	view, opinion
ounahepero	need
ounandjo	guilt
ounatje	infants, babies
oundandi	wildness
ounanḑengu	values
oundjendje	beads
oundu	humanity, mankind, human, small people
ounene	greatness, dignity, size
ouṇepo	members
ounganga	witchcraft
oungangambungu	stiffness, numbness
oungore	frostbite, coldness, numb
oungu	brotherhood
ounguvare	insensibility
ouṇingandu	bliss, luck, happiness, fortune
ounongo oupe	technology
ounongo	skill, wisdom, knowledge, talent
ounyanya	drizzle
ounyake	poverty
ounyaṇutima	mercy, sympathy
ounyima	quietness

oupaime	clarity
oupame	solidity, discipline, effective
oupandi	activity, duty, energy
oupanga	friendship, alliance
ouparandu	bad luck, unfortunately
ouparanga	breadth, broadness, range, width, wideness
oupatje	diligence
oupe	newness
oupeke	uniqueness, privacy
oupenda	courage, bravery
oupepu	flimsiness, thinly, light
oupikapike	mischief, trick, misconduct
oupiku	*a letter that slopes to the right*-italic
oupore	calmness, gentleness
ouporimane	stillness
oupote	thickness, density
oupoṱu	blindness
oupuka	insects
oupupu	easiness, easy, fluency
oupupurukwe	relieve
ouputuputu	roundness, circle
oupwe	decency
oupyu	hot, warmth
oupyuke	eagerness, devotion
oura	intestine
ourambi	leanness
ouraranganda	neighbourly [neighborly]
ouravandjona	mirage, heat shimmers
oure	length, height, distance, cycle
oureke	sweets, candies
ourekoto	depth
ourenga	decorations, ornament, lace
ourepara	tall
oureze	tasteless
ourike	singular, loneliness, isolation, singular
ouripura	thoughts
ouriri	zero
ourizemburuka	rational
ourozi	witchcraft
ourumbi	brotherhood, birthright
ourumbu	drought, scarcity
ourume	masculine, male
ourumendu	manhood
ourunde	evil, sin
ourunga	theft
oururu	bitterness
ouruvandu	stingines, greediness

ouruvi	brain
ousane	similarity
ousasero	trash, scraps
ousemba	right, honesty, justice, fairness
ouserasere	warts
ouseruke	smoothness
ousore	ability, capability
ousotoroke	flexibility, pliability
ousuko	girlhood
ousupi	short, brief
oususupare	humility
ousyona	poverty
outa wombura	rainbow
outa	bow
outakame	reliability, faithfulness
outanda	youthful
outarazu	cold, cool, soft, chilly
outase	manure, dung
outenda wokomatwi	earrings
outenga	first
outengandu	first person
outere	adolescence
outindi	*plentiful*-complete, *strong*-rich
outiti	smallness, youth, minority, childhood, pertinent
outjatatu	third
outjatatundu	third person
outjavari	second
outjavarindu	second person
outji uozonywitji	honey
outji	sugar
outjina	dance, compose and sung by women [*lately gentlemen participate*]
outjoro	groups, cliques
outonga womaposiro	pitch
outonga woumba	crisis
outonga	height, pride, arrogance, haughtiness, loftiness
outoni	victory, success, gain
outoropora	poles
outuku	night
outumbe	obscurity, darkness
outumbe	wealth
oututa	pastoral
outwe	sharpness
outwika	pus, fester
outwitji	fruit of Mopane tree
ouvande	bravery
ouverandu	illness
ouvere	illness

ouveruke	health, healthly
ouvi	badness, sin, ugliness
ouwa	beauty, goodness, kindness
ouworo	deafness
ouwotame	swoon
ouyake	bitter, tart, sour
ouyandje	benevolence
ouyapuke	holiness
ouyara	freedom, democracy, free
ouye	world, universe
ouyenda	journey, tour
ouyere	glory
ouyova	absurdity, idiocy, foolishness, senselessness, stupidity
ouyupa	pears
ouzamumwe	relative, relation, kinship, kin
ouzera	birds
ouzeu	difficulty, complicated
ouzikame	steadfastness
ouzuve	concept
ouzuwo	poison, venom
ova	plural nominal class prefix for [*people*]
Ovaangora	Angolan people
Ovaarapa	Arab people
Ovaherero	Ovaherero people
Ovahimba	Ovahimba people
ovahoko	relatives
ovahona	bosses, leaders, managers
ovahonge	teachers, ministers
ovahongwa	learners
ovaimbure	singers
ovakahu	sincere
ovakazendu	women
Ovakuena	Nama people
ovakuru	forefathers
ovakurundu	elders, senior citizen
ovakwate	parents, ovanene
ovakwatera	natives, citizen, indigenous
Ovambo	Ovambo people [Oshiwambo tribesman]
Ovanamibia	Namibian people
ovanatje (*sin.omuatje*)	children, kids
Ovandoitji	Germans
ovandu *(sin. omundu)*	people, human
ovanyikore	reap, gaining, acquire
ovarumendu (*sin. omurumendu*)	men, males
ovaruvandu	ungenerous, mean, stingy
ovaryange	guests, tourist, visitors
Ovasambisi	Zambian people

ovasembamise	organizers
Ovasimbabwe	Zimbabwean people
ovasorondate vorutu	immune system
ovasorondate	soldiers
ovasuko	ladies, young women
ovasukona	girls, females
ovasyona	poor people
ovatarere	audience, spectators
ovatumbwa	nurture, foster, care for
ovatupuke	runners, racers
ovature	residents, citizen
ovaṱuta	farmers, ranchers, grazier
ovaungure	workers, employees
ovawa	beautiful people
ovayenda	visitors, travellers
ovazandona	boys, males
ovazandu	young men, boys
ove	you
ovendjisuvere	the people who love me
ovengi	many
oveni	owners, themselves, their
overinane	club-goers
oveta	law
ovi	plural nominal class prefix [*artifacts*]
oviaha	plates, dishes
oviana	plains
oviari	sympathies, *upper body*-chests
ovihakautu	potatoes
ovihakondononwa	inexplicable
ovihamunika	the invisible things
ovihape	vegetables, fruits
ovihavarwa	aid, subsidy
ovihepwa	groceries
ovihongwa vyopomiti	crafts
ovihongwa	instructions
ovihumba	melodic
ovihuna	deviance, prohibitions, taboos
ovihunina	indication, prophecy
ovihuno	remains, carcass
ovikamaha	riding chaps
ovikamba	clouds
ovikande	thick
ovikangariu	hoarseness
ovikausina	socks
ovikeṇa?	what?, what is it?
oviketjere	bridle
ovikohwa	washing, laundry

ovikoko	lizards
ovikonde	scissors, cutters
ovikorovine	square
ovikorovitatu	triangle
ovikoti	paws
ovikuki	cookies
ovikungo	vomit
ovikurya ovihavarwa	rations, relief food
ovikurya	food
ovimbakuna	pumpkins
ovimbase	hips
ovimbembera	sideways
ovimbloma [*borrowed*]	flowers
ovimboro	roar
ovimwatamwata	complex matter
oviṇa	things
ovinandengu	valuables, priceless, important
ovinanyiva	with thorns
oviṇenge	signs, marks, criteria
ovineya	sneaky, dishonesty, untrustworthy
ovingi	a lot, bunch
ovinonga	eye booger, cold in the eye
ovinwino	drinkwares, glasswares
ovinyae	stimuli
ovinyandisiwa	toys
ovinyo	mouths
oviongo	dens, shacks, nests
ovipa	protuberances
ovipaka	blocks
ovipamba	rash, chicken pox
ovipandeke	handcuffs, cuffs
oviparure	benefit
ovipate	locks
ovipereke	zincs
ovipongoryo	lungs
oviporoporo	nonsense
oviposa	quarrels, disputes
ovipuka	animals
ovipupu	easy
ovipwenwa	hot drinks
ovira	political parties, clubs
ovirandwa	merchandise
oviraro	wounds
ovirihongwa (*sin. otjirihongwa*)	studies, subjects
ovirongo	towns, places
ovirumbu (*sin. otjirumbu*)	caucasian, white people
ovirunga	chaos

ovirungwa	mixture
ovirwa	fights
ovirwi	accident, harm
ovirwise	ammunitions
ovirye	flatwares, utensils
oviryo	legs
ovisasaukiro	torn clothes
ovisenginina	idols
ovisuta	rewards, payments
ovita	wars
ovitama	cheeks
ovitamba	businesses
ovitamine	vitamin
ovitatu	barks, crusts
oviṱaṱunino	molars
ovitjange	writing instruments
ovitjauvi	spiders
ovitjitwa	activities
ovitjuma	dishes, neck ornaments, jewelry
ovitjwaava	syphilis
ovitoke	genitals, groins
ovitoro	thyroid glands
ovituwakomeho	prefixes
oviṱuze	shoulders
oviungura	work, vocation
ovivarero	numbers, numerical
ovivate	cottons
ovivava	wings
ovivike (*sin. otjivike*)	weeks
oviwa	beatiful things
oviwaṋa	nations, societies, communities
oviweziwa	increases, additions
oviwonda	gifts, to spoil [*a lover*]
oviyao	leafs
oviyaporosine	oranges
oviyauziwa	reviews
oviyaya	litter, garbage, nonsense
oviyoze	craziness
ovizerika vyotuzo	totem(s)
ovizerika	social order, sacreds
ovizeu	difficult
ovizeze (*sin. otjizeze*)	lies (*sin. lie*)
ovizire	shadows
ovo	they
ovyo	those
owami	it is me [*I*]
owandje	mine

owanga	poison, venom, toxin
owangu	brotherhood
owaṇi	who, whose
owapeke	exception
owatjiri	truth, fact
oweṇe	it is them
oweṱe	it is us, ourselves
owina	purposely
owo	they, them
oyo	it
ovyoro	social club,
ozendjihupise	those [*cattle*] that keep me alive
ozo	them [*use when referring to animals or things*]
ozohema	shirts
ozohore	cotton wools
ozohwa	termites
ozoiri	hours
ozomahina	machines
ozombahu	locusts
ozombanda (*sin. ombanda*) clothes	
ozombanda zokehi	undergarments
ozombangaṇe	heroes, brave people
ozombapu	sandpaper or rough leaved raisin [*fruit of Grewia Flavescens*]
ozombara	leaders, kings, chiefs
ozombarakana	abreast
ozombarurura omaremba	war orphaned
ozombarurura	orphaned animals
ozombase	hips
ozombati	ribs
ozombato	sneeze
ozombawe	hailstones
ozombaze	feet
ozombepe	nostrils
ozombirive	letters
ozombongo	cemetery
ozomboṱu	drowsiness
ozombumbu	eye browse
ozombura eyovi	thousands year
ozombura	years
ozomburu	pimples
ozombusure	expository, explanatory, illustrative
ozombuze	news
ozombwise	tonsils
ozondana	calfs
ozondanda	camps
ozondataiziro	mistakes, errrors
ozondatwa	shoelaces

ozondeka	grasses growing at Springs
ozondekurona	offspring
ozondema	heifers
ozondenda	cents
ozondendera	vicinity, environment
ozondengu	values
ozondi	gray hair
ozondimbu	short pants
ozondiri	bats
ozondje	scorpions
ozondjeo	jaw
ozondjinda	masses, weight
ozondjise	hair
ozondjora	laughs
ozondu	sheep
ozonduma	emotions
ozondume	bulls
ozondundu ozondjupamuriro	volcanoes
ozondundu	mountains
ozondunge	intelligence
ozonduwombe	oxen, bulls
ozondwa	cities
ozondyero	plans
ozongahera	beef jerky, dried or smoke meat
ozongama	birth pains, labor pains
ozonganga	guinea fowls
ozongaru	fruit of buffalo thorn [*Ziziphus Mucronata*]
ozongoho	bracelets
ozongombe (*sin.ongombe*)	cattles, cows
ozongoro	knees, *ozongoro zokuti-* zebras
ozongumi	rubbers
ozongune	fire wood
ozongwizi	tears
ozonya	horns
ozonyara	nails
ozonyota	sunburn
ozonyu	paws
ozonywitji	bees
ozopepere	peppers
ozopereisa	price
ozosi	collection
ozosire	soot
ozoskepi	ships
ozotjuha	social clubs
ozundu	bloom

Pp

pa	give
paha	search, seek
paima	alert
paka	bury
pakapakisa	flap
pama	stiff
pambaha	aim
pambara	knock, pound, bang
pambarera	emphasis, stress
pambata	grope
pambauka	confuse
pamburuka	split, rip
pamburura	tear, slash
pamenena	tighten
pamisa	tie
pamuka	burst
pamuna	unshelled, open
pamwe	together
panḓa	refuse, decline
pandeka	tie, chain
panḓera	stick
panḓipara	be strong
pandjara	loose, stray
pandjarisa	lost
panduka	give birth
panga	heal
pangana	bind together
pangiṇa	arm, supply with arms
pangua	treatment
panguṇuna	analyze
pangura	judge, decide
papa	ripe, flaccid, flat
papaiza	wink, flicker
papera	pen down
papi	flat
papitisa	baptise
papivara	flat
papivarisa	flatten
papu	finished, consume
papurura	open
para	scratch, scrape
paratisa	paradise, Garden of Eden
paraura	scrape
parura	maintain, foster

parwe	another place
parwisa	miss
pasana	share, distribute
pata	close, lock, catch
pataṇa	deny
pataṇeno	denial
patasana	debate
patasaṇisa	debate
paturuka	open
paturura	unlock, open
pauka	separate, split, tear out
pehi	down, on the ground
pehuri	stomach
peke	apart, alone, private
pekepeke	different
pembaera	shine, glitter
penda	cleave
pendapara	become brave
pendje	*out door*-outside, *apart from*-except, excluding
penduka	wake up, get up
pendura	wake
penga	avoid
penguka	change in direction
pengura	ignore
pepa	smoke
pepera	revive
pera	scrape
peranguka	disappear
peta	bend
pevari	double
pewa	be given, receive
pi?	where?
pihuka	disjointed
pihura	sprain, dislocate
pikama	crooked
pikapika	mischief, naughty
pikasana	wrestle
pimbasana	exchange
pinda	castrate, prune
pindika	angry
pingasana	cross
pingena	succeed
pirapira	naughty
piruka	resist, oppose
pirura	oppose
pita	exit, out
pitisa	take out, take away

piza	scatter
pizuka	disperse, scatter
po	at
poka	broken
pokainya	precisely
pokati	between, middle
pomba	drain, flash, inflate, pump
poṅa	fall, slide off
ponda	kick up dirt
pondoka	wiped off
pondora	wipe off
ponono	unarmed, with nothing
ponyoka	plucked
ponyona	pluck
popa	persuade, advise
popezu	near, close by
pora	calm, cool off, tear
poreka	calm down
porimana	quiet, silent
porisa	cool, silence
poroka	turn around
porokota	rattle
porunambano	now, nowadays
porutenga	firstly
porutjatatu	thirdly
porutjavari	secondly
porwandje	as far as I am concern
porwatjo	concerning this
porwawo	only
porwe	exclusively
posa tjimwe	rhyme
posa	quarrel, sound
posi	except, beside, near
poskole	at the school
pota	thick
potuingi	many time
potuingituingi	many times
poṯupara	blindness
poṯuparisa	cause to be blind
pouriri	merely, just
pove	at you
pu	at
puhura	pluck, scale
puka	grab, loose one's way
pukapukisa	shake
pukata	sit on lap, cuddle
pukisa	seduce

pukumuna	shake out
pukurukwa	decrease
pumaera	attack
pumbwa	no luck in finding anything
pumuna	together with
puna	with
punda	dance
punga	summarize, separate
pungara	exhausted
pungarisa	exhaust
punguha	sacrifice
pungurura	summarize
pupa	flow, plane
pupaparisa	relief, reduce, liberate
pupurukwa	go down, calm down
pupyara	hot
pura	ask, request, inquire
puratena	listen
Puriza Menesia Kanane	Traditional Outjina dancer
puruka	confused
purura	skin off
putaputisa	finish off
putara	stumble
putauka	endure hardships
puvara	become soft
pwaa	look pretty, finished
pwena	drink
pweya	tear off
pwika	save, invest, embedded
pwira	dry up
pwisa	correct
pya	burn
pyanga	sweep, dusk, wipe
pyasa	take out thorn
pyata	spread out, cut open
pyoṇa	wipe off
pyu	hot
pyuka	energetic

Rr

raa	order
raera	tell, command
raerera	warn
raisa	show
rakiza	warn, advise

ramanga	persevere
ramba	chase, dismiss
rambera	running after
rambi	lean, thin, emaciated, lost weight
ramwa	choke, clog up
randa	buy
randama	lie down
randata	sliding down
randisa	sell
randwa	be bought
ranga	roll over
rangaranga	ignore
rangavara	lie down
rangera	pay homage
rara (singular)	sleep
rara nawa [*singular form,* raree nawa *plural form*], goodnight	
rarakana	contest
raree (plural)	sleep
raree nawa [*plural form,* rara nawa *singular form*], goodnight	
rarisa	put to sleep
rasa	lick
raswa	be licked off
rauka	come down
raura	bring down, take down
ravaera	shout
razira	quilt
reka	strangle, choke
remana	lame
rendera	accustomed to, used to
rendura	reduce
renga	cut, trim
reparisa	lengthen
rera	fondle
resa	read
ri	was
riarikaṇa	beg, plead
rieta	bring oneself
rihahiza	discourage
rihaveha	weigh, evaluate oneself
riheka	beg
rihepura	confess
rihitisa	interfere
rihiva	boast, brag
rihonga	learn
rihumina	withdraw
rihuta	contract
rikenda	worry

rikota	bend
rikotamena	worship
rikuta	join, align
rimana	get ready
rimanga	entwine, wrap
rimbara	scattered
rimbarisa	scatter
rimuna	self-conscious
rimwe	one off
ripeta	bow
ripura	think
rira	cry, become
riraisa	model, expose, reveal
rirongera	prepared

PARAMOUNT CHIEF RIRUAKO KUAIMA

Riruako Kuruṇḍiro Kuaima (b. April 24, 1934) Son of Kaamakaa Amon Riruako and Renade Riruako, born on 24 April 1934 in Aminius, Omaheke region. He is the current Paramount Chief of Ovaherero, inaugurated by Herero Chief Council to succeed Chief Kapuuo Clemens on June 1978.

risa	feed, graze
risera	show off
risusuparisa	humiliate
risutisa	retaliate
riṯaisa	hide, disguise, mask, camouflage
ritanaura	convert
riṯiza	hold on
ritjatisa	fascinate, charm
ritjinda	behave
ritongamisa	exalt
riṯuna	prepare
rityakaṇa	middle, in between, intermediate
riutisa	enroll, sign up, enlist
rivangera	voluntary
rivangera	yearn for
rivera	punish oneself
riyameka	rely, bow to, worship
riyandja	surrender
riyarikaṇa [riarikaṇa]	plead, beg
rizenga	entangled
roko[*present tense*]	rain
rokoha	make noise
rokwa[*past tense*]	dropped rain
romba	plaster
ronda	climb
rondora	accuse
ronga	admonish
rongaronga	delay, late
rongera	prepare

rongwa	rebuke, be admonished
roporora	reach out, telling all
rora	attempt, try, taste
rorere	tried, tested
rota	dream
rova [roo]	bewitch, poison
ruka	name

Rukero Veziruapi Dawid (b.1966) Radio Representer and an Announcer

Rukoro R. Vekuii (b.1954) Civil rights, politician, business man, president of SWANU 1989-1993 and the first Republic of Namibia Attorney General 1991-1999

rukuru	long ago, before, past
rukutura	sweat, perspire
rukwao	again, repeat
rumata	bite, inherit
rumbira	get ready
rumwe	once
runduruka	change
rundurura	translate, change
ruṋe?	when?
runga	mix
ruruma	jump
rwaa	fight
rweza	depreciate in value
ryaa (pl.ryee)	eat
ryama	move, shove
ryamisa	promote
ryamisiwa	move up, promoted
ryanga	walk, stroll, visit
ryata	trample
ryee (sin. ryaa)	eat

Ss

sa	dig
saa	dig saw
sakasaka	struggle to keep the last breath
sakumukira	attack, stormed
sana	*look like*-resemble, *be in contact*-correspond
saneka	try on, compare
sangauka	roam, ramble
sanisa	assimilate
sasaneka	compare, measure
satana	satan
sekama	stand up
sekasana	equal
sekirapunjoko	economy downfall, recession period

senga	curse
senginina	wish evil on
senina	last
Seninaṇi	October
sepa	suck
sepunuka	drained
sera	bless
seravera	look red
serekarera	tell, characterise
serekaze	Mrs., madam
seruka	become smooth
serura	smooth, plaster
sesemana	wishful
sesenga	wipe
sesura	scrub, dig out
seta	clog up, congest
seuka	faint
sika	close [*eyes*]
sikauka	moody, gloomy
sina	strangle
singa	blow, comb
siringa	ignore
sisa	sift, sort
sisira	throw [*sand*]
sitwa	hiccup
siura	frown
sivauka	downcast, gloomy
sokutjita	should do
sokutjitjita	should do it
sokuya	should come
sononoka	weak
sora	can, able, correct, fix
sosura	dig out
sotorora	twist
sukara	circumcised
sukareka	circumcise
suma	boil, dissolve
sura	swell
Suramazeva	July
surumuka	flourish, mushroom, proliferate, boil (*as water*)
surunga	cover
sururukwa	decrease in swelling
susupara	humble
susuparisa	abbreviate, shorten
suta	pay
suva	rest
suvana	breathe, sigh

suvera	love
suvira	blow
suvirira	inspire
sya	leave behind
syonapara	become poor

Tt

taara	win
taareka	refresh
taka	sway, shake, wiggle
takasana	cross
takataka	flap, wave
takavara	numerous, many
tamba	attack
tambeka	hollow out
tamuna	mention, suggest, name
tana	turn, throw down
tanana	exceed, go over
tanauka	turn round, turn over, rotate
tanaura	turn, reverse, overturn, translate
tanaurira	convince
tanda	intend, aim, threaten, mean, cut, promise
tandaa	aunt
tandauka	expand
tandaura	spread out, stretch
tandavara	extend
tandavera	stretch
tanga	praise, thank
tangee	praise
tapa	scoop out
tapakaṇa	cross
tapera	scoop in
tara kombanda	look up
tara kombunda	look behind
tara nawa	look well, verify
tara ozondungueho	frown
tara popezu	look close
tara	look, notice, inspect, view
tarako rukwao	review
tarara	cold, chill, moist
tarareke	cooling, moisten
tarasana	face each other
tarera kombanda	overlook
tarera	watch, oversee
tasepara	useless

tata	flat, weak
tataa	bye-bye
tataimba	estimate
tataiza	error, miscalculation, miss
tate	father, dad
tatumisa	abuse, torment, maltreat
tatura	peel, shell, skin
tatwa	honour
tauka	tore
taura	tear, escape
taurira mo	raid
taviza	look backwards
teka	break off, draw water
temangura	insult, abuse
tembuka	break in the middle
temwa	astonished
tenda	accidentally cut
tendeka	pile
tendekera	pile up
tendera	accustomed to, used to
tendeza	float
tenga okumuna	discover
tenga	start
tengakuya	precede
tengapo	be first, primary, original
tengera	forerun, first in
teratera	stagger
tereka (*past tense*-**tereke**)	cook
teta	bite, clip, cut hair
tetara	burning sensation
tetera	in the row, lineup
tetisa	fry
tetuka	chip off, decay
tetura	break off
teya	break
teza	trace
tezere	track

Thom Kapuka John (b.1919) younger son of chief Vita Thom and succeeded his brother Kazonguindi Thom to chieftain. He resides in Ohandungu Northern part of Opuwo.

Thom Kazonguiṉḏi Jonas (b.1918 – d.1996) from (Kaokotavi) succeeded his father Chief Vita Thom.

Thom Vita (b.1863 – d.1937). Son of Stwana father Minue Thom and Manase Zeraeua's cousin Kaitondereko. He was born in Otjizingwe during the Ovaherero and Namas war outbreak. As a young man, he followed his father to Angola where he gained a prestige title as leader in Angola army (troop). In 1916(ombura yovita vya Suse), he returned to Namibia and settle in Otjijandjasemo now known as

Okanguati. He died of yaw stiffness sickness in Okuaruze (Ondonga) and his remains have been returned to Opuwo for reburial in 1984.

tiha	elude, dodge
tika	shed, spill, ejaculate, excrete
tikatika	overflow
tikura	deceive, mislead
timbuka	break
timbura	break, turn
tinganisa	rouse, excite
tira ooma	terrify
tira	fear
tirahi	pour out, spill
tirira	pour
tirisa	scare, terrify, fright
tja	say
tjaara	swim
tjaera	stop, keep off, restrain, stop progress
tjaerera mondjira	intercept
tjaerwa	interrupted
tjakana	intervene, across, intersect
tjakanena	intervene, interrupt
tjakanenwa	interrupted
tjakuzu	if
tjanao	such
tjandjara	frisk
tjandje	*possesive pronoun-* mine, during, while, already
tjanga okuhokora	engrave
tjanga rukwao	rewrite
tjanga yarwe	reproduce
tjanga	write, record, graft, enroll
tjangasana	correspond
tjangisa	dictate
tjangovasi	suspect
tjangurura	rewrite, copy, duplicate
tjao	rather
tjapo	otherwise
tjaripara	take pity
tjata	taste, pleasure, like
tjaterwa	pleased with, enjoy
tjatisa	delight in, season
tjatja	sprinkle
tjatjiri	substantial
tjaveka	dip into
tjazumba	afterwards
tjeka	spit, slice, cut off, carve
tjema	moan, groan
tjena	flash

tjenga	skim
tjenguka	overturned
tjengura	overturn
tjera	rape, tame
tjetu	our, ours
tjevera	secure, watch, patrol
tjeza	dig out
tji na	like
tji	that, when

Tjihuiko A. Ranongouje (b.1952) Politicians

Tjijombo Petrus (b.1936) Bishop, founder of St.John's Apostolic Faith Mission in Namibia.

tjike [*informal greeting*]	hi, hey, hello
Tjikukutu	November

Tjikurame Ishmael (date unknown) Singer and a composer

tjikuru	grandmother
tjimanga	quickly
tjimuna	as, like, for example, for instance
tjimwe	together, once
tjinangara	when, if
tjinda	carry, move
tjindisa	remove
tjinene	much, more, big, especially
tjinenenene	very hard
tjinga	because, when
tjingetjo	also
tjiri	truly
tjita	do, make
Tjitarazu	December
tjitarukwao	repeat
tjitatuvari	duplicate

Tjitendero Mose Penaaṇi (b.1943 - d.2006) first Namibian National Assembly Speaker also a Lecturer, Activist and a politician

tjitisa	force, procure
tjitisiwa	react
tjitoupanga	befriend
tjituka	transfigure, change
tjitukisa	transform, alter, change
tjitwa	happen, occur

Tjiundje Mannetjie "Max-T" (b.1980) Presenter and Entertainer

tjiva	certain, some, several

Tjivikua Tjama (b.1958) founder and rector of Polytechnic of Namibia since 1995.

tjivisa	announce, inform, acquaint
tjiwa	know, be aware
tjiwasana	know each other
tjiza	perceive, sense
tjizikiza	screen, defend, avert

tjo	without, empty, desolate
tjokehikehi	minimum
tjokotja	boiling
tjoye	yours
tjoza	add to, affix
tjukutjura	gargle, rinse
tjunika	honor
tjupa	throw off
tjurura	prevent
tjuukwa	famous, notorious
toka	tease, challenge
tokerwa	stay in the evening
toko	sunset
tokora	peck, pick
tokotora	quarrel, annoy
tomboka	mix up
tona	beat, hit, punch, strike, *telephone call-* ring
tonaparisa	succeed, accomplish, achieve
tonda	*dislike-* hate, abhor, *beat-* pound, mash
tondoza	examine
tongama	squat
tongamisa	exalt
tongoka	rise
tongoza	pick up
toora	pick up, take
toorora	choose, elect, single out, discriminate
topora	drill, pierce
toroka	translate
tota	drip
tuka	choose, select, separate, jump, fly
tukana	swear, curse
tukira	jump in, jump off
tukuruka	arrive
tukutura	penetrate
tuma	send
tumba	child rearing, become rich
tumbara	increase
tumbisa	enrich
tumbuka	come nearer, *nearing period of time-*arrives
tumbura	turn, direct, guide
tunga	build
tungauka	toss, roll
tungurura	rebuild
tupuka	run
tura	live, dwelling
turika	load, hang up
turura	take down

tutumuka	recoup, recover, revive
tuturura	transfer
tuuka	swell
tuurunga	go through, penetrate, pierce, succeed
tuurungira	transmitting
tuurungisirwa	throughout
tuva	push
tuvakaṇa	pierced
tuvari	twice
tuvira	begin
tuvwa	be pushed, be stabbed
twa ko	affix, add to
twa mo	put in
twa	add, sharp
twapo	declare, pronounce, state, put
twara	take away
twende	go, go away
twera	stab, poke, sting
twika	become blind, fester, lift on the head
twima	rise
twipa	burst
twirika	postpone
twiya	dazzle
tya ozombiri	settle dispute
tya pamwe	negotiate
tya	decide, discuss, organize
tyakaṇa	across
tyee	discussed
tyora	collect firewood

Ṱṱ

ṱa	equal, die, hurt, be
ṱakamisa	careful, take care, watch out
ṱara	hide
ṱaravara	lie down
ṱarere	hidden
ṱarisa	seclude
ṱarisiwa	clandestine
ṱaṱera	lean upon
ṱaṱuna	chew
ṱe	be killed
ṱeka pamwe	equal, even, proportionate
ṱeki pamwe	promotional
ṱekisa pamwe	equalize, co-ordinate

ṭekisa	appreciate
ṭenḍuna	limp, halt, lack
ṭeputi	weary
ṭerambu	famish
ṭeruru	envious
ṭi	blunt knife
ṭihora	pinch, nip
ṭika	accompany, escort
ṭikanana	point, erect
ṭikaṭikisa	tickle
ṭikonaparisa	reduce, decrease, downgrade
ṭina	chirp
ṭira ondjenda	sympathize
ṭirika	point
ṭisa ohoṇi	embarrass
ṭisa oruhoze	depress
ṭiṭi	small
ṭiṭiparisa	diminish
ṭiza	hold, sustain, support, retain
ṭohoṇi	ashamed
ṭohora	pinch
ṭoku	might, ought
ṭomazenge	provoked, furious
ṭombepera	feel chilly
ṭomwina	sink, immerse
ṭomwinisa	drown
ṭopikana	soaked
ṭopoṭora	mumble
ṭu	dead
ṭuka	abuse, misuse, oppress, abrade
ṭukara	soft, weak
ṭukuṭuku	pitch black
ṭukuṭura	smash, crush
ṭumba	dive
ṭuna motuteto	tabulate
ṭuna	arrange, fix, bewitched, charmed, touch
ṭunda	contaminate
ṭutama	urinate
ṭuṭuma	thunder
ṭuṭumika	dip into

Uu

u so	must
uhara	spend the day
uka	remove
uma	abduct, kidnap
umba	throw
umwe	one of them
unauna	mumble, murmur, complain
unda	hide
undika	hide
undikwa	hidden
undja	wait, hope, expect
undjwa	be expected
undura	push, thrust, poke, shove
une	four
uṇe	who
ungura	work, operate
ungurira	work
ungurisa	spend, use
upika	whet, sharpen
ura	shout, scream, yell
uraa	beging of animal pregnancy
uri	really, pretty well
uriri	only, just, *empty-* vacant, nothing
urisa ngapotjinyo	cram, fill to the top
urisa	accomplish, replenish, fill, inflate
uruma	fright, shock
urumisa	frighten, horrified, scare
urura	cut open, roll
urwa	to be tired, overwhelmed
uta	begin, start, invent, originate, launch, initiate
utano	five
utatu	three
utisa	start
utuka	run, race, hurry
uṱuku	during the night
uvari	two

Vv

vaka	steal
vakira	commit adultery [*males*]
vakirwa	commit adultery [*females*]
vanḓa	adhere

vandara	bleat, howl, roar
vandeka	cover
vandipara	courageous
vandurura	open, reveal, uncover
vane	four of them
vanga	want, long, wish, need, demand
vangwa	chosen
vara	count, calculate, compute
varama	alongside
varanga	gird
vareka	engaged, choose
varura	visit
vasisa	get through to, get a message to, contact
vatera	help, aid
vaura	scorch
vava	rub in
vavwa	be rubbed in
vaza	reached, attain, arrive at
vazewa ohaze	unprepared
vazewa	accessible, reached, cornered
vazwa	reached, cornered
ve varura	visitor

Venaani Mchenry Kanjonokere (b.1977) Politician, youngest member of the National Assembly in 2003 at the age of 26 years old.

vera omayo	toothache
vera orundumba	lunatic
vera otjiuru	headache
vera oviyoze	mad, crazy
vera	ill, sick, punish
vereka	piggyback, transport
veruka	recover, heal, recuperate
verukisa	cure, heal
verwa	punished, condemned
veta	shoot, kick, sting
vetano	five of them
vetatu	three of them
vevari	two of them
vi?	How?, what?
vinda	half closed
vindama	canting
vine	which
vinguruka	turn
vingurura	interpret
virikiza	say good-bye, give commission, give good wishes
viruka	take away, remove
viva	chase, fan
vivari	two [*things*]

vyara	content
vyavyanga	search, feel
vyawo	their
vye	his, hers
vyeṉu	yours
vyetu	ours
vyura	straighten out

Ww

wa kupwa	married
wa kurupa	old, worn-out
wa seta	blocked
wa uhara (*pl. mwa uhara*)	good afternoon
wa wata	catch, grab, hold
wa	fall
wako	his/hers
wakwatwa	born
wama	shelter
wandje	my
waneka	mix, unite
wanekisa	unite
wanisa	unite
waro	his/her
watja	state
watjere	stated, declared
watjo	and it
wawata	grasp
wawo	their
wenena	growl, snarl, grunt
wenga	drool
werawera	shine
werera [*nomaere*]	mix
werereka	ambush
wetu	ours
weza	add, cumulate
wina	also
wira	attack
wirira	arrive
wisa	drop
woka	subdued, satisfied
wokehi	inferior
wokisa	restrain, check
wokombandambanda	highest
womba	rest, settle, delay, lag, later, procrastinate

wombisa	detain, postpone
womboroka	break up
wona	snore
wondja ke zumo	crawl
wondja	come, walk, proceed
wondjisa	advance
wonga	collect, gather, assemble, cumulate
wongara	congregate, assemble
wonyisa	frizzle, creased, bend
wora ozongoro	kneel
wora	rotten, decay, fester, decline
worisa	leaven
worongana	assemble, rally
woronganisa	gather
woropara	become deaf
woroparisa	deafen
wota	scoop, shovel, keep warm
wotama	cripple, debilitated
wotamisa	debilitate
wova	deceive, cheat, pretend
wovisa	deceive, flatter, compliment
wovita	warriors
woye	yours
woza	twine, twist, spin, plait
wozonganda	stranger

Yy

ya kurupa	worn-out
ya zarekwa	worn
ya	come, arrive
yaha	shoot, hit, wound
yahama	open, gape
yaka oungundi	flicker
yaka	burn, flare
yakana	conceive
yakanisa	impregnate
yakisa	light up, inflame
yakura	accept, catch, welcome
yama	aid, help, save, protect, rescue
yamba	gossip, slander
yambeka	bless
yamburura	insult, desecrate, violate
yana	vow, swear
yanda	end, discontinue, terminate
yandeka	ending, end creation, end, stop

yandimuka	awake
yandipara	courageous
yandisa	conclude, limit, discontinue
yandja eraka	vote
yandja ombango	attention
yandja ombutaunda	hand
yandja omihingo	legislate
yandja ondjo	blame, censure
yandja ondunge	advice, counsel
yandja onyuṋe	entertain
yandja oruhoze	grieve
yandja tjinene	lavish
yandja	give, provide, pay, offer, grant, present
yandje	mine
yandjera	allow, permit, approve
yandumuka	rise
yanduza	properly
yaneka	balance
yanga	coil, fold, well balanced
yanisa	make swear, adjure
yanyuka	repulsed
yanyuna	repel, repulse, turn over
yapura	separate, divide
yara	spread out, disown, dislike
yaraara	be desperate
yaraarisa	embarrass, depress
yareka	cook
yarisa	show, exhibit
yaruka kehi	abate, demote
yaruka ko rukwao	revert
yaruka moruveze	substitute
yaruka na	do again
yaruka	return
yarura ombunda	postpone
yarura po	quote
yarura	take back
yarwe	another one
yata	trample, walk through, travelling across, passing across
yatata	sew, stitch
yaukisa	disgust, nauseate
yaukise	disgusting
yavara	offer food
yawo	their
yayo	in its self
yazarwa	worn
yazema	lend, borrow
yazemisa	lend out

yeka	wipe off
yema	throw down
yemwe	some
yenda ovindarwa	presumptuous
yenda	arrive, come
yendama	sideway, learn over
yendayenda	gradually, progress
yendisa	steer
yenena	enough
yenene	can be, could be
yenenisa	realize, substantial
yenga	retaliation, vengeance
yepa	deviate, dodge
yepaera	white
yepaerisa	whiten
yepayepa	walk about
yera	lift, shine
yereka	scorn, insult
yerisa	brighten, enlighten
yerua	raised
yeruruka	raise oneself, stand up, hikes
yesa	cease, allow
yeterera	bring with
yeuka	rise
yeura	full, elevate
yeva	hunt
yevayeva	seek, look, vigilant
yezera	close
yezuruka	opened
yezurura	open
yimba	chant, praise
yomborora	chatter
yomeke	something designed to be carried in the hands
yoora	ruminate
yora	laugh, grin
yoroka	glad, cheerful, joy, rejoice
yorokisa	gladden, excite
yoruveze ndwi	temporal
yovara	dump, foolish
yovisa	deceive, cheat
yoya	receive, collect
yoye	yours
yoza	intertwine
yozasana	intertwine
yozika	worship, honor, dignify, respect, adore
yozikwa	respected
yumana	sad, dejected

yumanisa	depress
yumba	throw, shoot, toss, loiter
yumbira	throw off
yupika (past tense-**yupike**)	sharpen, prepare, train
yurika	point, show, refer, announce a successor, lift
yuva	cut off
yuvira	cut in

Zz

za ko ye!	clear out!, stay out!
za ko	refrain, go away
za mo	resign, go out
za po	get rid, let alone
za	originate, descend
Zaamwaṋi Ingenesia(b.1958)	Business woman
zara	wear, endure, sustain, tolerate
zareka no tjikrone	crown
zareka	adorn oneself
zawo	their
zayo	his/hers
zazo	theirs
zema	extinct
zemba	forget
zemburuka	remember, recall, recollect
zemburukisa	remind
zemi [*past tense of zema*]	extinct
zemisa	erase, clear, remove, cancel
zenga	disappear, vanish, entangle
zengaiza	lost, mislead
zengauka	delay
zengisa	obliterate, eliminate, destroy
zengurura	unroll, define, solve
zengururwa	solved
zepa	kill
zera	desire, wish, long for
Zeraeua Christian Eerike (b.1934 – d. 2012) Zeraeua Royal House, Chief of Okunene, Omaruru	
Zeraeua Christian Wilhelm (d. 1877)chief of Omaruru region around 1860-1876	
Zeraeua Zacharia - chief of Otjizingwe around 1876 - 1904	
zerika	honor, prohibit
zeuka	tame
zeuparisa	stress
zeya	train, tame, subdue
zezenga	lull, soothing

zezera	shiver, tremble, quiver
zika	cook, establish
zikama	regular
zikamisa	develop
zira	answer
ziza	flow, leak, bleed
zorera	dark
zu	came from
zukura	take out
zunda	spoil
zundaka	spoiled, ruined
zundara	wrong
zunga	stir, agitate
zungana	chaos, riot
zunganisa	agitator
zuva [zuu]	understand, hear, comprehend
zuva posyo	misunderstand
zuvara	known
zuvarisa	preach, publish, announce
zuvasana	agree, compromise
zuzuka	melt, dissolve, thaw
zuzuma	murmur, mumble
zuzura	heat up, melt, warm up

PART III

BASIC PHRASES

Language	Eraka
first language	eraka etenga
local language	eraka etjiukwa mo zondendera
foreign language	eraka eyenda
second language	eraka oritjavari
mother tongue	eraka ra ina
national language / official language	eraka ro kotjiveta
indigenous language / national language	eraka rotjiwaṋa
Otjiherero (popularly known as Herero)	**Otjiherero**
Afrikaans	**Otjimburu**
English	**Otjiingirisa**
French	**Otjifransa**
German	**Otjindoitji**
Juǀ'hoansi	**Otjikuruha**
KhoeKhoegowab	**Otjikwena**
Oshikwanyama	**Otjikwanyama**
Portuguese	**Otjiputu**
Setswana	**Otjitjawana**
Silozi	**Otjilozi**

Months, Days, Dates and Time

Calendar Months	Number of Days/Omayuva Omieze	Okarenda / Omieze
January	31	**Rozonḓu**
February	28/29	**Etengarindi**
March	31	**Eseninarindi**
April	30	**Kozonjanga**
May	31	**Kambundu**
June	30	**Ngarano**
July	31	**Suramazeva**
August	31	**Katjose**
September	30	**Ndengaṋi**
October	31	**Seninaṋi**
November	30	**Tjikukutu**
December	31	**Tjitarazu**

Example of how a Month of the year could be use in a speech, all other months will work the same way, August stands for any month.

Early August	ko ma utiro wa Katjose (*Aguste*)
Every August	Katjose (*Aguste*) auhe
in August	mu Katjose (*Aguste*)
Last August	Katjose (*Aguste*) mbwa zuko
Late August	ko ma andero wa Katjose (*Aguste*)
Mid August	Katjose (*Aguste*) mo kati

Next August   Katjose (*Aguste*) mbu ma uyende

The Days of the Week Omayuva wo Tjivike

Days   **Omayuva**
Monday   Omandaha
Tuesday   Oritjavari
Wednesday   Oritjatatu
Thursday   Oritjaine
Friday   Oritjatano
Saturday   Oroviungura
Sunday   Osondaha

Example of how a day of the week could be use in a speech, all other days work the same way. Sunday stand for any day.

every Sunday   Osondaha aihe
on Sunday   Osondaha; mo Sondaha
Sunday morning   Osondaha muhuka omunene
Sunday night   Osondaha ngurova
Sunday afternoon   Osondaha mehatanya; o Sondaha mutenya
last Sunday   Osondaha nda zuko
next Sunday   Osondaha ndi mariyende
last Sunday night   Osondaha ndja zuko ngurova
from Sunday on   o kuza mo Sondaha nga...
from Sunday to Wednesday o kuza mo Sondaha nga kori Tjatatu

The Dates   Omayuva

Common Ways of giving the Date
Written   **Speech**
October 03, 2003   October third, two-thousand and three
03 October 2003   the third of October, two-thousand and three

USA Style [mm/dd/yy (monthdayyear)]

10/03/03 or 10-03-03

Namibia, British and Canada Style [dd/mm/yy (daymonthyear)]

03/10/03 or 03.10.03

Normally, the year is read by dividing it into two numbers:

Example:
    1998   *nineteen* ninety-eight

1999 nineteen ninety-nine

With the exception of the years that end in -00 through -09 are pronounced differently.
Example:
1900	nineteen hundred
2000	two thousand
1909	nineteen oh nine
2003	two thousand and three or twenty oh three

Time **Oruveze**

afternoon	**ometaha**
century	**eserewondo**
dawn	**enyukuhuka**
day	**eyuva; ehatenya**
daytime	**mutenya**
decade	**ozombura omurongo; okakoti komurongo**
evening	**ongurova**
future	**oruyaveze**
hour	**oiri**
midnight	**ouṱuku**
minute	**ominute**
month	**omueze**
morning	**muhaka omunene**
night	**ouṱuku**
noon	**ehatenya**
past	**orukapitaveze**
present	**oruveze rwakandino**
second	**osekonde**
sunrise	**omapitiro weyuva**
sunset	**omuihi; omahitiroweyuva**
week	**otjivike**
year	**ombura**

Climate **Omuinyo weyuru**

air	**omuinyo**
cloud	**ovikamba**
cloudy	**kuna ovikamba**
cold	**ombepera**
fog	**ombundu**
fresh air	**orumuinyo**
frost	**oungore**
heat shimmers	**ouravandjona**
heat	**omutenya; oupyu**
heatwave	**otjipyu**
hot	**oupyu**
humidity	**oupyu; otjipyu**

ice cold	**otjikaka**
lightning	**orutjeno rombura**
misty	**kuna omueme**
moon	**omueze**
rain	**ombura**
rainbow	**outa wombura**
snow	**omakende wombepera**
star	**onyose**
storm	**otjivepo**
sun	**eyuva**
thunder	**omaraka; oruṱuṱumo**
warm	**oupyu**
weather	**omaukiro womuinyo**
wind	**ombepo**
windy	**kuna ombembo**

Season	Omakueze wo mbura
fall / autumn	**okuṇi**
spring	**oruteṇi**
summer	**okurooro**
winter	**okupepera**

SPRING
March, April, May (USA /Canada)
September, October, November (Namibia)

WINTER
December, January, February (USA)
June, July, August (Namibia)

SUMMER
June, July, August (USA /CANADA)
December, January, February (Namibia)

AUTUMN
September, October, November (USA)
March, April, May (Namibia)

Tree and plant

Scientific Name	Common name	Omiti no vihape / MoTjiherero
Acacia erioloba	camel thorn	omumbonde
Acacia erubescens	blue thorn	omungongomwi
Acacia fleckii	plate thorn	omutaurambuku
Acacia hebeclada	candle thorn	otjimbuku
Acacia mellifera	black thorn	omusaona
Acacia reficiensfalse	umberalla thorn	omungondo
Acacia Senegal	slender three-hook thorn	omuryangava
Acacia tortillis	umbrella thorn	orusu
Adonsonia digitata	baobab	omumbuyu
Aloe marlothii	mountain aloe	otjindombo
Boscia albitrunca	shepherd's tree	omungwinḓi
Boscia foetida	stink shepherds tree	otjinautoṇi
	Fruit of sheperd's tree	ongwinḓi
	Root of sheperd tree	omundjerere
Colophospermum mopane	mopane	omuṯati
	Fruit of mopane tree	outwitji
	Pod of mopane tree	omatokoti
Combretum apiculatum	red bushwillow	omumbuti
Combretum imberbe	Leadwood	omumborombonga
Commiphora pyracanthoides	common corkwood	omboo
Commiphora Africana	omuzumba tree	omuzumba
Dichrostachys cinerea	sickle bush	omutjete
Ehretia rigida	puzzle bush	omusepa
Euclea divinorum	magic guarri	omuryambambi
Faidherbia albida	anatree	omue
	Foliage that produce perfurme	omueve
	Pod of anatree	orue
Ficus cordata	namaqua fig	omukuyumbwa
	Fig	ekuyu
Ficus sycomorus	fig tree	omukuyu
Fockea angutifolia	kambro	otjimbuyu
Grewia flava	velvet wild raisin	omundjembere
	Fruit of wild raisin	endjembere
Grewia flavescens	raisin bush	omuvapu
	Fruit of sandpaper/raisin	ombapu
Olea europaea	wild olive tree	omuṇinga
	Olive	oṇinga
Schinus molle	pepper tree	omupepere
Terminalia prunioides	purple-pod terminalia	omuhama
Ziziphus mucronata	buffalo thorn	omukaru
	Fruit of buffalo thorn	ongaru
	Vineyard	omuvite
	Grapes	epunda romandjembere
	Cactus	otjisaiyena
Welwitschia		Welwitschia

Spirostachys Africana   tambooti tree   **orupapa**

Cities	**Ovihuro**
|Ai-|Ais	Ai Ais
Arandis	Okajombo
Aranos	Orahuuava
Ariamsvlei	Ariamsvlei
Aroab	Aroab
Aus	Aus
Berg Augus	Okauua
Bethanie	Bethanie
Caprivi	Okapirivi
Etosha	Okaukuejo
Gibeon	Okaahatjunda
Goageb	Goageb
Gobabis	Epako Rozonjanda
Grootfontein	Otjivanda tjongue
Gross Barmen	Otjikango
Grunau	Grunau
Hantiesbay	Erindi rozombandje
Hochfeld	Enguruvau
Kalkfeld	Omurambawandjou
Kalkrand	Kalkrand
Kamanjab	Okamanja
Karasberg	Ondjombo yovanduvotujezu
Karibib	Otjandjomboimue
Katima Mulilo	Etemo romuriro
Keetmanshoop	Otjezoroue
Leonardvile	Okazize
Luderitz	Okakoverua
Maltahoe	Omuvero uaKamurirua
Mariental	Otjoruuma
Nakop	Nakop
Namutoni	Onamutoni
Okahandja	Okahandja
Omaruru	Omaruru "Ozondje"
Ondangwa	Ondangwa
Opuwo	Opuwo
Oranjemund	Okovikenga
Oshakati	Onjiipa
Oshikoto	Otjikoto
Otavi	Otavi
Otjiwarongo	Otjiwarongo
Outjo	Outjo
Rehoboth	Otjomevamomutumba
Rietfontein	Otjomukuiju
Ruacana	Oruakana

Rundu	Orundu, Ombuenge
Seies	Okangondo
Steinhausen	Okorukambe
Swakopmund	Omonda, Otjozondjii
Tsumeb	Okavisume
Uis	Okarui kondjai
Usakos	Okanduu
Valgrass	Ehozu okakuze
Vetvlei	Omataura
WalvisBay	Ombae, Ezorongondo
Warmbad	Warmbad
WaterBerg	Otjozondjupa
Wilhemstal	Wilhemstal
Windhoek	Otjomuise
Witvlei	Omataura
Xhorixas	Otjaheundu

Towns

Oukonduahuro

Aminius	Omongua
Okakarara	Okakarara
Okamatapati	Okamatapati
Okandjira	Okandjira
Okanguati	Okanguati
Okotjituwo	Okotjituwo
Omatjete	Omatjete
Ombazu	Ombazu
Otavi(Kaokotavi)	Otavi
Otjasema	Otjasema
Otjimbingwe	Otjizingwe
Otjinene	Otjinene
Ovitoto	Ovitoto
Sessfontain	Ohamuheke

The Sea

Pokuvare/Pomuronga

air	omuinyo
beach	okuvare
boat	okayaha
fish	ehundju
hurricane	otjivepo
sand	ehi
shark	otjaka
ship	otjitendeze [oskepi]
storm	otjivepo
sunshade	otjizire
swimming	okutjaara
water	omeva
wave	ongazona

Rivers   **Ozonḓonḓu**
Auob
Black Nossob
Eiseb
Epukiro river
Fish
Gama Aib
Gunib
Haib
Hamakari river
Hoanib
Hoarusib
Huab
Khan
Kuiseb
Kunene
Lowen
Nossob
Okahandja river
Okwa river
Olifants
Omaruru   **Tjovahauva**
Omatako   **Onḓonḓu yaMatako**
Omusema river
Onḓonḓu yawaruze
Orange   **Onḓonḓu yaNgariva**
Otjiseva river   **Otjiseva**
Otjosasu river   **Otjosasu**
Seeis river
Skaap river
Swakop
Tsoachaub river
Uchab river   **Ouhava**
Uniab   **Omatejakaku**
Wit Nossob   **Kamuraere waZauana**
Zambezi river

Mountain   **Ozondundu**
Brandberg
Erongo mountain   **Ozohungu; oruue ronḓera**
Khomas Hochland
Ondundu yahomba   **Ondundu yahomba**
Ondwezu ongange yaKajaija **Ondwezu ongange yaKajaija**
Splitzkoppe
Tafelberg
Vingerklip   **Oruuemundu**

Waterberg	**Kaondeka kaTjombua**
Auas mountains	
Onjati mountains	**Onjati**
Ongandjira mountains	**Ondundu yangandjira**
Okongava	**Okongava**

Cattle colors[colours] Ovivara vyozongombe

any patchy cattle	**ondorokondo**
black and brown	**ombambi**
black and white	**ombonde**
black with white collar	**ombongora**
black	**ondoozu**
brindle	**ondjandja**
color in the groin and white tail	**ombotoona**
golden yellow / camel	**ondumbu**
grayish	**ongange**
light brown brindle	**ekunde**
light brown with white belly	**ekondo**
light brown with white blaze	**ondanga**
light brown with white patches	**ombawe**
one body color with white color on the lower legs/hooves	**ohaka**
white and chocolate color	**ondaura**
white	**ombapa**

Animals — **Ovipuka**

cat	**okambihi**
cheetah	**otjitotongwe**
cow	**ongombe**
dog	**ombwa**
donkey	**okasino**
elephant	**ondjou**
gemsbok	**onduno**
giraffe	**ombahe**
goat	**ongombo**
horse	**okakambe**
jackal	**ombandje**
kudu	**ohorongo**
leopard	**ongwe**
lion	**ongeyama**
monkey	**ondjima**
rabbit	**okapi**
rhino	**ongava**
snake	**onyoka**
springbok	**omenye**
wolf	**ombungu**
zebra	**ongoro yokuti**

Health	**Ouveruke**
ache	omuhihamo
ambulance	etemba rovavere
anthrax	eteva
appendix	okaura
blood pressure	omarekeneno uombinḑu
blood	ombinḑu
cancer	okangera
chickenpox	eyaze; otjikoroha
cold Sore [*herpes labialis*]	osurute
cold	otjindjumba; esuru
cough	omukoo; okukorora
dentist	onganga yomayo
diabetes	outji; omutjise woutji
diarrhea	omupito; omuhana
discharge	okupita monamiti
disease(s)	omutjise (plural-**omitjise**)
dizziness	epoṱu; okazorera
doctor	onganga
emergency	oumba ua tjimanga
examination	omatarero worutu
faint	okuseuka
febilator	ozombako zomuinyo
fever	oupyu
gonorrhea	otjikamuaha
headache	otjiuru
heart attack	okukurama omutima
hospice	okunambirahiwa monamiti
hospital	onamiti; onasareta
human immunodeficiency virus/HIV	ehinga
hypertension	ombinḑu ndjironda
hypotension	ombinḑu ndjiheruka
ill	ouvere
injection	okuyendwa; oenda
kidney stone	omawe kozosyoti
leprosy	orepere; ongana
lung sickness [*pleurophneumonia*]	omutjise wepunga
malaria	omararia
measles	otjikoroha
medicine	omiti
meningitis	oruruvi
mumps	omakuma
nurse	onesa
operation	okutaurwa / okutaura
optician	onganda yomakende woupoṱu
oxygen mask	omakende womuinyo
pain	omuhihamo

patient	**omuvere**
pill	**opera**
prescription	**omiti no zopera**
rash	**eyaze**
sick	**okuvera**
sneeze	**ombato; okutya ombato**
sore throat	**omuriu** (plural-**omiriu**)
stomachache	**opehuri**
surgeon	**onganga yokutaura**
surgery	**okutaurwa**
toothache	**omayo**
Tuberculosis (*TB*)	**otimbii**
vomit	**okukunga; okukotora**
x-ray	**omahina ndjitara orutu**

Human body — **Orutu**

ankle	**otjingombwe**
arm(s)	**okuwoko** (plural-**omaoko**)
back	**etambo**
bone(s)	**omaṯupa** (plural-**eṯupa**)
bridge of the nose	**omuwona**
cheeks	**ovitama**
elbow	**orumbarambandja**
eye(s)	**eho** (plural-**omeho**)
face	**omurungu**
finger(s)	**omunwe** (plural-**ominwe**)
foot(feet)	**ombaze** (plural-**ozombaze**)
forehead	**otjipara**
hair	**ozondjise**
hand(s)	**eke** (plural-**omake**)
head	**otjiuru**
heel	**otjipanḑe**
knee	**ongoro**
kneecap	**eho rongoro**
leg(s)	**okurama** (plural-**omarama**)
lip(s)	**omuṉa** (plural-**omiṉa**)
mouth	**otjinyo**
nail(s)	**onyara** (plural-**ozonyara**)
nasal bones	**otono**
neck	**osengo**
nose	**eyuru**
shoulder(s)	**otjiṯuve** (plural-**oviṯuve**)
skin	**omukova**
skull	**eṯupa rotjiuru**
sternum	**orukoro**
thigh	**eṉena**
thighbone	**etumbo**

toe	omunwe (plural-**ominwe vyozombaze**)
toenails	ozonyara zozombaze
tooth (teeth)	eyo (plural-**omayo**)

Ears — Omatwi
canal	ombako
deaf	ouworopare
earring	omburi
piercing	okutoporwa
to hear	okuzuva
wax	ovirukutwi

Eyes — Omeho
blind	oupoṯu; okutwika
cataract / blind	epereho
crossed eyes	omataneho
empty eye socket; loss of an eye	orumongo
eye glasses	omakende wokomeho
eyebrow	oruumbu
eyelash	ombumbu
eyelid	omukova weho
iris	ondwinga
lacrimal Sac	otjitoko tjeho
ptosis	esikaho
pupil	onḍoromwina
sty	ongurangura
tear	ehoze (plural-**omahoze**)
to see	okumuna

Nose — Euru
mucus crust	ovipatu
mucus/mucous	omaṇiṇa
nasal passage	otono
nose bleed	omukota
nose	euru
nostril	ombepe (plural-**ozombepe**)
smell	okuṇuka; ṇuka

Teeth and Gum — Omayo no tjisundo
chew	ṯaṯuna; okuṯaṯuna
dental braces	ozonḍarata zomayo
dental decay / cavity	omayo ngaṯa; ovitekayo
dental gap	ohivara
gum	otjisundo
missing teeth	omaeni (singular-**eeni**)
plaque	oviningi
root	ongunḍe

[385]

soft gum	otjiza
tooth brush	okakombo komayo
toothpaste	omuti womayo

Mouth and Tongue — Otjinyo n'Eraka
cold sore	osurute
lips	omiṉa
mouth cavity	oukoto wotjinyo
mouth ulcers	omutjise wotjinyo
mouthwash	omukohatjino; omuzema
palate	oruramwa
saliva	omate
uvula	okarakona

Neck — Osengo
epiglottis	okapate komuriu
glottis	ombe yovitoro
jugular notch	otjoze
pharynx	omututu womuriu
soar throat	omutjise womuriu
throat	omuriu
tonsils	ozombwise
trachea / vocal chords	ongongo; ovitoro

Man — Ourumendu
age-mate	ekura (plural-**omakura**)
father	ihe
idyl	ouṯuta
masculine	ourume
Mr.; Sir	**Omutengwa**
widower	omuhepundu

Womanhood — Oukazendu
breast(s)	evere (plural-**omavere**)
emotions	ozonḓuma, otjimbi
feminine	oukaze
menstruation	omueze; okuhwama
Miss	**Oserekaze**
mother	ina
pregnant	otjingundi; omuṯumba
widow	omuhepundu

Childbirth — Ombandukiro
birth pain	ozongama
diaper(s)	omunambo (plural-**ominambo**)
fontanel	oruwiwi
giving birth	ombandukiro

postpartum "baby blues"	ondumbo; ombepera
umbilical cord	ongwa
umbilical hernia	ongumbwa
woman who just have a baby	omwarikaze poo omwari
A gift of meat (consist of either a cow, goat or sheep) is given to the new mother from her baby father family	ombwena

House	**Ondjuwo**
ash	omutwe
bed	ombete
bedroom	etuwo romara
burning stove for orupapa and other fragrance leaves	otjipuna
canopy	otjitara
chair	otjihavero
clothesline	omureko
clothespin	okakaramara
container holding *otjize* and fragrance leaves	onya
cup(s)	ekopi (plural-**omakopi**)
door(s)	omuvero (plural-**omivero**)
fireplace	ezuko
fork(s)	esoroko (plural-**omasoroko**)
funnel	ombako
gourd used to produce butterfat	onḓukwa
kitchen	okombeisa
knife	oruvyo (plural-**otuvyo**)
living room	etuwo romahameno
main beam in the middle of the house (usually in	
mat	otjinguma
milk gourd	ondjupa
pan(s)	onyungu (plural-**ozonyungu**)
patio	orupare
plate(s)	otjiyaha (plural-**oviyaha**)
room(s)	etuwo (plural-**omatuwo**)
spoon(s)	orutuwo (plural-**otutuwo**)
the traditional main house	ongunḓe
sticks basket like hamper used to hold clothes and covers for scenting smoke	otjihanda
table	otjitiha
toilet / bathroom	okaruwo
window(s)	oruho (plural-**otuho**)
wooden stopper	ekumbu
wooden vessel holding buttermilk	ehoro
woodshed	ekuma

Toilet	**Okaruwo**
Bathmat	otjimata tjombata
bathrobe	oroupa
bathtowel	ohanduka
drain	omuriu
lid	otjikamo tjonyungu
mirror	otjispili; otjiritarero
shower curtain	erapi rotjaowa
shower	otjaowa
soap	oheva
tank	otenga
tiles	outielsa
toilet brush	otjikombo tjonyungu
toilet paper	ombapira yokaruwo
toiletbowl	otjinyungu tjokaruwo
toothbrush	okakombo komayo
toothpaste	omuti womayo
tub	otjitemba
washcloth	okarapi kokurikoha
Tobacco	**Omakaya**
cigarettes	ousarute
snuff	oseni
weed/marijuana	engeha
Food / Beverages	**Ovikurya noVinuwa**
bread flour	oruhere rozomboroto
breakfast	eriro romuhuka
brown sugar	outji ouzorondu
butter	ombuta
buttermilk / sour milk	omaere
cattle fat	omaze wozongombe
coffee	okosiva
cooking oil	omaze
cool drink/soda	onamunate
dinner	eriro rongurova
lunch	eriro rometaha
macaroni	omakoroni
maize-meal / porridge	oruhere
milk	omaihi
rice	oruiihi
salt	omongua
soup	osopa
tea	otee
water	omeva
whey	omatuka
white sugar	outji ouvapa

Vegetable / Fruits	**Ovihape**
banana	otjipanana
bean(s)	ekunde (plural-**omakunde**)
black nuts	ombanyu
cabbage	otjikora
carrot(s)	ombaruru (plural-**ozombaruru**)
corn	omiriva
edible bulb	oseu (plural-**ozoseu**)
edible root	ehwe
fruit of buffalo thorn	ozongaru
fruit of sheperd's tree	ozongwinḓi
grapes	omandjembere
lemon	otjiṱorone
onion(s)	onyanga (plural-**ozonyanga**)
pea	ongwinḓi
peanut(s)	osukwa (plural-**ozosukwa**)
pepper	opepere
potato (potatoes)	otjihakautu (plural-**ovihakautu**)
pumpkin	otjimbakuna
spinach	ombowa
tangerine	okambandorine
tomato	otjitamati
watermelon	etanga rakautji
Car	**Ohauto[etemba]**
arial / antenna	oiriera
battery	ombaṱirii
boot / trunk	ondingi
brake	otjimbirike; ombirike
bumper	ombambara
clutch	oklatja
drive	hinga
driver	omuhinge
engine	oingina
gear	ongera
hood / bonnet	eyuru rohauto
insurance policy	asuransi
jack	ondjeke
keys	ovipaturure (singular-**otjipaturure**)
license	olesensi, ombapira yokuhinga ohauto
mechanic	omakenika
number plate/license plate	onomora yohauto
oil	omaoli
passenger	omuhingwa
petrol / gas	opetrola; ongesa
pump	opomba
radiator	oratieita

reverse	ovihambunda
seat	otjisita
seatbelt	ekwamo
speed	otjikara; ospita
tank	otenga
tire	okurama
windshield	ekende
wipers	ouwaepa

Bicycle — Okanyeti

bell	ondiwo
brake	otjimbirike
chain	oukwetanga
handlebar	otjihinge
pedal	epoha
saddle / seat	otjihaamwa
tire / tyre	okurama (plural-**omarama**)

Tools — Ovitenda oviungurisiwa

axe	ekuva
drill	omboora
hammer	ohamara
hose	omuriu
knife	oruvyo
ladder	otjirondero
machine	omahina
nail	omboha
paint	opeinda
pickaxe	ombike
plastic	onairona
rake	otjiharaka
rope	ongoze
saw	otjisaaha
screw driver	otjikuture
spade	otjiharaova
wheel barrow	okakirivaha
wire	onḍarata

Clothes — Ovizarwa / Omizaro

blouse	omburusi
bodice jacket	eyaki
bra	okaṭize
briefs	okanḍoromburuku
clothes	ozombanda
dress (wear)	rizara (okurizara)
dress	ohorokweva
headscarf	otjikaiva

pants	**omburukweva**
panty	**okapendi**
quilted dress	**ohorokweva yo marapi**
scarf worn under headdress	**ohore**
shawl	**otjikeriva**
shirt	**ohema**
shoes	**otukaku**
socks	**ovikausina**
tie	**otae; erapi romosengo**

Some Color — **Ovivaratjiva**
black	**otjizorondu**
blue	**otjimburau**
green	**otjingirine**
red	**otjiserandu**
violet	**otjiterekuesa**
white	**otjivapa**
yellow	**otjingara**

Business — **Ongetjeva**
export	**okupitisa ovirandwa mehi**
fishery	**ou ṯuta momahundju poo mozohi**
gardening	**otjitamba tjovikunwa**
goatherd (goat farmer)	**ou ṯuta mozonyanda**
Hotels	**ozonganda zomara no va yenda**
import goods	**okuhitisa ovirandwa mehi**
lodges	**otjitamba tjovaryange**
poultry farm	**ou ṯuta mo zohunguriva**
sheperd (sheep farm)	**ou ṯuta wozonḓu**
tourism	**otjitamba tjovayenda novaryange**

Finance — **Ovimariva**
agricultural investment	**oku pwikira motutumbo novikunwa**
bank	**ombaanga**
calculator	**okamahina okarekene; okakuleita**
cashier	**omurandise; otela**
cents	**ozosenda**
change	**otjendja**
check	**otjeke**
checkbook	**embo rozotjeke**
coins	**ovipeni; ovimariva ovikukutu**
dollar(s)	**ondola** (plural-**ozondola**)
exchange	**otjendja; okupingasana ovimariva**
investment	**ombwiko**
loan	**olouna; otjimariva otjiyazemwa**
moneygram	**omaningerema**
notes	**otjimariva**

receipts	**okarisita**
reward; payment	**otjisuta**
signature	**osaena**

Communication — Omawaneno / Omahakaeneno

air mail	**omeila yonḑera**
cell / mobile phone	**okangoze komomake**
digital	**ondindjitala**
e-mail	**oimeila**
internet caffe	**omberoo yorungovi po yo indaneta**
land line telephone	**ongoze yomondjuwo**
letter	**orutuu; ombapira; ombirive**
mail box	**otjikesa tjoposa**
modem	**omotema**
newspaper	**otjaitonga**
parcel	**okamutuaro**
post office	**oposa**
postcard	**okakarata koposa**
radio	**oratiyo**
stamp	**okaṯike; okatware; okastemba**

Individual public mail is only receives and delivers at local Post Office for individual(s) with mailboxes. A Private Bag or P.O.Box is purchase at local post office.

Office — Omberoo / ofisa

agenda(s)	**epu (omapu)**
computer	**okombyuta**
conference	**ombongarero ohonge**
desk	**otjitiha**
drawer	**okananwa**
employee(s)	**omuungure** (plural-**ovaungure**)
fax	**ofexa**
file	**ofaela; ondjaro**
laptop	**okombyuta yomomake**
letter	**ombapira; ombirive**
meeting	**ombongarero**
monitor	**oruho rokombyutera**
paper(s)	**ombapira** (plural-**ozombapira**)
pen	**opena**
pencil	**opotulota**
printer	**omahina operende**
record	**orekota**
salary	**otjisuta; otjihohe**
scanner	**oskena**
telephone	**ongoze yomambo**
typewriter	**otaeparaeta**

Bible	**Ombeipela**
apostles	ovaapostele
baptism	ombapitisimo
Christ	**Kristus**
christian / born again	omukambure; omumbekiere; omuritanaure
church	okereka
commandment	omatwako
cross	otjikoroise
forgiveness	ondjesiro
God	**Ndjambi; Mukuru**
Holy One	**Omuyapuke**
Holy Spirit	**Ombepo Ondjapuke**
Jehova	**Jehova**
Jesus	**Jesus; Omuna**
pastor	omuhonge
prayer	ongumbiro
prophet	omuporofete
Psalm	epsalme
Saviour	**Omukuture**
scripture	omatjangwa
sin	ondjo; ouvi; ourunde
The Lord	**Muhona**

School / University	**Omahongero / Oskole**
article	omatjangwa
assembly	omaoronganeno
basic education	omahongero wombutiro
book(s)	embo (plural-**omambo**)
certificate	ombapira yondoŋeno momahongero
class room	etuwo romahongero
content	omurya
copy	otjihorera
credit	okeretita
discussion	otjihungiriro
dissertation	eroratjangwa
document(s)	etjangwa (plural-**omatjangwa**); orutuu
educate	honga
essay	ombwanekero
forum	omatiero
instructor	omuhonge womahongero wokombanda
lecture	ovihongwa
lecturer	omuhonge womahongero wokombanda
manuscript	embo etjangwa
notebook	embo etjangerwa
office	omberoo
passage	ekondwa

[393]

podium	ondongamo
principal	otjiuru tjoskole
professor	omuhonge womahongero wokombanda
quest speaker	omuhungire omuṉangwa
secretary	omutjangerepo
spelling	ondjangero semba
students	ovahongwa
subject(s)	epu; omahongwa
teach	okuhonga; honga
teacher	omuhonge; omiṯiri
textbook	embo erihongerwa
thesis	ongonḑononeno
train	okurihonga; okuhongwa
transcript	orapota
tuition	otjimariva tjoskole; otjisuta tjoskole
tutor	omuhonge

Government School Academic year starts in mid January and ends early December. Acedemic year is divided in three continues Terms (January – April), (May – August) and (September – December).

Sports — Omanyando

ball	otjimbere
coach	omuyandja ndunge
cricket	okriketa
referee	referii
gaol	okuhitisa; ongoula
horse racing	orena youkambe
netball	onetpala
rugby	orakui
soccer	otjimbere tjomuse
stadium	orupare romanyando; otjitjandja
swimming	okutjaara
team	otima
tennis	otenesa
track	otjikara
trainer	omuhonge womanyando
what is the scored?	ozongombe inga pi?
who scored?	ouṉe ngwahitisa?
who worn?	ouṉe ngwataara?

The City — Otjihuro

airport	orupare rwozonḑera, orutjandja rwozonḑera
bakery	onganda yozomboroto; ombakerei
bank	ombaanga
barber	omukonde wozondjise
bookstore	onganda yomambo

bus	**ombesi**
business	**ongetjeva**
butcher	**onganda yonyama**
hotel	**onganda yovaryange; onganda yovayenda**
library	**onganda yomambo omaresewa**
park	**orupare romasuviro**
police station	**onganda yoporise**
Post office	**oposa**
restaurant	**onganda yomariro**
school	**oskole; omahongero**
sidewalks	**ondjira yokozombaze**
stadium	**orupare romanyando**
store	**ostora; ongetjeva**
street	**omuvanda**
tailor	**omuyatate**
taxi	**otexi**
traffic light	**oropota**
university	**oskole yokombanda; omahangore wokombanda**
vehicle	**ohauto**
zoo	**orumbo rovipuka**

The Village — Oresevate / Konganda

animal	**ovipuka**
canopy	**otjitara**
cattle	**ozongombe**
cemetery	**omayendo**
commando	**okomando**
community	**otjiwana**
dam	**ondama**
dirt road	**ohaupata; ondjira**
donkey cart	**okakara kousino**
encampment; kraal	**otjunda**
fire pit	**ezuko; omuriro**
holy fire	**omuriro omuyapuke**
homestead	**onganda**
hut	**ondjuwo youtase**
leader	**orata**
livestock	**orutumbo**
neighbor	**omuraranganda**
patio	**orupare**
shrine	**okuruwo**
trees	**omiti**
trough	**etemba**
veldt	**okuti**
waterhole	**ombu**
well pump	**opomba**
well	**orui; ondjombo**

TABLES and CHARTS   **OVITIHA no VIKARATA**

GEOMETRICAL SHAPES   **OMIHAPO**

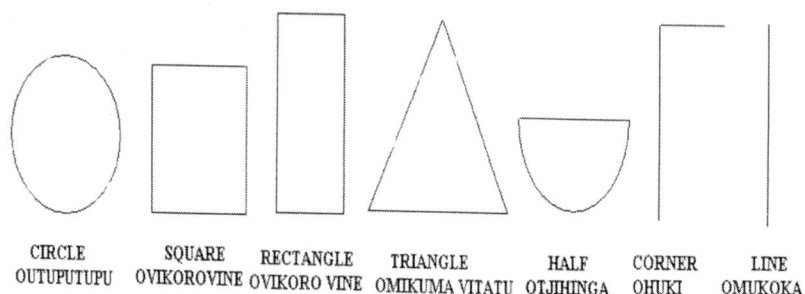

| CIRCLE | SQUARE | RECTANGLE | TRIANGLE | HALF | CORNER | LINE |
| OUTUPUTUPU | OVIKOROVINE | OVIKORO VINE | OMIKUMA VITATU | OTJIHINGA | OHUKI | OMUKOKA |

COMPASS   **OKOMBASA [OMIHUNGA]**

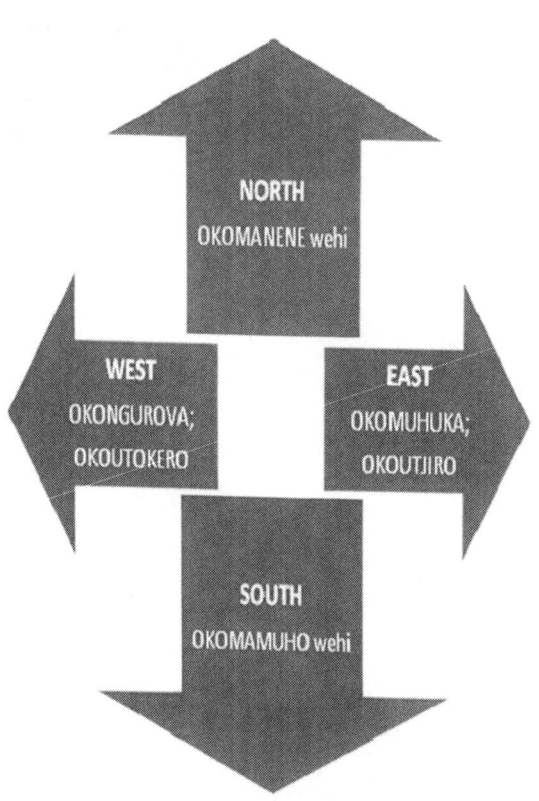

NORTH — OKOMANENE wehi
WEST — OKONGUROVA; OKOUTOKERO
EAST — OKOMUHUKA; OKOUTJIRO
SOUTH — OKOMAMUHO wehi

WEIGHTS, MEASUREMENTS AND TEMPERATURE TABLE
OTJITIHA TJOZOHAVEHA

UNITS	METRICS
1 inch (in) *Ondeima*	2.5 centimeter(cm) *Osendimeta*
1 foot(ft) *Ombaze*	30 centimeter(cm)100cm 1 meter(m) *Osendimeta*
1 yard(yd) *oyata*	0.91 meter(m) *ometa*
1 mile(m) *omeila*	1.6 kilometer(km) *okilometa*
1 ounce	28 grams(g) *ozograma*
1 pound (lb) *Opondo*	0.453 Kilogram(kg) *okilograma*
1 pint *openda*	0.57 liter(l) *olitera poo olita*
1 gallon *Ongarona*	4.55 liter(l) *olitera poo olita*
1 ton *otona*	1.01 ton(t) *otona*
1 Acre	0.40 hectare(ha) *ohectar*
Celsius	Fahrenheit

MATHEMATICAL SYMBOLS and NUMERICAL VALUE
OVIVARERO no ZONOMORA

addition	*okuyeterako*	Subtraction	*okuisako*
Sum Add Added to Plus total	*eterako* *weza* *okuyeterako*	Minus From Take away Subtract remaining	*isako* *okuisako* *omaisakero*
Multiplication	*okuwezerako*	**Division**	*okuhana*
Multiply Product times	*weza* *wezerako* *okuwezerako*	Divide Quotient Divided by	*okuhaṇa* *haṇa* *omahaṇeno mokati*

Minus	-	okuisako
Plus	+	okuyeterako
Equal	=	okuṭekisa pamwe
Divide	/	okuhaṇa
Percent	%	**operesenda** (plural-**ozoperesende**)
Multiplication	X	okuwezerako

Numbers		OZONOMORA
one	1	**imwe; oimwe**
two	2	**imbari; ombari**
three	3	**indandu; ondatu**
four	4	**iine; oine**
five	5	**indano; ondano**
six	6	**ihamboumwe; ohamboumwe**
seven	7	**ihambombari; ohambombari**
eight	8	**ihambondatu; ohambondatu**
nine	9	**imuvyu; omuvyu**
ten	10	**omurongo**

NUMBERS   OZONOMORA

Otjiherero uses English numerical system as shown below. Numbers are written from left to right.

Ovinomora	Ehandjaure	Arabic	Ordinal	Roman Numeral	Cardinal
Ouriri		0			zero
Oimwe	-tenga	1	1ST	I	one
Ombari	-vari	2	2ND	II	two
Ondatu	-tatu	3	3RD	III	three
Oine	-ine	4	4th	IV	four
Ondano	-tano	5	5th	V	five
Ohamboumwe	-hamboumwe	6	6th	VI	six
Ohambombari	-hambombari	7	7th	VII	seven
Ohambondatu	-hambondatu	8	8th	VIII	eight
Omuvyu	-muvyu	9	9th	IX	nine
Omurongo	-murongo	10	10th	X	ten
Omurongo na imwe	-murongonaimwe	11	11th	XI	eleven
Omurongo na mbari	-murongonambari	12	12th	XII	twelve
Omurongo na ndatu	-murongonandatu	13	13th	XIII	thirteen
Omurongo na ine	-murungo naine	14	14th	XIV	fourteen
Omurongo na ndano	-murongo na ndano	15	15th	XV	fifteen
Omurongo na hamboumwe	-murongo na hamboumwe	16	16th	XVI	sixteen
Omurongo na hambombari	-murongo na hambombari	17	17th	XVII	seventeen
Omurongo na hambondatu	-murongo na hambondatu	18	18th	XVIII	eighteen
Omurongo na muvyu	-murongo na muvyu	19	19th	XIX	nineteen
Omirongo vivari	-mirongo vivari	20	20th	XX	twenty
Omirongo vitatu	-mirongo vitatu	30	30th	XXX	Thirty
Omirongo vine	-mirongo vine	40	40th	XL	Forty
Omirongo vitano	-mirongo vitano	50	50th	L	Fifty
Omirongo hamboumwe	-mirongo hamboumwe	60	60th	LX	Sixty
Omirongo hambombari	-mirongo hambombari	70	70th	LXX	Seventy
Omirongo hambondatu	-mirongo hambondatu	80	80th	LXXX	Eighty
Omirongo muvyu	-mirongo muvyu	90	90th	XC	Ninety
Omirongo muvyu na muvyu	-mirongo muvyu na muvyu	99	99th		Ninety-nine

Ovinomora	Ehandjaure	Arabic	Ordinal	Roman Numeral	Cardinal
Esere	Esere	100	100th	C	One hundred
Esere rimwe no murongo	Esere rimwe no murongo	110	110th	CX	One hundred and ten
Esere rimwe no mirongo vivari	Esere rimwe no mirongo vivari	120	120th	CXX	One hundred and twenty
Esere rimwe no mirongo muvyu na muvyu	Esere rimwe no mirongo muvyu na muvyu	199	199th	CXCIX	One hundred and ninety-nine
Omasere ye vari	Omasere ye vari	200	200th	CC	Two hundred
Omasere ye vari na imwe	Omasere ye vari na imwe	201	201st	CCI	Two hundred and one
Omasere ye vari no mirongo vivari	Omasere ye vari no mirongo vivari	220	220th	CCXX	Two hundred and twenty
Omasere yevari no mirongo muvyu na muvyu	Omasere yevari no mirongo muvyu na muvyu	299	299th	CCXCIX	Two hundred and ninety-nine
Omasere ye tatu	Omasere ye tatu	300	300th	CCC	Three hundred
Omasere ye tano	Omasere ye tano	500	500th	D	Five hundred
Eyovi rimwe	Eyovi rimwe	1000	1000th	M	One thousand
Eyovi rimwe na imwe	Eyovi rimwe na imwe	1001	1001st	MI	One thousand and one
Eyovi no mirongo vivari	Eyovi no mirongo vivari	1020	1020th	MXX	One thousand and twenty
Omayovi ye tano	Omayovi yetano	5000	5000th	V	Five thousand
Omayovi omurongo	Omayovi omurongo	10,000	10,000th	X	Ten thousand
Omayovi esere	Omayovi esere	100,000	100,000th	C	One hundred thousand
Engete	Engete	1,000,000	1,000,000th	M	One million
Ehavarwa	Ehavarwa	1,000,000,000	1000,000,000th	*	One billion
Omahavarwa eyovi	Omahavarwa eyovi	1000,000,000,000	1000,000,000,000th	*	Trillion

The **bolded** Roman Numerals means to multiply it by 1000 and * indicates large numbers
Note: see **ehandjaure** (*qualifier*) in grammar section for explanations

Public Holidays and Commemorations (12 National Holidays in Namibia)

Holiday	Month/day	Type
New Year's Day	1st January	public
Independence Day	21 March	public
Good Friday	Easter weekend	public
Easter Monday	Various days in March or April	public
Workers Day	1st May	public
Cassinga Day	4th May	public
Africa Day	25th May	public
Ascension Day	1st June	public
Greenflag "Otjingirine"	June	commemorations
Heroes Day	26th August	public
Redflag "Otjiserandu"	August, last weekend of the month	commemorations
Whiteflag "Otjivapa"	October, first weekend of the month	commemorations
Opuwo	July and October	commemorations
Human Rights Day	10th December	public
Christmas Day	25th December	public
Family Day	26th December	public

Holidays and Festivals

Apart from the National Holidays, Otjiherero-speakers celebrate major commemoration days: Otjiserandu Day, Otjingirine Day and Otjivapa Day. These traditional days take place during weekend days and business continues as usual.

Map of the Republic of Namibia

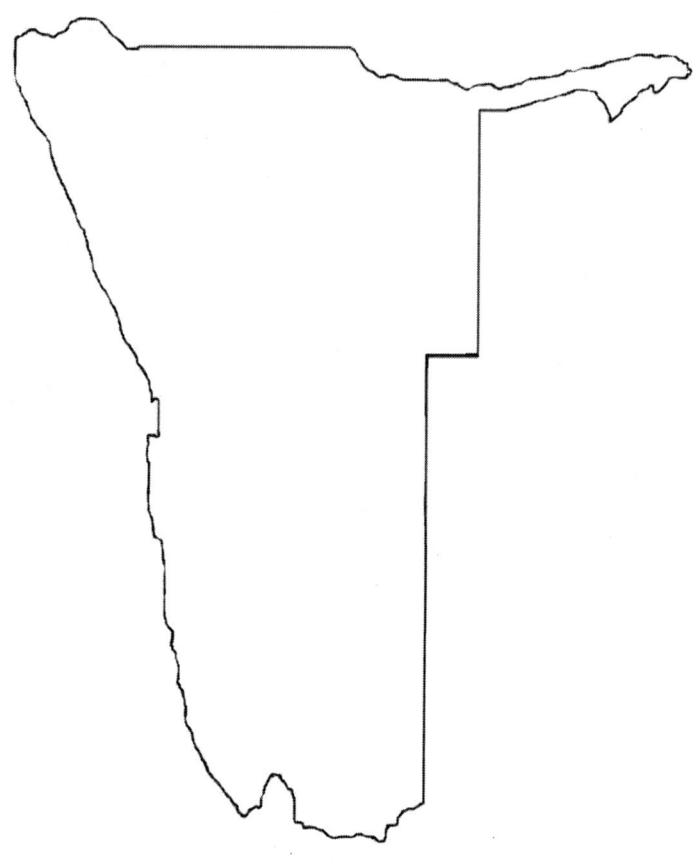

Republic of NAMIBIA Flag

Meaning of colors:

Blue – Sky and Ocean

Red – Heroism and Determination

Green – Vegetation and Agricultural

White – Peace and Unity

Gold Sun - Life and Energy

National Anthem:

Namibia, Land of the Brave
Freedom fight we have won
Glory to their bravery
Whose blood waters our freedom
We give our love and loyalty
Together in unity
Contrasting beautiful Namibia
Namibia our country
Beloved land of savannahs
Hold high the banner of liberty

CHORUS:
Namibia our country
Namibia motherland
We love thee.

(Source: Government of the Republic of Namibia)

PRESIDENT OF THE REPUBLIC OF NAMIBIA

Name	Birthplace	DOB	Term	Political party
Nujoma Sam Daniel Shafiishuna	Okahao	1929	1990 - 2004	SWAPO
Hifikepunye Lucas Pohamba	Okanghudi	1935	2005 - current	SWAPO

1ST PRESIDENT of THE REPUBLIC OF NAMIBIA
FATHER OF THE NATION
PRESIDENT SAM NUJOMA
Photo by Dr. Kagso Moloi

2nd PRESIDENTof THE REPUBLIC OF NAMIBIA
PRESIDENT HIFIKEPUNYE POHAMBA
Photo by Jefta Nguherimo

TIME CHART OF IMPORTANT YEARS IN NAMIBIA

Year	Event
1700	Tjirue ua Mutjise ruled
1790	Tjamuaha ua Tjirue was born
1795	British occupied
1800	Discovery of Copper
1820	*Oyo tjekuue*
	Maharero ua Tjamuaha was born
1821	*Oyo vinguma*
1822	*Oyo zombahu*
1823	*Oye yuva*
1824	*Oye horo raNgura*
1825	*Oyo posa ondenga*
1826	*Oyo runyara*
1827	*Oyo rutjindo rua Katau*
	First white man settler named Schmelensverwachting today known as Okahandja
1828	*Oyo mbindi*
1829	*Oyo urombo*
1830	*Oyo vita ketemba*
1831	*Oya Kaundje*
1832	*Oyo makura ua Tjindjo*
1833	*Oyo zo Sazu*
1834	*Oyo rutjindo rua Mapiu*
1835	*Oyo mandjembere kOkaoko*
1836	*Oyo nduuombe ya Ndjima*
1837	*Oyo makori*
1838	*Oyo vita via Tjirongo*
1839	*Oya Katjiti tjimue; Oyo ngombe ombonde ya Karukero*
	|Ai-||Gams (Windhoek) founded by Jonker Afrikaner
1840	*Oyo Kapirauka*
1841	*Oyo ndaambe ya Hokuru Mbazembi*
1842	*Oyo ndjuwo; Oyo hange pokati ka Tjamuaha na Kakuuoko*

	Tjirue ua Mutjise was succeeded by his son Tjamuaha ua Tjirue
	Windhoek area under Oorlam leader Jonker Afrikaner
1843	*Oye kuva ra Tjizenga; Oyo mawe; Oyo vihenḓe*
	Luderitz Bay was founded
1844	*Oye temba ra Kahitu; Oyo mbonḓi*
	ǁOaseb attacks Ovaherero under the leader Oove ua Muhoko Kahitjeṋe and he defeated ǁOaseb
1845	*Oyo hera ya Kanaujeo*
	Printing of first schoolbook in the Nama Language
	Founded Gobabis
1846	Printing of first schoolbook in the Otjiherero Language
	Oyo rukwi rua honini Kandjambi Kambakarera
1847	*Oyo rukoro; Oya Kanjaa ka Tjiponda; Oyo meva omanene*
1848	*Oyo ngungo ya Nguhina mukona*
1849	*Oyo nḓukua ya Hiazeja*
1850	*Oyo Kaambi; Oyo zohongue; Oyo ndja ṱa Rijarua*
1851	*Oyo Rupera; Oyo ukoze*
	Printing of first Otjiherero hymn book (*Okaimburiro*)
1852	*Oyo mandjembere*
1853	*Oyo nganga ya Kaamo; Oye tumbo*
1854	*Oyo rukata*
1855	*Oyo hange*
1856	*Oyo zondema za Zatjirua*
	Katjikumbwa Samuel Maharero was born
1857	*Oyo vihenḓe via Kambako*
	First Otjiherero Dictionary was published by Hahn (translator unmentioned)
1858	*Oyo mbwa ya Nehare; Oya Kambahahiza; Oyo ngombo*
	Baptism of Ovaherero
1859	*Oyo ndiwo*
1860	*Oyo nḓorozu*
1861	*Oyo nḓu yondiwo, Oya Asser Rijarua*

	December, Tjamuaha ua Tjirue died, succeeded by his son Maharero ua Tjamuaha
1862	*Oyo ngava ya Mbakaha*
1863	*Oyo rutjindo tji rua ya kOtjizingwe; Oyo kuronda ewe*
	Founded Gibeon "Khaxa-tsus"
1864	*Oyo tjikoroha*
1865	*Oyo rupati rua Nganiva*
1866	*Oyo vita vye rambu; Oyo zongombe tjizaya kehi rozongwena*
	Augustinium Opleding School, opened in Otjimbingwe for the first time by reverend Hugo Hahn
1867	*Oyo ngombe ongange ya Tjondu ruuma indjo hina mutena; Oyo vita vya Tjizingwe*
	Chief Christian Wilhelm Zeraeua and Chief Manase Tjiseseta moved to Omaruru from Otjizingwe
1868	*Oyo mukaru wa Kondoro*
1869	*Oyo tungava*
1870	*Oyo heo yaKandirikirira*
	Chief Katjikururume Hosea Kutako, was born
1871	*Oyo tjinenge*
1872	*Oye yuru*
1873	*Oyo matupa wa Kangombe, oyo zongombe za Mureti*
1874	*Oyo mihuva vya Keja*
1875	*Oyo muambo*
	First Otjiherero part of the Bible was published
1876	*Oyo runyara rua Tjitatero*
	November 29, Chief Christian Wilhelm Zeraeua died in Omaruru, the year became known as (*Ombura yo TJIKESA*)
1877	*Oyo tjikesa tja Zeraeua*
1878	*Oyo urombo*
	First Otjiherero New Testament was published
1879	*Oye raka ra Kauaamo*
1880	*Oyo vita vya Tjikango*
	Chief Kahimemua Nguvauva was born

	War between Nama and Ovaherero
1881	***Oyo mativa***
1882	***Oyo hara***
1883	***Oyo nyose***
1884	***Oyo rutjindo***
1885	***Oyo vitenda vya Haikorova***
	Germany declared South West Africa(SWA) protectorate signed by chief Maharero ua Tjamuaha
1886	***Oyo tjiuova tja Kurukuii ua Muhaindjumba***
1887	***Oyo rundumba rua Mireti***
	Published the complete Otjiherero Bible
1888	***Oyo ndimbu ya Muniovita***
	First 21 German soldiers, Scrutztruppe arrived in Namibia
1889	***Oyo ndjeo ya Kaonjatui***
1890	***Oyo ngamero otjipuka***
	October 5th, chief Maharero ua Tjamuaha died
	Augustinium Opleding School, moved to Okahandja
	Established a border line between Bechuanaland (Botswana) and South West Africa (Namibia)
1891	***Oyo kapirauka***
	Chief Katjikumbwa Samuel Maharero became paramount chief of the Ovaherero
	Founded: Okombahe, Ozondje (Omaruru)
	Discovery of rock paintings
1892	***Oyo ndjuwo***
	Namas and Ovaherero united
1893	***Oyo ndjenge ya Mbakekua***
1894	***Oyo ndorozu ya Tjetjoo***
1895	***Oyo mbongarero ya Kahandja***
1896	***Oyo ndjembo ya Tjunda***
	Kahimemua Nguvauva and Nikodemus Kambahahiza Kavikunua were executed by German in Okahandja otjunda Battle
1897	***Oyo kusengua; oyo pesa***
	Rinderpest disease outbreak

Year	
1898	*Oyo tjindjumba*
1899	*Oyo ruara rua Rijarua*
1900	*Oya Kaangenda*
1901	*Oyo enda ya Kaoto*
1902	*Oye yahero*
	War outbreak between Blondelswarts and German Schutztruppe
1903	*Oya Kambazembi*
	Kambazembi Uakangombe died at Waterberg
1904	*Otjondjembo - yo vita vyo Vandoitji nOvaherero ; oyo tjiṯiro otjindjandja*
1905	*Oyo tumbo*
	Hendriks Witbooi was killed
1906	*Oyo rutenda rua Kavisume*
1907	*Oyo zombahu*
1908	*Oyo Kaurumbu*
	German War ended
	Discovery of diamonds near Luderitz
1909	*Oyo meva omengi*
1910	*OTJONYOSE yaNGUAKAPITA*
1911	*Oyo vi kurumbwee vya mbondeze*
1912	*Oyo ngoze; oyo vita vya Kavango (suse)*
1913	*Oyo Maneva*
1914	*Oyo vita vyo zomburu*
1915	*Oyo hange ya Ndjora*
	May 12th, South African Union troops occupied Windhoek under Pik Botha
1916	*Oyo katuva ko zomburu*
1917	*Oya Mandume*
1918	*Oya Kaapitohanga*
1919	*Oya Mbapera*
1920	*Oya hera*
	Establishment of League of Nations
	League of Nations nominated Union of South Africa to hold Mandate over Namibia

	Windhoek hit by depression
	Hoba Meteorite was discovered
	First Ovaherero colonies settled in Nyae Nyae region of Botswana
1921	*Oya Ketutu*
1922	*Oyo zohorongo*
	Trade of Union (Industrial and Commercial Workers' Union)
1923	*Oyo tjikesa tja Samuel Maharero*
	Chief Frederick Maharero went in exile (Bechuanaland) Botswana
	August, Chief Nguvauva Munjuku II of Ovambanderu was born
	Chief Mutuurunge Clemens Kapuuo was born
	Chief Katjikumbwa Samuel Maharero died (*ombura yoTJIKESA*
1924	*Ombura yewe raSAMUELA*
	June 1st, Chief Katjikururume Petrus Hosea Kutako was recognized to lead Ovaherero nation
	Ovaherero were evicted from Ju/'hoan water in Nyae Nyae
1925	*Oyo nḑera, oyo Univa*
1926	*Oyo tjikesa tja Kandimbutui*
	Michael Tjiseseta died in Krugersdorp (SA)
1927	*Oyo mihuva vya Tjiramba*
1928	*Oyo rutjindo rua Mbandaze*
	Automatic Telephone services in Windhoek appeared
	Windhoek hit by second depression
	KAISER street now known INDEPENDENCE AVE was the first paved road in Namibia
1929	*Oyo vaangora*
	First Ovaherero colonies settled in !Xangwa north of /Xai/Xai
1930	*Oyo kaurumbu*
1931	*Oyehi ra Mupanda*
	September 13th, Muhona Kaṱiṱi died
1932	*Oya Anna*
1933	*Oyo zongombe tjiza ronda omutumba*
1934	*Oya ruzize* - Non stopped rain

1939	Second World War (World War II)
1940	Ongombeombonde (Waterberg School) opened
1945	October 24th, The United Nations was born
	Chief Katjikururume Hosea Kuṯako formed Herero Chiefs' Council
1946	Airline was established as South West Air Transport
	Chief Katjikururume Hosea Kuṯako petitioned to the United Nations(UN) protesting illegal South Africans occupancy in Namibia
	Father Edward Kangootui from Omaruru became the first African to ordain the priesthood of the Roman Catholic church in Namibia
	Airline was established as south West
1947	South Africa formally announced to the United Nations the intention to attach the territory
1952	September 11th, Frederick Maharero died (*ombura yaHERA*)
	Chief Munjuku Nguvauva II appointed as chief of Ovambanderu
1955	August 25th, establishment of Oruuano church led by Hosea Kuṯako appointee pastor Reinhardt Ruzo together with prophet Alfeus Kanambunga
1957	August2nd, Ovambo People's Congress(OPC) was formed
1959	**1959 - 1961 *OTJONDJEMBO ya Snyman (oulokasie)***
	April 19th, Ovambo People's Organization (OPO) was formed
	September 27th, South West Africa Nation Union (SWANU) was formed
	December 10th, bus boycott
1960	South West Africa People Organization (SWAPO) was formed
	May, Chief Josaphat Maveipi Kambazembi died
	Augustinium Opleding school moved to Windhoek
1961	to 1968 United Nations (UN) unsuccessfully tried to annul the SA trusteeship to free Namibia
1962	***1962-1963 otjo Kordona; otja Karapio***
	Prof. Mburumba Kerina coined Namibia
1963	Caprivi African Nation Union (CANU) was formed
1964	***Otjo vature kouye wopendje***

September 25th, National Unity Democratic Organization (NUDO) was formed

International Airport was built

1965 *1965-1967 Otjovahonge*

Border fence erected between Botswana and Namibia

1966 August 26th, first clashes between SWAPO and South Africa's regime

October 27th, The United Nations (UN) ended South Africa mandate

1968 *Otjo rutjindo rua ourokasie*

Old Location closed permanently, black people were moved to Katutura

United Nations declared the South Africa occupation of South West Africa (SWA) illegal

June, United Nation changed South West Africa name to Namibia

1969 *Otjo mbara Maripeuaņi Maharero*

December 1st, NBC Otjiherero radio services took airwaves

1970 *Otjo muhona chief Hosea Kuṯako tjaṯa*

July 18th, Paramount chief Katjikururume Hosea Kuṯako died

July 20th, Paramount chief Mutuurunge Clemens Kapuuo succeeded paramount Kuṯako

1971 *1971 -1973 Otjewe raHosea Kuṯako*

1974 *Otjo ZONDEMA, Otjo meva omengi*

1975 *1975 - 1977 Otjo mbongarero ondye yehi*

June, Democratic Turnhalle Alliance (DTA) was formed

1978 *Otjo nyondwi*

March 27th, Paramount Chief Mutuurunge Clemens Kapuuo assassinated

July 7th, Paramount chief Kuaima Isaac Riruako succeeded Paramount chief Kapuuo

Renamed South West Air Transport to Namib Air

1979 *Otjo zombonge*

Completion of Ovaherero community center/house in Katutura

1980 *Otjo mbumbuhoze*

1981	**1981-1982 Otjo TUNGAVA**
	Chief Ludwig Ndinḓa of Okakarara died
	AIDS was first recognized as a disease
1983	**1983 - 1984 Otjo mbanḓe Senior Chief Ludwig Ndinda**
	Discovery of HIV as a cause of AIDS
1985	***Ombura yomitanda***
	A. Shipena Secondary school, opened with 430 learners and 16 teachers under the school principal Mr. Dan Cloete.
1986	Recorded first case of AIDS virus in Namibia
	A. Shipena Secondary school opened boys and girls dormitory
1987	**1986 -1988 Otjo nyose yONGWA**
1988	December, United Nations (UN) Resolution 435 was implemented
1989	***Oyo matoororero***
	November, Election Day
	April 1st, Independence process began with the help of UN Transition Assistance Group (UNTAG) "D-DAY"
1990	***Oyo ngutukiro***
	March 21st, Republic of Namibia Independence
	Dr. Ṯunguru Huaraka became the first Ambassador to the United Nations
1991	**1991-1992 Oyo urumbu**
	National Anthem composed and written by Axali Doeseb
	Renamed Namib Air to Air Namibia
1992	Stock Exchange is launched
	August, University of Namibia (UNAM) established by an act of parliament
1993	**1993 - 1994 Oyo zombanḓe**
	September, Namibia changed its currency from SA rand to Namibian dollar N$
	Dr. Peter Katjavivi became the first Vice - Chancellor to the University of Namibia (UNAM)
	First group of Ovaherero exiles in Botswana, are repatriated and settled at Gam in the Tsumkwe constituency
1994	February 28th, Walvis Bay returned to Namibia from South Africa

	December, President Sam Nujoma was re-elected for a second office of five years term
1995	**1995 - 1996 Oyo zombangaṋe**
	May, First time Miss Universe pageant held in Namibia
1996	Polytechnic of Namibia open it's door to the students, DR. Tjama Tjivikua being a first Rector
	Chief Hosea Kuṯako Foundation founded, Kuiri Kaomo Kahorongo, Chairman and Prof. Mburumba Kerina as a Secretary General
1997	**Otjongungo, Otjonyose ya Hiatuvao, Otjongongo yombara Mbumbijazo Muharukua, Otja Hikuminue Kapika** (tjaya kouye wopendje)
	Appearance of unleaded (petrol "gas") in Namibia
1998	April 23rd, 100 Herero chiefs who were not recognized by the government registered their disapproval
	Ovahimba communities rejected the plans to build a Hydroelectric dam at Epupa falls site
1999	Namibian College of Open Learning (NAMCOL) open resource center at Yetu Yama Center
	March, Congress of Democrats (COD) was formed led by former SWAPO member Ben Ulenga
	September 8th, Ovaherero bid to take German Government to the World Court
	Kasikili returned to Bostwana under the International Court of Justice
	President Nujoma wins third presidential term by amending the constitution
2001	September, 200 Ovaherero under chief Kuaima Riruako filed lawsuit against Germany government and some German companies for atrocities committed under their rule
2002	May 25th, Namibian Community in Americas (NCA) formed, organized by Kapi Tjaaruka Gerson
	August 26th, National Heroes Acre opened
2003	October 23rd, Chief Kuaima Riruako registered NUDO as a political party
2004	January 12th, Memorial Celebration of 100 genocide in Okahandja
	July 17th, Ovaherero from Namibia and Botswana gathered in Botswana Northwest Tsau to commemorate activities of 100th anniversary of 1904 -1908 genocide
	August 14th, 100 Memorial celebration of the genocide (*Otjiṯiro otjindjandja*) at Hamakari

	September 24th-26th, Chief Kuaima Riruako visited King Kauluma at Onamungondo palace
	October 2nd, revisited the place where Von Trotha issued extermination order at Ozombu ovindimba, Otjinene.
	October 3rd, remains reburial of King Michael Tjiseseta in Omaruru
	November 18th-21st, International Conference organized by Bremen Africa Archives in Bremen, Germany
	December 11th, Chief Kuaima Riruako and Kaihepovazandu Maharero led a continuation of genocide commemoration in South Africa
2005	January 1st, Ovaherero traditional New Year Summit in Aminus, Omaheke region
	February 8th, three Ovaherero descendant in the USA launched a web petition to support the reparation demands of the Ovaherero people from Germany (Nduvaa, Ngondi and Jefta)
	March 21st, President Pohamba Hifikepunye inaugurated as a second president of the Republic of Namibia
	Herero Mall on Erf 6300 and Erf 6296 became a booming social/business market place
2006	Chief David Tuvahi Kambezembi died in Ellisras now known as Lephalela, Limpopo. Buried at Waterberg, Okakarara
2007	November 5th, Republic of Democrats (RPD) formed by Isaya Nyamu
	November 29th, Father of the Nation President Sam Naujoma steps down as a SWAPO president; President Pohamba took over
2008	January 12th, The Association of The Ovaherero Genocide in the USA launched in Orangeburg, New York, USA
	January 16th, Ombara onene Nguvauva Munjuku II died at the age of 84 years old, buried at Okahandja
	March 21st, State house inaugurated on the 18th Independence Anniversary
	April 8th, Chief John Jaarurako Tjikuua died and buried at Ongombombonde, Waterberg
	June 7th, Nguvauva Kilus Karaerua contested for Ovambanderu chief, Ezorongondo
	August 9th, Chief Nguvauva Keharanjo II appointed to chieftainship of Ovambanderu at the age 23 years old, Epako (Gobabis).
	October 05, Chief Johannes Kaumo Maharero died at Mahalapye, Botswana.
2009	First time ever Namibians living abroad allowed to register to vote and voted under the supervision of Namibian missions and embassadorial staff

	November 27th & 28th, Namibian fifth presidential election, SWAPO won.
2010	*The New Otjiherero Dictionary*, composed and edited by Nduvaa Erna Nguaiko Calhoun was published

Traveler's corner

Awareness   Ondjiviro
What you need to know

English is the official language of the Republic of Namibia, although Afrikaans is widely used among middle-aged and older people.

Namibian dollar currency code NAD abbreviated N$ had been the country's currency since 1993. The banknotes in circulations are **N$10, N$20, N$50, N$100** and **N$200** and the coins in circulations **5cents, 10cents, 50cents, N$1** and **N$5**.

Namibia electrical current is **220 volts, 50Hz** uses three round pins plug. Standard European grounded and non-grounded two pins adapter socket accommodated in some places.

Normal workdays and hours are **Monday through Friday** from **8 a.m., through 5 p.m.**, and some businesses are close during lunch hours (1 p.m. – 2 p.m.). Government offices closed on the weekend. Banks and some businesses are open Saturday until 1 p.m.

During December and January holidays, many people retreat to their villages and farms, leaving big cities virtual ghost towns.

Lip kissing is a ritual or social gesture to indicate friendship, perform a greeting, congratulations, to comfort someone or to show respect. It is very common for women to kiss each other on the lips when greeting or introduced. Between young men and close male friends, a warm hugs or handshake is appropriate. Women rarely shake hands with men when they greet. Likewise, women will not hug men in greeting. Cheek kissing is common but not required.

At funerals, weddings, commemorations and family occasions, women wear colorful traditional dresses. Older men and married men of any age wear hats and carry a cane as a symbol of maturity. Shorts and sneakers (tennis shoes) only worn by youngsters.

Traditionally, during most gatherings, men sit on one side and the women on the other side according to birth, marriage and blood relationship rights to the family hosting the occasion.

Funeral and burial procession mostly take place in the village during the weekend.

Warning: A sacred fire and hearth (*okuruwo*) of the traditional homestead is between the main hut (*ondjuwo yotjizeero*) and the cattle enclosure (*otjunda*). Visitor(s) or person belongings to other *oruzo* not allowed to cross over the area where *okuruwo* is. Always try to approach homestead from behind to avoid confrontation.

Take off the hat before entering a private home and at the holy fire.

When new people come to a village or relatives return after a long absence, there is no talking, greeting, drinking or eating until the headman performs libation or a welcoming ritual which is water rinsing ritual or pouring libation (*okutjukutjura omeva*)

Traditional marriage engagement is negotiation between families by elders. Engagement "*oruvareko*" process can take months to years of man's family negotiating with woman's family until the woman's family finally give in and set the wedding ceremony date.

Wedding ceremonies last for three days over the weekend, starting Friday late afternoon, until noon Sunday (in some families, the ritual begins Thursday). New husband receive the new wife on Sunday morning and the celebration continued at the husband's family village (house) to welcome the new addition to the family. It is still customary for the about-to-be-married bride not to be seen by any one (especially the groom's family) prior to the wedding. Restrictions take place from the start of engagement process until the wedding day.
The dowry (*lobola*), or wedding gift, (also called "bride price") from the groom's family to the bride's family is normally given Friday, late afternoon, upon the arrival of the groom's family which is a huge celebration where women and children dance, sing, ululate. Dowry may be an bull, cows, or nowadays, money. The dowry is a token of love, unity and respect for both families.

During years with good rain, staple cuisines are beef and buttermilk. To welcome a special guest goats are slaughter and prepared. Porridge eaten with buttermilk (*omaere*) or stiff porridge dipped into meat sauce is also stapple food in most household.

Seafood and green salad are not so much popular among Ovaherero people.

Hot tea is the most popular beverage among Ovaherero, followed by water and diluted buttermilk (*ohambeya*).

A wide range of locally produced beers such as famous Windhoek Larger or home brewing *otombo* can easily bought anywhere in township.

In the larger cities, gyms are growing in popularity. Fitness centers have become places to relax and socialize.

The most popular sports among the Ovaherero people are football (*otjimbere*) (known to Americans as soccer) and horse racing (*orena*).

Dominance entertaining songs are "Oviritje" which are played almost everywhere in the country.

Hitchhiking, also known as "lifting," is a common way of getting from one place to the other.

Roads in the cities are mainly paved with asphalt and are mostly two ways. Suburban and rural roads are mainly gravel or dirt, and many of them are only one-lane road.

Clothing and shoes Sizes Conversion Charts:
Ovikarata vyozonomora zomizaro vyozombanda no zongaku

Clothing and shoes sizes can sometimes vary from manufacture to manufacture. For satisfaction, try on items before purchased.

Womans' Clothing sizes [Ozonomora zozombanda zovakazendu]

U.S. Size	UK Size	EUROPE Size	NAMIBIA Size
Xs	0	2	30	4
Xs/s	0-2	4	32	6
S	2/4	6	34	8
M	6	8	36	10
M	8	12	38	12
L	10/12	12	40	14
Xl	14/16	14	42	16
1X	16/18	16	44	18
1X/2X	18/20	18	46	20
2X	22	20	48	22
3X	24	22	50	24

Mens' Suits and Coats Sizes [Ozonomora zozotjuta no zondjasa zovarumendu]

U.S. Size	UK Size	EUROPE Size	NAMIBIA Size
34	34	44	34
36	36	46	36

38	38	48	**38**
40	40	50	**40**
42	42	52	**42**
44	44	54	**44**
46	46	56	**46**
48	48	58	**48**

Newborn, Infant, Toddler and Childrens' Clothing [**Ozonomora zozombanda zounatje no vanatje**]

U.S. Size	Child's length in inches	Weight in pounds	Child's length in centimeters	Weight in kilograms
Newborn	17-19	4-8	43-48	2-3.5
3 Months	19-23	9-11	48-58	4-5
6 Months	24-26	12-15	60-66	5.5-7
9 Months	27-28	16-18	67-71	7-8
12 Months	29-30	19-20	73-76	8.5-9
18 Months	31-32	21-23	78-81	9.5-10.5
24 Months	33-35	24-28	83-89	11-12.5
2T	33-35	24-28	84-89	11-13
3T	36-38	29-32	91-97	13-15
4T	39-41	33-36	99-104	15-17
4	42-44	37-41	107-112	17-19
5	45-47	42-46	114-119	19-21
6	48-49	47-53	122-125	21-24
6X (girls')	50-51	54-58	127-130	24-26
7 (boys')	50-51	54-58	127-130	24-26

Boys' Clothing Sizes [**Ozonomora zozombanda zovanatje ovazandu**]

U.S.	Height	Chest	Waist	Hips	Height in	Chest in	Waist in	Hips in

Size	in inches	in inches	in inches	in inches	centimeters	centimeters	centimeters	centimeters
8	50-53	27	23.5	27.5	127-135	69	59	70
10	54-57	28.5	25	29.5	137-145	72	63.5	75
12	58-60	30	26	31.5	147-152	76	66	80
14	61-63	32	27	33.5	154-160	81	68	85
16	64-65	33.5	28	35.5	162-165	85	71	90
18	65-66	35	29	37.5	165-168	89	74	95
20	67-68	37	30	39.5	170-173	93	77	100

Girls' Clothing Sizes [Ozo nomora zo zombanda zo vanatje ovakazona]

U.S. Size	Height in inches	Bust in inches	Waist in inches	Hips in inches	Height in centimeters	Bust in centimeters	Waist in centimeters	Hips in centimeters
7	51-52	26.5	23	28	129-132	67	58	71
8	53-54	27.5	23.5	29	134-137	70	60	74
10	55-57	29	24.5	30.5	139-145	74	62	77
12	58-59	30.5	25.5	32.5	147-150	77	65	82
14	60-62	32	26.5	34.5	152-157	81	67	87
16	63-64	33.5	27.5	36.5	160-163	85	70	93

Womans' Shoes sizes [Ozo nomora zo tukaku zo vakazendu]

U.S. and CANADA Size	EUROPE Size	UK AND NAMIBIA Size
5½	36	3½
6	36	4
6½	37	4½
7	38	5
7½	39	5½
8	39	6
8½	40	6½
9	40	7

9½	41	7½
10	42	8
10½	43	8½
11	44	9
11½	45	9½

Mens' Shoes Sizes [Ozo nomora zo tukaku zo varumendu]

U.S. and CANADA Size	EUROPE Size	UK and NAMIBIA Size
7	40	5½
8	41	6½
9	42	7½
10	43	8½
11	44	9½
12	45	10½
12	46	11½

Boys' Shoes Sizes [Ozo nomora zo tukaku zo vanatje ovazandu]

U.S. and CANADA Size	EUROPE Size	UK and NAMIBIA Size
7	51-52	26.5
8	53-54	27.5

10	55-57	**29**
12	58-59	**30.5**
14	60-62	**32**
16	63-64	**33.5**

Girls' Shoes Sizes [**Ozo nomora zo tukaku zo vanatje ovakazona**]

U.S. and CANADA Size	EUROPE Size	UK and NAMIBIA Size
9½	26	**8**
10	26½	**8½**
10½	27	**9**
11	27½	**9½**
11½	28	**10**
12	28½	**10½**
12½	29	**11**
13	30	**11½**
13½	30½	**12**
1	31	**12½**
1½	31½	**13**
2	32	**13½**
2½	33	**1**
3	33½	**1½**

3½	34	2
4	35	2½

Highlights of some of the Differences in vocabulary (lexis) between British / Namibia and American English

BRITISH/NAMIBIA	AMERICAN	OTJIHERERO
autumn	fall	okuṇi
barrister	lawyer / attorney	ohahende
biscuit	cookie	otjikuki
bonnet	hood	euru ro hauto
boot	trunk	ondingi
car	automobile	ohauto
chemist	drugstore	onamiti
chips	french fries	ovihakautu
cinema	movie	oviperendero [omuvi]
clothes peg	clothespin	omureko
coffin	casket	otjikesa
condom	rubber	ongumi / okondoma
cutlery	silverware	ovirye
dresser	bureau	otjirae
engine	motor	oingina
flats	apartments	ozonganda zomaturiro
grazier	rancher / farmer	omuṱuta
handbag	purse	ondjatu yomomake
holiday	vacation	omayuva wo masuviro
jam	jelly	ondjema
lift	elevator	olefa
lorry	truck	orori / ombaki
luggage	baggage	omituaro
mad	crazy	oviyoze
main road	highway	ohaupata
maize	corn meal	oruhere
mobile / handy	cellular	okangoze komomake
nappy	diaper	omunambo
pants	short	okatjoti

petrol	gas / gasoline	**opetrola**
post	mail	**oposa**
pub	bar	**onganda yomanuwa**
rubbish	garbage / trash	**ondova**
serviette	napkin	**okahanduka**
shop	store	**ongetjeva / ostora**
soft drink	soda / pop /soft drink	**onamunate**
sprits	liquor	**otjikariha**
sweet(s)	candy(candies)	**okareke** (pl. **oureke**)
tap	faucet	**omuriu womeva**
telly	TV	**oTivi**
toilet	bathroom/restroom	**okaruwo**
torch	flashlight	**ondotja**
trousers	pants	**ozomburukueva**
tube / rail	subway/train	**omahina**
windscreen	windshield	**ekende ro hauto**

Opposites Okupirura

back – front **kongotwe - komurungu**
begin – end **omautiro - omaandero**
cheap – expensive **ombiriha - ondiru**
clean – dirty **oukohoke - ondova**
friend – enemy **epanga - omunavita**
healthy – sick **ouveruke - ouvere**
high – low **kombanda - kehi**
hot – cold **otjipyu - outarazu**
in – out **moukoto - pendje**
left – right **komamuho - komanene**
life – death **omuinyo - ondiro**
near – far **popezu - kokure**
new – old **otjipe - otjikuru**
night – day **outuku - omutenya**
quick – slow **kamanga - katiti; nongono**
safety – danger **ondjeverero ongohoke - oumba**
strong – weak **omasa - otjitata**
success – failure **outoni - ombandjarero**
top – bottom **kohonga; kombanda - kehi; pehi**
true – false **owatjiri - ovizeze**
up – down **kombanda - kehi; pehi**
warm – cool **oupyu - oupore**

New Words

Like in any other language, Otjiherero is continually generating and adapting new words at every level of society. These are few words that you likely to hear in conversation:

air conditioner	omahina yombepo ondarazu
allergy	omutjise wozombato
cassete	okasete
cellphone	okangoze komomake; okaendjezewa
community center/centre	ondjuwo yotjiwaṉa
compact disk (CD)	osindii
computer	okombyuta
copyright	ousemba wokuherengurura
cultural center/centre	ondjuwo yombazu
digital	ondindjitala
disk	ondiska
dissertation	eroratjangwa
elevator	olefa
e-mail	oimeila
escalator	ozondondo nḓekaenda
export	okupitisa ovirandwa mehi
genocide	otjiṯiro otjindjandja
globalization	ouye wokomeho
import	okuhitisa ovirandwa mehi
infrastructure	omatungiro
internet	orungovi
military unit	otjivangwa tjovita
minister	oministeri
network	omurari wondjivisiro
new technology	ounongo wa kandino
belt [*otjiherero dress*]	okatenyaki
paramount	ombara otjitambi
place of business	otjitamba tjo marandisiro
protocol	omirari
senator	osenata
sinus	omutjise wotono
television (TV)	otivi
thesis	ongonḓononeno

Basic Useful Phrases   Otupa twomahungiriro otunahepero

...to find out something about other people	...tji mo vanga okutjiwa ohunga novandu varwe
What is your name?	Ena roye otjikwaye?, Oove une?, Oove tjikwaye?
Where do you come from?	Wa zu pi? Wa za pi?
Where are you from?	Mo zu pi?
Where do you live?	U kara pi? Wa tura pi?
Where is that?	Ku pi ngo? Opi ngo?
What are you doing?	Mo ungura iye? Tjike?
Where are you staying?	Mo kara pi? Wa herukire pi?
What do you like doing?	Uvanga okutjita tjike?
What school do you go to?	Oskole yoye u hita pi? U hita pi oskole poo osikore?
How old are you?	Una ozombura ngapi? Ozombura zoye i ngapi?
What are your hobbies?	Wa suvera okuungura tjike?
In which grade are you?	Uri monga pi?
Do you have a brother(s) or a sister(s)? (*use this when asking a female*)	Una omuṱena(*plural*-ovaṱena) poo una erumbi(*plural*-omarumbi)(*older sister(s) of the person being asked*); una omuangu (*plural*-ovangu)(*younger sister(s) of the person being asked*)
Do you have a brother(s) or a sister(s)? (*use this when asking a male*)	Una erumbi(*plural*-omarumbi)(*older brother(s) of the person being asked*); una omuangu(*plural*-ovangu)(*younger brother(s) of the person being asked*) poo una omuṱena(*plural*-ovaṱena)?

Where do you work?	U ungura pi?
Which type of work do you do?	U ungura ovingura viṉe? Ovingee ungura?
Where does she or he works?	Eye u ungurapi?
...to ask for directions	**...tji mopura omuhunga**
I am lost	Mba pandjara
Are you lost?	Wa pandjara?
Where is the nearest / closest...?	Popezu pe pi?
Which place is nearest / closer?	Otjirongo / Oruveze ndu ri popezu ooruṉe?
How do I get to the nearest/closest...?	Me i vi po...yopopezu? Popezu pepi? Kotjirongo tjopopezu?
Could you tell me where the ... is?	Ndji raera okuyenda? Ndji raera kutja o...i pi?
...say something about going	**...tji mohungire ohunga no ku yenda**
Where did you go?	Wa ire pi?
Where are you going?	Mo i pi?
Are you going?	Wa i?, mo i?
We are going together!	Matu i pamwe!
Are we going together?	Matu i pamwe hapo?
Let us go together	Ngatu yende pamwe, Indjo tuyende Pamwe
...say something about cars	**...tji mohungire ohunga nohauto**
Where can I rent a car?	Meyazema pi ohauto?
How much is it per day?	Ohauto ivingapi meyuva?
Can I park here?	Meyenene okukuramisa mba?
I have broken down	Ohauto yandje yateka
I have run out of petrol	Mbamana opetrola
We need a mechanic	Matu hepa omakeninga
Can you drive?	Uhinga?
...say something about days, dates, weeks, months and year	**...tji mo hungire ohunga neyuva, otjivike, omieze poo ombura**
day	Eyuva
What day is it?	Ndinondi oritjangapi?

yesterday	Erero
today	Ndinondi
tomorrow	Muhuka
next day	Muhuka
day after tomorrow	Muhuka ya ndina poo muhuka mbwina
date	Omayuva
What is the date?	Omayuva iyengapi ndinondi?
week	Otjivike
last week	Otjivike tji tja zuko
this week	Otjivike i hi
next week	Otjivike tji matji yende
month	Omueze
last month	Omueze mbwa zuko
What month is it?	Omueze uṉe mbwi?
this month	Omueze mbwi
Next month	Omueze mbu ma uyende
year	Ombura
last year	Ombura ndjazuko
this year	Ombura ndji
next year	Ombura ndji ma i yende
...say something about myself	**...tji mo hungire ohunga na ove omuni**
my name is...	ena randje o ami... ena randje owami...
Allow me to introduce myself	Ndji yandjera mbi ritjiukise
I am...	Owami...
I am from...	Ami mba za ko...
I live with my family	mbi kara pu neṯunḓu randje. ami mbikara pu nomuhoko wandje.
I live alone	Ami mbi kara erike
	Mba tura ko (mo)...

I live in...	Ami mbikara ko... Owami omuture wa...
I am on holiday	Ami mbi ri momayuva womasuviro
I am on school exchange	Ami mbe ya noskole[osikore]
I am on business trip	Ami mbe ya noviungura
I am staying for a day(s)/ week(s) / month(s) / year(s)	Ami me kara eyuva (omayuva) / otjivike(ovivike) / omueze (omieze) / ombura (ozombura)
My father is	Tate o... Papaa wandje o...
My mother is	Mama o... Mamaa wandje o...
I've got a sister or a brother	Ami mbi nomuṯena poo omuangu poo erumbi
I will go to school in... I will start school in...	Ami me i kosikore mu... Me utu osikore mu...
I am...years old	Ami mbi nozombura ...
I like playing soccer	Mba suvera okunyanda otjimbere tjokomise
It is me	Owami
..congratulate someone or wish someone good luck	**...tji mo tanga omundu poo okumuzerira ouṇingandu**
Congratulations!	Otjiyangapara!
Good luck!	Me ku zerire po ouṇingandu!
Get well soon!	Veruka tjimanga!
Have a nice holiday or vacation!	Omayuva omawa womasuviro! Kara nomasuviro omawa! Kara nomayuva womasuviro omawa!
Happy New Year!	Me ku zerire po ouṇingandu mombura ombe! Me ku zerire po ombura ombe ombwa! Kara nombura ombe ombwa!
Merry Christmas!	Me ku zerire po okeresmesa ombwa! Me ku zerire po ongwatera yomuna ombwa! Omayuva omawa wongwatero yomuna womundu!

Happy Birthday!	Me ku zerire po eyuva rokukwatwa ewa! eyuva ewa rongwatero!
I wish you well!	Me ku zerire po omberukiro! Me ku zerire po ouningandu! Me ku zerire po ouveruke!
...apologize or express my regrets	**...tji mo ningire ondjesiro poo tji mo raisa ndji hari ondyero**
Sorry!	Ndji isira! Sori!
I am sorry!	Ndji isira! Kawina!
Excuse me!	Mba tja vi! Wa tja vi!
It was not meant like that	Kanaa ya tjama nao kanaa kwa zire nao katji peri nao katji pa zerwa okuheewa Kape tenenwe nao
It's a Pity!	Ouhumandu! Ondjenda!
...ask for something or express my thanks	**...tji mo ningire na tji mo raisa ondangu**
Thank you	Ndangi Okuhepa
Yes please!	Ii arikana!
Please!	Arikana!
Please speak slowly	Arikana hungira katiti
Do you speak Otjiherero?	U hungira Otjiherero?
Yes, a little	Ii, katiti
Please, repeat	Arikana, hungira rukwao Arikana yarukira po rukwao
No, thank you	Kako, okuhepa
Can you help me, please?	Arikana, ndji vatera? Mo ndji vatere? Mo yenene okundjivatera?
Not at all!	Kaparukaze! Kamaape ya!

	Kako!
Thanks a lot!	Okuhepa nomasa! Ndangi tjinene!
...say goodbye to someone	**...tji mo virikiza**
Goodbye!	Mba i, kara nawa! (singular) mba i, karee nawa! (plural) kara nawa! (singular) Karee nawa! (plural)
Bye!	Mba i! kara nawa! (singular) Karee nawa! (plural)
See you later!	Matu hakaene kombunda! Matu hakaene rukwao!
Goodnight!	Tokerwa! (singular) Tokerwee nawa! (plural) Rara nawa! (singular) Raree nawa! (plural)
Stay well!	Kara nawa(singular) Karee nawa(plural)
Farewell!	Kara nawa! (singular) Karee nawa! (plural)
Have a great day!	Kara neyuva ewa! (singular) Karee neyuva ewa! (pluaral)
Go well or travel well	Kaende nawa!
Say hello to...for me	Korisirira po... Ndji minikirira nao...
...greet someone	**...tji mo minike poo tji mo korisa**
Good morning!	Moro! Mwapenduka nawa!(Plural) Wapenduka nawa!(Singular)
Good afternoon!	Metaha! Mwauhara! (Plural) Wauhara! (Singular) Uhara nawa!
Good evening!	Hwenda! Wa tokerwa nawa?(Singular)

	Mwa tokerwa nawa?(Plural)
Hello!	Kora! (Singular) koree!(Plural)
Hi!	Tjike! - *Use with your close friends, exclusively*
What's up?	Pe ri vi? *Use with your close friends, exclusively*
How are you?	U ri nawa? (Singular) Mu ri nawa? (Plural)
How are things?	Oviṋa viri vi?
How is your father?	Hepura iho woye kutja uri vi? Papaa woye uri vi?
How is your mother?	Hepura Nyoko kutja uri vi? Mamaa woye uri vi?
How is your family?	eṱunḏu / otjikutu / otjiwaṋa tjoye tjiri vi?
How is your husband?	Omurumendu woye uri vi?
How is your wife?	Omukazendu woye uri vi? Oserekaze yoye iri vi?
...when I agree	**...tji me zuva sana**
That is right!	Itjo tji ri nawa! Otjinga ape ri! Wa ungura nawa!
Me too!	Ami noho!
Neither do I!	Ami noho!
Yes, I think it's good/brilliant/great	Ii, me munu kutja onawa! Opu pe ri po!
...when I disagree	**...tji mbi hi nokuzuva sana**
That's not right!	Itjo katji ri nawa! Itjo katji ri nao! katji pe ri!
That's wrong!	Itjo tja zunḏaka! Imbo kawatjiri! Imbo ouposyo! Wa zunḏa! U ri posyo!
That's not true!	Imbo kambu ri owatjiri!

	kamanbo!
	Katji pe ri!
	Kawatjiri!
No!	Kako!
Absolutely not!	Kaparukaze kako!
	Kako!
	Ka tjipe ri!
...when I want to say what I think	**...tji me hee pu me ripura**
I believe	Ami mbi nongamburiro
	Ami me munu nao
	Me kambura kutja
I think that...	Ami me ripura kutja...
I don't think that...	Ami hi nokuripura kutja...
In my opinion...	Mouripura imbo' wandje..., momeripura wandje..., moumune imbo' wandje
...that I like something	**...kutja me zeri otjiṇa**
It is exciting!	Otjiṇa otjinanyune tjiri! Otjiṇa tjiri otjinyandise tjomutima!
It is nice!	Otjiṇa otjiwa!
It is great!	Otjiṇa otjiwa!
...that I don't like something	**...kutja hi nokuzera otjina**
It is really boring	Otjiurise tjiritjiri, ami mba urwa natjo tjiri
It is really stupid	Ouyova
	Otjiyova kumuhona tjiri
	Otjiṇa tjouyova
	Imbo ouyova oparukaze
I do not like that...	Ami hi nokuvanga itjo...
I don't like to do that	Ami hi nokuvanga okutjita nao
I won't do that	Ami hi nokurora okuungura mbyo
...that I am feeling good	**...kutja mbiri mongaro ombwa**
I feel really good!	Ami mbi nohange!
	Ami me rimunu nawa!
	Ami mbiri monawa!
I am in a really good mood!	Ami mba penduka nawa!
	Ami mbiri mombepo ombwa!

	Ami mbiri mongaro ombwa!
I feel great!	Ami mbi nenyando uriri!
I feel fantastic!	Ami mbi ri nawa!
...that I am not feeling well	**...kutja hi ri mongaro ombwa**
I am not feeling well!	Ami hiri nawa! Ami hino kurimuna nawa!
I feel really terrible!	Ami hiri nawa! Ami me rimunu oungundi navi!
I am in a really bad mood!	Ami hi nondero ombwa! Ami mbiri mongaro ombi! Ami mbiri mombepo ombi! Ami mba pindike!
....when I ring / call / phone a friend	**...tji mba tonene omukwetu ongoze**
Hi, it is ... speaking	Tjike, o... ngu ma hungire
Hi, it is me,...	Tjike, owami
Ok then, see you at...	Pe ri nawa, matu hakaenene po
Bye!	Opuwo, mbai!
...when I speak to adults on the phone	**...tji me hungire ku novandu ovanene mongoze**
Good morning / afternoon / evening, Mr / Mrs	Moro / Metaha / Hwenda mutengwa / Serekaze
Could I speak to ...?	Mape ya ehungire ku na...? Himee yenene okuhungira ku na ...? Me yenene ehungire ku na...?
Is .... at home?	...ope ri mbo? ...ope ri ponganda?
Would you like to leave a message?	Mo yenene okuisa po ombuze? Hi mu raere kutja tjike?
No, thank you, that is ok	Kako, okuhepa Ndangi, pe ri nawa
I will try later	Me roro kombunda
Yes, could you please tell... that	Arikana mu raera kutja... Mape ya omuraere kutja... Ii, mu raera kutja...

Thank you!	Okunene okuhepa! Ndangi!
Goodbye!	Mbai! Kara nawa!
...when I want to give somebody my phone# / mailing address/home address/ email	**...tji me yandja o nomora yongoze, eha roponganda no i-meil poo oposa yoe-meila**
My phone number is:	Onomora yandje yongoze o:
My emailing address is: hererodictionary@gmail.com (say: hererodictionary at gmail dot com)	O posa yandje yoe-meila o: hererodictionary@gmail.com eha randje morungovi o:
My home address is:	Onomora yandje yondjuwo o: Onomora ponganda o:
My mailing address is:	Ondjaţu yandje o: Otjikesa tjoposa yandje o: Oposa yandje o:

Notes

In pursuing the Comparison Charts among the Otjiherero-speaker of Namibia, the author was attempting to summarize all the similarities and dissimilarities influenced by regional and environmental differences into a quick reference chart. This comparison charts is not an exhaustive source of Otjiherero-speaker but hopefully be useful and accessible way to look at the Otjiherero-speaker at the glimpse. The information was obtained by face to face questionnaire from people who come from (Okunene, Otjozondjupa, Omaheke and Erongo region).

Sample questions used:
Point out the main regional area of Otjiherero-speaker
Point out cultural distinction for each group
Point out cultural variation influences by regional differences for each group
Point out similarity and dissimilarity

Method interviews contacted
- ✓ Face to face
- ✓ e-mail
- ✓ phone
- ✓ web interactions

People interviewed

Mina Nguaiko-Keeja in person, April 2007
Mr. Muhaṱa Kapi phone interviewed on June and July 2008, March 11, 2010
Malek Mutirua email and phone interviewed on March 15, 21, 22 of 2009, time 7:00pm, 4:30pm - 6:00pm and 1:30pm - 4:00pm
Uzemburuka Upingasana in person and phone interview July 2009
Materials also obtained from digital videos of friends and relatives weddings, funerals, commemorations and others cultural events.
Mrs. Esta Toro Kamuvaka interviewed and information transmitted via SMS Messaging and Telephone
Mrs. Violine Kanjuku Kamuvaka
Dr. Michal Kaunuee Kamuvaka (face to face interview)
Omiṱandu vyo resevate ya Tjohorongo contributed by Christian Yarurekuevandu Kamuhuka

Forward your Comments and Suggestions to:

hererodictionary@gmail.com

Reference

Cahoon Benjamin (2006). Namibia Traditional Polities. Retrieved from http://www.worldstatesmen.org/Namibia_native.html

Dalet Daniel (n.d.). Namibia Maps. Retrieved from http://d-maps.com/pays.php?lib=namibia_maps&num_pay=42&lang=en

Dierks Klaus (1999-2005). Chronology of Namibian History. Retrieved from http://www.klausdierks.com/Khauxanas/index.html

Dierks Klaus (2004). Data Base of Namibian Biographies. Retrieved from http://www.family-hipp.co.nz/site/klausdierks/FrontpageMain.html

Government of The Republic of Namibia. Copyright © 2007 Government of the Republic of Namibia. *Namibia's National Anthem*. Retrieved from http://209.88.21.55/opencms/opencms/grnnet/AboutNamibia/symbols/anthem.html

Merriam-Webster Collegiate Dictionary, Eleventh Edition, Principal Copyright (2003) Made in the United States Of America

Kavari, J. U. (May 1994), Learn Otjiherero Morphology the Easy Way. University of Namibia

Pool, G.(1991). Samuel Maharero. Gamsberg MacMillan Publishers (pty) Ltd. Namibia

Rosenberg Matt (n.d.) Matt Rosenberg Geography Guide. Retrieved from http://geography.about.com/library/blank/blxnamibia.htm

Stein Jess, and Berg Flexner Stuart (1989). The Random House Thesaurus copyright 1984 by Random House, Inc., College Edition. Random House, New York

The bank of Namibia, © 2010 Bank of Namibia. Retrieved from http://www.bon.com.na/Content/TopLevelItems/NamibianCurrency/index.aspx

Viljoen, J.J, and Kamupingene, T.K. (1983). Otjiherero Dictionary. Gamsberg MacMillan Publishers(pty) Ltd. Namibia

Winterowd, W. R., and Murray, Y.P.(n.d.). English Writing anid Skills, Fifth edition. Holt, Rinehart, and Winston

(2008, August 9). Blank Africa Outline Maps. Retrieved from http://printable-maps.blogspot.com/2008/08/blank-africa-outline-map.html

Author's Background

Nduvaa Erna Nguaiko, the eldest of eight children, was born in Ozongaka, Omaruru, Namibia, to Tjikori Junias Keeja and Mina Nguaiko-Keeja. She grew up in her village until she went to an all-girl Catholic boarding school in Waldfrieden, near Omaruru, at the age of eight. Her determination to write an Otjiherero-English dictionary stems from her personal life experiences.

When Ms. Nguaiko arrived in the United States at the age of 17, with zero limited command of the English language, she attended an adult educational program in the evenings to improve her English and took courses to prepare for the GED test. Within a year, she received a full scholarship from United Nations to study at the Borough of Manhattan Community College, where she received her high school equivalency diploma 1989.

In 1991, Ms. Nguaiko enrolled at York College, City University of New York where she earned her Bachelor Degree in Science. She currently resides in the New York Metropolitan area, married with two children.

CPSIA information can be obtained
at www.ICGtesting.com
Printed in the USA
EDOW020824050313
826ED